W0399801

BTS

DOMAINE D'ACTIVITÉS **2**

Commerce international

1re et 2e années

Collection coordonnée
par Dany Deschamps

Mise en œuvre des opérations internationales

Nouveau référentiel

Sous la direction de
Valérie Tirvert

Josette Clédière
Anne Quispe
Valérie Tirvert

Nathan

COMMENT ACCÉDER À VOTRE i-MANUEL 2.0 ÉTUDIANT

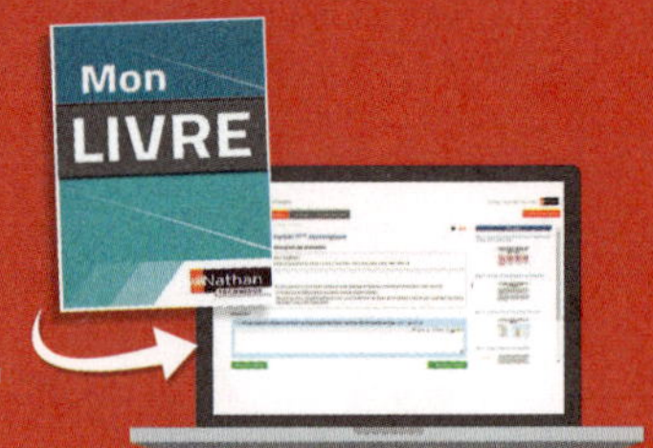

LIVRE + LICENCE NUMÉRIQUE

Votre enseignant souhaite travailler avec le i-Manuel 2.0 ; une fois votre compte créé par votre enseignant, rendez-vous, selon ses indications, sur :

- **imanuel.nathan.fr** et connectez-vous à votre espace étudiant i-Manuel 2.0 avec votre identifiant et votre mot de passe.

OU

- l'ENT ou la plateforme de votre établissement, et accédez directement à votre i-Manuel 2.0.

DÉCOUVREZ LE i-MANUEL 2.0 EN VIDÉO

À NE PAS OUBLIER

Conservez votre identifiant et votre mot de passe pour toutes vos connexions ultérieures

À SAVOIR

Cette licence étudiant i-Manuel 2.0 est unique et personnelle. Elle offre un accès à un étudiant pour une ou deux années scolaires (selon la durée de l'ouvrage) et ne peut être réutilisée par d'autres étudiants les années suivantes.

Pour équiper les étudiants de nouvelles licences numériques i-Manuel 2.0, connectez-vous sur cns-edu.com.

Pour l'enseignant : rendez-vous sur **nathan.fr/i-manuel2**, pour disposer de toutes les informations pratiques pour créer vos classes, activer les licences de vos étudiants et contacter votre délégué pédagogique Nathan.

Nos équipes de proximité sont également à la disposition des établissements pour les accompagner dans leur projet de digitalisation des parcours de formation.

Nathan TECHNIQUE

Avec ce livre, une licence i-MANUEL 2.0

Le i-Manuel 2.0, un outil simple d'utilisation qui reprend l'ensemble des contenus de ce livre sous forme numérique et interactive.

Il permet d'accéder au contenu de ce manuel à tout moment et en tout lieu sur un ordinateur ou une tablette. L'utilisateur peut donc passer du papier au numérique et choisir le support qui lui convient le mieux selon le travail à faire et le lieu où il se trouve.

Une véritable interactivité entre l'enseignant et sa classe

- **Vidéoprojeter** en classe les activités, les documents et les corrections pour animer les cours et travailler collectivement.
- **Piloter la classe** en assurant le suivi du travail des élèves à distance et en cours (recevoir et envoyer du travail, faire des commentaires, intervenir en temps réel).
- **Intégrer et envoyer à la classe**, à un ou plusieurs élèves, **des documents personnels**.
- **Afficher les corrigés** ou la correction individuelle du travail de l'élève.
- **Télécharger le livre** pour une utilisation sans connexion.
- **Imprimer** les documents nécessaires pour mettre les élèves en **situation d'examen**.

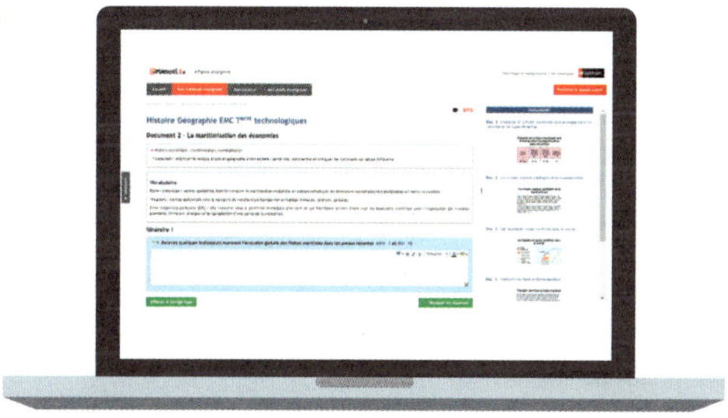

Des fonctionnalités innovantes pour favoriser l'intérêt, la motivation et l'implication des élèves

- **Saisir les réponses** en travaillant sur ordinateur ou tablette.
- **Faire les activités et les exercices**, préparer ou réviser le cours **en classe ou à la maison**.
- **Accéder** aux **ressources numériques**, vidéos, fichiers élèves (Word, Excel, GeoGebra...).
- **Sauvegarder** au **format Word** le travail effectué dans un dossier (classeur).
- **Envoyer le travail** au professeur.
- **S'enregistrer** pour les activités orales.
- **S'auto-évaluer**.

Toutes les infos et les tutos sur www.nathan.fr/i-manuel2

SOMMAIRE

Conception maquette : Anne-Danielle Naname
Mise en pages : Alinéa
Infographie et illustrations : Vincent Landrin
Cartographie : Légendes Cartographie
Conception couverture : Vincent Rioult
Fabrication : Christine Aubert, Laura Milhomme

ISBN : 978-2-09-167306-6

FICHES RESSOURCES

CHAPITRE

1 Fixer des conditions de livraison : les Incoterms

COMPÉTENCES PROFESSIONNELLES

Organiser, contrôler et suivre la réalisation d'un contrat international

Évaluer les conséquences des choix opérés

De nombreux risques peuvent entraver le bon déroulement d'une importation ou d'une exportation et le retard d'un navire peut générer une perte de plusieurs milliers d'euros.
« *À l'international, tout peut arriver : problèmes d'approvisionnement, défaillance du distributeur, etc.* », prévient Isabelle Sakowicz, chef du service réglementaire chez Business France.
Il est donc capital de prévoir, en cas de litige, un partage des risques et des responsabilités entre les parties, histoire de s'éviter une procédure longue et coûteuse avec un avocat d'affaires étranger.

D'après Charles Cohen, « Import-export : sécurisez vos transactions grâce aux Incoterms », chefdentreprise.com

SITUATION PROFESSIONNELLE

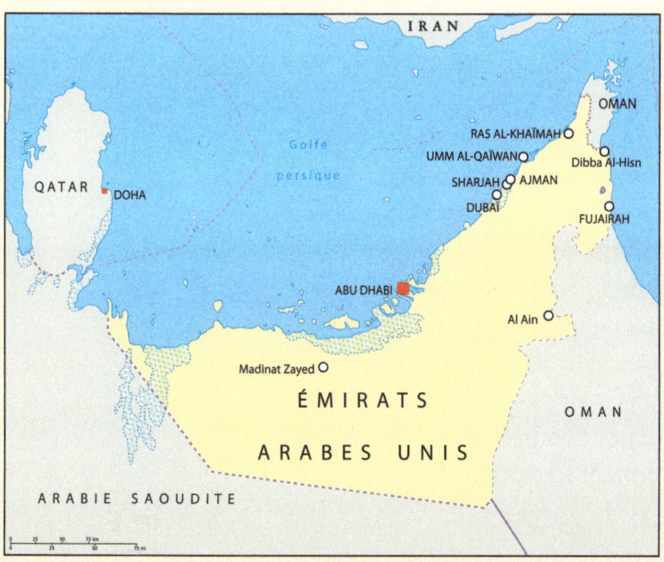

ÉMIRATS ARABES UNIS

Régime : fédération regroupant sept émirats : Abu Dhabi, Ajman, Dubaï, Fujaïrah, Sharjah, Ras al-Khaimah, Umm al-Qaiwain
Superficie : 83 600 km^2
Population : 9,6 millions d'habitants
Capitale : Abu Dhabi
Langue officielle : arabe
Langue des affaires : anglais
Monnaie : dirham (1 EUR = 4,3897 AED[1])
PIB/hab. : 43 103 USD (2019)
Principaux clients : Arabie saoudite, Inde, Irak, Oman, Suisse
Principaux fournisseurs : Chine, Inde, Japon, États-Unis, Allemagne

1. Taux de change au 13/04/21.

1. Actualisez les données pays par une recherche sur Internet.
2. Caractérisez les pratiques commerciales, sociales et environnementales du pays, après consultation de l'évaluation des risques par Coface.

Les Minots est un fabricant breton de produits textiles destinés aux tout-petits et l'une des premières entreprises du secteur à avoir fait le choix de l'écoconception. Engagée dans une démarche de développement durable et de responsabilité sociale, l'entreprise conçoit des vêtements respectueux de l'environnement à partir de matières premières biologiques.

Elle réalise l'essentiel de son chiffre d'affaires sur le marché national et distribue ses produits chez des détaillants multimarques spécialisés dans les vêtements pour jeunes enfants.

L'entreprise Les Minots souhaite élargir sa clientèle et participe à des salons professionnels depuis un an, dans le but de conclure des contrats de distribution avec de nouveaux partenaires.

Lors de sa participation au Salon KID, Salon international de la mode pour enfants, à Paris, elle a pu présenter sa dernière collection et prendre des contacts étrangers. Un distributeur émirati situé à Dubaï, Monia Group, a montré de l'intérêt pour les pyjamas pour enfants ; le directeur de l'entreprise lui a alors remis les tarifs correspondants (**document 1**). Quelques semaines plus tard, le distributeur émirati lui a fait parvenir une demande d'offre (**document 2**).

Le directeur des Minots entrevoit la possibilité d'un courant d'affaires important et souhaite donner une réponse favorable à ce nouveau client. Il vous charge du traitement de cette demande d'offre.

1. Identifiez les opérations logistiques à organiser pour répondre aux exigences du client.

➲ Fiches ressources 1 et 2

2. Choisissez un Incoterm qui puisse satisfaire la demande du client et analysez-en les conséquences pour l'entreprise Les Minots en termes :
- de frais ;
- de risques ;
- de documents à produire.

➲ Document 2
➲ Fiches ressources 2, 3 et 4

L'entreprise Les Minots n'a qu'une faible expérience de l'exportation et n'a encore jamais organisé de logistique internationale. Vous avez collecté des informations auprès de la chambre de commerce et d'industrie du Morbihan, qui vous a remis une liste de transitaires susceptibles de se charger des opérations liées à l'acheminement des marchandises. Vous avez contacté l'un d'entre eux, SDV, pour une demande de prix. Celui-ci vous a fait parvenir sa cotation par mail (**document 3**).

3. Calculez le prix d'offre à communiquer au distributeur émirati, à partir des tarifs de l'exportateur et de la cotation du transitaire.

Le client a accepté l'offre et les marchandises lui ont été expédiées. Il vous contacte par mail la semaine suivante pour vous informer que les colis étaient endommagés à leur arrivée à Dubaï et réclamer le remboursement du prix des marchandises. Vous êtes chargé(e) de la réponse à lui apporter.

4. Rédigez la réponse au mail du client émirati.

VOTRE DOSSIER

DOCUMENT 1 Tarif export des pyjamas pour enfants

LES MINOTS
Rue de Kersec
56000 Vannes
FRANCE

Tarif EXW Vannes

Références	Tailles disponibles	PU en EUR
« Dors Bien » fille	3 mois / 6 mois / 12 mois	10,00
« Dors Bien » garçon	3 mois / 6 mois / 12 mois	10,00
« Dors Bien » mixte	3 mois / 6 mois / 12 mois	9,50

Conditionnement : cartons de 20 pièces pour l'intégralité des articles
Poids brut d'un carton : 12 kg
Dimensions d'un carton : 0,5 × 0,4 × 0,4 m

Paiement à la commande

DOCUMENT 2 Demande d'offre du distributeur Monia Group, Dubaï

From: MONIA GROUP
2781 Sharjah Jumeirah Lake Towers, HDS Business Centre Office
1005 Dubai
UNITED ARAB EMIRATES

To: LES MINOTS
Rue de Kersec
56000 Vannes
FRANCE

Please let us know your price for a shipment of children's pajamas "Dors bien":
40 items of each reference, in each available size
Air transport and insurance included, to Dubai airport

Regards.

DOCUMENT 3 Cotation du transitaire

SDV

Service Customer

Cotation / *Quotation*
N/Réf. DB0020173

À / *To* LES MINOTS
Date / *Date* 17 mars 20N

Validité / *Validity* 1 mois
Trafic / *Traffic* Export aérien
Incoterm Port et assurance payés jusqu'à destination
Provenance / *Origin* **NTE Nantes**
Destination / *Destination* **DXB Dubaï**

Compagnies / *Airlines*	KLM (ATTENTION DE RESPECTER LA HAUTEUR MAXIMUM DE 110 CM AUTORISÉE PAR LA COMPAGNIE)
Marchandise / *Commodity*	Vêtements
Condition de règlement / *Terms of payment*	Au comptant

Nb colis / *Parcels*	Longueur / *Length* (cm)	Largeur / *Width* (cm)	Hauteur / *Heigth* (cm)	Poids brut / *Gross weight* (kg)	Volume / *Volume* (dm^3)
18	50	40	40	216	1 440

Prestations / *Descriptions*	Base / *Selling basis*	Montant unit. – Forfait / *Selling U.P.*	Montant total / *Total amount*	Devise / *Currency*
Enlèvement Vannes (56)		Forfait	77,00	EUR
Surcharge Fuel Route		Forfait	1,44	EUR
Frais sûreté		Forfait	27,00	EUR
Manutention		Forfait	20,00	EUR
Taxe LTA		Forfait	29,15	EUR
Fret aérien	240[1]	1,20	288,00	EUR
IRC (*Insurance Risk Surcharge*)	216	0,15	32,40	EUR
Surcharge Fuel	240	0,75	180,00	EUR
Assurance			36,00	EUR

– Vol *via* Roissy-CDG 4/jours

1. Pour les règles de calcul du fret aérien, voir chapitre 6.

FICHE RESSOURCE

1 Organiser les opérations logistiques

I Les opérations logistiques à organiser

L'emballage	Fourni par le producteur ou par une société d'emballage, il est toujours de la responsabilité du vendeur. Il doit être adapté à la marchandise et au mode de transport envisagé. En cas d'avarie et quel que soit l'Incoterm, c'est le vendeur qui assumera les conséquences de son emballage défectueux ou insuffisant.
Le transport	Le plus souvent, plusieurs transports se succèdent : un premier transport permet d'acheminer la marchandise des locaux du vendeur au port, à l'aéroport ou à la gare de départ ; ce **pré-acheminement** est confié le plus souvent à un transporteur routier. Ensuite, le **transport principal**, ou transport international, est effectué par une compagnie de transport maritime, aérienne ou ferroviaire. Dans le pays de destination, un nouveau transport routier permet de réaliser le **post-acheminement** et de livrer la marchandise chez l'acheteur.
La manutention	Chaque changement de moyen de transport, chaque **transbordement** ou **rupture de charge** nécessite des opérations de manutention. Celles-ci sont généralement réalisées au moyen de matériels mécanisés (porte-palettes, porte-conteneurs...) détenus par des entreprises spécialisées. La manutention est incluse dans le fret aérien ou ferroviaire, mais elle est facturée en supplément dans le cas d'un transport maritime (d'où les Incoterms maritimes).
L'entreposage	Les marchandises sont stockées par des sociétés d'entreposage situées dans les ports ou les aéroports, en l'attente d'être chargées à bord du navire ou de l'avion ou, à l'arrivée, dans l'attente d'être livrées au destinataire final. Le délai de séjour est variable, plus long en maritime qu'en aérien, et peut durer plusieurs jours.
L'assurance transport	Les opérations de transport et de manutention font courir des risques de casse ou de vol aux marchandises. Le plus souvent, une assurance est souscrite pour indemniser le vendeur ou l'acheteur en cas de sinistre (marchandise fragile ou de valeur élevée).
Les opérations de dédouanement	Lorsqu'elles sont expédiées d'un territoire douanier à un autre, les marchandises doivent faire l'objet d'une déclaration d'exportation à la douane du pays de sortie et d'une déclaration d'importation à la douane du pays d'arrivée. Ces déclarations ne peuvent être effectuées que par un opérateur agréé en douane.

II L'organisation des opérations logistiques

Ces opérations logistiques font donc intervenir un nombre important de prestataires. Comment les choisir ? Qui va les contacter ? Le plus souvent, l'entreprise fait appel à un prestataire unique, **un transitaire ou un commissionnaire de transport**, à qui elle confie l'organisation de la logistique de son expédition.

III La répercussion des frais de la logistique dans le prix de vente export

Quel que soit l'Incoterm retenu, l'exportateur répercutera le coût des opérations logistiques à sa charge dans son prix de vente.

FICHE RESSOURCE

2 Les Incoterms

Les Incoterms (*International Commercial Terms* ou « conditions de livraison » en français), sont des règles de partage des frais et des risques de la logistique internationale, créées par la Chambre de commerce internationale pour édicter des règles communes dans les échanges commerciaux. Ils ne sont pas obligatoires mais vivement recommandés. Certains pays les utilisent systématiquement, d'autres ont leurs propres Incoterms (comme les États-Unis). C'est pourquoi l'exportateur a intérêt à faire figurer ses conditions de livraison sur sa documentation commerciale en précisant clairement la mention « Incoterm CCI 2020 ».

La Chambre de commerce internationale révise régulièrement les Incoterms (environ tous les dix ans) pour prendre en compte les évolutions de l'environnement des échanges. La dernière version, Incoterms 2020, *publiée en septembre 2019, est applicable depuis le 1er janvier 2020.*

Les Incoterms utilisés dans une expédition maritime (ou fluviale)

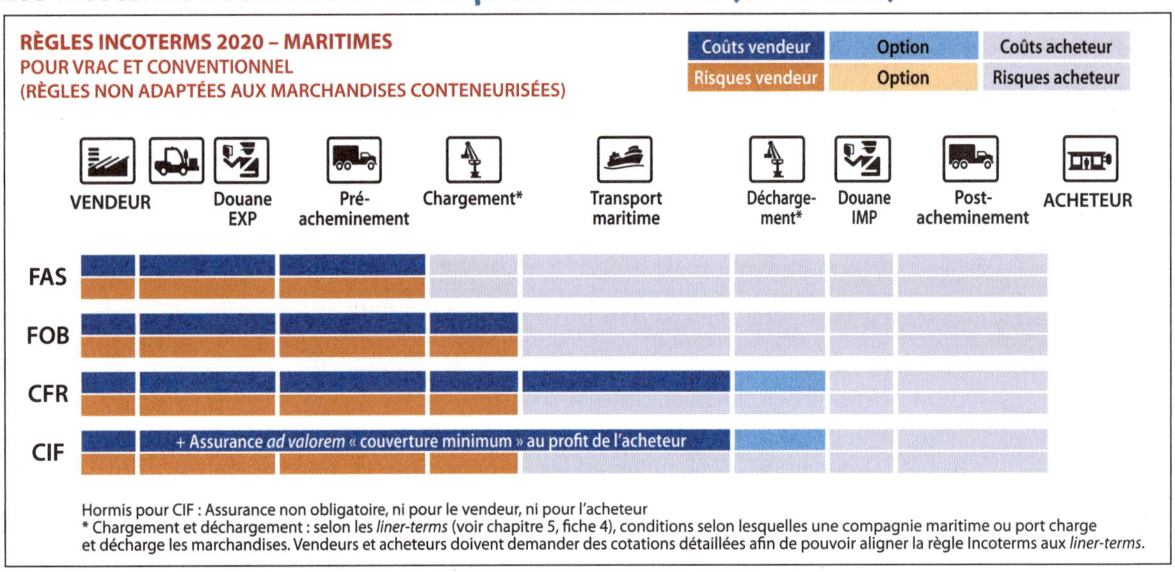

Les Incoterms utilisés dans les autres modes d'expédition : les Incoterms multimodaux

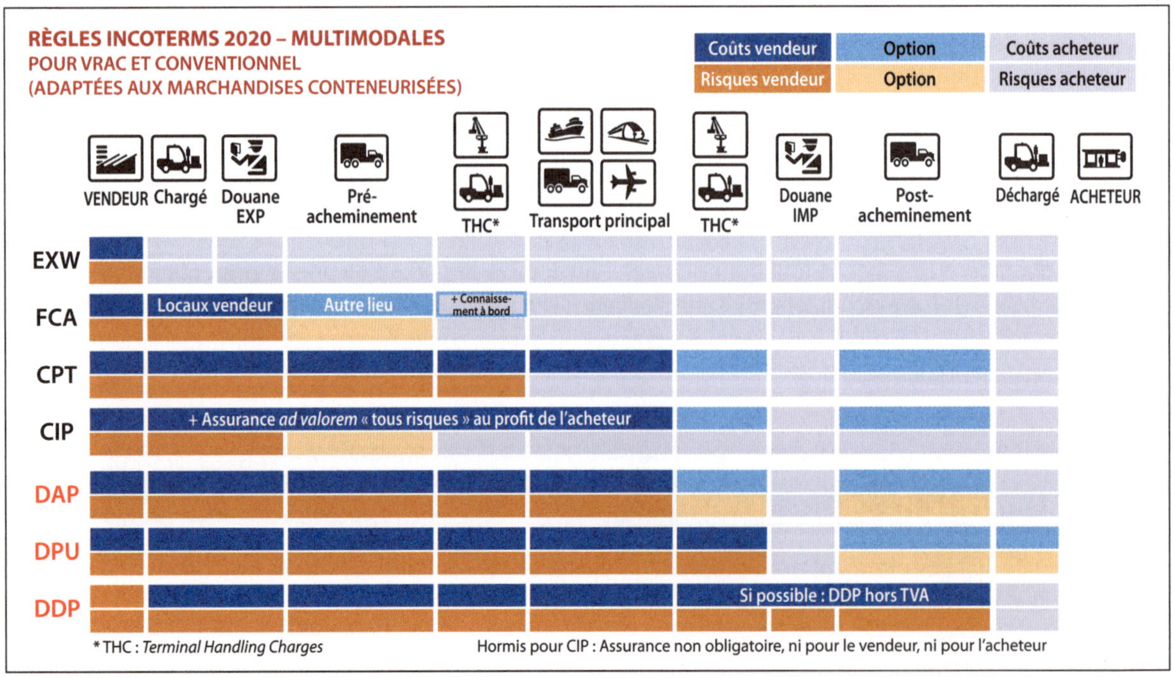

Les familles d'Incoterms

Familles	Incoterms	Significations	Modes de transport	Conséquences
E	EXW	Ex Works (« à l'usine »)	Tous	Le vendeur remet la marchandise emballée, non dédouanée, à la disposition de l'acheteur, dans ses locaux.
F	FCA	Free Carrier (« jusqu'au transporteur »)	Tous	Le vendeur remet la marchandise emballée et dédouanée au transporteur, avant le pré-acheminement ou avant le transport principal. Il assume les risques du chargement dans le camion.
	FAS	Free Alongside Ship (« rendu le long du navire »)	Maritime ou fluvial	Le vendeur assume les frais et les risques de la logistique jusque sous l'appareil de manutention, dans le port de départ.
	FOB	Free On Board (« à bord du navire »)	Maritime ou fluvial	Le vendeur assume les frais et les risques jusqu'à ce que la marchandise soit chargée et arrimée sur le navire, dans le port de départ.
C	CFR	Cost and Freight (« coût et fret »)	Maritime ou fluvial	Le vendeur assume les frais du transport maritime jusqu'au port d'arrivée, mais la marchandise voyage aux risques de l'acheteur dès le port de départ.
	CIF	Cost, Insurance and Freight (« coût, assurance et fret »)	Maritime ou fluvial	Le vendeur assume les frais du transport et d'assurance maritime jusqu'au port d'arrivée, mais la marchandise voyage aux risques de l'acheteur dès le port de départ. L'assurance est donc souscrite au profit de l'acheteur.
	CPT	Carriage Paid To (« transport payé jusqu'à »)	Tous	Le vendeur assume les frais du transport jusqu'au lieu convenu dans le pays de destination : soit dans le terminal portuaire, aéroportuaire ou ferroviaire, soit dans les locaux de l'acheteur. Les risques sont transférés au port, à l'aéroport ou à la gare de départ.
	CIP	Carriage and Insurance Paid to (« transport et assurance payés jusqu'à »)	Tous	Le vendeur assume les frais du transport et de l'assurance (tous risques) jusqu'au lieu convenu dans le pays de destination : soit dans le terminal portuaire, aéroportuaire ou ferroviaire, soit dans les locaux de l'acheteur. Les risques sont transférés au port, à l'aéroport ou à la gare de départ.
D	DPU	Delivered at Place Unloaded (« rendu au lieu convenu déchargé »)	Tous	Le vendeur assume les frais et les risques du transport et du déchargement jusqu'au terminal ou jusqu'au lieu désigné par l'acheteur (le terminal ou ses locaux). Cet Incoterm peut inclure le post-acheminement.
	DAP	Delivered At Place (« rendu au lieu convenu »)	Tous	Le vendeur assume les frais et les risques du transport jusqu'au lieu désigné par l'acheteur (ses locaux). Le post-acheminement est inclus.
	DDP	Delivered Duty Paid (« rendu droits acquittés »)	Tous	Le vendeur assume tous les frais et les risques de la logistique jusqu'aux locaux de l'acheteur, y compris le paiement des droits de douane et des taxes.

Incoterms de la famille C (CFR, CIF, CPT, CIP) : les frais de la logistique sont transférés dans le pays d'arrivée, mais les risques sont transférés dans le pays de départ. Le vendeur assume les frais du transport principal, mais c'est l'acheteur qui en assume les risques. Ainsi, en CIF et en CIP, le vendeur souscrit une assurance transport au profit de l'acheteur.
Le DPU est le seul Incoterm qui prévoit que le déchargement se fasse aux risques du vendeur.

FICHE RESSOURCE

3 Le choix d'un Incoterm

Schématiquement, les Incoterms définissent :
- qui paie quoi ;
- qui assume les risques et jusqu'où ;
- quels documents associés doivent être fournis par le vendeur à l'acheteur.

Les opérations de logistique internationale sont coûteuses et font courir des risques aux marchandises. Elles doivent être payées d'avance : le transitaire règle les factures des transporteurs, des manutentionnaires... et refacture aussitôt l'ensemble à l'exportateur ou à l'importateur, en fonction de l'Incoterm. L'exportateur répercute dans son prix de vente le montant des frais de la logistique qu'il a supportés.

Il faut déterminer qui, du vendeur ou de l'acheteur, va supporter les risques de cette logistique. Le plus souvent, l'exportateur ne peut se contenter de mettre les marchandises à la disposition de son client et, pour lui fournir la prestation la plus complète possible, accepte d'organiser pour lui une partie de la logistique internationale. Cependant, il ne souhaite pas en assumer les risques.

Remarque ▸ Les Incoterms ne traitent pas du transfert de propriété de la marchandise.

I Les critères de choix de l'Incoterm

- **La solution de transport choisie :** si les Incoterms multimodaux peuvent être utilisés pour n'importe quel mode de transport, les Incoterms maritimes (FAS, FOB, CFR, CIF) sont à réserver au transport maritime ou fluvial et aux marchandises conventionnelles ou en vrac (la Chambre de commerce internationale déconseille de les utiliser pour le transport de conteneurs complets, qui constitue du transport multimodal).
- **L'expérience du partenaire commercial :** certaines entreprises sont expérimentées dans l'organisation de la logistique de leurs exportations et incluent systématiquement le transport principal dans leur tarif ; elles préfèrent en conserver la maîtrise (pour des raisons de coût et de sécurité) et font appel à leurs partenaires habituels (transitaires, commissionnaires de transport ou agréés en douane...). Dans d'autres cas, l'acheteur souhaite organiser sa logistique parce qu'il regroupe ses achats auprès de plusieurs fournisseurs dans un pays donné.
- **Le pays de provenance ou de destination :** certains territoires présentent des risques logistiques tels qu'il est préférable de laisser le partenaire commercial s'en charger (dans certains pays, on laisse le client gérer la logistique à partir de l'arrivée des marchandises au port de destination, en raison de certaines pratiques douanières propres au pays du client ou de conditions climatiques défavorables au post-acheminement).
- **La nécessité de dédouaner la marchandise :** le dédouanement export incombe au vendeur. L'Incoterm EXW doit donc être réservé aux échanges intracommunautaires, c'est-à-dire entre pays membres de l'Union européenne. L'Incoterm DDP, qui suppose une facturation TTC, ne doit être utilisé que lorsque le vendeur et l'acheteur ont la même administration fiscale (dans les échanges entre la France et les DOM, par exemple).
- **Le mode de paiement :** si tous les Incoterms sont autorisés dans le cas d'un paiement simple, il en va différemment dans le cas d'un paiement documentaire (technique bancaire dans laquelle le vendeur est payé en échange des documents d'expédition – voir chapitre 15) :
  - le vendeur doit apporter la preuve de l'expédition au moyen d'un document de transport, ce qui rend impossible l'utilisation de l'Incoterm EXW ;
  - la marchandise ne doit pas être remise à l'acheteur avant le paiement et doit rester dans les mains du transporteur ; le lieu convenu doit donc être, au plus loin, le port ou l'aéroport de destination.

II Le lieu de livraison

L'Incoterm doit toujours être suivi d'un lieu (EXW Tours, FCA aéroport Roissy, DPU port de New York...) qui matérialise le point de transfert des frais de la logistique, entre le vendeur et l'acheteur. En fonction de l'Incoterm, le transfert des risques s'effectue en ce même lieu (Incoterms E, F ou D) ou avant ce lieu (Incoterms C).

Dans tous les cas, pour la Chambre de commerce internationale, le lieu de livraison correspond au lieu de transfert des risques. En cas de litige sur une date ou un délai de livraison, c'est donc le point de transfert des risques qui sera retenu : le vendeur aura rempli son obligation dès lors que les marchandises seront parvenues dans les délais convenus au lieu de transfert des risques.

III Les conséquences du choix de l'Incoterm : les documents à produire par le vendeur

Incoterms	Documents à remettre à l'acheteur
EXW FCA usine	Une attestation de prise en charge par le transitaire
FCA FAS port FCA aéroport	Le B/L[1] (document de transport maritime) ou la LTA[2] (document de transport aérien) mentionnant « *freight collect* » (« transport dû »)
FOB	Le B/L on board (« à bord du navire ») mentionnant « *freight collect* »
CFR	Le B/L on board mentionnant « *freight prepaid* » (« transport payé »)
CIF	Le B/L on board mentionnant « *freight prepaid* » et un certificat d'assurance
CPT	Suivant le mode de transport : le B/L, la LTA, la CMR[3] (document de transport routier) ou le CTBL[4] (document de transport multimodal) mentionnant « *freight prepaid* »
CIP et Incoterms suivants	Suivant le mode de transport : le B/L, la LTA, la CMR ou le CTBL mentionnant « *freight prepaid* » et un certificat d'assurance

1. B/L : *Bill of Lading* – 2. LTA : lettre de transport aérien – 3. CMR : convention des marchandises par route – 4. CTBL : *Combined Transport Bill of Lading*

FICHE RESSOURCE

4 Le calcul du prix en fonction de l'Incoterm

Le prix de vente inclut au minimum le prix des marchandises et celui de l'emballage adapté à la solution de transport choisie (Incoterm minimum EXW). En fonction de l'Incoterm, il sera augmenté du montant des frais engagés par le vendeur, pour satisfaire les attentes de son client.

Le vendeur peut prendre une marge sur le coût de la logistique, afin de compenser la mobilisation de trésorerie qu'elle entraîne : il doit payer la facture du transitaire dès l'expédition des marchandises, alors qu'il a dû, le plus souvent, accorder un délai de paiement à son client.

Pour l'acheteur, le coût de revient de l'importation sera en principe le même, quel que soit l'Incoterm de la transaction : il devra payer à son propre transitaire la logistique non incluse dans le prix facturé par son fournisseur.

Transport maritime ou fluvial	Transport aérien ou ferroviaire	Transport routier
Marchandises + Emballage	Marchandises + Emballage	Marchandises + Emballage
= **EXW** + Dédouanement export	= **EXW** + Dédouanement export	= **EXW** + Dédouanement export
= **FCA usine** + Pré-acheminement	= **FCA usine** + Pré-acheminement	= **FCA usine**
= **FCA port de départ** + Entreposage au port de départ	= **FCA aéroport de départ**	
= **FAS port de départ** + Chargement		
= **FOB port de départ** + Fret maritime	+ Fret aérien	+ Fret routier
= **CFR port d'arrivée** + Assurance	= **CPT ou DPU aéroport d'arrivée** + Assurance	
= **CIF port d'arrivée** + Déchargement		
= **CIP ou DPU port d'arrivée ou CPT en l'absence d'assurance** + Post-acheminement	= **CIP ou DPU aéroport d'arrivée** + Post-acheminement	
= **CPT ou CIP ou DAP locaux de l'acheteur** + Déchargement du camion	= **CPT ou CIP ou DAP locaux de l'acheteur** + Déchargement du camion	= **CPT ou CIP ou DAP locaux de l'acheteur** + Déchargement du camion
= **DPU locaux de l'acheteur** + Dédouanement import	= **DPU locaux de l'acheteur** + Dédouanement import	= **DPU locaux de l'acheteur** + Dédouanement import
= **DDP locaux de l'acheteur**	= **DDP locaux de l'acheteur**	= **DDP locaux de l'acheteur**

1 Tester sa compréhension des Incoterms

- **Dans chacune des situations présentées ci-dessous, précisez l'Incoterm ou les Incoterms qui conviennent et justifiez votre choix.**

Situation	Incoterm	Justification
a. Vous exportez du linge de maison au Canada. Votre client vous demande d'organiser la logistique, à vos frais et à vos risques, jusqu'à l'aéroport de Montréal.		
b. Vous achetez des pièces automobiles en Allemagne et prenez la logistique en charge, depuis les locaux de votre fournisseur, à Karlsruhe.		
c. Votre client sénégalais vous demande d'organiser le transport maritime et d'assumer l'assurance jusqu'au port de Dakar.		
d. Votre fournisseur polonais organise la logistique dans son pays, jusqu'à l'aéroport de Varsovie.		
e. Pour votre client américain, vous organisez le transport maritime jusqu'à Baltimore et le transport routier jusqu'à Washington, mais la marchandise voyagera à ses risques depuis le port du Havre.		
f. Vous exportez un conteneur complet de marchandises par la voie maritime. Votre client prendra en charge la logistique depuis le port de Fos-Marseille.		
g. Votre fournisseur a organisé le transport de vos marchandises, à vos risques, jusqu'à l'aéroport de Lyon.		
h. Vous livrez un client en Suède et organisez toute la logistique, à vos risques, par avion puis par route, jusqu'à ses locaux à Malmö.		
i. Vous remettez la marchandise emballée, dans vos locaux de Montpellier, au transporteur routier désigné par votre client britannique.		
j. Vous récupérez vos marchandises non assurées, au port d'Anvers, en Belgique, et en organisez le déchargement et le post-acheminement par route jusqu'à vos locaux, à Lille.		

2 Évaluer des choix d'Incoterm

● **Dans les situations présentées ci-dessous, analysez les choix d'Incoterm.**

a. Vous exportez des cosmétiques à Dubaï par la voie aérienne et avez proposé des conditions de livraison FOB Roissy CDG.

b. Vous importez du poisson surgelé du Chili et avez demandé un prix FCA Marseille.

c. Vous exportez des marchandises au Canada et proposez un prix EXW Strasbourg.

d. Vous importez un conteneur complet de composants électriques de Chine et demandez un prix CIF Le Havre.

e. Vous proposez un prix CFR Genève à votre client suisse.

3 Analyser les conséquences d'un changement d'Incoterm

L'entreprise Seafood produit et commercialise des plats cuisinés à base de poissons et de légumes. Pour l'élaboration de nombreuses recettes, elle utilise des crevettes achetées à une ferme d'élevage en Thaïlande. Jusqu'à présent, les conditions d'achat sont DPU port du Havre et les produits sont acheminés en conteneur maritime de groupage réfrigéré.
L'exportateur thaïlandais souhaite revoir les conditions de livraison en raison des difficultés qu'il rencontre avec les autorités portuaires. Il informe son client que, désormais, ses prix seront libellés en FCA port de Mahachai (à proximité de Bangkok).

1. Rappelez la signification des Incoterms FCA et DPU.

2. Analysez les conséquences pour Seafood de ce changement de conditions de livraison.

4 Élaborer des tarifs export en fonction de plusieurs Incoterms

La société Pikarde a reçu une demande d'offre d'un client brésilien pour quatre palettes d'articles de décoration, à expédier par la voie maritime (**document 1**). Elle a contacté son transitaire afin de connaître le montant des différentes opérations logistiques à organiser, depuis ses locaux d'Amiens jusqu'à ceux de l'acheteur, à Maringa (**document 2**).

● **Afin de préparer la négociation, le directeur export vous charge d'élaborer les tarifs unitaires et le montant total en fonction de plusieurs Incoterms : FOB Le Havre, CIF Santos et CIP Maringa.**

DOCUMENT 1 Informations concernant la demande d'offre

4 palettes contenant 32 colis au total
Prix du colis d'articles de décoration : 750 EUR
Coût de la palette : 28 EUR

DOCUMENT 2 Informations communiquées par le transitaire

Dédouanement export (déclaration)	110 EUR
Transport routier Amiens-Le Havre	230 EUR
Entreposage au Havre	90 EUR
Manutention au chargement	100 EUR
Transport maritime Le Havre-Santos	380 EUR
Assurance maritime	138 EUR
Manutention au déchargement	85 EUR
Transport routier Santos-Maringa	164 EUR
Dédouanement import (déclaration)	90 EUR
Droits et taxes à l'import	2 142 EUR

5 Choisir un Incoterm à l'import

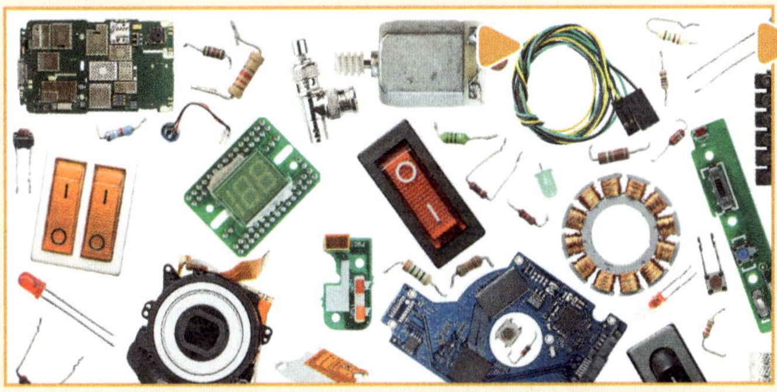

Vous souhaitez importer des composants électroniques de Chine. Le fournisseur que vous avez retenu vous a communiqué ses tarifs en fonction de plusieurs conditions de livraison (**document 1**). Avant de vous déterminer à faire appel à lui, vous avez consulté votre transitaire pour connaître le détail des frais logistiques à engager (**document 2**).

- **Choisissez l'Incoterm à privilégier et justifiez votre choix.**

DOCUMENT 1 Tarifs de l'exportateur chinois

EXW Nantong	23 240 EUR
FCA Nantong	23 350 EUR
CIF Marseille	23 800 EUR

DOCUMENT 2 Informations communiquées par le transitaire

Dédouanement export	90 EUR
Transport routier Nantong-Shanghai	85 EUR
Frais portuaires à Shanghai	92 EUR
Transport maritime	380 EUR
Assurance maritime	105 EUR
Déchargement à Marseille	70 EUR
Transport routier Marseille-Istres	98 EUR

6 Choisir un Incoterm à l'export

Lavandière de Provence, fabricant de produits cosmétiques haut de gamme situé à Marseille, a rencontré un distributeur américain lors du Salon international des parfums et cosmétiques Cosmoprof, à Bologne, en Italie. Ce distributeur a effectué une première commande qui lui a été livrée par la voie aérienne, avec l'Incoterm CIP aéroport de New York.

L'exportateur envisage des commandes plus importantes dans l'avenir, pour lesquelles il recourrait au transport maritime. Il souhaite établir son tarif en fonction de ce nouveau mode d'expédition. Il hésite entre une vente DAP locaux du distributeur (à Newark, dans la banlieue de New York) et une vente CPT port de New York.

- **Indiquez, en relevant les arguments logistiques et financiers, l'Incoterm que vous allez privilégier.**

7 Analyser les conséquences d'un changement d'Incoterm

La Maison Jean-François Rey conçoit des montures de lunettes qui se distinguent par un design innovant et une signature couleur unique : superpositions de faces, combinaisons graphiques du métal et de l'acétate, fusion du bois et du carbone, métal bicolore.

L'entreprise bénéficie d'une très bonne image et d'une grande notoriété, en France comme à l'étranger.

Les produits, à forte valeur ajoutée, sont particulièrement sensibles aux chocs.

Actuellement, la majorité des ventes grand export est réalisée en CPT. Cependant, des remarques formulées par certains clients incitent la Maison Jean-François Rey à envisager de proposer des offres en DAP ou DPU.

1. **Identifiez les raisons pour lesquelles la Maison Jean-François Rey envisage un changement d'Incoterm.**
2. **Analysez les conséquences du changement d'Incoterm envisagé pour la Maison Jean-François Rey.**

CHAPITRE

2 Rédiger une offre commerciale

COMPÉTENCES PROFESSIONNELLES

Organiser, contrôler et suivre la réalisation d'un contrat international | Évaluer les conséquences des choix opérés | Mesurer les risques, gérer leur couverture, les sinistres et les litiges

Dans la logique de sa stratégie export, une entreprise sera amenée à rédiger une offre commerciale en réponse à la demande d'un acheteur potentiel, suite à une prospection réalisée sur un marché précis. Une offre peut aussi être proposée en réponse à la demande spontanée d'une entreprise d'un pays ciblé ou non.

Il convient d'établir en amont un tarif pour la commercialisation des produits sélectionnés pour l'export. Afin de répondre au mieux aux exigences des prospects, des ajustements au tarif habituel s'imposent souvent.

La rédaction de l'offre donnera une image de l'entreprise française ; elle doit être soignée et adaptée au prospect étranger, afin de contribuer aux chances d'obtenir le contrat et d'établir un courant d'affaires.

SITUATION PROFESSIONNELLE

CANADA

Régime : monarchie parlementaire
Superficie : 9 984 670 km²
Population : 37,6 millions d'habitants
Capitale : Ottawa
Villes principales : Montréal, Toronto, Québec, Vancouver
Langues officielles : anglais, français
Monnaie : dollar canadien (1 EUR = 1,4981 CAD[1])
PIB/hab. : 46 195 USD (2019)
Principaux clients : États-Unis, Chine, Royaume-Uni, Japon, Mexique
Principaux fournisseurs : États-Unis, Chine, Mexique, Allemagne, Japon
Particularités : 10 provinces, 6 fuseaux horaires

1. Taux de change au 13/04/21.

1. Actualisez les données pays par une recherche sur Internet.
2. Caractérisez les pratiques commerciales, sociales et environnementales du pays, après consultation de l'évaluation des risques par Coface.

Après avoir démarché des prospects à l'automne lors d'une mission export à Toronto et à Montréal, Émilie Triboulet, chargée de l'export, reçoit aujourd'hui une demande d'offre de Nathalie D., gérante de l'épicerie fine Douce France située à Toronto.
La confiserie Le Roy René, avec ses 100 ans d'expérience, produit des calissons, du nougat, des biscuits aux amandes, des fruits confits de qualité. Présente aux États-Unis depuis 2016, elle souhaite se développer sur le continent nord-américain et s'intéresse au Canada.

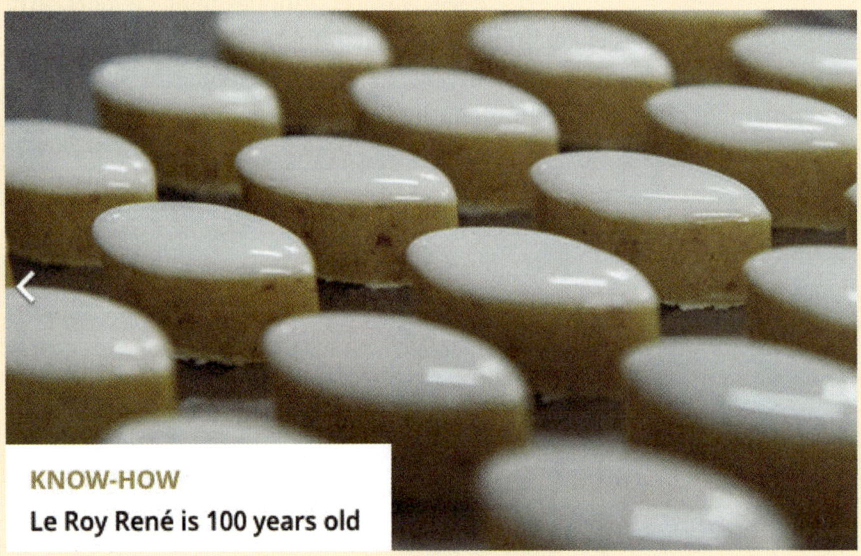

Cette boutique est spécialisée dans l'importation de produits gourmets d'entreprises françaises sélectionnées pour leur savoir-faire, afin de satisfaire la clientèle locale. Nathalie D. connaît donc les procédures spécifiques pour l'importation de produits alimentaires au Canada.

Vous assistez Émilie Triboulet dans le traitement de cette demande d'offre.

1. Appréciez l'intérêt pour la confiserie Le Roy René de répondre à cette demande d'offre. — Document 1
2. Préparez le tarif export à communiquer au prospect, à partir des éléments fournis par l'entreprise (taux de change : 1 euro = 1,5298 CAD). — Document 2 ; Fiche ressource 1
3. Analysez les autres éléments de la demande d'offre du prospect canadien : comparez-en les termes aux conditions générales de vente de la confiserie Le Roy René et contrôlez la possibilité de les satisfaire. — Documents 1 à 3 ; Fiche ressource 2
4. Construisez l'offre commerciale à adresser au prospect canadien. — Fiche ressource 3

VOTRE DOSSIER

DOCUMENT 1 E-mail reçu du prospect canadien

Boîte de récep... | Re : Request for or... ⊗ | Re : Request f... ⊗

Répondre ▾ Transférer ▾ Déplacer ▾ Imprimer Supprimer Annuler

Objet : Request for order
À : e.triboulet@leroyrene.com
Date : 03/23/20N
De : nd@doucefrance.ca

Hello Emilie,

I finally come back to you. As you already know, I really appreciate the storytelling and the savoir-faire of the company Le Roy René.
First, I would like to try your calissons with my most demanding customers. If the products are popular, we may expand the range and plan regular supplies, and it may occur in the near future.

We will organize an event next 14th of July and we could plan specific actions. I have taken note that the information on the boxes will be in English language, with the Made in France label.

Could you please give me your best CAD price for the following order delivered at my shop?

50 boxes RECTANGULAR BOX OF CALISSONS D'AIX (11 pieces)
40 boxes RECTANGULAR BOX OF CALISSONS D'AIX (18 pieces)
50 boxes DIAMOND-SHAPED METAL BOX OF CALISSONS D'AIX (10 pieces)
50 boxes DISCOVERY BOX ASSORTMENT OF LITTLE CALISSONS (20 pieces)

Looking forward to hearing from you soon,

Best regards
Nathalie

Nathalie D.
Shop owner
M: +1 (647) 348 7777
Douce France Inc.
820 Danforth Ave
Toronto, 4J IL6
https://doucefrance.ca/

DOCUMENT 2 Extrait du tarif de la confiserie Le Roy René

Tarif vente aux professionnels (prix EXW)

Products	TTC France en EUR
Rectangular box of calissons d'Aix (11 pc)	8,10
Rectangular box of calissons d'Aix (18 pc)	11,20
Diamond-shaped metal box of calissons d'Aix (10 pc)	9,10
Discovery box assortment of little calissons (20 pc)	8,40

Vente à l'export :
Amérique du Nord : frais de distribution et logistique : 20 %

(Les données ont été modifiées pour des raisons de confidentialité.)

DOCUMENT 3 CGV de la confiserie Le Roy René

CONDITIONS GÉNÉRALES DE VENTE 20N

Les présentes CONDITIONS GÉNÉRALES DE VENTE applicables en France métropolitaine régissent l'ensemble des ventes consenties par la CONFISERIE DU ROY RENÉ à l'ensemble de sa clientèle, centrales d'achat nationales et aux magasins regroupés en leur sein. Toute commande passée à la CONFISERIE DU ROY RENÉ implique nécessairement, à titre de condition essentielle et déterminante, l'acceptation sans réserve par le Client des présentes Conditions Générales de Vente ci-après. En outre, les présentes Conditions Générales de Vente prévalent sur toutes conditions générales d'achat ou particulières et/ou sur toutes dispositions, imprimées ou manuscrites, incluses dans les différents documents commerciaux du Client (bons de commande, lettres, télécopies, etc.), que ces documents et/ou conditions aient été adressés à la CONFISERIE DU ROY RENÉ antérieurement ou postérieurement à la réception des présentes conditions par le Client, le tout sous réserve des modifications des présentes conditions qui pourraient lui être ultérieurement adressées. Toute condition contraire posée par le Client sera donc, à défaut d'acceptation écrite de la CONFISERIE DU ROY RENÉ, inopposable, étant expressément entendu que cette dernière n'est pas tenue d'accepter des conditions d'achat ou demandes de la part du Client qui seraient abusives ou dérogatoires ou exorbitantes des présentes Conditions Générales de Vente.

1 – Commande

Les commandes ne sont définitives que lorsqu'elles ont été confirmées sans délai par écrit au Client par la CONFISERIE DU ROY RENÉ, qui se réserve le droit de refuser toute commande présentant un caractère anormal. Toute modification de commande par le Client ne sera prise en compte que si elle parvient à la CONFISERIE DU ROY RENÉ par écrit au plus tard quarante-huit (48) heures après la réception de la commande et que si elle ne se heurte à aucun obstacle technique et/ou contrainte de délais. Les modifications postérieures à la commande pourront provoquer un surcoût qui sera indiqué au Client pour acceptation et/ou provoquer un retard de livraison de la commande en cause. Toute annulation de commande par le Client engage sa responsabilité et l'oblige à indemniser la CONFISERIE DU ROY RENÉ de ses débours et gains manqués pour les produits en cours de fabrication ou fabriquées.

2 – Livraison

Les délais de livraison de la CONFISERIE DU ROY RENÉ sont de dix jours ouvrés, à compter de l'envoi de la confirmation de commande. Ils sont donnés à titre purement indicatif et leur non-respect ne peut donner lieu à aucune retenue, indemnité, dommages et intérêts ou compensation. La livraison des produits en une seule fois, en un seul lieu et en une seule facturation sera effectuée franco jusqu'au lieu désigné par le Client auprès du transporteur choisi librement par la CONFISERIE DU ROY RENÉ, pour le compte et aux risques et frais du Client. La CONFISERIE DU ROY RENÉ se réserve la faculté de procéder à des livraisons de façon globale ou partielle. Les marchandises voyagent aux risques et périls du Client, à qui il appartient de vérifier, dès la livraison, le bon état des produits. En cas de dommages (avaries ou manquants), le Client devra :

– inscrire, sur les documents de transport, des réserves claires, précises et complètes ;

– confirmer ces réserves au transporteur par lettre recommandée avec AR dans les trois jours de la réception, conformément à l'article L133-3 du nouveau Code de commerce ;

– informer immédiatement la CONFISERIE DU ROY RENÉ, par lettre recommandée AR, des dommages (avaries ou manquants) constatés.

Toute réserve ou contestation relative à la conformité des produits, hors les avaries liées au transport, devra être notifiée par lettre recommandée avec accusé de réception à la CONFISERIE DU ROY RENÉ dans un délai de huit jours à compter de la réception des produits. Le Client devra prouver l'existence des défauts ou anomalies concernant les produits. Sous réserve de l'accord exprès et préalable de la CONFISERIE DU ROY RENÉ, les produits seront remplacés ou feront

•••

•••

l'objet d'un avoir. À défaut du respect de ces conditions, les produits seront réputés conformes, aucun remboursement du prix des produits ni versement d'une quelconque indemnité n'étant dus par la CONFISERIE DU ROY RENÉ. Pour les livraisons de marchandise effectuées sur palettes, il sera de la responsabilité du Client de restituer à la CONFISERIE DU ROY RENÉ des palettes de nature et qualité équivalentes. Toute palette non restituée sera facturée au Client au prix de dix-neuf euros hors taxes (19 € HT) l'unité.

3 – Prix

Les prix s'entendent hors taxes, emballage compris, franco. Ils s'appliquent pour toute commande excédant un montant de deux cent cinquante euros hors taxes (250 € HT). En dessous, une participation forfaitaire aux frais de transport de vingt euros (20 €) sera facturée. Au cours des deux mois précédant la révision des tarifs, la CONFISERIE DU ROY RENÉ se réserve le droit de modifier toute commande ne correspondant pas à la moyenne des quantités mensuelles commandées habituellement au cours de cette période. La facturation est réalisée sur la base du tarif en vigueur au moment de la passation de la commande par le Client.

4 – Réduction de prix

Une remise de 3 % sur le montant HT facturé est accordée pour toute commande livrée par la CONFISERIE DU ROY RENÉ dans un entrepôt ou une plate-forme unique désigné par le Client, lequel assure la réception, le stockage, la préparation des marchandises et la redistribution au minimum à 10 points de vente du client. Cette remise ne figurera sur la facture en déduction du prix de vente que si elle est acquise à la date de la vente, les conditions liées à son obtention étant réalisées à cette date, et ce conformément aux dispositions de l'article L441-3 du nouveau Code de commerce. Ladite remise sera acquise et liquidée concomitamment à la date de la vente concernée et facturée sous la forme d'une réduction sur la facture correspondante. Elle ne sera en aucun cas accordée rétroactivement.

5 – Conditions de paiement

Toute facture est payable à trente jours fin de mois date de facture, le règlement devant être réalisé et les sommes dues mises à la disposition de la CONFISERIE DU ROY RENÉ dans ce délai. En cas de règlement anticipé, aucun escompte ne sera appliqué. Si une facture arrivée à échéance n'est pas réglée, même partiellement, la CONFISERIE DU ROY RENÉ se réserve le droit de réclamer, sans préjudice de dommages et intérêts, des pénalités de retard qui courront à compter de la date d'échéance. Tout retard de paiement entraînera également le versement par le Client d'une indemnité forfaitaire de quarante euros (40 €) pour frais de recouvrement. Conformément à l'article L441-6 du Code de commerce, cette indemnité est exigible de plein droit le jour suivant la date de règlement figurant sur la facture. Lorsque les frais de recouvrement sont supérieurs à quarante euros (40 €), la CONFISERIE DU ROY RENÉ se réserve le droit de demander au Client une indemnisation complémentaire, sous réserve d'en justifier le montant. En aucun cas, les paiements qui sont dus à la CONFISERIE DU ROY RENÉ ne peuvent être suspendus ni faire l'objet d'une quelconque réduction ou compensation sans accord écrit de la CONFISERIE DU ROY RENÉ. Tout paiement qui est fait à la CONFISERIE DU ROY RENÉ s'impute sur les sommes dues, quelle qu'en soit la cause, en commençant par celles dont l'exigibilité est la plus ancienne. Le défaut de paiement, même partiel, d'une facture à son échéance entraîne de plein droit, sans mise en demeure préalable, la déchéance du terme pour l'ensemble des factures émises par la CONFISERIE DU ROY RENÉ, qui deviennent immédiatement exigibles, et autorise la CONFISERIE DU ROY RENÉ, sans mise en demeure préalable, à suspendre les livraisons jusqu'à complet paiement. Les conditions de paiement de la CONFISERIE DU ROY RENÉ sont toujours susceptibles de modification en cas de détérioration de la situation financière du Client.

•••

6 – Réserve de propriété – Risques
Toutes les ventes de la CONFISERIE DU ROY RENÉ sont assorties d'une réserve de propriété. En conséquence, le transfert au Client de la propriété des marchandises vendues est subordonné au paiement intégral du prix. Les risques sont cependant transférés au Client dès la remise des marchandises au transporteur. Le Client devra en assurer à ses frais, risques et périls, la conservation, l'entretien et l'utilisation. La CONFISERIE DU ROY RENÉ autorise néanmoins la revente des marchandises avant leur paiement intégral, dans l'ordre chronologique des achats. Les produits en stock chez le Client seront réputés afférents aux factures non réglées à la CONFISERIE DU ROY RENÉ.

7 – Responsabilité contractuelle
Le Client est seul responsable de la fixation et de la publicité de ses prix de revente. Le Client s'engage à répercuter les offres promotionnelles organisées par la CONFISERIE DU ROY RENÉ sur les consommateurs. En cas de survenance d'un événement de force majeure, cet événement aura pour effet de suspendre l'exécution des obligations incombant à la CONFISERIE DU ROY RENÉ pendant la durée de la force majeure ou, en cas de persistance de l'événement, donnera droit à la CONFISERIE DU ROY RENÉ de résilier tout ou partie de la vente, sans qu'aucune indemnité ne soit due. La responsabilité de la CONFISERIE DU ROY RENÉ ne peut être engagée au cas où les produits vendus seraient entreposés dans des conditions anormales ou incompatibles avec leur nature.

8 – Juridiction applicable et loi applicable
L'interprétation et l'exécution des présentes Conditions Générales de Vente, ainsi que tous les actes qui en seront la conséquence, seront soumises au droit français. En cas de litige et quelle qu'en soit la nature, compétence sera donnée au tribunal du ressort de la cour d'appel du siège social de la CONFISERIE DU ROY RENÉ.

SPÉCIFICITÉS POUR LES VENTES À L'EXPORT
Les prix, en euros (EUR), sont EXW Aix-en-Provence. Selon la spécificité du Client et le volume de la commande, une négociation peut conduire à un autre Incoterm.
Le paiement s'effectue, par virement SWIFT, à 10 jours date de facturation pour une première commande puis 30 jours fin de mois à partir de la seconde commande.

FICHE RESSOURCE

1 Les éléments constitutifs du prix à l'export

Les prix à l'export sont fixés avec un objectif de rentabilité. L'entreprise détermine son prix de vente en fonction de son coût de revient (voir chapitre 15) en ajoutant une marge.
Elle doit aussi prendre en compte la concurrence sur le marché visé et la demande locale, puis agir selon sa stratégie de prix.

I Le calcul du coût de revient du produit

Le coût de revient correspond à l'ensemble des charges supportées pour fabriquer et commercialiser un produit. Il se calcule en cascade, à partir du prix d'achat des matières premières :

Prix d'achat des matières premières consommées
\+ Autres charges d'approvisionnement (transport, fournitures...)
= Coût d'achat des matières premières consommées
\+ Charges de production (machines, main-d'œuvre, locaux...)
= Coût de production des produits fabriqués
\+ Charges de distribution (emballage, transport, rémunération des commerciaux ou intermédiaires, local de vente, communication...)
= Coût de revient des produits vendus

À l'export, il faut intégrer les frais supplémentaires, liés au fonctionnement du service export, à l'adaptation du produit et de la documentation, à la protection de la propriété intellectuelle, à la couverture des risques.

II Le calcul du prix de vente à partir du coût de revient

Le prix de vente s'obtient par addition de la marge au coût de revient (ou au prix d'achat, si l'entreprise achète les marchandises pour les revendre en l'état).

Il existe deux façons d'exprimer la marge :
- par l'application d'un **taux de marge** : la marge est exprimée en pourcentage du coût de revient ou du prix d'achat (pratique du producteur et de l'importateur-grossiste) :

PV = PA × (1 + Taux de marge)

- par l'application d'un **taux de marque** : la marge est exprimée en pourcentage du prix de vente (pratique du détaillant) :

PV = PA / (1 – Taux de marque)

Exemple ▸ Un produit dont le coût de revient unitaire est de 24 EUR est vendu à un distributeur avec un taux de marge de 10 % : PV = 24 × 1,10 = 26,40 EUR (marge : 2,40 EUR).
Ce produit est revendu par le distributeur au consommateur avec un taux de marque de 40 % :
PV = 26,40 + 0,40 PV → 0,60 PV = 26,40 → PV = 26,40 / 0,60 = 44 EUR HT (marge : 17,60 EUR).
Si le taux de TVA est de 20 %, alors PV TTC = 44 × 1,20 = 52,80 EUR.

III La fixation d'un objectif de rentabilité

Elle est délicate car le prix le plus élevé ne garantit pas le profit le plus important. En effet, il existe une relation complexe entre la rentabilité et le prix :
- le prix influence les quantités vendues en raison de l'élasticité de la demande par rapport au prix ;
- il exerce un effet direct sur les coûts dans la mesure où la répartition des charges fixes dépend du volume de production.

Remarque L'élasticité de la demande par rapport au prix est en principe négative, ce qui signifie que la variation de la demande et la variation du prix évoluent en sens contraire. Ainsi, si le prix d'un produit augmente, la demande de ce produit diminuera. Toutefois, certains biens ont une élasticité positive, comme les biens de luxe.

En fixant ses prix par rapport à un objectif de rentabilité, l'exportateur privilégie ses contraintes internes plutôt que la construction d'une position sur le marché visé.

IV Le calcul du seuil de rentabilité

Lorsque l'entreprise démarre l'exportation de son produit sur un nouveau marché, elle souhaite connaître les valeurs ou les volumes à commercialiser et le temps nécessaire pour que l'activité devienne rentable.
Le seuil de rentabilité (SR) correspond au chiffre d'affaires (CA) à réaliser pour couvrir les charges fixes et variables : pour ce chiffre d'affaires, la rentabilité est nulle ; en dessous de ce chiffre d'affaires, l'activité est déficitaire ; au-dessus de ce chiffre d'affaires, elle est rentable. Le seuil de rentabilité correspond donc au total des charges variables et fixes.

Le seuil de rentabilité est calculé à partir d'un tableau de résultat différentiel qui distingue les charges variables (charges proportionnelles au chiffre d'affaires, comme les achats) et les charges fixes (constantes quelle que soit l'activité, comme le loyer et les charges de personnel). Il est déterminé par le calcul suivant :

SR = Coût fixe (CF) / Taux de marge sur coût variable (TMSCV)

avec MSCV = CA – CV et TMSCV = MSCV / CA

Si les ventes sont régulières au cours de l'année, le seuil de rentabilité peut être exprimé en nombre de jours : le point mort (PM) se calcule de la manière suivante :

PM = (SR / CA) × 360 jours d'activité

Exemple Pour la commercialisation d'un produit vendu 12 EUR EXW, les charges constatées sont les suivantes :
Charges variables : 3 EUR par produit
Charges fixes : 60 000 EUR
MSCV = CA – CV = 12 – 3 = 9 EUR
TMSCV = 9 / 12 = 75 %
SR = 60 000 / 0,75 = 80 000 EUR, soit 80 000 / 12 = 6 667 produits vendus

L'entreprise doit vendre 6 667 produits pour couvrir ses charges. L'activité sera rentable à partir du 6 668ᵉ produit vendu.

Tableau de résultat différentiel

Libellés	Montants	% du CA
Chiffre d'affaires CA	80 000	100
Charges variables CV	20 000	25
MSCV	60 000	75
Coût fixe	60 000	
Résultat net	**0**	

Si les ventes de ce produit s'élèvent à 92 000 EUR au cours de l'année, la date à laquelle l'activité devient rentable est la suivante :
PM = (80 000 / 92 000) × 360 = 313 jours, ce qui correspond au 13 novembre (10 mois à 30 jours + 13 jours).

La connaissance de son seuil de rentabilité permet à l'entreprise de vérifier que le prix de vente qu'elle a fixé lui permettra de couvrir toutes les dépenses engagées pour la fabrication et la distribution de son produit et de dégager une marge bénéficiaire.

V Le calcul du prix de vente export

Coût de revient du produit à l'export, au départ de l'entreprise française	Coût de revient du produit pour la France + Frais d'adaptation commerciale et réglementaire au marché + Coûts de distribution à l'export[1] (coûts du service export, de prospection, de communication...) + Frais liés à la couverture des risques (non-paiement, change...)

+

Marge	Marge définie selon la stratégie de l'entreprise

=

Prix de vente export départ France	Prix en EUR ou en devise si exigée par le prospect - Remise accordée selon les quantités

+

Coûts additionnels selon l'Incoterm proposé (voir chapitre 1)	+ Frais logistiques (pré-acheminement + transport principal + post-acheminement) + Frais liés aux formalités douanières à l'export + Frais liés aux formalités douanières à l'import (documents spécifiques) + Droits de douane à l'import (voir chapitre 12)

=

Prix de vente export	Prix proposé au client

1. Répartition des coûts : le coût du service export concerne l'ensemble des démarches entreprises pour vendre à l'export. L'entreprise peut exporter dans différents pays ; dans la détermination du coût de revient d'un produit sur une zone, on considérera une partie seulement des dépenses, souvent exprimées en pourcentage.
Le service comptabilité peut apporter ces précisions.

Exemple Calcul du prix de vente de 10 000 produits fabriqués pour honorer la commande d'un client brésilien
Conditions de vente : CIP São Paulo

	EUR
Coût de revient des produits	50 000
Frais d'adaptation commerciale	650
Frais de couverture des risques	250
Coût de revient export	50 900
Marge 8 %	4 072
Prix de vente EXW	**54 972**
Dédouanement export	100
Pré-acheminement	195
Mise à FOB	160
Fret maritime	470
Assurance maritime	140
CIF Santos	**56 037**
Déchargement	150
Post-acheminement	113
CIP São Paulo	**56 300**

FICHE RESSOURCE

2 La méthodologie d'analyse d'une demande d'offre

La demande d'offre provient d'une entreprise cliente, d'une entreprise démarchée lors d'un travail de prospection ou encore d'une entreprise qui sollicite spontanément l'exportateur.
Une prise d'informations préalable sur le pays et l'entreprise doit être réalisée si le prospect n'est pas connu (voir chapitre 16).
Ensuite, il faut comparer les éléments de la demande d'offre aux conditions générales de vente et évaluer la possibilité de satisfaire les demandes particulières du prospect.

Grille d'analyse de la demande d'offre

Situation	Éléments d'analyse de la demande d'offre	Demande du prospect	Analyse
Le prospect	Pays	Pays du prospect	– Le pays fait-il partie des marchés ciblés par l'exportateur ? – À défaut, étudier le risque pays, prendre en compte l'éloignement, les contraintes, notamment réglementaires, avant d'accepter de vendre dans ce pays.
	Entreprise	Nom de l'entreprise	– Visiter le site Internet de l'entreprise. – Étudier la fiabilité de l'entreprise, sa solvabilité et son potentiel. – Son positionnement (niveau de gamme des produits) et son image (éthique, démarche écoresponsable) correspondent-ils à ceux voulus par l'exportateur ?
Les éléments de la demande d'offre	Produit	Reprendre les éléments figurant dans la demande d'offre	Vérifier si les produits et références demandés sont toujours fabriqués par l'exportateur.
	Quantité		Vérifier la disponibilité en stock et les éventuels délais de fabrication ou d'approvisionnement à prévoir.
	Devise		Étudier si la facturation en devise est acceptable (risque de change).
	Conditions de livraison		Évaluer la possibilité de satisfaire la demande d'Incoterm (en termes de gestion, de coût, de risque et de trésorerie).
	Conditions de paiement		Contrôler la compatibilité des délais demandés avec les conditions générales de vente export (CGVE) de l'entreprise.
	Autres exigences		Évaluer la possibilité de satisfaire ces autres exigences.

FICHE RESSOURCE

3 La rédaction d'une offre commerciale

I La qualité de l'offre commerciale

L'entreprise exportatrice doit apporter un soin particulier à la rédaction de son offre, point de départ d'une nouvelle relation commerciale. L'offre doit être :
- présentée avec soin, à l'image de l'entreprise exportatrice ;
- claire, facilement compréhensible par le client/prospect et complète ;
- rédigée dans la langue du prospect (à défaut, en anglais) ;
- sérieuse, engageant l'entreprise exportatrice sur les prix et les conditions générales de vente ;
- pertinente, adaptée au client/prospect ;
- acceptable en l'état par le client/prospect, transformable en facture commerciale ou servant de base de négociation entre les parties.

II Le contenu de l'offre commerciale

L'offre est matérialisée par une facture pro forma qui comporte les éléments suivants :

Le nom du document **Le numéro de l'offre**	Facture pro forma / *Pro forma Invoice* N° …
Les dates	– De rédaction de l'offre – D'expiration de l'offre (ou exprimée en durée de validité)
Les parties	– L'émetteur de l'offre : nom et coordonnées de l'entreprise, nom et fonction du contact – Le destinataire de l'offre : nom et coordonnées de l'entreprise
L'objet	– Désignation des produits demandés et références – Exigences spécifiques pour l'étiquette et/ou le packaging – Quantité, prix unitaire et total pour chaque référence – Total général, éventuelles remises – Montant net avec devise
Les spécifications techniques	Préciser le poids / le volume / les tailles (attention aux différents systèmes de mesure selon les pays). **Exemple** Au Royaume-Uni : • 1 pound = 450 g • 1 stone = 6,350 kg • 1 inch = 2,54 cm • 1 foot = 30,5 cm • Size 5.5 = pointure 38 • Size 10 = taille 38
Les conditions d'expédition	Incoterm, délai de livraison au lieu de destination convenu des marchandises.
Les modalités de paiement	Moyen de paiement (virement majoritairement utilisé), éventuelles garanties de paiement, délais (acompte, solde).
Selon les produits	Descriptif technique Garanties Service après-vente → Documents joints
Les autres clauses éventuelles	– Clauses juridiques de résolution des litiges – Clauses de réserve de propriété

Les CGVE (conditions générales de vente à l'export) sont rédigées par l'entreprise exportatrice sans règle spécifique.

III La facture pro forma

Elle engage le fournisseur et devient contrat si elle est acceptée par l'acheteur. Elle comporte tous les éléments qui figureront dans la facture commerciale si l'offre est acceptée.

LOGO

From:
COMPANY
Address
France

To:
CUSTOMER
Address
Country

Contact:
Phone:
Email:

PRO FORMA INVOICE N°

Date:

Reference	**Item**	**Unit Price**	**Quantity**	**Total**

Currency:	**TOTAL**	
Incoterm:	Discount	
Delivery time:	**AMOUNT DUE**	
Payment terms:		
Validity:		

(Clauses particulières éventuelles)

1 Calculer un seuil de rentabilité

La société Cooper, spécialisée dans la sécurité des personnes, commercialise une gamme de détecteurs optiques de fumée.
Avant de renouveler un contrat avec son distributeur croate, elle souhaite vérifier le seuil de rentabilité pour l'une de ses références, Nugelec.
La mise en conformité du produit aux nouvelles attentes du marché va générer une surcharge de 1 EUR pour les charges variables et de 2 500 EUR pour les charges fixes.
Le détecteur est vendu 605 HRK sur le marché croate, soit 80 EUR le prix unitaire HT.
Au cours de l'année écoulée, le distributeur croate a vendu 30 000 unités ; les charges fixes se sont élevées à 320 000 EUR et les charges variables à 45 EUR par produit.

1. Calculez le seuil de rentabilité du détecteur de fumée après sa mise en conformité, en valeur et en volume, puis commentez vos résultats.

L'arrivée d'un concurrent polonais sur le marché provoque une tension sur les prix : un produit équivalent est vendu 60 EUR.

2. Estimez, compte tenu des résultats précédents, vos possibilités d'alignement, voire de contre-attaque sur le marché croate.

2 Calculer un prix d'offre export

Assistant(e) export au sein de la société Novak France, vous êtes sollicité(e) pour répondre à une demande d'offre CPT Oran pour un lot d'instrumentation (appareils d'analyse de transmetteur de pression, de températures) à destination d'un groupe chimique algérien. Le taux de marge pratiqué par Novak France pour ces produits s'élève à 18 %.
La demande d'offre porte sur 45 appareils.
La marchandise est conditionnée dans 4 cartons d'un poids unitaire de 99,25 kg.

- **À partir des informations des documents 1 et 2, calculez le prix d'offre CPT Oran à communiquer au client algérien.**

DOCUMENT 1 Informations communiquées par l'entreprise

- Coût de production d'un appareil d'analyse de transmission : 975 EUR
- Frais d'adaptation des produits et de la documentation à l'export : 6,50 EUR par appareil
- Coûts de distribution et de commercialisation : 1,25 EUR par appareil

DOCUMENT 2 **Informations communiquées par le transitaire**

- Enlèvement : 195 EUR
- Manutention : 89,75 EUR
- Sûreté aérienne : 71,80 EUR
- Taxe LTA : 38 EUR
- Fret aérien : 2 EUR le kg
- Surcharge combustible : 198,50 EUR
- Taxe Risque de guerre : 53,85 EUR
- Traitement informatique : 10 EUR
- Autres frais (formalités export douane) : 54 EUR

3 Analyser une demande d'offre

La PME française Catrice Gourmet est spécialisée dans les spécialités provençales pour apéritifs et buffets. Elle reçoit une demande d'offre de James Cobban de Baldor Speciality Food, un grossiste new-yorkais importateur de produits gourmets.

1. **Analysez la demande d'offre du grossiste new-yorkais (document).**

2. **Identifiez les risques et les contraintes de cette demande d'offre pour Catrice Gourmet.**

DOCUMENT **Extrait de la demande d'offre de James Cobban de Baldor Speciality Food**

Please let us know your price in USD, including transport to New York, payment by SWIFT transfer at 90 days.
For shipment of the following references:

- 20 boxes of 10 jars of black tapenades
  Packing: 80 g
- 50 boxes of 25 jars of black olives with truffle juice
  Packing: 80 g
- 25 boxes of 15 bottles of extra virgin olive oils
  Packing: 100 cl
- 20 boxes of 10 jars of pistou sauce
  Packing: 80 g

4 Analyser une offre commerciale

La société WorldwidePump basée en Vendée, spécialisée dans les pompes industrielles, prospecte depuis plusieurs années des sociétés de raffinement de cacao en Côte d'Ivoire. Après un entretien téléphonique en février puis un déplacement début mars, le responsable export, Corentin Moulinet, reçoit une demande d'offre de la société Africao, basée à Abidjan.

- **Évaluez la qualité de l'offre commerciale (document 2) rédigée par le responsable export et son adéquation à la demande du client ivoirien (document 1).**

DOCUMENT 1 **Demande d'offre du client ivoirien**

Extrait du mail de Bakary Assi, directeur des achats de la société Africao, adressé à Corentin Moulinet, le 16 mars N :

Nous vous confirmons notre intérêt pour :

2 motopompes pour l'alimentation des presses : Type WAUKESHA type 180 U2

Merci de nous adresser votre meilleure offre en EUR par retour de mail, pour une éventuelle livraison première semaine de juin N.

Une attention particulière sera portée au délai de livraison. En cas de retard dans les dates de livraison, nous nous réservons le droit d'annuler le solde de la commande par simple lettre recommandée, sans que nous soyons tenus de ce fait à verser aucune indemnité.
Lorsqu'un fournisseur décide unilatéralement de devancer la date de livraison fixée, le règlement de la fourniture ne sera effectué qu'en fonction du délai figurant sur la facture commerciale, dans le cadre des conditions de paiement convenues.

Nous réglons la quasi-totalité de nos fournisseurs par virement SWIFT, 30 jours fin de mois.
Cette offre pourra ou non inclure une partie du transport.

DOCUMENT 2 **Offre commerciale de WorldwidePump**

WorldwidePump France

OFFRE COMMERCIALE

Corentin Moulinet
3 rue Gambetta
85270 Saint-Hilaire de Riez
Tél. : +33 (0)2 51 28 27 27
Port : +33 (0)7 82 23 24 36
Mail : c.moulinet@worldwidepump.fr

Le 19 mars N

AFRICAO
M. Bakary Assi
ABIDJAN – Côte d'Ivoire

Offre n° : 20N-317
Pages : 3
Pour toute commande relative à cette offre, merci de rappeler notre référence ci-dessus.

Objet : Offre technique et commerciale

Suivi commercial
M. Corentin Moulinet
Tél. : +33 (0)7 82 23 24 36
Mail : c.moulinet@worldwidepump.fr

Monsieur,

Nous faisons suite à votre demande et vous prions de bien vouloir trouver ci-jointe notre meilleure proposition concernant la fourniture de :

– 2 groupes motopompes à pistons circonférentiels Waukesha destinés à véhiculer de la masse de cacao

Nous avons sélectionné une pompe Waukesha modèle 180 U2 (qui peut supporter jusqu'à 31 bars de pression). Les rotors de la pompe sont réalisés en alliage anti-grippant et plus mou que l'inox 316 – autrement dit, s'il y a usure, ce sont les rotors qui s'usent en premier, ce qui préserve le corps de pompe.

En ce qui concerne les pièces d'usure à prévoir, nous vous proposons un kit comprenant les 2 garnitures mécaniques complètes et, éventuellement, 2 rotors de pompe.

Nous espérons que la présente offre répond à votre demande et restons à votre entière disposition pour vous fournir les renseignements complémentaires qui pourraient vous manquer.

Nous vous souhaitons bonne réception de ces éléments et vous prions d'agréer, Monsieur, l'expression de nos sincères salutations.

Corentin Moulinet
Responsable EXPORT

SIÈGE SOCIAL 3 rue Gambetta 85270 Saint-Hilaire de Riez
Tél. : +33 (0)2 51 28 27 27 – www.worldwidepump.com
SIRET : 33 246 428 02769X

•••

•••

Offre n° : 20N-317 Client : AFRICAO

PRIX ET CONDITIONS COMMERCIALES

PRIX DES ÉQUIPEMENTS

Nos prix s'entendent nets, hors taxes, départ usine, matériel emballé selon le standard WorldwidePump et installé par vos soins.

DÉSIGNATION	QTÉ	PU EUROS	EUROS
Groupe moto pompe WAUKESHA 180 U2	2	25 600,00	51 200,00
Jeu de garnitures mécaniques réf. 133369	1		2 902,00
Rotor de rechange	2	8 157,00	16 314,00
Emballage	1		600,00
		TOTAL	**71 016,00**

VALIDITÉ DE L'OFFRE

1 mois Origine : USA Provenance : France environ 800 kg 2 m × 2 m × 1 m

DÉLAI DE LIVRAISON

7 à 8 semaines à réception de la commande, hors congés, départ usine

CONDITIONS DE PAIEMENT

Sous réserve de l'accord de notre service financier :

- par virement sur présentation d'une pro forma ou autre (à confirmer)

MONTAGE ET MISE EN SERVICE

Le montage sur site et la mise en service ne sont pas compris mais peuvent faire l'objet d'une prestation séparée. Si le montage sur site et/ou la mise en service sont commandés avec le matériel, la prestation devra faire l'objet d'une ligne de commande séparée. Nous facturerons le service rendu au maximum 3 mois après la livraison du matériel.

Si la date butoir de la mise en service est fixée au-delà de ces 3 mois, elle devra faire l'objet d'une commande séparée.

NOTICE / DOCUMENTATION

Une notice de mise en service et d'entretien est fournie en standard fournisseur et adressée par courrier électronique au donneur d'ordre de la commande. Les documents supplémentaires sont facturés en sus selon demande.

SERVICE TECHNIQUE

Nous prolongerons la garantie de votre pompe à 24 mois si la mise en service est réalisée en présence d'un technicien WorldwidePump. N'hésitez pas à nous consulter pour connaître le prix de cette prestation.

GARANTIE

Nous garantissons le bon fonctionnement de nos matériels à la condition que nos instructions de mise en service et d'entretien soient observées.

Nos matériels sont garantis un an à dater de la mise à disposition en nos ateliers contre tout défaut de matière ou vice de fabrication. La garantie couvre uniquement la fourniture gratuite de nouvelles pièces sans avoir pour effet de prolonger la garantie générale.

Sont exclus de la garantie, les pièces soumises à une usure normale ainsi que les frais de main-d'œuvre et de déplacement.

RÉSERVE DE PROPRIÉTÉ

Aucune réclamation ne sera acceptée 15 jours après la réception du matériel (l'émargement du bon de transport faisant foi). Le matériel livré restera notre propriété jusqu'au règlement intégral (loi 80.335 du 12 mars 1980). Tout litige sera de la compétence du tribunal de commerce de notre siège social.

CHAMP D'APPLICATION

Les conditions particulières de la présente offre ne font pas obstacle à l'application de nos conditions générales de vente ci-dessous et également disponibles sur notre site www.worldwidepump.fr. Dans le cas où une condition particulière serait en opposition avec l'une des conditions générales, ne s'appliquera que la condition particulière.

•••

•••

CONDITIONS GÉNÉRALES DE VENTE

1. GÉNÉRALITÉS
Les présentes conditions générales s'appliquent aux relations contractuelles entre « le Fournisseur » et la société cliente ci-après dénommée « le Client ». Elles constituent la base juridique des contrats, sauf dispositions particulières contraires écrites et acceptées par le Fournisseur.
Tous contrats entre les deux parties impliquent, pour le Client, l'adhésion aux présentes conditions qui font la loi des parties.

2. FORMATION DU CONTRAT
Sauf disposition contraire, la validité de l'offre est de 30 jours. Les offres de prix téléphoniques ne constituent pas engagement de la part du Fournisseur si elles n'ont pas été confirmées par écrit. Le contrat n'est réputé parfait qu'à la suite d'une acceptation écrite (accusé de réception) du Fournisseur de la commande.

3. CONTENU DU CONTRAT
Le contrat sera strictement limité aux fournitures et prestations expressément mentionnées par le Fournisseur à partir des données fournies par le Client.

4. DOCUMENTS
Les renseignements, performances, photos, poids, prix et dessins figurant dans les catalogues commerciaux, prospectus et tarifs sont donnés à titre indicatif et non contractuel. Le Fournisseur se réserve le droit d'y apporter toute modification.

5. RÉVOCATION DU CONTRAT
La commande exprime le consentement du Client de manière irrévocable ; il ne peut donc l'annuler, à moins d'un accord express et préalable du Fournisseur. Dans ce cas, le Client indemnisera le Fournisseur pour tous les frais consécutifs à cette annulation qui ne pourront être inférieurs à 30 % du montant annulé. Le Fournisseur n'est pas tenu de reprendre le matériel neuf qui lui serait retourné.

6. MODIFICATION DU CONTRAT
Toute modification du contrat demandée par le Client est subordonnée à l'acceptation expresse du Fournisseur et donnera lieu à un avenant au contrat. Dans ce cas, le Client compensera le Fournisseur pour tous les frais engagés, et pour toutes les conséquences directes et indirectes qui en découlent (notamment coûts des suppléments demandés, remise en stock, frais de logistique, contrôles).

7. PROPRIÉTÉ DES ÉTUDES, PLANS ET DOCUMENTS
Le Fournisseur conserve intégralement la propriété intellectuelle de ses études, plans et documents. Toute reproduction nécessite l'accord écrit et préalable du Fournisseur. Si des études, faites à la demande du Client, ou des documents fournis à ce dernier ne sont pas suivis de commande des produits, les frais qu'ils auront engendrés pourront lui être facturés de plein droit et les documents devront être restitués au Fournisseur. Tous les droits de propriété intellectuelle, ainsi que le savoir-faire incorporé dans les documents transmis, les produits livrés et les prestations réalisées demeurent la propriété exclusive du Fournisseur. Toute cession de droit de propriété intellectuelle ou de savoir-faire doit faire l'objet d'un contrat avec le Fournisseur.

8. PRIX
Les prix fixés au moment de l'acceptation de la commande s'entendent hors taxes, hors frais de douane. Sauf accord préalable, les frais de transport, d'assurance et d'emballage sont à la charge du Client (frais avancés sur factures). Le Fournisseur se réserve le droit, en cas de survenance d'un événement extérieur à sa volonté, de réviser ses prix selon des modalités prédéterminées par les parties (notamment en cas de variation du cours des matières premières, modification des droits de douane, modification du cours des changes, évolution des législations). Toutes modifications des taux ou de la nature des taxes fiscales seront répercutées sur les prix déjà remis aux clients ainsi que sur les commandes en cours de livraison.

9. CONDITIONS DE PAIEMENT
9.1. Termes et modalités de paiement. Sauf stipulation contraire, les factures émises par WorldwidePump SAS sont payables à 30 jours date de facture net et sans escompte. Les dates de paiement convenues contractuellement ne peuvent être remises en cause unilatéralement par le Client sous quelque prétexte que ce soit, y compris en cas de litige. Les paiements anticipés sont effectués sans escompte, sauf accord particulier.
9.2. Retard de paiement. Conformément à la loi n° 2001-420 du 15 mai 2011 et à la directive européenne 2000/35 CE du 29 juin 2000, tout retard de paiement donnera lieu à l'application d'un intérêt de retard égal au taux de refinancement le plus récent de la Banque centrale européenne majoré de sept points. Tout retard de paiement d'une échéance entraîne la déchéance du terme contractuel, la totalité des sommes dues devenant immédiatement exigibles. Le fait pour le Fournisseur de se prévaloir de l'une et/ou de l'autre de ces dispositions ne le prive pas de la faculté de mettre en œuvre la clause de réserve de propriété stipulée à l'article 14.
9.3. Pratique des débits d'office. Le Client s'interdit toute pratique illicite de débit ou d'avoir d'office, et de manière générale, de facturer au Fournisseur toute somme qui n'aurait pas été reconnue expressément par ce dernier au titre de sa responsabilité.

10. DÉLAIS DE LIVRAISON
Le délai de mise à disposition du matériel court à partir du moment où sont réunies les conditions suivantes :
1° la réception de la commande Client écrite et de toutes les informations nécessaires à la bonne exécution du contrat ;
2° l'acceptation par WorldwidePump, sous forme d'un accusé de réception de commande, des termes du contrat. Sauf stipulation contraire, les délais de livraison sont donnés à titre indicatif. Un retard de livraison ne pourra entraîner la résiliation, même partielle, du contrat, ni donner lieu à des dommages et intérêts de retard au profit du Client.

11. RÉCEPTION TECHNIQUE, ESSAIS, INSPECTIONS, CERTIFICATS
Le Client est tenu de procéder, dès réception, à une vérification minutieuse du produit. À défaut de réserve dans un délai de 4 jours, le produit sera réputé conforme au contrat. Toutes opérations de recettes, contrôles, essais et certificats demandés par le Client sont à ses frais. Ces opérations supplémentaires s'effectueront en usine ou sur le lieu selon le choix du Fournisseur. Si le Client, prévenu de la date de ces opérations, ne s'y présente pas, un procès-verbal lui sera communiqué et la réception sera réputée avoir eu lieu.

12. EMBALLAGE, LIVRAISON, TRANSPORT, ASSURANCE
Les conditions de livraison convenues sont interprétées conformément aux INCOTERMS en vigueur à la date de la conclusion du contrat. En l'absence de demande spéciale émanant du Client, la qualité reste à la libre appréciation du Fournisseur. Sauf accord préalable, les emballages sont toujours dus par le Client et ne sont pas repris par le Fournisseur. Le matériel, même expédié franco, voyage aux risques et périls du destinataire.
En cas d'avaries ou de manquant, l'état du matériel doit être constaté lors du déchargement, et des réserves précises doivent être apposées sur le bon de livraison contresigné par le transporteur ou son préposé, puis confirmées par une lettre recommandée adressée sous 48 heures au transporteur, avec copie au Fournisseur. Les marchandises faisant l'objet d'une réclamation doivent rester à disposition du Fournisseur et du transporteur afin de procéder aux vérifications. Au cas où ces formalités n'auraient pas été accomplies, le Fournisseur ne pourra en aucun cas envisager un dédommagement même partiel du Client. Aucun retour de matériel ne sera accepté sans son accord. À compter de la mise à disposition, le Client assume la responsabilité des dommages que les produits pourraient subir ou occasionner.

13. INSTALLATION, MISE EN SERVICE
Sauf accord contraire, elles sont effectuées par le Client, sous sa seule responsabilité et selon les règles de l'art.

14. CLAUSE DE RÉSERVE DE PROPRIÉTÉ
Le Fournisseur conserve l'entière propriété des biens faisant l'objet du contrat jusqu'au paiement effectif de l'intégralité de prix en principal et accessoires. Le défaut de paiement de l'une quelconque des échéances pourra entraîner la revendication de ces biens.

15. GARANTIE
Sauf stipulation contraire, et sans préjudice des dispositions sur la garantie légale, le Fournisseur offre une garantie contre les vices de matières ou défauts de construction de 12 mois à compter de la mise à disposition du matériel. Celle-ci couvre uniquement la réparation ou le remplacement des pièces reconnues défectueuses par le Fournisseur, renvoyées franco dans ses ateliers, à l'exclusion formelle de tout autre dommage ou intérêt pour quelque cause que ce soit et de tout remboursement de main-d'œuvre. La garantie ne s'applique pas aux éléments qui, par la nature de leurs matériaux ou de leur fonction, subissent une usure, ni en cas de détériorations ou d'accidents qui proviendraient d'une installation ou d'une utilisation non conforme aux règles de l'art, du non-respect des notices d'installation, d'utilisation et de maintenance, de défauts de surveillance, de stockage ou d'entretien, d'une modification ou intervention du Client sur le produit d'origine. Elle ne s'applique pas en cas de non-paiement du Client, et il ne peut s'en prévaloir pour suspendre ou différer ses paiements.

16. RECYCLAGE DES DÉCHETS
WorldwidePump adhère à Recylum et finance la filière de collecte et de recyclage agréée pour les déchets électriques professionnels (DEEE Pro). Cet engagement volontaire de WorldwidePump permet à ses clients de bénéficier de solutions simples et gratuites pour assurer le recyclage de leurs déchets électriques professionnels. Connectez-vous pour tous renseignements utiles : www.recylum.com

17. RESPONSABILITÉ
La responsabilité civile du Fournisseur, toutes causes confondues, à l'exception des dommages corporels et de la faute lourde, est limitée au montant des sommes perçues au titre du contrat. Le Fournisseur exclut expressément toute autre responsabilité au titre des dommages matériels indirects et/ou immatériels directs et indirects, et la réparation de tout préjudice financier découlant notamment d'une perte de bénéfice, privation d'un droit, interruption d'un service rendu par une personne ou un bien, pour autant que de telles limitations ou exclusions soient compatibles avec les dispositions légales en vigueur, de caractère impératif.

18. FORCE MAJEURE
Aucune des parties au présent contrat ne pourra être tenue pour responsable de son retard ou de sa défaillance à exécuter l'une des obligations à sa charge au titre du contrat si ce retard ou cette défaillance sont l'effet direct ou indirect d'un cas de force majeure entendu dans un sens plus large que la jurisprudence française tel que : survenance d'un cataclysme naturel, tremblement de terre, tempête, incendie, inondation, conflits, guerre, attentat, conflit du travail, grève totale ou partielle, injonction impérative des pouvoirs publics (interdiction d'importer, embargo), accidents d'exploitation, de transport, bris de machines, explosion, carences graves de fournisseurs. Chaque partie informera l'autre partie, sans délai, de la survenance d'un cas de force majeure dont elle aura connaissance et qui, à ses yeux, est de nature à affecter l'exécution du contrat.

19. CLAUSE RÉSOLUTOIRE
Si le paiement n'intervient pas dans les 8 jours suivant la date d'expédition d'une mise en demeure par lettre recommandée, le Fournisseur pourra résilier les contrats et suspendre les livraisons en cours. Il pourra, en outre, obtenir réparation de l'entier préjudice subi. Si, par suite d'événements de force majeure, tels que ceux décrits dans l'article 18, l'exécution du contrat devient impossible dans un délai raisonnable, chacune des parties a le droit de se dégager du contrat, par simple notification écrite, sans avoir à demander la résiliation à un tribunal. La résiliation du contrat pour quelque cause que ce soit ne porte pas atteinte aux créances déjà échues entre les parties.

20. CONTESTATIONS
En cas de litiges quelconques relatifs à une fourniture ou à son règlement, et quels que soient les conditions de vente et le mode de règlement accepté, même en cas d'appel en garantie, ou de pluralité de défendeurs, et sauf accord amiable, le tribunal de commerce du ressort du siège du Fournisseur sera seul compétent pour trancher le litige. Seul le droit français est applicable.

CHAPITRE

3 Identifier et sélectionner des fournisseurs à l'international

COMPÉTENCES PROFESSIONNELLES

Mesurer les risques, gérer leur couverture, les sinistres et les litiges

Évaluer les prestations de services et les offres fournisseurs

La majorité des chefs d'entreprise choisissent leurs fournisseurs en fonction des tarifs pratiqués. […]
La qualité du produit vient en seconde position, suivie du service après-vente. […] Même s'ils ne le précisent pas de prime abord, 57 % des chefs d'entreprise apprécient que leurs fournisseurs soient porteurs d'une distinction ou d'une certification, telles qu'une norme ISO ou un label. L'origine du produit […] peut aussi faire pencher la balance. […] Dernier point important : le site Internet. Il est devenu une véritable vitrine pour séduire les clients. Pour preuve, 80 % des gérants consultent la page web d'un fournisseur avant de le sélectionner.

Mélissa Carles, www.netpme.fr

SITUATION PROFESSIONNELLE

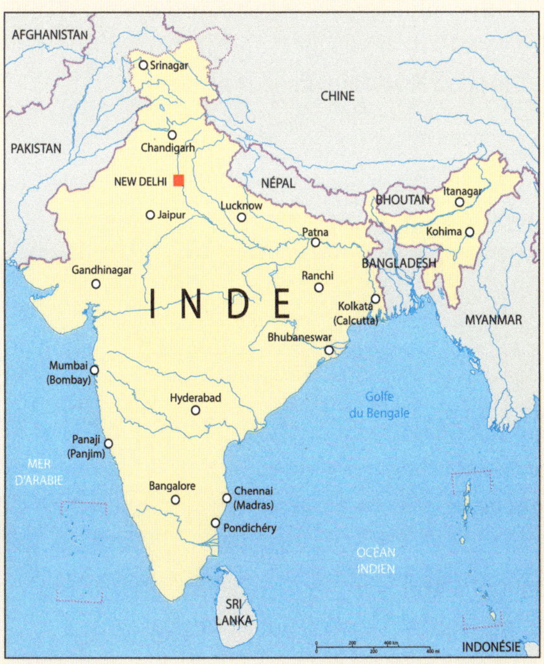

INDE

Régime : République fédérale de 28 États et 7 territoires
Superficie : 3 289 259 km²
Population : 1,403 milliard d'habitants
Capitale : New Delhi
Villes principales : Mumbai, Delhi, Calcutta, Chennai, Bangalore, Hyderabad
Langues officielles : hindi et anglais (18 langues officielles, 2 000 dialectes)
Langue des affaires : anglais
Monnaie : roupie (1 EUR = 89,8430 INR[1])
PIB/hab. : 2 100 USD (2019)
Partenaires commerciaux : États-Unis, Émirats arabes unis, Chine, Hong Kong, Singapour, Arabie saoudite, Irak

1. Taux de change au 13/04/21.

1. Actualisez les données pays par une recherche sur Internet.
2. Caractérisez les pratiques commerciales, sociales et environnementales du pays, après consultation de l'évaluation des risques par Coface.

L'entreprise Hobby commercialise une gamme étendue de tapis d'ornement par l'intermédiaire de nombreux magasins de la grande distribution, en France et dans le Benelux.
Elle s'approvisionne auprès de producteurs en France et à l'étranger.
Ses fournisseurs sont sélectionnés pour la qualité de leur travail et répondent à un cahier des charges rigoureux : les exigences de Hobby portent à la fois sur le produit, les conditions commerciales, le respect des délais de livraison et la responsabilité sociale et environnementale.
Elle a récemment conclu un contrat avec la centrale d'achat d'une enseigne d'ameublement et de décoration française, pour la fourniture de tapis d'ornement. Il s'agit d'approvisionner, dans un premier temps, la moitié des 250 magasins situés en France, en Italie, en Espagne, au Luxembourg, en Belgique, en Allemagne et en Suisse. Hobby entrevoit la possibilité d'un courant d'affaires plus important encore à moyen terme.
L'importance des volumes en jeu conduit l'entreprise à faire appel à de nouveaux fournisseurs pour satisfaire ses engagements. Vous êtes chargé(e) de la sélection d'un nouveau fournisseur de tapis.

1. Recensez les enjeux de la sélection d'un nouveau fournisseur pour Hobby. — Fiche ressource 1

2. Définissez le profil du fournisseur à rechercher. — Documents 1 à 3 ; Fiche ressource 2

Le service achats vous communique des informations sur deux producteurs déjà sollicités dans le passé (**document 4**) et vous demande d'en identifier un troisième, afin de les mettre en concurrence.

3. Identifiez, par une recherche sur Internet, un fournisseur potentiel de tapis susceptibles de satisfaire au cahier des charges de Hobby et à vos critères. — Fiche ressource 3

4. Organisez les informations collectées sur les trois fournisseurs potentiels dans une base de données. — Fiche ressource 4

5. Comparez ces fournisseurs dans une matrice de sélection. — Fiche ressource 5

6. Rédigez le courrier et le cahier des charges à adresser au(x) fournisseur(s) sélectionné(s). — Fiche ressource 6

VOTRE DOSSIER

DOCUMENT 1 Éléments communs du cahier des charges de Hobby

Exigences à l'égard de tous les fournisseurs

- Qualité des produits
  Matières premières, résistance, couleur, stabilité
- Moyens techniques
  Parc d'outils, capacité de stockage
- Communication
  Site Internet à jour, échange de données informatisées
  Langue française ou anglaise

Certifications recherchées

- Normes ISO 9001 – SA8000® – ISO 26000

Conditions commerciales souhaitées

- Conditions de vente CIP France
- Facturation en euros
- Paiement par virement à 30 jours de l'expédition

DOCUMENT 2 Les normes ISO 9001, SA8000® et ISO 26000

ISO 9001

La norme ISO 9001 repose sur un certain nombre de principes de management de la qualité, notamment une forte orientation client, la motivation et l'engagement de la direction, l'approche processus et l'amélioration continue.

Une entreprise certifiée ISO 9001 garantit à ses clients des produits et services uniformes et de bonne qualité.

SA8000®

La norme SA8000® est la principale norme de certification sociale pour les usines et les organisations à travers le monde.

SA8000® est un standard de certification contrôlable et basé sur les normes de travail en vigueur selon les conventions internationales de l'organisation du travail (ILO) inscrits dans la Déclaration universelle des droits de l'homme et dans la Convention des Nations unies pour les droits des enfants.

Une entreprise qui a reçu la certification SA8000® peut garantir au monde extérieur un traitement équitable de ses employés.

La norme SA8000® mesure la performance sociale dans huit domaines :

1. Travail des enfants
2. Travail forcé ou obligatoire
3. Santé et sécurité
4. Liberté syndicale et droit à la négociation collective
5. Discrimination
6. Pratiques disciplinaires
7. Temps de travail
8. Rémunération

ISO 26000

ISO 26000, ce sont des lignes directrices pour un comportement socialement responsable et respectueux de l'environnement. Cette norme est appliquée pour évaluer l'engagement des organisations en faveur du développement durable ainsi que leur performance globale.

Elle ne contient pas d'exigences et ne donne donc pas lieu à une certification.

DOCUMENT 3 Éléments du cahier des charges pour l'achat des tapis

Le contrat conclu avec la centrale d'achat de l'enseigne d'ameublement et de décoration porte sur l'approvisionnement annuel de 18 000 tapis disponibles en plusieurs coloris et formats :
- Matière : toute matière naturelle (laine, chanvre, coco…)
- Fabrication : tissage
- Design : ethnique (coloré)
- Dimensions : rond, carré, rectangulaire, de 30 × 30 cm à 200 × 200 cm
- Délai de livraison : 2 mois maximum
- Échantillon souhaité
- Livraisons échelonnées : 3 000 pièces tous les 2 mois

DOCUMENT 4 Informations sur les producteurs de tapis fournies par le service achats

the RUGS STORE	ORIENT SANDA
The Rugs Store 67 Santosh Sagar Colony Brahampuri, Jaipur, Rajasthan, Inde	**Qingdao Orient Sanda Textile Co.** Century Of Excellence Center, No. 31, Longcheng Road, Qingdao, Shandong, Chine
Fabricant de tapis noués à la main, laine et soie	Fabricant de tapis en laine et tapis d'impression
• Création : 1985 • 50 employés • Chiffre d'affaires : 2,5 millions USD • Exportation : États-Unis, Canada, Europe (16 %) (exportation directe) • Délai moyen : 15 jours • Service R&D • Nombre de chaînes de production : 10 • Capacité de production annuelle : 36 000 • Échantillon : sur demande • Traitement des demandes de devis : 24 heures • Prix moyen : 175 USD/m² • Transport aérien ou maritime • Conditions de livraison : FOB • Devises acceptées : USD, EUR, CAD, GBP… • Mode de paiement : virement • Marque CE • Présent sur alibaba.com depuis 2015 • Site Web : www.therugsstore.com • Disponible en 11 langues, dont le français	• Création : 2006 • 120 employés • Chiffre d'affaires : 1,2 million USD • Exportation : Asie (30 %), Afrique, Amérique du Nord, Europe (recours à un agent) • Délai moyen : 30 jours • Nombre de chaînes de production : 10 • Capacité de production annuelle : 36 000 • Échantillon : 200 USD/m² • Traitement des demandes de devis : < 24 heures • Prix moyen : 110 USD/m² • Conditions de livraison : tous Incoterms • 72,5 % de livraisons dans les délais • Devises acceptées : USD • Paiement par virement avec crédit documentaire • Certification ISO 14001 • Présent sur alibaba.com depuis 2019 • Pas de site Internet en propre

FICHE RESSOURCE

1 Les enjeux de l'internationalisation des achats (*sourcing*)

I Les enjeux de la fonction Achat

La fonction Achat est chargée de procurer à l'entreprise les matières premières et composants nécessaires à la production. Ces composants doivent être livrés dans les délais, tout en étant conformes en qualité et en quantité au cahier des charges (c'est-à-dire aux besoins) de l'entreprise.

L'importance de la fonction Achat en termes de compétitivité peut s'appréhender à plusieurs niveaux :

- **sur le plan commercial :** la fonction Achat permet de fournir des produits de bonne qualité tout en évitant les ruptures de stock (qui sont très mauvaises pour l'image de l'entreprise) ;
- **sur le plan financier :** la politique d'achat contribue à la rentabilité de l'entreprise en influant sur les coûts des composants et donc sur la marge de l'entreprise ;
- **sur le plan stratégique :** la sécurité des approvisionnements passe par la non-dépendance à l'égard d'un seul fournisseur pour toute composante essentielle de la production ;
- **sur le plan politique de l'entreprise :** la politique d'impartition (sous-traitance d'une partie de la production) est une extension de la politique d'achat.

II Les enjeux du *sourcing* : bien acheter pour mieux vendre

L'entreprise peut souhaiter changer de fournisseur (suite à une augmentation des tarifs, à des retards de livraison, à des défauts de qualité d'un fournisseur actuel...) ou avoir des fournisseurs supplémentaires.

1 Les objectifs du *sourcing*

Le *sourcing* peut viser plusieurs objectifs, notamment :

- réaliser des économies sur le coût de revient, afin de rester compétitif ;
- se fournir en matières ou produits non disponibles sur le marché national (par exemple, certains composants pour l'électroménager ne se trouvent qu'en Asie) ;
- diversifier ses sources d'approvisionnement afin d'éviter les ruptures dans la chaîne d'approvisionnement, réduire sa dépendance à l'égard d'un nombre limité de fournisseurs, mettre en concurrence ses fournisseurs.

2 Les difficultés et les limites du *sourcing*

À l'international, les principales limites sont :

- l'éloignement géographique (allongement des délais de livraison, difficulté de réapprovisionnement en urgence) ;
- la différence culturelle (problèmes de communication en raison d'une langue et d'une culture différentes) ;
- des procédures d'expédition et d'organisation logistique plus complexes ;
- le recours nécessaire à une société de contrôle de la qualité (respect des normes) des produits avant expédition ;
- les formalités administratives accrues (gestion documentaire, dédouanement) ;
- les pratiques commerciales différentes ;
- le risque de dégradation de l'image de marque de l'entreprise (perte de l'image de produits fabriqués en France) ;
- la prise en compte nécessaire de critères éthiques (droits de l'homme, travail des enfants, par exemple) et environnementaux (matières premières renouvelables) ;
- le risque de contrefaçon...

FICHE RESSOURCE

2 La définition des pays et du profil des fournisseurs à rechercher

L'entreprise délimite sa zone de *sourcing* et définit le profil du fournisseur à rechercher.

I Identifier les pays dans lesquels mener la recherche

Accessibilité	Langue utilisée et culture du pays	Elles ont un impact sur la qualité de la communication et donc de la relation commerciale.
	Distance géographique	L'éloignement impose une planification rigoureuse des achats et rend difficile le réassort en urgence.
	Infrastructures disponibles	Les infrastructures de transport et de communication doivent permettre d'organiser la logistique des expéditions dans de bonnes conditions.
Potentialité	Niveau de commerce avec la France, accords douaniers (voir chapitre 12)	L'existence d'une origine préférentielle permet d'obtenir une exonération ou une réduction des droits de douane à l'importation des produits dans l'Union européenne.
Risques	Risque politique et environnement des affaires (voir chapitre 16)	L'intensité du risque pays et du risque lié aux pratiques professionnelles locales peut être appréciée par une consultation de la notation de Coface (Compagnie française d'assurance du commerce extérieur, www.coface.com).
	Pratiques professionnelles	Il est plus facile de travailler avec des entreprises situées dans des pays développés ; les normes et les réglementations seront plus proches de celles de la France.

II Définir le type de fournisseur à trouver

Activité	Fabricant, grossiste, société de négoce ou agent d'approvisionnement	L'entreprise préférera avoir affaire au producteur qu'à un intermédiaire, pour une meilleure maîtrise des conditions de fabrication des produits et des coûts. La spécialisation du fournisseur est un gage de sa maîtrise de la technologie du produit.
Taille de l'entreprise	Volume des ventes, chiffre d'affaires	Une petite entreprise est généralement plus fragile qu'une grande.
	Capacité de production	Elle doit être suffisante pour satisfaire les commandes de l'acheteur (des ruptures de stock auraient des conséquences sur son activité).
	Nombre d'employés	Pour une bonne relation commerciale, l'acheteur doit avoir un interlocuteur disponible.
Outils de communication	Site Internet complet et mis à jour	Il permet de prendre connaissance des caractéristiques de l'entreprise du fournisseur, de la nature de son offre, de l'identité de ses clients…
	Système d'échange d'informations	Il permet de coordonner les opérations (de la transmission de la commande à la facturation), d'assurer la communication, d'analyser en temps réel l'exécution des commandes.
Qualité	Certification du fournisseur	La reconnaissance de la qualité des produits et des services par des organismes extérieurs (normes ISO) garantit la fiabilité du fournisseur.
	Garanties offertes et références clients	Elles constituent des gages de la capacité du fournisseur à faire face à ses engagements.

FICHE RESSOURCE

3 Les sources d'information spécifiques à l'achat international

Il est important de consulter des sources variées et de mener une veille dans le but d'identifier les meilleurs fournisseurs possibles.

I Sur le territoire national

- Les chambres de commerce et d'industrie
- Business France et ses services à l'étranger, à condition que les produits recherchés ne soient pas fabriqués en France ; son équivalent dans les autres pays (EDC au Canada, AWEX en Belgique…)
- Les fédérations professionnelles du secteur
- Les banques
- La presse professionnelle

II À l'étranger

- Les manifestations commerciales : salons professionnels, foires commerciales (calendrier disponible sur eventseye.com)
- Les chambres de commerce et d'industrie nationales dans les pays ciblés

III Les sites Web

- Les annuaires professionnels (Europages, Kompass…)
- Les annuaires des exposants aux salons internationaux
- Les sites Web des fournisseurs
- Les plateformes de *e-sourcing* (Alibaba.com, Made-in-China.com, TheFoodWorld.com, GlobalSources.com…)

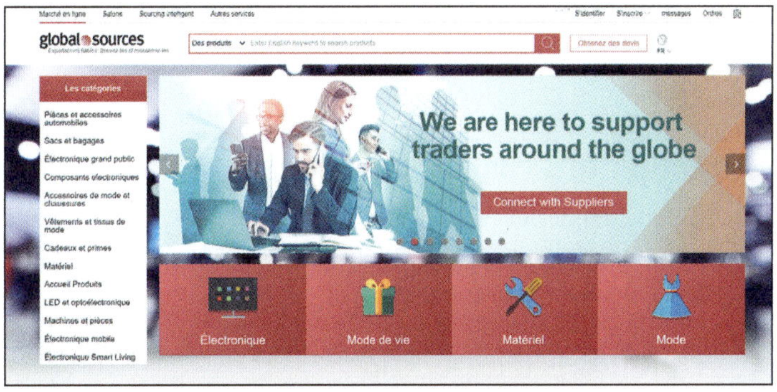

- Les *e-marketplaces* (places de marché électroniques) : version Internet des places de marché traditionnelles, elles permettent la négociation, l'achat, la vente et le règlement en ligne (SourcingParts-MFG.com pour les pièces détachées de l'industrie, par exemple).

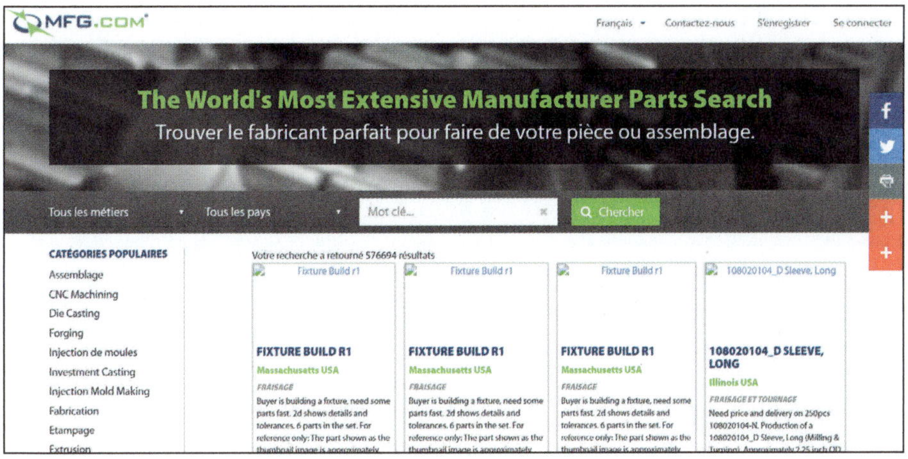

FICHE RESSOURCE

4 Les critères de choix de fournisseurs potentiels

Les informations collectées sont organisées dans une base de données.

I La prise d'informations sur les fournisseurs potentiels

Il s'agit de collecter les informations par la consultation :
- de leur site Internet (il doit être complet et à jour) : leur gamme, leurs clients, leur localisation, leurs équipements... ;
- de leur référencement dans les annuaires professionnels.

II Les critères de sélection

La hiérarchisation des critères dépend des objectifs poursuivis par l'importateur.

1 La qualité du produit

Plusieurs éléments permettent de s'assurer de la bonne qualité du produit : la fourniture d'un échantillon, la certification à des normes (ISO ou autres) par des laboratoires fiables (certains bureaux de certification chinois certifient des pneus ou des briquets pourtant non conformes aux normes européennes), les garanties producteur, le SAV...

2 Le prix

Tarif de base, remises accordées pour des volumes importants... Au-delà du prix proposé par le fournisseur, c'est le coût de revient qu'il convient d'examiner : à ce prix, devront s'ajouter des frais de logistique, des droits de douane, des frais bancaires liés au change ou à la technique de paiement exigée par le fournisseur (crédit documentaire, par exemple – voir chapitre 16).

3 Les conditions commerciales

La prise en charge des risques liés à la logistique, le délai et le mode de paiement pratiqués par le fournisseur, le délai de fabrication et de livraison, les quantités minimales sont des paramètres essentiels à prendre en compte.

4 Les conditions d'expédition

L'emballage et le conditionnement des produits, le mode de transport proposé, les délais de livraison...

5 La qualité du fournisseur

L'acheteur doit également prendre en compte l'ancienneté du fournisseur, sa capacité de production, ses équipements, le niveau de qualification de son personnel, sa notoriété, sa fiabilité et sa solidité financière, son engagement dans une démarche sociétale et écoresponsable, sa certification à des normes de qualité de service.

III La base de données fournisseurs

Construite au fur et à mesure de la recherche, elle contient les informations collectées sur :
- l'entreprise : adresse, téléphone, fax, site Web, activité (producteur ou distributeur) ;
- le contact : nom, fonction, téléphone, mail ;
- les clients : secteur et localisation ;
- les produits proposés ;
- les prix (avec la devise et l'Incoterm) ;
- les délais de fabrication et de livraison ;
- les contacts qui seront établis avec le fournisseur (dates d'envoi de la demande d'offre, de la réception de l'offre...).

FICHE RESSOURCE

5 La matrice de sélection de fournisseurs

Dans un premier temps, la matrice est élaborée avec les informations collectées sur Internet et auprès des organismes sollicités : elle permet de comparer les fournisseurs et de sélectionner ceux auxquels l'entreprise va adresser une demande d'offre.
Dans un deuxième temps, elle est complétée avec les données des offres obtenues des fournisseurs contactés afin d'analyser ces offres.
La matrice est un outil d'aide à la sélection d'un fournisseur. Des coefficients peuvent être affectés aux critères (*scoring*) afin de les hiérarchiser en fonction des objectifs de l'entreprise (en termes de qualité ou de coût, par exemple).

Critères de sélection	Fournisseur X	Fournisseur Y	Commentaires
Les conditions commerciales			
Coût de revient			
Incoterm			
Devise			
Mode de règlement			
Délai de règlement			
Délai de livraison			
Le produit			
Qualité du produit : certification, contrôle…			
Fourniture d'un échantillon			
Minimum de commande			
Le fournisseur			
Ancienneté			
Producteur ou grossiste			
Références			
Localisation			
Langue utilisée			
Présence d'un SAV			
Ancienneté de la relation commerciale			
…			

FICHE RESSOURCE

6 L'appel d'offres

Un appel d'offres est une procédure par laquelle l'acheteur demande à différents fournisseurs potentiels de faire une proposition commerciale chiffrée en réponse à la formulation détaillée (cahier des charges) de son besoin de bien ou service. L'acheteur doit leur communiquer des informations précises sur son entreprise, ses besoins et les conditions dans lesquelles les offres doivent lui parvenir et seront traitées.

I La définition du cahier des charges

Le cahier des charges correspond à la définition du besoin de l'acheteur et doit être rédigé avec précision :
- le produit souhaité : spécificités techniques (matériaux utilisés, taille, modèle, dimensions...), commerciales (couleurs, personnalisation...) et réglementaires (normes, standards, labels...) ;
- la demande d'échantillon et du prix de l'échantillon ;
- les quantités précises et le conditionnement souhaité ;
- la demande de prix : avec devise et Incoterm(s) ;
- les modalités de paiement souhaitées (mode, délai) ;
- la date ou le délai de livraison souhaité ;
- le volume d'affaires annuel envisagé ;
- les conditions négociables et les conditions non négociables.

II La rédaction de l'appel d'offres

Les informations suivantes doivent être communiquées aux fournisseurs potentiels :
- une description de la société émettrice de l'appel d'offres ;
- une description du contexte général du déroulement de l'appel d'offres ;
- le cahier des charges des prestations attendues ;
- les volumes/quantités en jeu ;
- les dates de livraison ;
- la date butoir pour répondre ;
- une grille de cotation (afin que les soumissionnaires détaillent la formation de leur prix d'une façon comparable) ;
- un formulaire d'accusé de réception de la demande d'offre.

Les termes utilisés sont les suivants :

- RFP	*Request For Proposal*	Appel d'offres
- RFQ	*Request For a Quote or Quotation*	Demande de prix
- MOQ	*Mininum Order Quantity*	Quantité minimum à commander

III La réception et le classement des offres des soumissionnaires

Le traitement des réponses des fournisseurs est effectué en trois phases :
- l'analyse du contenu des offres (vérification de la conformité avec le cahier des charges) ;
- la sélection de la meilleure offre ;
- la réponse à tous les soumissionnaires (pour leur communiquer le résultat positif ou négatif de l'étude de leur offre).

1 Collecter des informations sur des fournisseurs potentiels

Vous devez sélectionner un fournisseur de vélos pour enfants pour le compte de la centrale d'achat d'un distributeur de jouets sur le territoire français. Vous avez identifié principalement deux fournisseurs potentiels suite à une recherche sur Alibaba.com.

1. **En vous appuyant sur les documents 1 à 3, comparez les deux fournisseurs sur la base des informations disponibles sur le site Alibaba.com.**

2. **Rédigez le message que vous allez envoyer aux deux fournisseurs pour obtenir des informations complémentaires.**

DOCUMENT 1 Cahier des charges du distributeur de jouets

Vélo enfant : diamètre de roue 14 pouces Matériau : acier Emballage : individuel
Les vélos pour enfants doivent être conformes à la norme européenne EN71.
Besoins :
– 1re commande à livrer dans un délai de 30 jours (catalogue printemps-activités de plein air) : 600 unités
– 2e commande envisagée en octobre (catalogue jouets Noël) : 600 unités

DOCUMENT 2 Fournisseur Innovative One (Vaughan, Ontario, Canada)

Alibaba.com | Produits | S'il vous plait entrez le mot-clé | Rechercher | Connexion | Messages | Commandes | Panier d'achat

Catégorie | Prêt à être expédié | Trade Shows | Équipement de protection personnelle | Services | Vendre | Aide | Téléchargez l'appli

Accueil > Toutes les industries > Sports & loisirs > Cyclisme > Vélo Vous abonner à Trade Alert

View larger image

14-16 pouces 3-8 ans Enfants Vélo Roue de formation Pas cher Alliage de magnésium

FOB Référence Prix : Obtenir le dernier prix

25,00 $US – 30,00 $US / Morceau I 1,000 Morceaux (min. order)

Couleur :

Type :	Vélo pliant	Vélo utilitaire	Vélo tandem
Taille :	24 * 15 (150-165 cm)	26 * 15,5 (150-165 cm)	
Délai :	Quantité (morceaux)	1 – 26	> 26
	Durée estimée (jours)	24	Négociable

Contacter le fournisseur | laisser Des Messages | Historique de navigation

Informations relatives au produit
- Vélo pour enfant, taille de roue 14"
- Couleurs : rose et marron en stock, autres coloris à la demande
- Matériel d'armature acier, matériel de fourche acier, matériel de jante alliage de magnésium
- Pays d'origine : Canada
- Emballage : à la demande
- Conditions de livraison : FOB, CIF
- Délai : 3 jours pour les produits en stock, 60 jours sur commande

Informations relatives à l'entreprise
- Capacité d'approvisionnement : 10 000 tonnes métriques par mois
- Valeur de la production annuelle : 100 millions USD
- Année de création : 2008
- Nombre d'employés : 1 000, département R&D 50 personnes
- Principaux marchés : Amériques, Asie, Afrique, Europe

DOCUMENT 3 Fournisseur Xingtai Banxing Children's Toy Factory (Shijiazhuang, province du Hebei, Chine)

Informations relatives au produit
Matériau : acier (armature, fourche), jantes aluminium
Poids net : 8 kg – Poids brut : 9 kg
Couleurs : bleu, vert, rose, rouge (tout coloris disponible sur demande)
Emballage : 1 à 4 pièces par carton, à la demande

Informations relatives à l'entreprise
Capacité de production : 500 000 unités par mois
Délai de mise à disposition : 10 jours pour toute commande inférieure à 100 unités, nous consulter pour toute commande plus importante
Expédition depuis Xingang (ou tout port sur demande)

Certificat de solvabilité délivré par le Centre de gestion du crédit Hebei 96315 :
« Le degré de crédit d'entreprise est bon, la solidité du capital, la qualité des actifs, l'efficacité économique et d'autres indicateurs sont au niveau supérieur, le fonctionnement global est dans un cercle vertueux. »

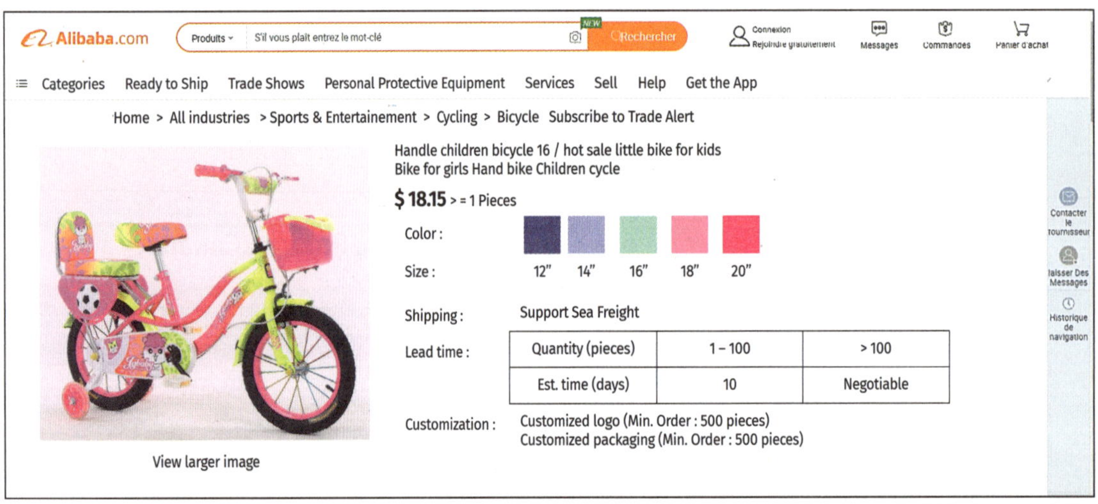
Alibaba.com | Produits | S'il vous plait entrez le mot-clé | NEW | Rechercher | Connexion | Rejoindre gratuitement | Messages | Commandes | Panier d'achat

Categories | Ready to Ship | Trade Shows | Personal Protective Equipment | Services | Sell | Help | Get the App

Home > All industries > Sports & Entertainement > Cycling > Bicycle Subscribe to Trade Alert

Handle children bicycle 16 / hot sale little bike for kids Bike for girls Hand bike Children cycle

$ 18.15 > = 1 Pieces

Color :

Size : 12" 14" 16" 18" 20"

Shipping : Support Sea Freight

Lead time :

Quantity (pieces)	1 – 100	> 100
Est. time (days)	10	Negotiable

Customization : Customized logo (Min. Order : 500 pieces)
Customized packaging (Min. Order : 500 pieces)

View larger image

Contacter le fournisseur
laisser Des Messages
Historique de navigation

2 Comparer et analyser des offres, sélectionner un fournisseur

Pour sa production d'huiles essentielles, l'entreprise Essentielles, située dans le nord de la France, se fournit en matières premières auprès de producteurs français si possible, sinon européens.
La pression sur les prix est forte sur son marché et bien qu'elle souhaite entretenir des relations durables avec ses partenaires, l'entreprise est très sensible au coût de ses achats.
Pour ses approvisionnements en thym, elle fait appel tous les mois, depuis plusieurs années, à un producteur polonais qui garantit la qualité des produits par un contrôle rigoureux à chaque étape, de la pousse au produit final.
Suite à l'annonce d'une augmentation de ses tarifs de 10 % par son fournisseur actuel, l'entreprise Essentielles envisage de changer de source d'approvisionnement et a identifié un exportateur en Inde, auquel elle a envoyé une demande d'offre.

1. **À l'aide des documents 1 à 3, comparez les offres des deux fournisseurs dans une matrice de sélection.**
2. **Concluez sur l'opportunité de changer de fournisseur.**

DOCUMENT 1 Conditions commerciales habituelles du fournisseur actuel

ThymPol

THYMPOL
21-060 Fajsławice, Pologne

Producteur d'herbes et épices
Commande mensuelle de 150 kg
Prix de vente EXW Fajslawice (Pologne) : 4 EUR/kg par sac de 10 kg
Transport routier jusqu'à vos locaux possible : 260 EUR
Paiement par virement SWIFT à 30 jours
Délai de livraison : une semaine

DOCUMENT 2 Extrait de l'offre commerciale du fournisseur indien

Shri Renugaa Agro Export

Shri Renugaa Agro Export
Karur, Tamil Nadu – 639005, Inde

Fournisseur de produits agroalimentaires et d'herbes depuis 2016
Contrôle des produits dans les fermes des agriculteurs
Prix de vente CFR Le Havre : 6 USD/kg, conditionnement par sac de 10 kg
Minimum de commande : 500 kg
Délai de livraison au port de départ (Inde) : 10 jours
Paiement 50 % à la commande, le solde à l'expédition

DOCUMENT 3 Informations logistiques et monétaires

Extrait du tarif douanier communautaire
L'Inde bénéficie du Système de préférences généralisées (SPG).

TARIC[1] measure information [Show all information]
Area: India – IN

0910 99	- - **Other:**
	- - - Thyme:
	- - - - Neither crushed nor ground:
0910 99 31	- - - - - Wild thyme (Thymus serpyllum L.)
0910 99 31 ▼	- - - - - Other

ERGA OMNES (ERGA OMNES 1011°

→ **I Import control of organic products (01-01-2017° -)** (CD808)
Excluding: Switzerland (CH), Iceland (IS), Liechtenstein (LI), Norway (NO)
[Show conditions]

→ **I Import control (25-03-2020° -)** (CD980)
Excluding: Iceland (IS), Liechtenstein (LI), Norway (NO)
[Show conditions]

→ **I Third country duty (01-01-2007° -) : 7.00%**

GSP (R 12/978) – General arrangements (SPGL 2020)

→ **I Tariff preference (01-01-2015 -) : 2.40%** (TMS47)

1. TARIC : tarif intégré communautaire (tarif douanier de l'Union européenne).

- Les droits de douane sont calculés sur la valeur CIF port européen (CFR en l'absence d'assurance).
- Le transport routier du port du Havre à destination est estimé à 100 EUR.
- Taux de change à retenir : 1 EUR = 1,09 USD

3 Identifier et sélectionner des fournisseurs

le Roy René

Depuis 1920

Depuis sa création, la Confiserie du Roy René puise ses recettes dans la plus pure des traditions des confiseries et douceurs provençales : calissons, nougats, confiseries...

Elle fait figure de leader sur le marché des fabricants de calissons en France, avec 50 % de part de marché. Son usine de Puyricard, près d'Aix-en-Provence, produit 450 tonnes de calissons par an. La PME réalise un chiffre d'affaires de 10,8 millions d'euros, en progression chaque année, grâce à des ventes en grande distribution (plus de la moitié), en direct sur ses 4 boutiques et dans un réseau de détaillants. 10 % de l'activité vient de l'export, dans 24 pays.

La Confiserie du Roy René dispose d'une amanderaie de 4 hectares, qui ne suffit pas à ses approvisionnements. Elle importe régulièrement des amandes d'Espagne.

La forte pression de la demande depuis quelques années a déjà provoqué plusieurs augmentations des prix pratiqués par les producteurs français et espagnols et la Confiserie du Roy René doit rechercher de nouvelles sources d'approvisionnement.

Elle réalisera une première commande, à titre d'essai, avec pour objectif de construire une relation durable avec un nouveau fournisseur.

1. **À partir de recherches sur Internet et du document, identifiez des fournisseurs potentiels d'amandes et construisez une base de données.**

2. **Hiérarchisez ces fournisseurs potentiels en fonction de critères de sélection pertinents.**

3. **Rédigez un appel d'offres concernant un approvisionnement de 200 tonnes d'amandes.**

DOCUMENT Conditions d'achat de la Confiserie du Roy René

- Facturation en euros
- Incoterm DPU souhaité, mais toute offre compétitive sur le plan du rapport qualité/prix sera examinée.
- Conditions de règlement souhaitées : crédit documentaire irrévocable à 60 jours de la date d'expédition
- Date limite de soumission de l'offre : 15 mai

CHAPITRE

4 Organiser la logistique à l'international

COMPÉTENCES PROFESSIONNELLES

Organiser, contrôler et suivre la réalisation d'un contrat international

La *supply chain* (« chaîne d'approvisionnement ») est une fonction stratégique dans l'entreprise qui recouvre toutes les activités liées aux flux physiques de matières et de produits (achat, production, stockage, transport et distribution), aux flux administratifs et financiers et aux flux d'information associés.

La logistique internationale est un maillon de la chaîne d'approvisionnement et désigne les opérations de transport nécessaires pour acheminer les marchandises des locaux du vendeur à ceux de l'acheteur.

SITUATION PROFESSIONNELLE

JAPON

Régime : démocratie parlementaire
Superficie : 378 000 km²
Population : 127 millions d'habitants
Capitale : Tokyo
Villes principales : Tokyo, Osaka, Nagoya, Sapporo
Langue : japonais
Monnaie : yen (1 EUR = 130,3400 JPY[1])
PIB/hab. : 40 247 USD (2019)
Principaux clients : Chine, États-Unis, Corée du Sud, Hong Kong, Thaïlande
Principaux fournisseurs : Chine, États-Unis, Australie, Arabie saoudite, Corée du Sud

1. Taux de change au 13/04/21.

1. Actualisez les données pays par une recherche sur Internet.
2. Caractérisez les pratiques commerciales, sociales et environnementales du pays, après consultation de l'évaluation des risques par Coface.

MAISON JEAN-FRANÇOIS REY®

Jean-François Rey, l'un des designers les plus reconnus en matière de lunettes optiques et solaires, a fondé sa société en 1992 à Marseille. Créateur de lunettes high-tech haut de gamme, il doit son succès à des montures en inox, titane ou en acétate fait main, conçues à Marseille et fabriquées par sa filiale de Champagnole, dans le Jura. Le designer innove en permanence, en partenariat avec les meilleurs fournisseurs mondiaux (titane japonais, cuir italien...). La marque réalise 65 % de son activité à l'étranger, avec plus de 5 000 points de vente (dont une boutique en propre à Tokyo), dans plus de 50 pays.

La grande majorité des modèles sont fabriqués dans l'usine jurassienne, Ellaps, propriété du groupe ; 400 000 paires de lunettes en sortent chaque année. Seule une petite partie de la production provient du Japon, en raison de la maîtrise de la technologie du titane et du niveau de technicité offerts par le producteur.

Le dirigeant de la Maison Jean-François Rey vous charge d'une réflexion sur les modalités actuelles de la chaîne d'approvisionnement pour les lunettes en titane.

Les montures sont importées du Japon et acheminées jusqu'à l'usine de Champagnole, où elles sont assemblées avec les verres (verres neutres ou solaires). Les lunettes ainsi conçues sont alors glissées dans des étuis individuels à la griffe de Jean-François Rey, conditionnées dans des cartons et stockées dans l'attente de leur expédition dans les boutiques des opticiens, en France et à l'étranger (**documents 1 à 5**).

Les opticiens sont livrés lors du renouvellement des collections, quatre fois par an et sur demande, lors d'un réapprovisionnement de leur stock.

1. Identifiez les flux de la *supply chain* des lunettes en titane : flux physiques, flux d'information, flux administratifs et flux financiers.

Documents 1 à 5
Fiche ressource 1

La Maison Jean-François Rey utilise actuellement un système EDI (*Electronic Data Interchange*) pour communiquer avec ses fournisseurs et ses clients ; ce système lui permet surtout d'éditer et de recevoir les documents commerciaux et les documents de transport.

Elle souhaite se doter d'une solution plus globale, de façon à intégrer la gestion de ses stocks et ses opérations comptables.

2. Précisez le type de logiciel qui vous semble convenir à ses besoins. Identifiez, par une recherche sur Internet, les fonctionnalités précises d'un tel logiciel et les bénéfices que l'entreprise pourrait tirer de son utilisation.

Fiche ressource 2

Pour l'organisation de ses expéditions (importations du Japon et exportations aux distributeurs), la Maison Jean-François Rey a recours à un transitaire qui coordonne de nombreux intervenants.

3. Recensez les opérations logistiques confiées au transitaire WES, en vertu de l'Incoterm de la transaction commerciale, pour ses importations et ses exportations.

4. Identifiez les prestataires intervenant dans la logistique des importations en provenance du Japon et leur rôle.

Fiche ressource 3

5. Recensez les avantages et les inconvénients du recours à un transitaire pour la Maison Jean-François Rey.

Fiche ressource 4

6. Identifiez la nature des frais facturés par le transitaire WES pour l'importation des montures de lunettes en titane en provenance du Japon réalisée au cours du mois de janvier.

Document 6
Fiche ressource 5

VOTRE DOSSIER

DOCUMENT 1 Approvisionnement en montures au Japon

12/01 • Passation de la commande des montures en titane au fournisseur Matsuda, situé à Sabae, dans la préfecture de Fukui, au Japon. Envoi du cahier des charges et du bon de commande par EDI.
• Réception de la confirmation de commande du fournisseur japonais.

DOCUMENT 2 Production des montures de lunettes en titane par Matsuda

Approvisionnement en fil de titane auprès du fabricant Osaka Titanium Technologies Co., à Amagasaki, dans la préfecture de Hyōgo, au Japon.

Processus de fabrication des montures en titane :
Design (cahier des charges fourni par J.-F. Rey) → Prototype en 3D → Étirement du fil de titane → Fabrication des moules des pièces matricées → Microsoudure → Polissage → Coloration et finition des montures de lunettes

Stockage des produits dans un entrepôt à Sabae

DOCUMENT 3 Organisation de la logistique de l'importation des montures de lunettes du Japon

Transport des montures en titane

- Transport routier de l'entrepôt du fournisseur japonais à Sabae jusqu'à l'aéroport de Komatsu (63 km)
- Transport aérien jusqu'à Genève – Suisse (*via* Kobe – Japon et Heathrow – Angleterre) par Japan Airlines et British Airways (2 escales)
- Transport routier de l'aéroport de Genève à l'usine Ellaps à Champagnole (83 km)

20/01
- Réception par EDI des documents émis par le fournisseur japonais : Facture commerciale FCA Kobe Aéroport + Liste de colisage + Certificat de qualité + Certificat d'origine
- Envoi des instructions au transitaire WES par EDI, pour l'organisation de la logistique de Kobe à Champagnole

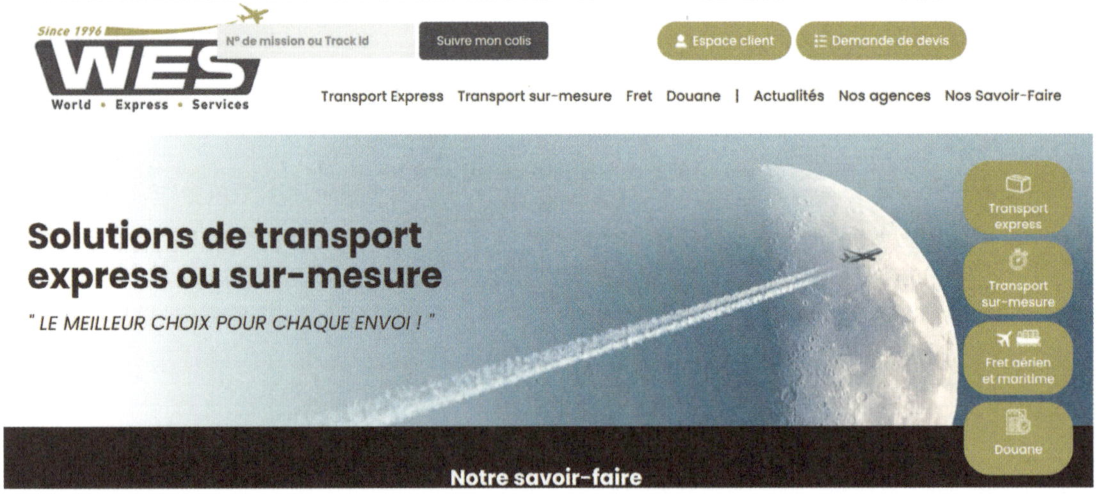

- Réception par EDI du document de transport aérien (LTA) et du certificat d'assurance, envoyés par le transitaire WES

25/01 Réception des marchandises dans l'usine Ellaps à Champagnole

27/01
- Réception par EDI du DAU (document administratif unique, justificatif de la déclaration en douane) émis par le transitaire WES pour le dédouanement import des montures de lunettes
- Réception par EDI de la facture du transitaire WES

DOCUMENT 4 Montage des produits

- Assemblage des montures et des verres à Champagnole
- Conditionnement des produits dans des étuis individuels puis dans des emballages en carton double cannelure

DOCUMENT 5 Organisation de la logistique pour la livraison des points de vente en Europe

Planning des livraisons en Europe	Tous les 3 mois
Mode de transport	Route (sauf réapprovisionnement à la demande, par avion)
Conditions de livraison	CIP point de vente
Conditions de paiement	Virement à 30 jours de l'expédition

Organisation de la logistique

Les formalités de dédouanement pour les pays hors Union européenne et les opérations de transport et d'assurance sont confiées au transitaire WES, qui fait procéder à l'enlèvement des marchandises à Champagnole.

1. Émission d'un bordereau d'instructions envoyé au transitaire WES, par EDI
2. Emballage des marchandises en entrepôt à Champagnole
3. Envoi des documents commerciaux (facture, liste de colisage, certificat de qualité, certificat d'origine) au transitaire WES et aux distributeurs, par EDI
4. Réception des documents de transport et des documents douaniers envoyés par le transitaire WES
5. Réception de la facture du transitaire WES, par EDI

DOCUMENT 6 Facture du transitaire WES reçue le 27 janvier

Since 1996 WES® World • Express • Services

FACTURE

Facture n°	: 25676	MAISONS JF REY
Code Client	: 0000 XX	74 route des Camoins
Code comptable	: XXXXXX	13011 MARSEILLE
Date	: 27/01/N	
Échéance	: 25/02/N	
Paiement	: CHÈQUE 30 JOURS	
N° TVA Client	: FR00000000000	

Expéditeur :	**Destinataire :**
MATSUDA	ELLAPS
Sabae	Champagnole
JAPON	FRANCE

HAWB / HBL	: 1 082 123	Poids	: 80 kg
HAWB / MBL	: 176-10553489	Volume	: 0,000
Depuis	: UKB	Taxable	: 120 kg
Vers	: GVA	Incoterm	: FCA Kobe Airport
Départ	: 20/01/N	Arrivée	: 25/01/N

	TAXABLE	NON TAXABLE
DROITS DE DOUANE		220,83
FRET AERIEN		378,45
TAXE PORT DU	35,70	
FRAIS DE COMPAGNIE	75,00	
MISE A DISPOSITION	32,00	
FRAIS DE TRANSPORT	54,00	
INTERVENTION DOUANE	85,00	
APPLICATION DELTA	21,00	
	302,70	598,45

Total HT	Taxable	TVA	Montant TVA	Total TTC	Net à payer
901,15	302,70	20 %	60,54	961,69	**961,69**

WES – KOBA INTERNATIONAL
BP 647
98013 MONACO Cedex

SAM AU CAPITAL DE 150 000 EUR

Tél. : +377 97 98 79 98
E-mail : facturation@wes.fr
RCI : 13S06041
NIS : 5229 B 15784
N° TVA : FR00000000000

Remarque : la Maison Jean-François Rey bénéficie du dispositif de l'autoliquidation de la TVA, qui lui permet de différer le paiement de la TVA à l'importation en en reportant le montant sur sa déclaration de chiffre d'affaires.

FICHE RESSOURCE

1 La *supply chain* : définition et enjeux

I Définition de la *supply chain*

La *supply chain* (« chaîne d'approvisionnement ») désigne toutes les étapes de la production des matières premières à la distribution du produit au client final.

Matières premières » Fabrication » Produits finis » Stockage » Transport » Point de vente » Client final

1 Les étapes de la *supply chain*

- Le sourcing : sélection des meilleurs fournisseurs, marchandises et matières premières.
- L'achat des matières premières et marchandises.
- La production de biens et services.
- La gestion des stocks de matières, de marchandises, de produits et de l'entrepôt.
- Le transport des matières premières, des marchandises et des produits.
- La distribution des marchandises.
- La gestion de la clientèle.
- Le recyclage des marchandises, aussi appelé « logistique inversée ».

À terme, l'objectif est d'améliorer la qualité du service rendu aux clients pour augmenter leur taux de satisfaction et conquérir de nouvelles parts de marché.

La *supply chain* inclut des flux physiques, des flux d'information, des flux administratifs et des flux financiers.

Flux physiques	Liés à la production, à la logistique (transport, dédouanement…) des approvisionnements, au stockage des matières et des produits finis, à la distribution.
Flux d'information	Liés à la communication entre les différents intervenants pour assurer l'enchaînement des étapes.
Flux administratifs	Liés à l'ensemble des documents émis pour le traitement et le contrôle des commandes, le contrôle du calendrier de livraison, le contrôle des paiements, les rapports de gestion…
Flux financiers	Liés au paiement des fournisseurs et prestataires, à l'encaissement des règlements clients (acomptes et solde, remboursement, indemnisation…).

2 Distinction entre logistique internationale et *supply chain*

La logistique internationale constitue un maillon de la chaîne d'approvisionnement et englobe les opérations d'emballage, de stockage, de transport, d'assurance transport et de dédouanement.

II Les enjeux de la *supply chain*

L'objectif du *supply chain management* (« gestion de la chaîne logistique ») est d'optimiser les outils et les méthodes d'approvisionnement afin de réduire les délais de livraison, les stocks et donc les coûts, tout en garantissant un produit et un service de qualité.

1 Les enjeux économiques

• Les **coûts logistiques** d'une entreprise représentent en moyenne 10 à 15 % de son chiffre d'affaires, mais peuvent peser davantage. Une bonne gestion de la *supply chain* vise à réduire ces coûts, afin de préserver les marges et d'augmenter la compétitivité.

• La **gestion des risques** : un incident chez un fournisseur peut avoir des répercussions de grande ampleur sur toute la chaîne d'approvisionnement. Ainsi, les nombreux incendies ou catastrophes naturelles survenus ces dernières années dans des usines ont eu des conséquences financières et économiques lourdes sur tous les acteurs de la *supply chain*.

Exemple L'incendie survenu en janvier 2017 dans une usine de composants plastiques de Recticel, équipementier automobile, à Most en République tchèque, a empêché ce fournisseur de livrer ses clients Renault, PSA, Volkswagen, Daimler, BMW... L'incendie a coûté 30 millions d'euros au producteur belge, mais les conséquences sur ses clients, qui se sont retrouvés en rupture de stock, ont dépassé le milliard d'euros.

2 La qualité de la relation commerciale

Le management de la chaîne d'approvisionnement vise à créer et consolider une relation commerciale de bonne qualité et durable, avec d'une part, les fournisseurs et d'autre part, les clients : réactivité, réduction des délais de livraison, meilleur service.

3 La responsabilité sociétale des entreprises (RSE)

Les enjeux relatifs à la sécurité humaine et environnementale sont de plus en plus souvent inscrits dans la *supply chain* : conséquences sur l'environnement de l'installation ou de la fermeture d'une usine, conséquences d'un changement de matière première sur la santé des consommateurs ou encore de la multiplication des entrepôts sur le territoire, au détriment des cultures agricoles (la France, notamment, sert d'espace de stockage aux grandes centrales d'achat européennes). L'entreprise qui s'engage dans une démarche RSE doit y inclure ses partenaires et toute sa *supply chain*.

Exemple Les scandales relatifs à la sécurité alimentaire (vache folle, viande de cheval dans les lasagnes, lait contaminé, maltraitance des animaux dans les abattoirs...) ont impliqué de nombreux transformateurs de produits et rejailli sur les marques qui les ont commercialisés. C'est l'ensemble de leur *supply chain* qui a pâti des agissements de leurs fournisseurs.

III La spécificité de la gestion de la chaîne d'approvisionnement

Éléments	Gestion de la chaîne d'approvisionnement
Horizon	Long terme
Coûts	Rentabilité de toute la chaîne
Partage des informations	Permanent
Contacts	Multiples entre tous les opérateurs de la chaîne
Largeur de la base de fournisseurs	Réduite pour favoriser la coordination
Direction de la chaîne	Essentielle pour permettre la coordination
Risques et profits	Partagés

FICHE RESSOURCE

2 Les outils de la *supply chain*

Les logiciels de *supply chain management* (SCM)	
Les **SCE** (*Supply Chain Execution*)	Ces outils permettent de normaliser l'ensemble de la chaîne, de l'entrée de la commande à la livraison. Ils comprennent en général deux fonctions principales : • le **WMS** (*Warehouse Management System*) permet la gestion des entrepôts en tenant compte d'éléments simples tels que la réception, l'entreposage et l'expédition, mais aussi d'éléments plus complexes (traçabilité, allotissement…) ; • le **TMS** (*Transportation Management System*) se focalise sur la rationalisation du transport, en matière de flux, de coût et de ressource.
Les **APS** (*Advanced Planning and Scheduling*) ou **SCP** (*Supply Chain Planning*)	Ces systèmes servent à la planification sous contraintes : capacités de stockage, délais de livraison, délais d'approvisionnement…
Les **SCEM** (*Supply Chain Event Management*)	Ils servent à superviser la chaîne et à réagir face aux événements comme une rupture de stock ou un retard de livraison.
Les logiciels de gestion globale	
Les **ERP** (*Enterprise Resource Planning*) ou **PGI** (Progiciels de Gestion Intégrés)	Ce sont des logiciels complets. Ils prennent en charge une grande partie des activités de l'entreprise et offrent des fonctionnalités de ressources humaines, de gestion des stocks, de comptabilité, de gestion de projet…
Les **MRP** (*Material Resource Planning*)	Ils accompagnent la production en prenant en considération l'ensemble des ressources disponibles (humaines, matérielles, matières premières et temps).
Les logiciels de gestion de produit	
Ces outils de gestion du cycle de vie des produits (**GCVP**, ou *Product Lifecycle Management*, **PLM**) permettent de suivre le produit de l'élaboration du cahier des charges jusqu'à sa fin de vie.	
Les logiciels de gestion de la qualité	
Les **QMS** (*Quality Management System*) concourent au contrôle de la qualité. Ces outils permettent de maintenir l'efficacité opérationnelle et la compétitivité de l'entreprise, tout en intégrant le respect des normes et réglementations.	
Les logiciels d'échange de données	
Un système **EDI** (*Electronic Data Interchange*) facilite la fluidité et la coordination de la chaîne, dans un contexte où les différents services reliés à la *supply chain* sont situés dans des pays différents.	
Les logiciels de relation fournisseur	
Le **SRM** (*Supplier Relationship Management*) ou **GRF** (Gestion de la Relation Fournisseur) améliore les procédés d'achat et la communication, en intégrant le *sourcing* ou les délais de paiement.	
Les logiciels de relation client	
Les outils **CRM** (*Customer Relationship Management*) placent la relation client au cœur de la stratégie de l'entreprise et permettent de mieux les connaître et de les fidéliser.	

D'après Jennifer Montérémal, « Qu'est-ce que la *supply chain* et quels en sont les enjeux pour les entreprises ? », www.appvizer.fr

FICHE RESSOURCE

3 Les prestataires de la logistique à l'international

I Les opérations logistiques à l'international

L'emballage, le transport, la manutention, l'entreposage, l'assurance transport, le dédouanement à l'export et à l'import font intervenir un nombre important de prestataires.
Le plus souvent, l'entreprise exportatrice ou importatrice fait appel à un prestataire unique, un transitaire ou un commissionnaire de transport, à qui elle confie l'organisation de la logistique de son expédition.

Expéditeur
↓
Transitaire ou Commissionnaire de transport au départ
↓
Transport
↓
Entreposage
Douane ↓ **Manutention**
Transport international
↓
Transitaire ou Commissionnaire de transport à l'arrivée
Douane ↓ **Manutention**
Entreposage
↓
Transport
↓
Destinataire

II Les intervenants dans la chaîne logistique internationale

- Les organisateurs généralistes (transitaires, commissionnaires de transport) ou spécialisés (agents de fret, intégrateurs / expressistes, organisateurs de transport multimodal)
- Les entrepositaires
- Les transporteurs : routiers, aériens, maritimes, ferroviaires, fluviaux
- Les représentants en douane

Ils sont le plus souvent rassemblés sur un même site, une zone de fret, pour assurer une meilleure maîtrise de la circulation des marchandises et de la gestion documentaire.

1 Les organisateurs de la logistique internationale

Ce sont des intermédiaires dont la mission consiste à organiser l'acheminement de la marchandise depuis les locaux du fournisseur jusqu'à ceux de son client : ils coordonnent les sous-traitants et assurent les opérations administratives et douanières.

a. Leurs prestations

- Transport avec ou sans stockage, avec des moyens propres ou des moyens externes
- Gestion des flux d'informations : suivi des marchandises (*tracking*), édition et transmission des documents
- Coordination de l'ensemble des opérations logistiques
- Assurance pour le transport des marchandises (de porte à porte)
- Dédouanement export et dédouanement import

Ces organisateurs effectuent des opérations de **groupage** : ils réunissent les marchandises de plusieurs expéditeurs (appelés « chargeurs ») ayant la même destination principale et remettent des lots complets aux transporteurs, de façon à faire bénéficier leurs clients de tarifs plus attractifs (tarifs de groupage).

b. Leurs obligations

L'organisateur est mandaté ou commissionné pour le choix, l'organisation et l'exécution des opérations. Il a une obligation de moyens ou une obligation de résultat.

- **Le transitaire**

Mandataire chargé de rechercher et d'offrir les meilleures conditions de transport pour le compte de son client, il agit sur ses instructions et n'assume pas la responsabilité des fautes commises par les intervenants dans la chaîne logistique. Il n'a qu'une obligation de moyens.

- **Le commissionnaire de transport**

Il choisit la solution de transport adaptée aux besoins de son client, sous sa propre responsabilité ; il assume la responsabilité de ses choix. Il a une obligation de résultat.

2 Les prestataires logistiques

Les entrepositaires	Ils conservent temporairement dans leurs entrepôts des marchandises en attente d'une prochaine destination (par exemple, les marchandises sont entreposées dans le terminal portuaire dans l'attente de leur chargement dans un navire). Ils veillent au respect de la chaîne du froid et de la qualité des produits.
Les transporteurs	Ce sont ceux qui exécutent le transport ; ils sont en général propriétaires de leurs bâtiments et assurent des liaisons continentales ou intercontinentales. Par exemple, les compagnies de transport françaises Air France, en transport aérien, et CMA CGM, en transport maritime, confient à des agents le soin de « recruter du fret » (de la marchandise à transporter) en les commissionnant sur le chiffre d'affaires réalisé.
Les agents de fret	Mandatés par les expéditeurs ou les compagnics de transport, ils assurent la réservation du fret, l'enlèvement de la marchandise, la préparation des formalités et la remise des marchandises au transporteur maritime ou aérien.
Les NVOCC : organisateurs de transport multimodal	Les NVOCC (*Non-Vessel Operating Common Carrier*) sont des opérateurs de transport maritime sans navire. Ils procèdent au groupage et dégroupage des marchandises de divers clients, dans un même conteneur. Ils achètent une capacité de transport qu'ils commercialisent ensuite à leurs clients sous leur propre responsabilité. Comme les transporteurs maritimes, ils assurent une logistique de bout en bout. Ils sont en liaison avec les armateurs (affréteurs ou propriétaires de navires) ou les agents maritimes, et travaillent pour les transitaires et les commissionnaires de transport qui sont leurs clients.
Les manutentionnaires	Mandatés par les transporteurs, ils procèdent au chargement et au déchargement des moyens de transport, et organisent le stockage entre deux opérations de transport.
Les aconiers	Ces entreprises de manutention portuaire assurent le chargement et le déchargement des navires.
Les intégrateurs expressistes	Ces opérateurs de transport express accomplissent du porte-à-porte et associent généralement les modes de transport terrestre et aérien. Ils disposent de leurs propres moyens de transport (avions, camions) et accomplissent également les missions du représentant en douane (UPS, TNT, Federal Express, DHL). Ils traitent principalement les envois de courriers et de petits colis urgents.
Les représentants en douane	Ils remplissent le rôle d'intermédiaires dans le processus de dédouanement entre les importateurs ou exportateurs et la douane. Ils effectuent la déclaration d'importation ou d'exportation en ligne et soumettent les documents requis à la douane. De par leur connaissance de la législation douanière et leur expertise dans les processus douaniers, les agents en douane sont garants de la protection des recettes de chaque État en veillant à la bonne application de la réglementation douanière et au recouvrement des droits et taxes applicables.

FICHE RESSOURCE

4 La sous-traitance de la logistique internationale

L'entreprise n'a pas toujours les moyens financiers, techniques ou humains pour organiser elle-même la logistique de ses expéditions. Le recours à l'externalisation de ses opérations logistiques lui permet de se concentrer sur son cœur de métier et de consacrer ses ressources à des activités à plus forte valeur ajoutée.
Sous-traiter la logistique permet à l'entreprise de toucher des marchés éloignés.

I Les services offerts par les sous-traitants de la logistique internationale

Types de prestataires	Services
1PL : *First Party Logistics*	Opérations de transport national
2PL : *Second Party Logistics*	Opérations de transport et d'entreposage
3PL : *Third Party Logistics*	Opérations de transport, d'entreposage et de dédouanement
4PL : *Fourth Party Logistics*	Solutions complètes de gestion du processus logistique : coordination et supervision des différents acteurs logistiques
5PL : *Fifth Party Logistics*	Coordination de l'ensemble des activités des sous-traitants, systèmes automatisés de gestion de la *supply chain*

L'*outsourcing* consiste à sous-traiter plus largement la gestion des stocks, la préparation et l'envoi des commandes.

II Les avantages et les inconvénients de la sous-traitance des opérations logistiques

Aspects	Avantages	Inconvénients
Financier	• Absence de coût fixe lié à la détention de locaux et de moyens propres • Bénéfice des tarifs avantageux du prestataire (groupage, par exemple)	Perte de contrôle des coûts
Qualité	• Bénéfice de l'expertise du prestataire • Bénéfice des infrastructures du prestataire • Bénéfice du réseau du prestataire	• Perte de contrôle de la qualité de la prestation logistique • Risque de détérioration de l'image de l'entreprise, vis-à-vis du client, en cas de retard ou d'avarie
Organisation	• Réduction des contraintes administratives • Simplification des opérations : un seul interlocuteur	Perte de maîtrise du choix des intervenants, du contrôle des informations et de leur confidentialité

Confier l'organisation de ses opérations logistiques à un prestataire est très avantageux dans le cas de produits nécessitant des précautions ou des installations particulières (produits frais ou surgelés, marchandises dangereuses) ou pour des expéditions dans des pays lointains.

III Les indicateurs de qualité du sous-traitant logistique

- Sa connaissance des problématiques liées au secteur d'activité du donneur d'ordre
- Son réseau logistique (centres de stockage, zones d'activité, partenaires à l'étranger)
- Ses outils de traçabilité des expéditions
- La disponibilité et la qualité d'écoute de son équipe
- Ses systèmes d'information, ses outils de *reporting*, son site Internet

FICHE RESSOURCE

5 La facturation des frais logistiques

Le prestataire qui organise la logistique de l'exportation ou de l'importation des marchandises fait appel à des emballeurs, transporteurs, commissionnaires en douane, entreposeurs, manutentionnaires, assureurs, dont il paie les services avant de refacturer le tout à son client.

Sa facture fait apparaître deux types de frais, détaillés dans deux colonnes distinctes :
- les **frais non taxables** ne sont pas soumis à la TVA en France car ils ont déjà été taxés lors du dédouanement (pour une importation) ou seront taxés dans le pays de l'acheteur (pour une exportation) ;
- les **frais taxables** sont soumis à la TVA car ils ont été engagés postérieurement au dédouanement et n'ont donc pas encore acquitté la TVA (pour une importation).

Le transitaire ou commissionnaire de transport facture :
- les sommes acquittées à l'Administration des douanes (droits et taxes) ;
- les frais de transport international (fret maritime, aérien, routier), de manutention et d'assurance qu'il a organisés ;
- ses frais internes et sa rémunération : intervention en douane, frais de traitement, honoraires.

Décryptage d'une facture transitaire (voir page suivante)
- Transitaire : WES, situé à Monaco
- Client : Cloud SAS, situé à Beauvais (importateur)
- Expédition concernée : importation de Chine d'un conteneur d'articles de confection, par voie maritime
- Incoterm : FOB Ningbo
- Opérations logistiques organisées pour le compte de Cloud SAS : fret maritime, dédouanement import, déchargement du navire et livraison à Beauvais

Détail de la facturation :

(1) Sommes acquittées aux douanes		
- Droits de douane	15 675,83 EUR	15 788,83 EUR
- Taxe parafiscale sur le textile	100,00 EUR	
- Taxe portuaire	13,00 EUR	
- TVA : 20 % × 15 788,83	3 158,00 EUR	
(2) Logistique engagée avant le dédouanement (donc non taxable)		
- Fret maritime	1 715,00 EUR	
Logistique engagée après le dédouanement (donc taxable)		
- CO_2 (taxe environnementale)	4,95 EUR	
- THC[1] (manutention portuaire à l'arrivée)	270,00 EUR	
- Traction du conteneur (post-acheminement)	80,00 EUR	
(3) Frais et honoraires du transitaire, engagés après le dédouanement (donc taxables)		
- Honoraires d'agréé en douane	85,00 EUR	
- Crédit d'enlèvement[2] (1 % × 15 788,83)	157,89 EUR	
- Application Delta (déclaration en douane)	21,00 EUR	
- Frais de dossier	50,00 EUR	

1. *Terminal Handling Charges.*
2. Le crédit d'enlèvement correspond au coût du crédit accordé par la douane au transitaire pour le paiement des droits et taxes normalement exigibles au moment du dédouanement. Le transitaire fait bénéficier l'importateur de ce délai de paiement et lui en facture le coût (ici : 1 % du montant de la dette douanière).

Facture du transitaire

World • Express • Services

FACTURE

Facture n° : 564559
Code Client : 0000 XX
Code comptable : XXXXXX
Date : 13/09/N
Échéance : 10/10/N
Paiement : CHÈQUE 30 JOURS
N° TVA Client : FR00000000000

CLOUD SAS
RN 1
60000 BEAUVAIS

Expéditeur :	**Destinataire :**
XINGSHAO GARMENT Co Ltd (CN)	CLOUD SAS
Zhejiang	Beauvais
CHINE	FRANCE

B/L : D650/70109/00001
Marchandises : Confection
Depuis : Ningbo (CN)
Vers : Beauvais (FR)

Poids : 5 580 kg
Volume : 31 m^3
Marques : FSCU 408908/8
Incoterm : FOB NINGBO

	TAXABLE	NON TAXABLE
DROITS DE DOUANE		15 675,83
TAXE PARAFISCALE		100,00
TAXE PORTUAIRE		13,00
TVA		3 158,00
HONORAIRES D'AGRÉÉ EN DOUANE IMPORT	85,00	
CRÉDIT D'ENLÈVEMENT	157,89	
APPLICATION DELTA	21,00	
TRACTION CONTENEUR	80,00	
FRET MARITIME		1 715,00
CO_2 SÉCURITÉ ENVIRONNEMENT	4,95	
THC	270,00	
FRAIS DE DOSSIER	50,00	
	668,84	20 661,83

Total HT	Taxable	TVA	Montant TVA	Total TTC	Net à payer
21 330,67	668,84	20 %	133,77	21 464,44	**21 464,44**

WES – KOBA INTERNATIONAL
BP 647
98013 MONACO Cedex

SAM AU CAPITAL DE 150 000 EUR

Tél. : +377 97 98 79 98
E-mail : facturation@wes.fr
RCI : 13S06041
NIS : 5229 B 15784
N° TVA : FR00000000000

APPLICATIONS PROFESSIONNELLES

1 Quiz

● **Les affirmations suivantes sont-elles vraies ou fausses ?**

	Vrai	Faux
1. La *supply chain* désigne la fonction Achats dans l'entreprise.	☐	☐
2. La logistique inversée correspond au retour des marchandises par le client.	☐	☐
3. La logistique internationale est un maillon de la *supply chain*.	☐	☐
4. Le *supply chain management* consiste principalement à réduire les coûts d'approvisionnement et de production.	☐	☐
5. Le *supply chain management* vise à satisfaire à la fois les fournisseurs et les clients de l'entreprise.	☐	☐
6. La gestion de la *supply chain* passe par une réduction du nombre de fournisseurs de l'entreprise.	☐	☐
7. Le transitaire a une obligation de résultat.	☐	☐
8. Le commissionnaire de transport a une obligation de résultat.	☐	☐
9. Le transitaire peut imposer une solution de transport à son client.	☐	☐
10. Le transitaire transporte les marchandises à l'aide de ses propres moyens de transport.	☐	☐
11. Le groupage permet aux entreprises de bénéficier de tarifs avantageux pour le transport de leurs marchandises.	☐	☐
12. L'agent de fret est commissionné sur le chiffre d'affaires apporté au transporteur.	☐	☐
13. Un aconier assure l'entreposage des marchandises dans un port maritime.	☐	☐
14. Le transporteur routier est un prestataire 2PL.	☐	☐
15. Tous les frais facturés par le transitaire sont soumis à la TVA.	☐	☐

2 Identifier les parties prenantes de la *supply chain*

Pour les besoins de sa production de sirop, l'entreprise Le Perroquet importe du sucre de canne du Brésil. La marchandise est emballée dans des sacs chez le producteur et empotée dans un conteneur par le transitaire. Elle voyage par la mer jusqu'au port du Havre, puis est acheminée par la route jusqu'aux locaux de l'importateur. Elle y subit une transformation en sirop de sucre de canne qui est conditionné en bouteilles, stockées dans les entrepôts du producteur. Les produits sont vendus à des centrales d'achat de chaînes de supermarchés et entreposés avant d'être acheminés par transport routier dans les magasins.

1. **Identifiez les intervenants dans cette chaîne d'approvisionnement, du producteur de canne au consommateur de sirop.**

2. **Retracez les différentes étapes de cette chaîne dans un schéma.**

3 Sous-traiter la logistique internationale à un transitaire

L'entreprise Nossa!, située à Paris, est spécialisée dans l'açaí, petite baie importée du Brésil.
L'açaí est le fruit d'un palmier qui s'épanouit à l'état sauvage le long des affluents de l'Amazone. La cueillette se fait exclusivement à la main. Les routes étant quasiment inexistantes, les baies sont transportées par petits bateaux dans des paniers végétaux. La pulpe d'açaí est extraite sur place, en Amazonie. Elle est ensuite congelée et envoyée en Europe par bateau.
Nossa! fournit des industriels et des restaurateurs en pulpe de fruits et développe des produits innovants (boissons et fruits surgelés) qu'elle distribue dans des supermarchés et des magasins bio.
Ses approvisionnements portent en moyenne sur une quantité de 3 tonnes de pulpe congelée, facturée 45 000 EUR FOB Manaus (Brésil). La marchandise est transportée par mer jusqu'au port du Havre, puis par route jusqu'à Paris.

1. **Identifiez les opérations logistiques à la charge de Nossa! en vertu de l'Incoterm de la transaction.**

2. **À partir du tarif communiqué dans le document 1, reconstituez la facture du transitaire et calculez le total à payer par Nossa! (document 2).**

DOCUMENT 1 Tarif des prestations logistiques pour l'importation de pulpe d'açaí du Brésil

TARIF	EUR
Transport maritime	450
Assurance maritime	93
Droits de douane	910
TVA acquittée aux douanes	9 290
Application Delta	25
Forfait dédouanement import	130
Frais portuaires	120
Post-acheminement par route	215
Frais de dossier	50
Honoraires	180

DOCUMENT 2 Facture du transitaire

				TAXABLE	NON TAXABLE
Total HT	Taxable	TVA	Montant TVA	Total TTC	Net à payer

CHAPITRE

5 Organiser le transport maritime international

COMPÉTENCES PROFESSIONNELLES

Organiser, contrôler et suivre la réalisation d'un contrat international

Le commerce maritime représente 90 % du commerce mondial en volumes transportés et 80 % en valeur. Les navires permettent d'acheminer des flux considérables et de toutes natures sur des distances intercontinentales. La spécialisation des navires et leur standardisation permettent de produire de la tonne-kilomètre à bas coût et avec une grande fiabilité. En outre, l'augmentation de leur taille permet de considérables économies d'échelle.

La conteneurisation fait partie des inventions qui ont révolutionné le transport de marchandises. La capacité des plus gros porte-conteneurs dépasse aujourd'hui 20 000 EVP (équivalent vingt pieds, unité de mesure correspondant à un conteneur de 20 pieds), contre 3 000 dans les années 1970. Une centaine de porte-conteneurs ont une capacité supérieure à 18 000 EVP. Le plus grand d'entre eux, le *MSC Gulsüm*, construit en 2019, a une capacité de 23 756 EVP. Il mesure près de 400 mètres de long et plus de 61 mètres de large, soit l'équivalent de 3,5 terrains de football.

SITUATION PROFESSIONNELLE

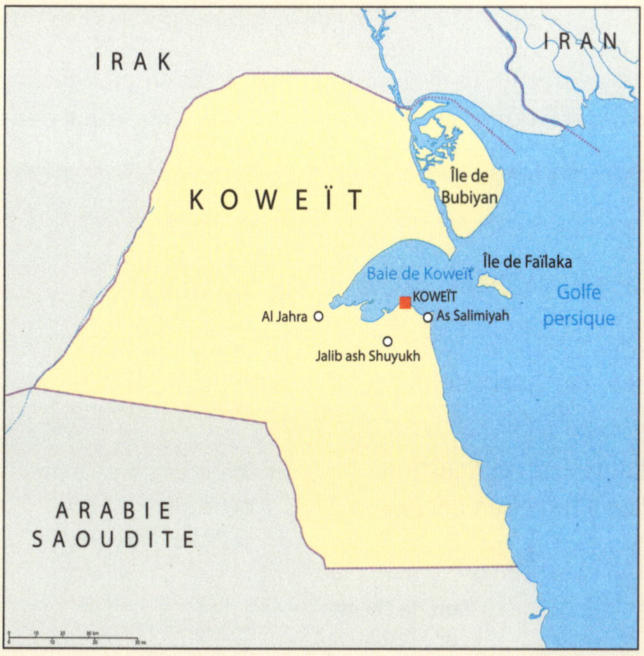

KOWEÏT

Régime : monarchie parlementaire
Superficie : 17 818 km²
Population : 4,5 millions d'habitants (dont 1,4 million de nationaux)
Capitale : Koweït (Kuwait City)
Villes principales : Koweït, Al Jahra
Langue officielle : arabe
Monnaie : dinar koweïtien (1 EUR = 2,7739 KWD[1])
PIB/hab. : 32 032 USD (2019)
Principaux clients : Corée du Sud, Chine, Inde, Japon, États-Unis
Principaux fournisseurs : Chine, États-Unis, Arabie saoudite, Japon, Allemagne, France, Inde

1. Change au 13/04/21.

1. Actualisez les données pays par une recherche sur Internet.
2. Caractérisez les pratiques commerciales, sociales et environnementales du pays, après consultation de l'évaluation des risques par Coface.

Avec une présence mondiale, au travers de ses propres bureaux ou d'alliances stratégiques développées avec des partenaires régionaux, QUALITAIR&SEA est un transitaire indépendant spécialisé dans l'organisation du transport et de la logistique à l'international et dans les opérations douanières. En France, il dispose de 12 bureaux (siège à Roissy) et de ses propres entrepôts.

L'entreprise Arômes de Paris, spécialisée dans la vente de gros de matières premières pour la parfumerie et la cosmétique, lui a confié l'organisation de son exportation à son client Remed, situé au Koweït, par la voie maritime.
La marchandise a un poids et un volume importants (**document 1**) et sera conteneurisée dans les locaux du transitaire.
QUALITAIR&SEA a contacté un agent maritime afin de déterminer les frais à facturer à son client Arômes de Paris pour l'organisation logistique de son exportation. L'agent maritime lui a fait parvenir une cotation (**document 3**).
Le transitaire a fait intervenir différents prestataires et plusieurs documents ont été émis (**documents 4 à 8**).
À la demande de l'exportateur, QUALITAIR&SEA a effectué la déclaration d'exportation en douane, pour un forfait de 100 EUR, et a fait assurer cette exportation avec sa police d'assurance maritime tiers chargeur.

1. Identifiez les prestataires intervenus dans cette expédition, leur activité et leur rôle. — Fiche ressource 1
2. Calculez le nombre de conteneurs nécessaires pour cette expédition. — Document 1 ; Fiche ressource 2
3. Analysez le contenu des documents émis pour l'organisation logistique de cette exportation au Koweït, et complétez le tableau fourni en document 2. — Documents 4 à 8 ; Document 2 ; Fiche ressource 3
4. Identifiez les opérations logistiques à organiser par QUALITAIR&SEA pour le compte de son client, compte tenu de l'Incoterm, et calculez-en le coût. — Document 3 ; Fiche ressource 4

Taux de change
1 EUR = 1,1230 USD

5. Sur la base d'un taux de prime de 0,6 % de la valeur CIF majorée de 10 %, calculez le montant de la prime d'assurance à facturer à l'exportateur français. — Fiche ressource 5

DOCUMENT 1 Informations relatives à l'expédition au Koweït

Caractéristiques de l'expédition au Koweït
1 332 bidons d'arômes pour la parfumerie, emballés dans des cartons individuels
Valeur de la marchandise : 59 940 EUR EXW Paris
Conditions de livraison souhaitées par le client : CIF Shuwaikh Port

Caractéristiques de l'emballage pour l'expédition maritime
Les cartons seront palettisés et conteneurisés.
Dimensions d'un carton : 40 cm × 26 cm × 26 cm (respecter le sens de la hauteur)
Poids brut d'un carton : 13 kg
Dimensions d'une palette : 1,20 m × 0,80 m × 0,10 m
Poids d'une palette vide : 12 kg
Poids maximum chargeable sur une palette : 800 kg
On peut disposer 4 colis dans la hauteur de la palette.
Les palettes sont gerbables.
Dimensions utiles d'un conteneur 40' : 12 040 mm × 2 350 mm × 2 390 mm
Poids maximum chargeable dans un conteneur 40' : 27 600 kg

DOCUMENT 2 Tableau à compléter

N° document	Nom du document	Parties en présence	Rôle des parties	Mentions
4				
5				
6				
7				
8				

DOCUMENT 3 Cotation de l'agence maritime

AGENCE MARITIME DE L'OUEST	QUOTE CONFIRMATION
QUOTE NUMBER: Q3-00423644-00	**Quote effective date:** 07-01-N **Quote is valid through:** 31-01-N
REQUESTED BY: QUALITAIR&SEA (Le Havre) 99 rue du Général Hoche 76064 Le Havre	**SHIPPER:** QUALITAIR&SEA (Le Havre) 99 rue du Général Hoche 76064 Le Havre

Commodity: Aromas for perfume products
Place of receipt: Paris
Port or Loading: Le Havre
Port of Discharge: Shuwaikh Port
Equipment Size/Type: 40 ft DRY

RATES AND CHARGES

Charge Description	Rate	Currency	Rate Basis
Inland	853.00	EUR	40 Ft Cntr
Basic Freight	1,700.00	EUR	40 Ft Cntr
BAF	27 %		
Low Sulphur Surcharge	45.00	EUR	40 Ft Cntr
ISPS Shuwaikh Port	11.00	EUR	40 Ft Cntr
THC Shuwaikh Port	215.00	EUR	40 Ft Cntr
Congestion Kuwait	300.00	USD	40 Ft Cntr

PER SHIPMENT CHARGES

Charge Description			
File Fee (B/L)	65.00	EUR	Per Shipment

DOCUMENT 4 Mise à disposition du conteneur par CMA CGM

CMA CGM	CMA CGM S.A. Agences France – Le Havre **Mise à disposition de conteneurs vides**

À : SOCIÉTÉ TERMINAL PORTE OCÉANE
ZONE PORT 2000
76600 Le Havre

CC : QUALITAIR&SEA (Le Havre)
99 rue du Général Hoche
76064 Le Havre

TCAC TRANSPORT CONTENEUR ET AFFRÈTEMENT CONVENTION
QUAI HERMANN DU PASQUIER
76600 Le Havre

Vessel/Voyage: JACOB NP904R **Date of departure :** 31/01/N
Voyage: 23950
Port of Load: SD
Port of Discharge: SHUWAIKH PORT KUWAIT
Full Export Terminal: TDMC – TERMINAL MARCHANDISES DIVERSES ET CONTENEURS

Veuillez mettre à disposition pour le compte de CMA CGM

1 x 40' ST EN BON ÉTAT
Sous référence Booking : **018NT0163267** Booking de 1 conteneur(s)

Date de sortie : 25/01/N Expiration Date MAD : 31/01/N 20:00

Mad Equipements spécialisés (OT & Flat) valide 5 jours / *Special Equipments (OT & Flat) Mty Release valid 5 days*
La validité de l'ordre de mise à disposition de l'équipement spécialisé sera considérée comme expirée si le(s) conteneur(s) vide(s) n'est (ne sont) pas enlevé(s) dans les 5 jours de la date de P/U demandée.
Merci de contacter notre service Clients pour une NOUVELLE DATE DE MISE À DISPOSITION.
Empty Equipment Release order validity will be considered as expired if empty container(s) is (are) not collected within 5 days after requested P/U date.
Please contact our C/S Desk for NEW RELEASE DETAILS.

PRESCRIPTIONS COMPLÉMENTAIRES :

CONTENEUR(S) DÉLIVRÉ(S) EN BON ÉTAT D'UTILISATION ET ACCEPTÉ(S) SANS RÉSERVES PAR LE TRANSPORTEUR.
CMA CGM FRANCE S.A. DÉCLINE TOUTE RESPONSABILITÉ POUR TOUT PRÉJUDICE ÉVENTUEL RÉSULTANT D'UN DOMMAGE OU D'UN VICE DÉCOUVERT ULTÉRIEUREMENT ET ENTRAÎNANT LA NON-UTILISATION DU CONTENEUR.

DOCUMENT 5 Connaissement maritime

SHIPPER QUALITAIR&SEA International Logistics 4 rue du Meunier 95700 Roissy-en-France – FRANCE	**VOYAGE NUMBER: 23950** **B/L NUMBER: VLH 979765** **BILL OF LADING**
CONSIGNEE FFF FORWARDER FAST FINDER Industrial Area 23rd Maslaq Roundabout Shuwaikh 70655 – KUWAIT	CMA CGM **CARRIER:** CMA CGM Société anonyme au capital de 234 988 330 € Siège : 4 quai d'Arenc – 13002 Marseille – France Tél. : +33 (0)4 88 91 90 00 – Fax : +33 (0)4 88 91 90 95 562 024 422 R.C.S. Marseille
NOTIFY PARTY FFF FORWARDER FAST FINDER Industrial Area 23rd Maslaq Roundabout Shuwaikh 70655 – KUWAIT	

PRE CARRIAGE BY	**PLACE OF RECEIPT**	**FREIGHT TO BE PAID AT**	**NUMBER OF ORIGINAL BL**
	PARIS	LE HAVRE	THREE (3)
VESSEL	**PORT OF LOADING**	**PORT OF DISCHARGE**	**PLACE OF DELIVERY**
JACOB NP904R	LE HAVRE	SHUWAIKH	

MARKS & N° CONTAINER	N° & KIND PACKAGES	DESCRIPTION OF PACKAGES AND GOODS	GROSS WEIGHT	TARE	MEASUREMENT
			KGS	KGS	CBM
TGHU50394 SEAL184485887	1 × 40ST	1,332 PACKAGES	17,760.00	3,700.00	40,000

STC 37 PALLETS
OF AROMAS FOR PERFUME PRODUCTS

FREIGHT PREPAID

1 × 40ST
1,332 PACKAGES
SAY ONE THOUSAND THREE HUNDRED THIRTY-TWO PACKAGES

ABOVE PARTICULARS DECLARED BY SHIPPER CARRIER NOT RESPONSIBLE

ADDITIONAL CLAUSES

Cargo at port is at merchant risk, expenses and responsibility. The carrying vessel is allowed to enter Kuwait ports. THC at destination payable by consignees as per line/port tarif
Landing charges payable by Receivers.
The shipper acknowledges that the Carrier may carry the goods identified in this bill of lading on the deck or any vessel and in taking remittance of this bill of lading the Merchant (including the shipper, the consignee and the holder of the bill of lading, as the case may be), confirms his express acceptance of all the terms and conditions of this bill of lading and expressly confirms his unconditional and irrevocable consent to the possible carriage of the goods on the deck of any vessel.

By tendering the hazardous goods for carriage, Merchant guarantees the accuracy of the description of the goods and undertakes to warn the consignee, the notify party and all its subcontractors on the transport, storage and handling prescriptions referred to in the IMDDG code and the Material Safety Data Sheet. Merchant's particular attention is drawn in this bill of lading.
The Merchant is responsible for returning any empty container, with interior clean, free of any dangerous goods placards, labels or markings, at the designated place, and within 60 days following to the date of release, failing which the container shall be construed as lost. The Merchant shall be able to indemnify the Carrier for any loss or expense whatsoever arising out of the foregoing, including but not limited to liquidated damages equivalent to the sound market value.

RECEIVED by the carrier from the shipper in apparent good order and condition (unless otherwise noted herein) the total number of quantity of containers or other packages or units indicated above stated by the shipper to comprise the cargo specified above for transportation subject to all the terms hereof from the place of receipt to the port of loading, to the port of discharge or the place of delivery.

PLACE AND DATE OF ISSUE	LE HAVRE 31 JAN N	**SIGNED FOR THE CARRIER** CMA CGM BY CMA CGM Agences France SAS As agents for the carrier CMA CGM S.A.
SIGNED FOR THE SHIPPER		
APPLICABLE ONLY WHEN THIS DOCUMENT IS USED AS A COMBINED TRANSPORT BILL OF LADING		

DOCUMENT 6 Connaissement maritime

SHIPPER ARÔMES DE PARIS 14 rue du Faubourg Saint-Honoré 75008 Paris – FRANCE		**VOYAGE NUMBER: 23950** **House Bill Of Lading**	
CONSIGNEE REMED 965 Kuwait Hamra Tower Kuwait – KUWAIT		QUALITAIR&SEA International Logistics Siège : 4 rue du Meunier 95700 Roissy-en-France – FRANCE Tél. : +33 (0)2 32 72 41 39 SAS au capital de 1 312 035 € Siret 39229363500109	
NOTIFY PARTY FFF FORWARDER FAST FINDER Industrial Area 23rd Maslaq Roundabout Shuwaikh 70655 – KUWAIT			
PRE CARRIAGE BY	**PLACE OF RECEIPT**	**FREIGHT TO BE PAID AT**	**NUMBER OF ORIGINAL BL**
	PARIS	LE HAVRE	THREE (3)
VESSEL	**PORT OF LOADING**	**PORT OF DISCHARGE**	**PLACE OF DELIVERY**
JACOB NP904R	LE HAVRE	SHUWAIKH	

MARKS & N° CONTAINER	N° & KIND PACKAGES	DESCRIPTION OF PACKAGES AND GOODS	GROSS WEIGHT	TARE	MEASUREMENT
			KGS	KGS	CBM
TGHU50394 SEAL184485887	1 × 40ST	1,332 PACKAGES	17,760.00	3,700.00	40,000
		STC 37 PALLETS OF AROMAS FOR PERFUME PRODUCTS FREIGHT PREPAID 1 × 40ST 1,332 PACKAGES SAY ONE THOUSAND THREE HUNDRED THIRTY-TWO PACKAGES ABOVE PARTICULARS DECLARED BY SHIPPER CARRIER NOT RESPONSIBLE			

ADDITIONAL CLAUSES

Cargo at port is at merchant risk, expenses and responsibility. The carrying vessel is allowed to enter Kuwait ports. THC at destination payable by consignees as per line/port tarif
Landing charges payable by Receivers.
The shipper acknowledges that the Carrier may carry the goods identified in this bill of lading on the deck or any vessel and in taking remittance of this bill of lading the Merchant (including the shipper, the consignee and the holder of the bill of lading, as the case may be), confirms his express acceptance of all the terms and conditions of this bill of lading and expressly confirms his unconditional and irrevocable consent to the possible carriage of the goods on the deck of any vessel.

By tendering the hazardous goods for carriage, Merchant guarantees the accuracy of the description of the goods and undertakes to warn the consignee, the notify party and all its subcontractors on the transport, storage and handling prescriptions referred to in the IMDDG code and the Material Safety Data Sheet. Merchant's particular attention is drawn in this bill of lading.
The Merchant is responsible for returning any empty container, with interior clean, free of any dangerous goods placards, labels or markings, at the designated place, and within 60 days following to the date of release, failing which the container shall be construed as lost. The Merchant shall be able to indemnify the Carrier for any loss or expense whatsoever arising out of the foregoing, including but not limited to liquidated damages equivalent to the sound market value.

RECEIVED by the carrier from the shipper in apparent good order and condition (unless otherwise noted herein) the total number of quantity of containers or other packages or units indicated above stated by the shipper to comprise the cargo specified above for transportation subject to all the terms hereof from the place of receipt to the port of loading, to the port of discharge or the place of delivery.

PLACE AND DATE OF ISSUE	LE HAVRE 31 JAN N	**SIGNED FOR THE CARRIER** As Agent
SIGNED FOR THE SHIPPER		
APPLICABLE ONLY WHEN THIS DOCUMENT IS USED AS A COMBINED TRANSPORT BILL OF LADING		

DOCUMENT 7 Confirmation d'expédition

Loading confirmation

CMA CGM

Run: 31-JAN-N 12:20 PM

CMA-CGM Agences France SAS
CS 60067
MARSEILLE

Attn:
QUALITAIR&SEA
4 rue du Meunier
95700 Roissy-en-France

Please be informed that the following containers have been loaded at: LE HAVRE

Vessel: JACOB NP904R **Voyage:** 23950 **Sailing Date:** 31-JAN-N
Rate of exchange: 1 USD = 0.890501 EUR

Reference BL Number	Size Type	Container N°	Seal N°	Discharge Port	Place of Delivery	Customs Reference
VLH 979765	40 ST	TGHU50394	184485887	KWSWK		

1 Container for SHUWAIKH

ETA[1]: 21-FEB-N 02:00 AM
(All times are in local time zones.)

1. ETA : *Estimated Time of Arrival*

DOCUMENT 8 Courrier du transitaire QUALITAIR&SEA

QUALITAIR&SEA
International Logistics

QUALITAIR&SEA (Le Havre)
99 rue du Général Hoche
76064 Le Havre
France
Tel. +33 (0)2 32 72 41 39
experts@qualitairsea.com

REMED
965 Kuwait Hamra Tower
13035 Kuwait
KUWAIT

Le Havre, February 1st, N

AIRMAIL THROUGH DHL

Concern: 1 × 40' TGHU50394 – PLOMB: 184485887
Shipper: Arômes de Paris

Dear Sir,

We have the pleasure to send you the following documents:
- 3/3 ORIGINAL BILL OF LADING
- Commercial invoice N° APX80311
- Packing list

We wish you a good receipt of your cargo and we stay at your disposal for any further information.

Best regards

Export Department

FICHE RESSOURCE

1 Les acteurs de la logistique maritime

Le transport maritime fait intervenir de nombreux prestataires pour les opérations d'entreposage et de manutention portuaire, de transport, d'assurance, de douane. Ils sont situés dans une zone de fret portuaire.

I Les transporteurs

- Les transporteurs maritimes sont en général propriétaires de leurs bâtiments et assurent des liaisons continentales ou intercontinentales. Les compagnies maritimes confient à des agents le soin de recruter du fret (de la marchandise à transporter) en les commissionnant sur le chiffre d'affaires réalisé. Les quatre compagnies les plus importantes sont Maersk (Danemark), MSC (Suisse et Italie), CMA-CGM (France) et Cosco (Chine).
- Les transporteurs routiers, ferroviaires et fluviaux réalisent le pré- et le post-acheminement des marchandises, avant et après le transport maritime.

II Les opérateurs de la logistique maritime

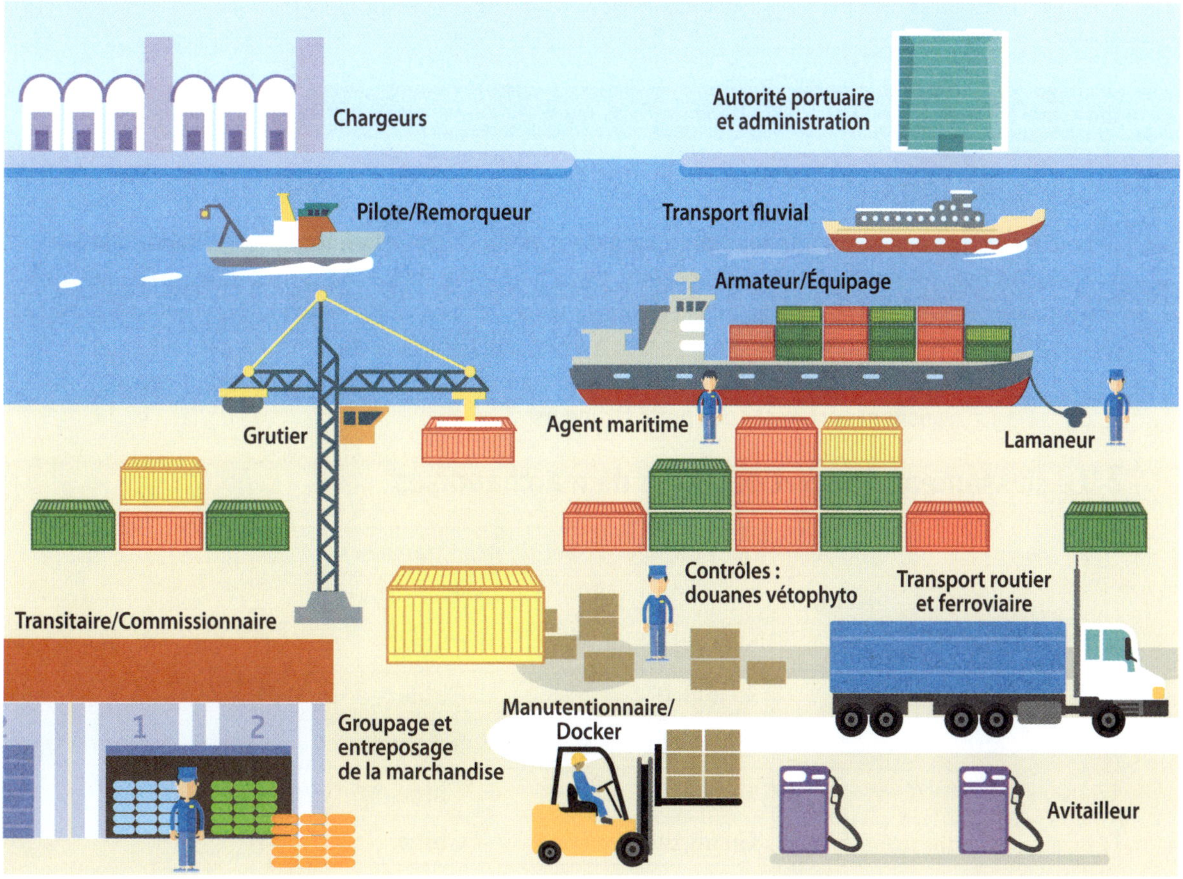

Intervenants	Termes anglais	Rôles
Chargeur	*Shipper*	Remet la marchandise au transporteur.
Transitaire	*Freight forwarder*	Organise la logistique sur les instructions de son client, exportateur ou importateur, et procède au groupage/dégroupage des marchandises.
Transporteur routier / ferroviaire / fluvial	*Inland carrier*	Effectue le pré- ou le post-acheminement, avant ou après le transport maritime.
Aconier	*Stevedore*	S'occupe de la préparation juridique et matérielle des opérations de réception, de déplacement et d'entreposage des marchandises.
Manutentionnaire	*Docker*	Charge et décharge le navire.
Douane	*Customs*	Contrôle la marchandise et les documents.
Autorité portuaire	*Port authority*	Contrôle les opérations à l'intérieur du port.
Armateur	*Shipowner*	Organise l'exploitation commerciale du navire qu'il possède ou loue.
Transporteur maritime	*Sea carrier*	Effectue le transport maritime.
Avitailleur	*Shipchandler*	Approvisionne le navire.
Lamaneur	*Docking pilot*	Assure l'amarrage et le démarrage du navire.

III Les ports maritimes

1 Les ports français

La France dispose de trois façades maritimes métropolitaines (Manche-mer du Nord, Atlantique, Méditerranée), d'un accès à tous les océans, grâce aux territoires d'outre-mer, et d'un réseau portuaire dense de 66 ports de commerce.

Toutefois, les ports français doivent faire face à leurs concurrents européens, en particulier les ports du range nord (Rotterdam, Anvers) : 40 % des conteneurs à destination ou en provenance de la France transitent encore par des ports étrangers.

2 Le classement mondial des ports de marchandises

Classement par transport de marchandises		
Rang	**Port**	**État**
1	Ningbo-Zhoushan	Chine
2	Shanghai	Chine
3	Singapour	Singapour
4	Suzhou	Chine
5	Guangzhou	Chine
[...]	[...]	[...]
10	Rotterdam	Pays-Bas
22	Anvers	Belgique
59	Marseille	France

Le premier port français, celui de Marseille, se classe au 59e rang pour le transport de marchandises. Pour le trafic de conteneurs, c'est celui du Havre, au 62e rang mondial.

FICHE RESSOURCE

2 Les navires et les emballages utilisés pour le transport maritime

Le transport maritime emporte 9,1 milliards de tonnes de marchandises à l'international, à l'aide de 50 000 navires. Il est régi par les conventions internationales de Bruxelles (1924) et de Hambourg (1978).

I Les types de navires

- **Les porte-conteneurs :** si la plupart transportent entre 5 000 et 10 000 conteneurs, les navires de la dernière génération peuvent emporter jusqu'à 24 000 EVP (équivalent vingt pieds) ou TEU (*Twenty Equivalent Unit*).
Rares sont les ports qui, comme le port du Havre en France, peuvent accueillir des porte-conteneurs de plus de 10 000 EVP. Des **feeders** (navires plus petits) doivent alors procéder au chargement et au déchargement de ces géants.
- **Les navires conventionnels :** ces cargos disposent de leurs propres moyens de manutention et chargent les marchandises à la verticale, c'est-à-dire à l'aide de grues, bigues ou palans.
- **Les navires spécialisés :** il s'agit des pétroliers, des méthaniers (gaz), des chimiquiers, des céréaliers, des vraquiers (pour les marchandises en vrac, c'est-à-dire non conditionnées).
- **Les navires rouliers :** appelés également « **ro-ro** » (*roll on-roll off*), ces navires sont équipés de rampes arrière ou latérales et permettent un roulage direct des camions (comme les ferries).

II La conteneurisation

La plupart des marchandises sont conteneurisées pour le transport maritime. Le conteneur maritime (caisse en acier) est spécialement conçu pour en faciliter l'entreposage, la manutention et le transport. Il limite les risques d'avarie sur les marchandises, les pertes et les vols. Il est facilement emporté par un camion pour le pré- ou le post-acheminement, évitant la manutention des marchandises.
Il permet en outre de réaliser une économie sur les coûts de la logistique.

1 Les conteneurs utilisés pour le transport maritime

Caractéristiques des conteneurs maritimes aux normes ISO (dimensions utiles) :

Conteneur dry	Longueur	Largeur	Hauteur	Poids chargeable
20' (20 pieds)	5,92 m	2,35 m	2,39 m	22 100 kg
40' (40 pieds)	12,05 m	2,35 m	2,39 m	27 400 kg
40' HC (*High Cube*)	12,05 m	2,35 m	2,89 m	29 600 kg

Remarque Les dimensions des emballages sont données dans l'ordre suivant :

longueur × largeur × hauteur

Il existe plusieurs types de conteneurs :
- le **conteneur dry**, à usage général, est conçu pour le transport des produits non périssables ;
- le conteneur **Reefer** permet de transporter les marchandises à température contrôlée (réfrigération ou chauffage) ;
- le **Flat Racks** a des parois amovibles ;
- l'**Open Top** a un toit ouvrant ;
- le **Tank** est conçu pour les liquides en vrac ;
- le **Bulk** pour les vracs solides ;
- le **Pallet wide** présente une largeur correspondant aux standards des palettes euro ou ISO.

Les conteneurs sont détenus par les entreprises ou loués à la compagnie maritime (des frais de location devront alors être acquittés). Le chargeur doit remettre une déclaration de VGM (*Verified Gross Mass*, « masse brute vérifiée »), dont le but est de connaître exactement le poids du conteneur, afin de permettre au transporteur d'équilibrer le navire.

2 Les types d'expédition envisageables

a. Au départ

- L'**expédition en LCL** (*Less than Container Load*) est une **expédition en conteneur de groupage** : l'expéditeur (le chargeur) remet des marchandises conventionnelles (des palettes, des caisses, des fûts...) qui seront conteneurisées par le groupeur (le transitaire ou la compagnie maritime) avec d'autres marchandises, dans un conteneur de groupage.

- L'**expédition en FCL** (*Full Container Load*) est une **expédition en conteneur complet** : le chargeur remet un conteneur de marchandises qu'il a lui-même empotées (mises dans le conteneur) dans ses locaux. Même s'il n'est pas plein, le conteneur ne contiendra que ses marchandises.

b. À l'arrivée

Le conteneur peut être destiné à plusieurs clients : il y aura alors dégroupage dans le terminal portuaire à l'arrivée. S'il doit être livré à un seul acheteur, le conteneur sera remis à un transporteur routier pour le post-acheminement.

Il y a donc quatre types d'expéditions possibles :
- **FCL/FCL :** le vendeur expédie un conteneur complet à son client (pas de groupage au départ, pas de dégroupage à l'arrivée) ;
- **FCL/LCL :** le vendeur expédie un conteneur complet destiné à plusieurs clients (pas de groupage au départ, dégroupage à l'arrivée) ;
- **LCL/FCL :** un acheteur unique fait regrouper au départ ses achats effectués auprès de plusieurs fournisseurs (groupage au départ, pas de dégroupage à l'arrivée) ;
- **LCL/LCL :** le transitaire regroupe dans un même conteneur les expéditions de plusieurs vendeurs, destinées à plusieurs acheteurs (groupage au départ, dégroupage à l'arrivée).

La répartition des frais et risques de la manutention n'est possible que pour les expéditions LCL/LCL. Dans les autres situations d'expédition, le choix de l'Incoterm est donc limité.

Situations	Incoterms utilisables
FCL/FCL	Incoterms multimodaux : EXW, FCA, CPT, CIP, DPU, DAP, DDP
FCL/LCL	DPU, DAP, DDP
LCL/FCL	EXW, FCA
LCL/LCL	Tous les Incoterms

III La palettisation

La palettisation simplifie l'entreposage, la manutention et le transport des marchandises. Elle permet d'éviter la manipulation des colis (utilisation d'un transpalette ou d'un chariot élévateur).
Une palette :
- supporte un poids important (parfois plus de 1 000 kg) ;
- peut être gerbée (empilée) ;
- présente des dimensions adaptées au transport routier et au transport maritime ;
- est réutilisable ;
- peut représenter une unité de vente.

Les palettes normalisées sont de deux types :
- norme européenne : palette EURO de dimensions 1,20 m × 0,80 m ;
- norme internationale : palette ISO de dimensions 1,20 m × 1,00 m.

IV Le plan de chargement

Le plan de chargement consiste à déterminer la solution optimale, celle qui permet de charger le maximum de colis sur une palette, dans un conteneur, dans un camion...
Il doit parfois respecter certaines contraintes de sécurité : colis ou palettes non gerbables, obligation de respecter le sens de la hauteur...
Dans tous les cas, il s'agit d'utiliser les dimensions utiles de la palette ou du conteneur à charger : longueur, largeur et hauteur, sans dépasser le poids maximum admis.

Exemple Calcul du nombre de colis chargeables sur une palette ISO
Dimensions de la palette : 1,20 m × 1,00 m, hauteur de chargement maximum : 1,50 m
Dimensions d'un colis : 0,50 m × 0,35 m × 0,30 m. Les colis sont gerbables et peuvent être couchés.

Plan de chargement n° 1

Dimensions palette	1,20	1,00	1,50	
Dimensions colis	0,50	0,35	0,30	
Nombre de colis	**2**	**2**	**5**	**20**

Plan de chargement n° 2

Dimensions palette	1,20	1,00	1,50	
Dimensions colis	0,35	0,50	0,30	
Nombre de colis	**3**	**2**	**5**	**30**

Plan de chargement n° 3

Dimensions palette	1,20	1,00	1,50	
Dimensions colis	0,35	0,30	0,50	
Nombre de colis	**3**	**3**	**3**	**27**

Plan de chargement n° 4

Dimensions palette	1,20	1,00	1,50	
Dimensions colis	0,30	0,35	0,50	
Nombre de colis	**4**	**2**	**3**	**24**

Plan de chargement n° 5

Dimensions palette	1,20	1,00	1,50	
Dimensions colis	0,50	0,30	0,35	
Nombre de colis	**2**	**3**	**4**	**24**

Plan de chargement n° 6

Dimensions palette	1,20	1,00	1,50	
Dimensions colis	0,30	0,50	0,35	
Nombre de colis	**4**	**2**	**4**	**32**

Le plan de chargement n° 1 n'est pas optimal, car on perd de la place sur la palette. On « tourne » alors les colis pour essayer d'en placer davantage, en inversant la longueur et la largeur, voire la hauteur si la nature du colis le permet.
Le plan de chargement optimal est le plan n° 6, qui permet de charger 32 colis par palette.

Note Lorsque les colis peuvent être couchés, il y a six plans de chargement possibles. Lorsque l'on doit impérativement respecter le sens de la hauteur, il n'y en a que deux.
On prendra en compte la hauteur totale des palettes (hauteur du socle + hauteur du chargement) pour calculer le nombre de palettes chargeables dans un navire ou dans un camion.

FICHE RESSOURCE

3 Les documents de transport maritime

Le *Bill of Lading* ou B/L (« **connaissement maritime** ») est le contrat de transport maritime et un titre représentatif de la marchandise transportée.

I Le B/L : contrat de transport

Le B/L est émis par le transporteur (la compagnie maritime) sur les déclarations du chargeur. Il matérialise le contrat de transport : la compagnie reconnaît avoir pris les marchandises en charge et s'engage à les transporter dans les meilleures conditions possibles, en contrepartie du prix du transport (le fret). Il est émis généralement en trois exemplaires originaux qui donnent un droit sur la marchandise transportée. Des copies du B/L sont destinées au capitaine du navire, à l'armateur et au destinataire.

Le B/L est une pièce essentielle de la liasse documentaire qui accompagnera les marchandises pendant leur transport : c'est une preuve de l'expédition par l'exportateur. L'original de ce document sera demandé par la banque dans le cas d'un paiement documentaire (voir chapitre 15).

À l'arrivée au port de destination, l'acheteur ou son représentant (transitaire ou commissionnaire de transport) doit produire l'exemplaire original du B/L pour récupérer la marchandise.

Les frais de B/L sont facturés par le transitaire à son client.

II Le B/L : titre de propriété de la marchandise

Le connaissement se distingue des autres titres de transport en ce sens qu'il peut constituer un titre de propriété vis-à-vis du transporteur, qui ne remettra la marchandise qu'au destinataire apparaissant sur le B/L et porteur d'au moins un original. Les originaux sont alors « négociables », c'est-à-dire qu'ils sont transmissibles par endossement.

III Les quatre formes possibles d'utilisation du connaissement maritime

Forme du B/L	Contenu de la case « *Consignee* »	Conséquences
À personne dénommée (*Straight consigned*)	Nom et coordonnées du destinataire	Forme non négociable : seul le destinataire désigné peut retirer la marchandise sur présentation de l'original, sans possibilité d'endosser le B/L.
À ordre (*To order*)	« À ordre de : » + Nom et coordonnées du destinataire	Le destinataire peut transmettre le B/L après l'avoir endossé. Dans le contexte d'un crédit documentaire, le plus souvent, la marchandise est consignée à l'ordre de la banque émettrice, qui peut disposer de la marchandise en cas de défaillance de l'acheteur.
À ordre de l'expéditeur (*To order of the shipper*)	« À ordre de : » + Nom et coordonnées de l'expéditeur	Le B/L est consigné à l'ordre de l'expéditeur. (Formule utilisée dans le négoce, quand l'identité de l'acheteur n'est pas encore connue.)
À ordre et endossé en blanc (*To order, blank endorsed*)	« À ordre de : » (en blanc)	Le B/L est « au porteur », donc transmissible de main en main.

IV Les documents émis par les intermédiaires de la logistique

Sauf dans le cadre d'une expédition exclusive, l'exportateur ne remet pas directement la marchandise au transporteur maritime mais à son transitaire ou son commissionnaire de transport. Le B/L, contrat de transport, est remis par la compagnie maritime au transitaire (le plus souvent, pour un conteneur de groupage contenant les marchandises de plusieurs expéditeurs). C'est le MBL (*Master Bill of Lading*).

Le transitaire ou commissionnaire de transport peut remettre à l'exportateur :

- un FBL (*Forwarder Bill of Lading*) ou HBL (*House Bill of Lading*) : simple attestation de prise en charge des marchandises, ce document n'a pas valeur de contrat ;
- un FIATA B/L (*Negotiable* FIATA *Multimodal Transport Bill of Lading*), du nom de la Fédération internationale des auxiliaires de transport agréés : ce document est reconnu internationalement, notamment par les banques et la Chambre de commerce internationale ;
- un FWB (*Non Negotiable* FIATA *Multimodal Transport Waybill*).

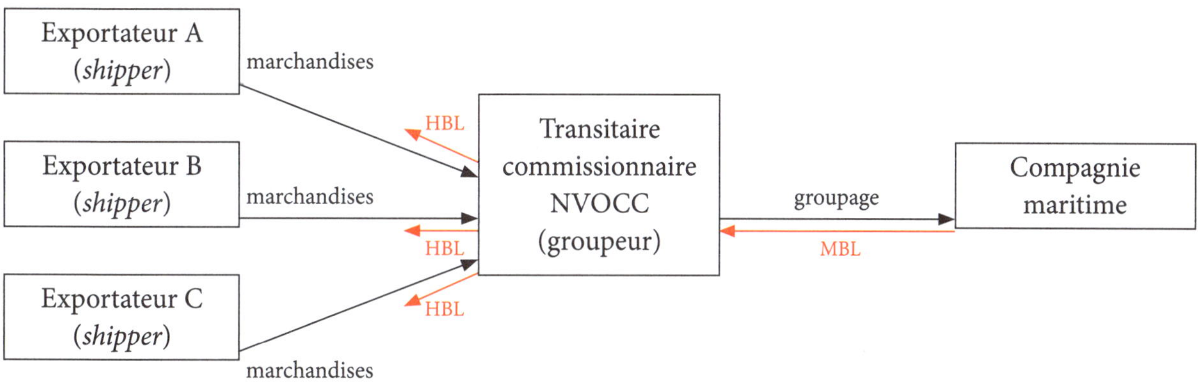

V Les mentions figurant sur le B/L

Outre les mentions relatives aux coordonnées de l'expéditeur (le chargeur ou *shipper*) et du destinataire (*consignee*), au trajet concerné et à la désignation de la marchandise et de son emballage, certaines mentions sont spécifiques au transport maritime.

Mentions	Signification
Notify	Désigne la personne à prévenir de l'arrivée des marchandises au port de destination (l'acheteur ou son représentant).
Clean (« Net de réserves »)	Le transporteur atteste avoir pris en charge une marchandise en bon état et conforme aux déclarations du chargeur.
On board (« À bord du navire »)	Cette mention est apposée par la compagnie maritime, ainsi que la date, pour attester du chargement de la marchandise sur le navire.
Said to contain (« Censé contenir »)	Le transporteur n'a pas à ouvrir le conteneur et ne peut donc en certifier le contenu. Cette mention le dégage de la responsabilité du contenu du conteneur.
Shippers Load, Stow and Count	Les colis ont été chargés, empotés dans le conteneur, empilés dans un ordre spécifique, leur nombre a été compté par l'expéditeur, et le transporteur maritime n'a pas vérifié ou contrôlé.
Freight collect ou prepaid	Fret dû (payable à destination, par l'acheteur) ou fret payé (au départ, par le chargeur).
FCL/FCL, FCL/LCL, LCL/FCL ou LCL/LCL	Précision relative aux éventuelles opérations de groupage ou dégroupage à organiser au départ ou à l'arrivée.
Original	Atteste que ce B/L est un exemplaire original.

FICHE RESSOURCE

4 Le coût du transport maritime

Le mode de calcul du coût du transport maritime dépend du type d'expédition : expédition conventionnelle (le plus souvent, les marchandises sont transportées dans un conteneur de groupage) ou expédition en conteneur complet. Le transporteur est amené à facturer le prix du transport maritime mais aussi des frais de manutention et des frais portuaires.

I Le fret de base

1 Le tarif de groupage (tarif LCL)

Le fret est calculé **à l'UP** (unité payante), c'est-à-dire **à la tonne ou au m³**, à l'avantage du transporteur.

Exemple ▸ 100 EUR l'UP signifie 100 EUR par tonne ou par m³ (on retiendra la plus grande valeur).
Pour une expédition de 3 palettes de dimensions unitaires 1 m × 1,20 m × 1,50 m et de poids unitaire 800 kg :
- volume des 3 palettes : 3 × 1 m × 1,20 m × 1,50 m = 5,40 m³
- poids des 3 palettes : 3 × 800 kg = 2 400 kg = 2,40 t

Comme 5,40 > 2,40, alors l'UP est le m³, c'est-à-dire que le fret sera calculé par rapport au nombre de m³. Le fret maritime est donc de : 5,40 × 100 = 540 EUR.

2 Le tarif conteneur (tarif FCL)

Il s'agit d'un forfait « à la boîte » (par conteneur).

Exemple ▸ Soit un forfait de 1 800 EUR pour un conteneur 20'. Pour une expédition de 2 conteneurs 20', le fret maritime sera de : 2 × 1 800 = 3 600 EUR.

II Les ajustements au fret de base

Le transporteur maritime ajuste le montant du fret de base, pour tenir compte de l'évolution du cours du carburant et du taux de change sur le dollar américain (de nombreuses compagnies calculent le fret en USD) ; il édite ses tarifs pour l'année et les ajuste pendant l'année pour maintenir sa marge. Il peut également facturer des frais pour détention des conteneurs ou encore des frais dus au port.

1 Le BAF : *Bunker Adjustment Factor* (surcharge carburant)

C'est un pourcentage du fret de base, à ajouter ou à retrancher.

Exemple ▸ Soit un BAF de + 2 % et un fret de base de 540 EUR pour l'expédition de 3 palettes.
Le fret ajusté sera de :

Fret de base	540,00 EUR
BAF : 2 % × 540 =	10,80 EUR
Fret ajusté	**550,80 EUR**

2 Le CAF : *Currency Adjustment Factor* (surcharge monétaire)

C'est un pourcentage du fret de base ou du fret corrigé ou révisé, c'est-à-dire après calcul du BAF (les pratiques des compagnies maritimes ne sont pas uniformes), à ajouter ou retrancher.

Exemple ▸ Soit un CAF de – 1 % du fret corrigé pour l'expédition des 3 palettes.
Le fret ajusté sera de :

Fret de base	540,00 EUR
BAF : 2 % × 540 =	10,80 EUR
Fret corrigé	550,80 EUR
CAF – 1 %	5,51 EUR
Fret ajusté	**545,29 EUR**

3 Les autres frais

CSP (Congestion Surcharge Portuaire)	Il s'agit d'une taxe d'encombrement portuaire, calculée par journée d'attente pour charger ou décharger le navire, payée par le transporteur maritime et répercutée aux chargeurs.
Les *surestaries* et frais de détention	Ces frais sont facturés en cas de dépassement du délai prévu pour l'utilisation du conteneur par le client.
CSC et THC (*Container Service Charges* et *Terminal Handling Charges*)	Il s'agit des frais de manutention aux ports de chargement et de déchargement. Le montant est fixe dans le cas d'un conteneur (prix par conteneur) ou à la tonne dans le cas de fret conventionnel (c'est-à-dire non conteneurisé).
ISPS (*International Ship and Port Facility Security*)	Surtaxe portuaire internationale pour la sécurité, correspondant aux frais engendrés pour la sécurité du navire et du conteneur pendant qu'il est au port.
LSS (*Low Sulphur Surcharge*)	Ces frais compensent les coûts additionnels contractés par les compagnies maritimes pour se réorienter vers des carburants plus écologiques.
Bill of Lading fee (les frais de B/L)	Frais facturés par la compagnie pour le traitement du document de transport.

III Les *liner terms*

Les *liner terms* (« conditions de ligne maritime ») permettent de préciser les opérations portuaires incluses dans le fret maritime (le prix du transport maritime) : approche de la marchandise depuis l'entrepôt jusqu'au palan (l'appareil de manutention), chargement, déchargement, mise en entrepôt.

La compagnie maritime, qui supporte ces frais, les répercute dans son tarif et ils sont facturés au chargeur ou au destinataire, en fonction de l'Incoterm de la transaction. Le fret maritime est coté quai (*quay*), sous palan (*under tackle*) ou à bord (*board*), dans le port de départ et dans le port d'arrivée :

- au départ : la **cotation quai** inclut les frais d'approche de la marchandise jusque sous l'appareil de manutention (le palan) et de chargement, la **cotation sous palan** inclut la mise à bord de la marchandise, la **cotation bord** n'inclut que le transport maritime ;
- à l'arrivée : la **cotation bord** n'inclut que le transport maritime, la **cotation sous palan** inclut le déchargement, la **cotation quai** inclut toute la manutention portuaire.

Exemple B/B signifie « bord/bord » : le fret n'inclut que le transport maritime.

Les *liner terms* généralement appliqués aux conteneurs sont CY/CY, soit de terminal à conteneurs à terminal à conteneurs (*Container Yard*). Le *liner term* appliqué au groupage conteneurisé peut être CFS/CFS (*Container Freight Station*, plateforme de groupage/dégroupage). Les *liner terms* varient d'un armateur à l'autre et d'un port à l'autre.

Les *liner terms* ont une incidence sur le choix de l'Incoterm. Dans le cas d'une cotation du fret maritime quai ou sous palan :

- dans une vente FOB, l'acheteur peut réclamer au vendeur le remboursement des frais de manutention au départ : ils sont inclus dans le fret facturé par la compagnie maritime à l'acheteur et devraient normalement être supportés par le vendeur ;
- dans une vente CFR ou CIF, il sera commercialement difficile au vendeur de demander à son client le remboursement des frais de manutention à l'arrivée qui ont été inclus dans le fret par la compagnie maritime.

FICHE RESSOURCE

5 L'assurance maritime

Le transport maritime expose la marchandise à des risques d'avarie (casse, mouille, vol...) qu'il convient de couvrir par une assurance. En effet, la responsabilité du transporteur est limitée à certains plafonds fixés par les conventions internationales du transport maritime (voir chapitre 10). Souscrite par le vendeur ou l'acheteur (en fonction de l'Incoterm), l'assurance maritime couvre les risques d'avaries de magasin à magasin, pendant le transport (y compris les portions non maritimes du trajet), la manutention et le stockage, jusqu'au lieu de destination.

I Les avaries

- Les **avaries communes** correspondent à la procédure de répartition des dépenses engagées pour sauver le navire et sa cargaison. Elles sont supportées solidairement par le transporteur et tous les chargeurs.
- Les **avaries particulières** sont les détériorations causées à une partie des marchandises transportées, en raison des risques ordinaires liés à la manutention ou au transport.

II Les polices d'assurance maritime

- L'**assurance Franc d'Avaries Particulières (FAP sauf...)** couvre les risques d'avaries communes.
- L'**assurance tous risques** couvre les risques d'avaries communes et d'avaries particulières liées aux risques ordinaires (tempête, désarrimage, mouille, salissures, casse, vol, chute à la mer...). Les risques exceptionnels (guerre, émeute, grève, sabotage, terrorisme) peuvent être couverts par des clauses additionnelles.

Sont exclues les avaries résultant de la faute du chargeur, de l'insuffisance d'emballage ou du vice propre de la marchandise (vers et vermine, influence de la température, freinte de route).

4 types de polices	Situations
La police au voyage	Pour des expéditions occasionnelles
La police à alimenter	Pour des expéditions de marchandises de même nature, échelonnées sur une période indéterminée
La police flottante ou d'abonnement	Pour toutes les expéditions d'un même chargeur sur une période donnée
La police tiers-chargeur	Souscrite par les transporteurs ou les transitaires, pour le compte de leurs clients

Remarque Concernant l'assurance transport, les *Incoterms 2020* font une différence en matière de couverture. L'Incoterm CIP impose une couverture tous risques alors que le CIF exige une couverture minimale (garantie « FAP sauf »). L'assurance couvre toujours au minimum 110 % de la valeur facturée.

III Le calcul de la prime d'assurance

L'usage est d'assurer la valeur CIF majorée de 10 % (assurance *ad valorem*) : en cas de sinistre, la compagnie d'assurances indemnisera le préjudice matériel (valeur CIF) et le préjudice commercial (majoration de 10 %) lié à la non-livraison du client. Pour calculer le montant de la prime d'assurance, il faut d'abord calculer la valeur CIF puis en retrancher la valeur CFR :

CIF = CFR / (1 – 1,10 × t) avec t = taux de la prime d'assurance

Prime d'assurance = CIF – CFR

Exemple Pour une valeur CFR de 40 000 EUR et un taux de prime d'assurance de 0,3 % de la valeur CIF majorée de 10 % : CIF = 40 000 / (1 – 1,10 × 0,3 %) = 40 000 / 0,9967 = 40 132,44 EUR
La prime d'assurance s'élève donc à : CIF – CFR = 132,44 EUR.

1 Identifier les prestataires de la logistique maritime

1. Décrivez l'expédition concernée par ce document de transport.
2. Identifiez les prestataires logistiques impliqués et expliquez leur rôle.

DOCUMENT Connaissement

SHIPPER
MIDAS CORPORATION
#843, GUMDEOK-RI, JANGGYE-MYEON,
JANGSU-GUN, JEONBUK, KOREA
TEL. +82-63-353-1966

CONSIGNEE
GMST
128 AVENUE DU GÉNÉRAL LECLERC
69008 LYON, FRANCE
ATTN. MICHEL ROMAIN
TEL. +33-4-74-64-70-51

NOTIFY PARTY
SAME AS ABOVE

Booking Number: 565107057
B/L NUMBER: 565107057

CUBE

COMBINED TRANSPORT
BILL OF LADING

RECEIVED BY THE CARRIER FROM THE SHIPPER IN APPARENT GOOD ORDER AND CONDITION UNLESS OTHERWISE INDICATED HEREIN. THE GOODS OR THE CONTAINER OR PACKAGES SAID TO CONTAIN THE CARGO HEREIN MENTIONED; TO BE CARRIED SUBJECT TO ALL THE TERMS AND CONDITIONS PROVIDED FOR ON THE FACE AND BACK OF THIS BILL OF LADING BY THE VESSEL NAMED OF TRANSPORT FROM THE PLACE OF RECEIPT OR THE PORT OF LOADING TO THE PORT OF DISCHARGE OR THE PLACE OF DELIVERY SHOWN HEREIN AND THERETO BE DELIVERED ONTO ORDER OR ASSIGNS.

PRE CARRIAGE BY	PLACE OF RECEIPT	FREIGHT TO BE PAID AT	NUMBER OF ORIGINAL BL
	BUSAN, KOREA	DESTINATION	THREE (3)
VESSEL	**PORT OF LOADING**	**PORT OF DISCHARGE**	**PLACE OF DELIVERY**
HD. SMART 008W	BUSAN, KOREA	MARSEILLE, FR	LYON, FR

MARKS & N° CONTAINER	N° & KIND PACKAGES	DESCRIPTION OF PACKAGES AND GOODS	GROSS WEIGHT	TARE	MEASUREMENT
			KGS	KGS	CBM
	200 CARTONS SAID TO CONTAIN:		1,389.20		9.430

NAVY NYLON GREY PU PALM COATING GLOVE

ON BOARD DATE :
MAY.20.N

FOB BUSAN, KOREA

FREIGHT COLLECT **ORIGINAL**

CFS/CFS

FOR DELIVERY OF GOODS PLEASE APPLY TO	PLACE AND DATE OF ISSUE
	SEOUL, KOREA MAY.20.N
SEATRANS 30 rue Fauchier – 13473 MARSEILLE – FRANCE Tel. 33 (0)4 91 56 00 11 – Fax. 33 (0)4 91 91 80 48 ATTN: LAURA	**CUBE LINE CO., LTD.** AS CARRIER

2 Faire un plan de chargement

Tricotel, fabricant français de produits textiles, a reçu une commande d'un conteneur complet de maillots de sport de la part d'un distributeur aux Émirats arabes unis.

- **À partir des informations communiquées ci-dessous, calculez le nombre de cartons de maillots à expédier au client.**

DOCUMENT Informations concernant la demande d'offre

Caractéristiques d'un carton
- Dimensions : 50 cm × 50 cm × 40 cm
- Poids brut : 30 kg
- Le carton peut être couché.

Caractéristiques d'une palette (non gerbable)
- Dimensions : 120 cm × 100 cm × 12 cm
- Hauteur maximum du chargement : 180 cm
- Tare (poids à vide) : 15 kg

Caractéristiques du conteneur 20'
- Dimensions utiles : 5,89 m × 2,34 m × 2,38 m
- Charge utile : 18 000 kg

3 Calculer le coût du fret et de l'assurance maritimes

L'entreprise April expédie 3 palettes de décodeurs numériques d'une valeur totale de 42 800 EUR FCA Marseille à un client situé à Madagascar. Son transitaire lui a fait parvenir une cotation de transport pour lui permettre de calculer son prix de vente en fonction de l'Incoterm CIF convenu avec le client.

1. **Calculez le montant du fret maritime.**

2. **Déduisez-en le prix CIF Toamasina à communiquer au client malgache.**

DOCUMENT Informations sur l'expédition

Caractéristiques de l'expédition
Dimensions de la palette :
1 m × 1 m × 1,40 m
Poids brut d'une palette : 410 kg

Informations communiquées par le transitaire

Frais portuaires au Havre	120 EUR
B/L	65 EUR
Fret maritime (B/B)	115 EUR l'UP
BAF	5 %
Assurance	0,60 % du CIF majoré de 10 %

4 Calculer le coût de la logistique maritime

La société Caville, située à Toulouse, dans le département de la Haute-Garonne, approvisionne les centrales des supermarchés sur le territoire national avec des vêtements sportwear fabriqués en Asie. Elle a confié l'organisation de sa dernière importation de Chine, d'un montant de 62 250 EUR, à son transitaire, qui lui a fait parvenir une cotation (**document**).

1. **Identifiez les opérations logistiques à organiser pour cette importation.**

2. **Calculez le coût de la logistique qui sera facturé à la société Caville.**

DOCUMENT Proposition tarifaire du transitaire (cotation)

TRANSPORT JUSQUE FR-31200 TOULOUSE		Le 09/07/N	
Depuis	CN – FOB NINGBO	Validité de l'offre : 16/07/N	
Rendu	FR – TOULOUSE		
Conditions de vente	FOB NINGBO		
INFORMATIONS CONCERNANT LES MARCHANDISES			
Colis / Conditionnement	284 cartons	Poids total	5 580,00 kg
Colis gerbables	Non	Volume total	23,00 m^3
Produits dangereux	Non		
Marchandises	Confection		
Lieu d'enlèvement	CN – NINGBO		
Mode de transport	Maritime / conteneur 40'		

Fret maritime Ningbo-Le Havre	1 715,00 EUR
BAF	6 %
CAF sur fret corrigé	2 %
THC	270,00 EUR
Traction conteneur Le Havre-Toulouse	1 480,00 EUR
Formalités import	90,00 EUR
Frais fixes	50,00 EUR
TID (taxe informatique douanière)	5,88 EUR
CO_2 sécurité environnement	4,95 EUR/envoi
B/L	60,00 EUR/expédition
Assurance tous risques incluant le risque de guerre	0,40 % sur CIF + 10 %

5 Déterminer un prix de vente à l'export

L'entreprise Lahourie, située à Saubrigues, dans les Landes, doit organiser l'expédition d'une commande de 4 palettes de bocaux de foie gras de canard à un grossiste localisé dans la banlieue de Miami, en Floride. Elle a convenu d'un Incoterm CIF Miami avec son client, dans les conditions d'expédition suivantes :

Conditions commerciales
Valeur des marchandises : 1 536 bocaux de foie gras de canard à 20 EUR l'unité
Coût d'une palette : 70 EUR
Caractéristiques de l'expédition
Les bocaux sont emballés dans des cartons, disposés sur 4 palettes de dimensions unitaires : 1,20 m × 1 m × 1,15 m et de poids unitaire 458 kg.

1. Rédigez la demande de cotation à envoyer au transitaire, dans laquelle vous détaillerez les prestations logistiques à organiser.

Le transitaire vous fait parvenir la proposition tarifaire suivante :

Attn : LAHOURIE / Saubrigues
Notre cotation concernant l'envoi de 4 palettes de bocaux de foie gras à Miami (FL) par la voie maritime

Enlèvement dans vos locaux :	225 EUR	Assurance maritime :	0,5 % de la valeur CFR
Transit au port de Bordeaux :	75 EUR	Frais de documentation (B/L) :	80 EUR
Frais de manutention au port :	90 EUR	Frais de représentation en douane :	110 EUR
Fret maritime :	140 EUR l'UP	Transit time :	30 jours
BAF :	+ 8 %	Validité de l'offre :	20 jours

2. Calculez le prix de la logistique à supporter, compte tenu de l'Incoterm convenu.

3. Calculez le prix CIF total et unitaire à facturer au client.

6 Choisir une solution de transport maritime

Pour son importation d'équipements électriques en provenance de la Corée du Sud, la société ÉLECTRI-CITÉS a demandé une cotation maritime à son transitaire.
Deux solutions d'acheminement s'offrent à elle :
- un transport en conteneur de groupage (LCL) ;
- un transport en conteneur complet (FCL).

Les produits achetés n'étant pas à forte valeur ajoutée, elle souhaite obtenir les conditions de transport les plus économiques possibles.

À partir des informations relatives à l'expédition communiquées (documents 1 et 2) :

1. **Vérifiez la possibilité d'acheminer les palettes dans un seul conteneur 20'.**

2. **Calculez le coût d'achat DPU Le Havre en EUR pour les deux hypothèses de transport : LCL et FCL (taux de change à retenir : 1 EUR = 1,08 USD).**

3. **Calculez le coût de la logistique dans les deux hypothèses, en valeur et en pourcentage de la valeur FOB.**

4. **Conseillez l'importateur sur la solution à retenir.**

DOCUMENT 1 Informations relatives à l'expédition

Facture FOB Busan (Corée du Sud) : 36 000 USD
11 palettes ISO de dimensions 1 m × 1,20 m × 1,10 m et de poids brut unitaire 525 kg
Dimensions utiles d'un conteneur 20' : 5,92 m × 2,35 m × 2,39 m
Poids maximum autorisé : 22 100 kg

DOCUMENT 2 Informations communiquées par le transitaire

Tarif maritime Busan – Le Havre		
	LCL	**FCL 20' dry**
Fret de base	115 USD l'UP	1 700 USD/conteneur
BAF	5 % du fret de base	Inclus
CAF	3 % du fret révisé	Inclus
THC au Havre	90 EUR/tonne indivisible (min. : 1 tonne)	140 EUR/conteneur
ISPS au Havre	30 EUR	25 EUR/conteneur
Frais de B/L	30 USD	
Low Sulphur Surcharge	40 USD/envoi	
Assurance maritime	0,25 % du CIF majoré de 10 %	

CHAPITRE

6 Organiser le transport aérien international

COMPÉTENCES PROFESSIONNELLES

Organiser, contrôler et suivre la réalisation d'un contrat international

Selon IATA (International Air Transport Association), le transport aérien de marchandises représente moins de 1 % en volume mais plus de 35 % en valeur des échanges dans le monde. Le recours au transport aérien s'avère pertinent pour des produits à forte valeur ajoutée : colis express, composants électroniques, médicaments, fleurs, chevaux de race... Il reste en effet le mode de transport le plus cher, impacté par les taxes liées au transport et les contrôles de sûreté.

Jusque dans les années 2000, le transport de marchandises par les airs se faisait jusqu'à près de 40 % par des appareils dédiés. Aujourd'hui, 70 % à 80 % du transport de fret se font dans les soutes des avions passagers plutôt qu'en avions-cargos, en raison de la congestion aéroportuaire.

SITUATION PROFESSIONNELLE

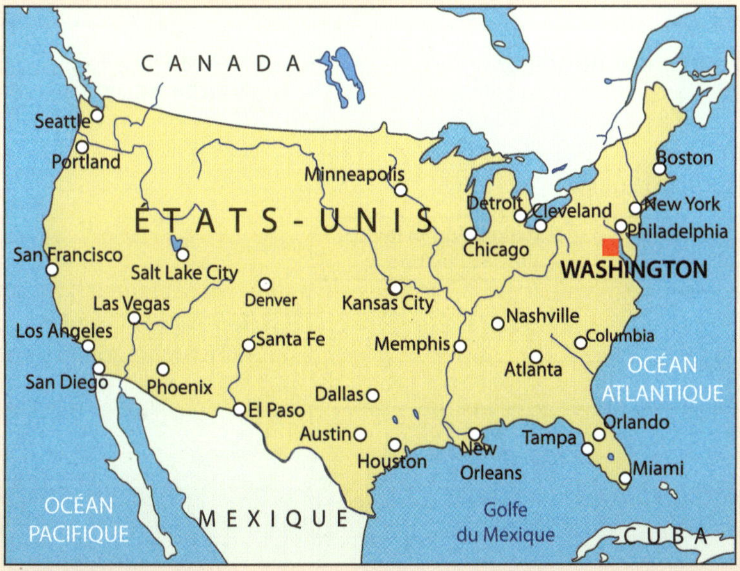

ÉTATS-UNIS D'AMÉRIQUE

Régime : démocratie fédérale (50 États)
Superficie : 9 626 047 km²
Population : 330 millions d'habitants
Capitale : Washington, DC
Villes principales : New York, Los Angeles, Chicago, Miami
Langue officielle : anglais
Monnaie : dollar (1 EUR = 1,1950 USD[1])
PIB/hab. : 55 650 USD (2019)
Principaux clients : Canada, Mexique, Chine, Japon, Royaume-Uni

Principaux fournisseurs : Chine, Mexique, Canada, Japon, Allemagne
Particularité : 7 fuseaux horaires

1. Taux de change au 13/04/21.

1. Actualisez les données pays par une recherche sur Internet.
2. Caractérisez les pratiques commerciales, sociales et environnementales du pays, après consultation de l'évaluation des risques par Coface.

QUALITAIR&SEA
International Logistics

Agence de Roissy
4 rue du Meunier
ZA du Moulin
95724 ROISSY-EN-FRANCE

La Compagnie des parfums, située à Paris, a confié l'organisation logistique de son exportation à son client C.L.I., situé à Miami, aux États-Unis, au transitaire QUALITAIR&SEA.
Il s'agit d'expédier deux palettes de parfums par la voie aérienne. Les marchandises devront être transportées et assurées jusqu'à l'aéroport de Miami.
Les palettes ont été réceptionnées dans les entrepôts du transitaire, à Roissy. En plus de sa facture commerciale et de sa liste de colisage – qui précise le nombre, le poids et les dimensions des colis –, l'exportateur a remis au transitaire une déclaration de marchandises dangereuses **(document 1)** avec les palettes de parfums.
QUALITAIR&SEA a réservé un vol auprès de la compagnie Air France-KLM Cargo et remis les marchandises à la société de manutention aéroportuaire, à Roissy. Un certificat de sûreté **(document 3)** a été émis.
Le transitaire a édité deux LTA (lettres de transport aérien) **(documents 4 et 5)** et a remis son exemplaire à l'exportateur.

1. Identifiez les différents intervenants et leur rôle dans l'organisation de cette expédition aérienne.
➲ Fiche ressource 1

2. Identifiez le risque inhérent à ces marchandises, le type d'emballage choisi et l'étiquetage à apposer sur les colis.
➲ Documents 1 et 2
➲ Fiches ressources 2 et 3

3. Expliquez l'opération matérialisée par le certificat de sûreté.
➲ Document 3
➲ Fiche ressource 3

4. Précisez le rôle et analysez le contenu des LTA.
Vous présenterez cette analyse dans le tableau suivant :

N° document	Nom du document	Parties en présence	Rôle des parties	Mentions importantes dans le document
4				
5				

➲ Documents 4 et 5
➲ Fiches ressources 1 et 3

5. Calculez le poids taxable pour le calcul du fret aérien.
➲ Document 2
➲ Fiche ressource 4

6. Calculez le total des frais logistiques qui seront facturés par le transitaire à son client, sachant que la prime d'assurance transport est de 0,4 % de la valeur CPT des marchandises.
➲ Fiches ressources 4 et 5

DOCUMENT 1 Déclaration de marchandises dangereuses

SHIPPER'S DECLARATION FOR DANGEROUS GOODS

Shipper

LA COMPAGNIE DES PARFUMS
127 Bd Haussmann
75009 PARIS
FRANCE

Air Waybill No.

Page 1 of 1 Page

Shipper's Reference Number **21912016**
(optional)

Consignee:

C.L.I. FRAGRANCES
13361 N.E. 17TH AVE
MIAMI,FL 33181
USA

Two completed and signed copies of this Declaration must be handed to the operator.

WARNING

Failure to comply in all respects with the applicable Dangerous Goods Regulations may be in breach of the applicable law, subject to legal penalties

TRANSPORT DETAILS

This shipment is within the limitations prescribed for: *(delete non-applicable)*

PASSENGER AND CARGO AIRCRAFT	~~**CARGO AIRCRAFT ONLY**~~

Airport of Departure:

Airport of Destination:

Shipment Type: ***(delete non-applicable)***

NON-RADIOACTIVE	~~**RADIOACTIVE**~~

NATURE AND QUANTITY OF DANGEROUS GOODS

Dangerous Goods Identification						
UN or ID No.	Proper Shipping Name	Class or Division (Subsidiary Risk)	Packing Group	Quantity and Type of Packing	Packing Instruct.	Authorization
ID8000	CONSUMER COMMODITY	3		2 OVERPACKS STC 47 FIBREBOARD BOXES	Y963	

Emergency telephone number:
24 hours per day, 7 days per week

I hereby declare that the contents of this consignment are fully and accurately described above by the proper shipping name, and are classified, packaged, marked and labelled/placarded, and are in all respects in proper condition for transport according to the applicable international and national governmental regulations. I declare that all of the applicable air transport requirements have been met.

Name/Title of Signatory
Laure DUJARDIN

Place and Date
Paris le 17/01/N
Signature
(see wamin above)

[redacted]

DOCUMENT 2 Bon de réception en magasin QUALITAIR&SEA

AE 22/000163 **CLI MIAMI**

VALEUR FCA 45 483,87 EUR

NOMBRE PALETTES 2

NOMBRE COLIS 47

DIMENSIONS (mètres)	Longueur	Largeur	Hauteur	Nombre
OVERPACK A dangereux	1,2	0,8	1,2	1
STC 30 colis 233,40 kg				
OVERPACK B dangereux	1,2	0,8	0,8	1
STC 17 colis 156,06 kg				
		LTA	91742442	
		Vol	AF 0090/17.01.N	

DOCUMENT 3 Certificat de sûreté du fret

Consignment Security Declaration

Regulated Entity Category (RA, KC or AO) and Identifier (of the regulated party issuing the security status)	Unique Consignment Identifier (if awb format is nnn-nnnnnnnn)
FH CDG - Assistance Transitaire FR/RA/07002-07	147 - 917 42 442 **BR : 27370**

Contents of Consignment

PARFUMS

Origin	Destination	Transfer/Transit points (if known)
CDG	MIAMI, FL	

Security Status	Reasons for issuing the Security Status		
	Received from (codes)	Screening Method (codes)	Grounds for Exemption (codes)
SPX	----	**XRY**	----

Other Screening Method(s) (if applicable)

Security Status Issued by	Security Status Issued on
Name of person or Employee ID : **Marc HANTER**	Date : **17/01/N** Time : **11:38**

DOCUMENT 4 Lettre de transport aérien

147 | CDG | 91742442 — HAWB 78993309

Nom et adresse de l'expéditeur Shipper's Name and Adress
LA COMPAGNIE DES PARFUMS
127 Bd Haussmann
75009 PARIS
FRANCE

Numéro de compte de l'expéditeur Shipper's Account Number

LETTRE DE TRANSPORT AÉRIEN
Non négociable
Emise par
Not negotiable
AIR WAYBILL
Issued by

QUALITAIRSEA ROISSY
4 rue du meunier - ZA du moulin
95724 ROISSY CDG - FRANCE

Les exemplaires 1, 2 et 3 de cette lettre de transport aérien sont originaux et ont la même validité
Copies 1, 2 and 3 if this Air Waybill are originals an have the same validity.

Nom et adresse du destinataire Consignee's Name and Adress
C.L.I. FRAGRANCES
13361 N.E. 17TH AVE
MIAMI,FL 33181
USA

Numéro de compte du destinataire Consignee's Account Number

Il est convenu que les marchandises décrites dans le présent document sont acceptées pour le transport en bon état apparent (sauf annotation contraire) que le transport est SOUMIS AUX CONDITIONS QUI FIGURENT AU VERSO. LES MARCHANDISES PEUVENT ÊTRE TRANSPORTÉES PA TOUT AUTRE MOYEN Y COMPRIS PAR ROUTE OU PAR TOUT AUTRE TRANSPORTEUR À MOINS QUE DES INSTRUCTIONS PRÉCISES, CE SUJET? NE SOIENT DONNÉES PAR L'EXPÉDITEUR. ET L'EXPÉDITEUR ACCEPTE QUE LES MARCHANDISES SOIENT ACHEMINÉES V DES POINTS D'ARRÊT INTERMÉDIAIRES? QUE LE TRANSPORTEUR AURA JUGÉ APPROPRIÉS. L'ATTENTION DE L'EXPÉDITEUR E ATTIRÉE SUR L'AVIS CONCERNANT LA LIMITATION DE RESPONSABILITÉ DU TRANSPORTEUR. L'expéditeur peut augmenter cette limitation responsabilité en déclarant une valeur pour le transport plus élevée et en payant des frais supplémentaires s'il y a lieu.
It is agreed that the goods described herein are accepted in apparent good order and condition (except as noted) for carriage SUBJECT TO TI CONDITIONS ON CONTRACT ON THE REVERSE HEROF. ALL GOODS MAY BE CARRIED BY ANY OTHER MEANS INCLUDING ROAD ANY OTHER CARRIER UNLESS SPECIFIC CONTRARY INSTRUCTIONS ARE GIVEN HEREON BY THE SHIPPER, AND SHIPPER AGRE THAT THE SHIPMENT MAY BE CARRIED VIA INTERMEDIATE STOPPING PLACES WHICH THE CARRIER DEEMS APPROPRIATE. TI SHIPPER'S ATTENTION IS DRAWN TO THE NOTICE CONCERNING CARRIER'S LIMITATION OF LIABILITY. Shipper may increase such limitat of liability by declaring a higher value for carriage and paying a supplemental charge if required.

Nom et ville de l'agent du transporteur émetteur Issuing Carrier's Agent Name and City
QUALITAIRSEA
4 rue du meunier - ZA du moulin
95724 ROISSY CDG - FRANCE

Renseignements comptables Accounting Information
FREIGHT PREPAID
FRET SECURISE SELON CERTIFICAT JOINT ---SPX ---

Code IATA de l'agent Agent's IATA Code: 20 4 7042/9416
Numéro de compte Account Number:

Aéroport de départ (Adresse du premier transporteur) et itinéraire demandé
Airport of Departure (Address of First Carrier) and Requested Routing
ROISSY CDG

N° de référence Reference Number
Information Acheminement (Facultatif) Optional Shipping Information

à to	Par premier transport By First Carrier	Routage et dest. Rout. and Dest.	à to	by par	à to	by par	Monnaie Currency	Frais CHGS Code	Poids/Val WT/VAL Payé PPD	Poids/Val WT/VAL Dû COLL	Autres Other Payé PPD	Autres Other Dû COLL	Valeur déclarée pour le transport Declared Value for Carriage	Valeur déclarée pour la douane Declared Value for Customs
MIA	AIR FRANCE		MIA	AF			EUR	X	P	X	P	X	NVD	

Aéroport de destination Airport of Destination: **MIAMI**
Vol / Date Demandée Requested Flight / Date: AF0090:17.01.N
Montant de l'assurance Amount of Insurance: XXXXXXXXXXX

ASSURANCE : Si le transporteur propose une assurance et que l'expéditeur en fait la demande conformément aux présentes conditions, indiquer le montant à assurer en chiffre dans la case "Montant de l'assurance".
INSURANCE : If Carrier offers insurance, and such insurance is requested in accordance with conditions on reverse

Renseignements pour le traitement de l'expédition Handling Information
Please contact ultimate consignee once upon arrival

DANGEROUS GOODS AS PER ATTACHED SHIPPER'S DECLARATION

SCI: X

Nomre de colis Number of Pieces RCP	Poids brut Gross Weight	kg lb	Classif de tarif Rate Class — N° d'article de la marchandise Commodity Item No	Poids de taxation Chargeable Weight	Tarif/Montant Rate/Charge	Total Total	Nature et Quantité des marchandises (y compris dimensions ou volume) Nature and Quantity of Goods (incl. Dimensions or Volume)
2	389.5	kg		389.5		AS AGREED	CONSUMER COMMODITY ID8000 2 OVERPACKS STC 47 FIBREBOARD BOXES
2	389.5					AS AGREED	

Port payé Prepaid	Taxation au poids Weight Charge	Port dû Collect
	Taxation à la valeur Valuation Charge	
	Taxe Tax	
	Total des autres frais dus à l'agent Total Other Charges Due Agent	
	Total des autres frais dus au transporteur Total Other Charges Due Carrier	
Total port payé Total Prepaid: as agreed		Total port dû Total Other Charges Due Agent

Autres frais Other Charges

L'expéditeur certifie que les indications portées sur le présent document sont exactes et que, dans la mesure où une partie quelconque de l'expédition contient des marchandises dangereuses, cette partie d'expédition est correctement dénommée et bien préparée pour le transport par air conformément à la réglementation applicable.

Shipper certifies that the particulars on the face hereof are correct and thet insofar as any part of the consignment contains dangerous goods, such part is properly described by name and is in proper condition for carriage by air according to the applicable Dangerous Goods regulations.

QUALITAIR&SEA ROISSY CDG

Signature du transporteur émetteur ou de son agent Signature of Issuing Carrier or his Agent

JAN 17 N — ROISSY — Laurent HUBERT

DOCUMENT 5 Lettre de transport aérien

147 | CDG | 91742442 — 14791742442

Nom et adresse de l'expéditeur Shipper's Name and Adress

QUALITAIRSEA
4 rue du meunier - ZA du moulin
95724 ROISSY CDG - FRANCE

Numéro de compte de l'expéditeur Shipper's Account Number

LETTRE DE TRANSPORT AÉRIEN
Non négociable
Emise par
Not negotiable
AIR WAYBILL
Issued by

AIR FRANCE
1 SQUARE MAX HYMANS
75757 PARIS CEDEX 15

Les exemplaires 1, 2 et 3 de cette lettre de transport aérien sont originaux et ont la même validité
Copies 1, 2 and 3 if this Air Waybill are originals an have the same validity.

Nom et adresse du destinataire Consignee's Name and Adress

SIFA USA
10871 NW
33rd Street
Doral, FL 33172
USA

Numéro de compte du destinataire Consignee's Account Number

Il est convenu que les marchandises décrites dans le présent document sont acceptées pour le transport en bon état apparent (sauf annotation contraire) que le transport est SOUMIS AUX CONDITIONS QUI FIGURENT AU VERSO. LES MARCHANDISES PEUVENT ÊTRE TRANSPORTÉES P/ TOUT AUTRE MOYEN Y COMPRIS PAR ROUTE OU PAR TOUT AUTRE TRANSPORTEUR À MOINS QUE DES INSTRUCTIONS PRÉCISES, CE SUJET NE SOIENT DONNÉES PAR L'EXPÉDITEUR, ET L'EXPÉDITEUR ACCEPTE QUE LES MARCHANDISES SOIENT ACHEMINÉES V DES POINTS D'ARRÊT INTERMÉDIAIRES QUE LE TRANSPORTEUR AURA JUGÉ APPROPRIÉS. L'ATTENTION DE L'EXPÉDITEUR E ATTIRÉE SUR L'AVIS CONCERNANT LA LIMITATION DE RESPONSABILITÉ DU TRANSPORTEUR. L'expéditeur peut augmenter cette limitation responsabilité en déclarant une valeur pour le transport plus élevée et en payant des frais supplémentaires s'il y a lieu.
It is agreed that the goods described herein are accepted in apparent good order and condition (except as noted) for carriage SUBJECT TO TI CONDITIONS ON CONTRACT ON THE REVERSE HEROF. ALL GOODS MAY BE CARRIED BY ANY OTHER MEANS INCLUDING ROAD (ANY OTHER CARRIER UNLESS SPECIFIC CONTRARY INSTRUCTIONS ARE GIVEN HEREON BY THE SHIPPER, AND SHIPPER AGREI THAT THE SHIPMENT MAY BE CARRIED VIA INTERMEDIATE STOPPING PLACES WHICH THE CARRIER DEEMS APPROPRIATE. TI SHIPPER'S ATTENTION IS DRAWN TO THE NOTICE CONCERNING CARRIER'S LIMITATION OF LIABILITY. Shipper may increase such limitati of liability by declaring a higher value for carriage and paying a supplemental charge if required.

Nom et ville de l'agent du transporteur émetteur Issuing Carrier's Agent Name and City

QUALITAIRSEA
4 rue du meunier - ZA du moulin
95724 ROISSY CDG - FRANCE

Renseignements comptables Accounting Information

FREIGHT PREPAID

FRET SECURISE SELON CERTIFICAT JOINT ---SPX ---

Code IATA de l'agent Agent's IATA Code: 20 4 7042/9416

Numéro de compte Account Number

Aéroport de départ (Adresse du premier transporteur) et itinéraire demandé Airport of Departure (Address of First Carrier) and Requested Routing
ROISSY CDG

N° de référence Reference Number

Information Acheminement (Facultatif) Optional Shipping Information

à to	Par premier transport By First Carrier / Routage et dest. Rout. and Dest.	à to	by par	à to	by par	Monnaie Currency	Frais CHGS Code	Poids/Val WT/VAL Payé PPD	Poids/Val WT/VAL Dû COLL	Autres Other Payé PPD	Autres Other Dû COLL	Valeur déclarée pour le transport Declared Value for Carriage	Valeur déclarée pour la douane Declared Value for Customs
MIA	AIR FRANCE	MIA	AF			EUR	X	P	X	P	X	NVD	

Aéroport de destination Airport of Destination: MIAMI

Vol / Date Demandée Requested Flight / Date: AF0090:17.01.N

Montant de l'assurance Amount of Insurance: XXXXXXXXXXX

ASSURANCE : Si le transporteur propose une assurance et que l'expéditeur en fait la demande conformément aux présentes conditions, indiquer le montant à assurer en chiffre dans la case "Montant de l'assurance".
INSURANCE : If Carrier offers insurance, and such insurance is requested in accordance with conditions on reverse

Renseignements pour le traitement de l'expédition Handling Information
Please contact ultimate consignee once upon arrival

DANGEROUS GOODS AS PER ATTACHED SHIPPER'S DECLARATION

SCI: X

Nombre de colis Number of Pieces RCP	Poids brut Gross Weight	kg lb	Classif. de tarif Rate Class	N° d'article de la marchandise Commodity Item No	Poids de taxation Chargeable Weight	Tarif/Montant Rate/Charge	Total Total	Nature et Quantité des marchandises (y compris dimensions ou volume) Nature and Quantity of Goods (incl. Dimensions or Volume)
2	389.5	kg			389.5	2.75	1071.13	CONSUMER COMMODITY ID8000 2 OVERPACKS STC 47 FIBREBOARD BOXES
2	389.5						1071.13	

Port payé Prepaid	Port dû Collect	
Taxation au poids Weight Charge: 1071.13		**Autres frais** Other Charges: AWA 18.00 CHC 25.00 SPX 116.85 RAC 90.00
Taxation à la valeur Valuation Charge		
Taxe Tax		
Total des autres frais dus à l'agent Total Other Charges Due Agent: 18.00		L'expéditeur certifie que les indications portées sur le présent document sont exactes et que, dans la mesure où une partie quelconque de l'expédition contient des marchandises dangereuses, cette partie d'expédition est correctement dénommée et bien préparée pour le transport par air conformément à la réglementation applicable. Shipper certifies that the particulars on the face hereof are correct and thet insofar as any part of the consignment contains dangerous goods, such part is properly described by name and is in proper condition for carriage by air according to the applicable Dangerous Goods regulations. QUALITAIR&SEA ROISSY CDG Signature du transporteur émetteur ou de son agent Signature of Issuing Carrier or his Agent
Total des autres frais dus au transporteur Total Other Charges Due Carrier: 231.85		
Total port payé Total Prepaid: 1320.98	**Total port dû** Total Other Charges Due Agent	JAN 17 N — ROISSY — Laurent HUBERT

FICHE RESSOURCE

1 Les acteurs du transport aérien de marchandises

Les compagnies classiques, les compagnies cargo (consacrées au transport de marchandises) et les intégrateurs (spécialistes de l'express) se partagent le marché du transport aérien.

I IATA (International Air Transport Association)

Créée en 1945, IATA regroupe la majeure partie des professionnels du transport aérien du monde au sein d'un groupement commercial. IATA a pour but de favoriser le développement du transport aérien en unifiant et en coordonnant les normes et les règlements internationaux. Les aéroports et les transporteurs ou agents de fret aérien sont identifiés par un code IATA, pour simplifier l'échange d'informations et la création des documents de transport aérien.

II Les compagnies aériennes

Le transport aérien supporte des investissements et des coûts de fonctionnement très lourds ; ses acteurs se sont donc regroupés au sein d'alliances pour mutualiser leurs moyens.
L'alliance SkyTeam Cargo, créée en 2000, rassemble 11 compagnies aériennes qui transportent les marchandises dans 159 pays (17 hubs de départ, 75 entrepôts partagés, une flotte de 3 337 appareils au total).

AEROFLOT CARGO	AerolíneasArgentinas Cargo	AEROMEXICO. cargo	AIRFRANCE KLM CARGO
Alitalia CARGO	CHINA AIRLINES CARGO	CHINA CARGO	CSA CZECH AIRLINES CARGO
DELTA CARGO	KOREAN AIR CARGO	SAUDIA CARGO	

www.skyteam.com

La plupart des compagnies aériennes ont adopté le système du **hub**, terme anglais qui désigne une plateforme aéroportuaire de redistribution.
Cette stratégie leur évite de multiplier des dessertes à la fois coûteuses et mobilisatrices d'appareils qu'il peut être difficile de remplir. Ainsi, elles ont réorganisé leur réseau autour d'un ou de quelques aéroports pivots, situés au centre de leur marché.
95 % du trafic total traité par Air France Cargo passe par sa plateforme de Paris-Charles-de-Gaulle. Son réseau s'articule ensuite autour des grands hubs mondiaux que sont Londres-Heathrow, Amsterdam, Francfort, Chicago, Toronto et Singapour, entre autres.

III Les intégrateurs

Ces opérateurs de transport express accomplissent du porte-à-porte et associent généralement les modes de transport terrestre et aérien. Ils accomplissent également les missions du représentant en douane. Cette activité est dominée par quatre principaux acteurs : FedEx et UPS (États-Unis), DHL (Allemagne) et TNT Express (Pays-Bas), racheté par FedEx en 2016.
Les intégrateurs sont en contact direct avec les chargeurs et garantissent les délais de transport. Ils disposent de leur propre flotte d'avions. En raison des tarifs pratiqués, le recours à ces prestataires est à réserver aux envois de produits à forte valeur ajoutée ou de courriers importants.

IV Les agents de fret aérien

Les commissionnaires de transport et les transitaires signent les documents et procèdent à la remise de la marchandise à la compagnie aérienne. Ils déchargent les compagnies aériennes des questions administratives, de sûreté et de douane. Les plus grands d'entre eux traitent assez de volume pour disposer de leurs propres magasins, mais les autres ont recours à des agents de « handling », entreprises qui assurent au bord des pistes la réception de la marchandise, sa manutention, la sécurisation du fret, la palettisation, le chargement et le déchargement à bord des avions.

V Les avions utilisés

- **Les avions mixtes :** les avions de transport passagers ayant des capacités sous-utilisées, leurs soutes sont alors exploitées pour le transport des marchandises. Cette pratique permet de mieux rentabiliser les vols et donc d'offrir une plus grande fréquence de vols et un meilleur tarif de transport aux chargeurs. 70 % du trafic total est réalisé sur des avions mixtes.
- **Les cargos :** ces avions dédiés au transport de marchandises sont réservés aux axes à fort trafic, sur lesquels les capacités disponibles en soutes des avions de ligne sont insuffisantes (Paris-New York, par exemple). Certaines compagnies aériennes exploitent leur propre flotte de cargos (comme Lufthansa).

Les compagnies mixtes assurent leurs transports de marchandises et de passagers sur les mêmes aéroports. Cela leur permet notamment de transférer rapidement les marchandises d'une soute d'un avion mixte à celle d'un avion tout-cargo et réciproquement.
Le niveau élevé des coûts du transport aérien provient de la faible charge marchande proposée (113 tonnes pour un Boeing 747F, le plus gros avion-cargo) et de certaines composantes de coût (entretien et personnel navigant, amortissement et coûts de vol, carburant).

Schéma des opérateurs de la logistique aérienne

EXPORTATEUR → COMMISSIONNAIRE DE TRANSPORT ou TRANSITAIRE (agent de fret aérien)

Déclaration en douane
(effectuée par le **représentant en douane**)

↓

Transport routier jusqu'à la zone de fret aérienne

↓

Sécurisation des colis

↓

Préparation et conditionnement des palettes

↓

SOCIÉTÉ DE MANUTENTION AGENT DE HANDLING — Acheminement jusqu'à l'aérogare de la compagnie aérienne

↓

COMPAGNIE AÉRIENNE — Transport aérien

FICHE RESSOURCE

2 Les emballages utilisés dans le transport aérien

L'ULD (*Unit Load Device*, unité de chargement), palette avion ou conteneur aérien, permet de transporter les marchandises dans les meilleures conditions de sécurité possibles et d'exploiter au mieux la capacité d'emport de l'avion. L'utilisation de l'ULD simplifie la manutention.
Les ULD sont réglementées et chaque type est désigné par un code IATA.

I Les palettes

Les plus courantes ont une longueur de 10 pieds (318 cm) pour une largeur variant entre 153 cm et 244 cm, et peuvent supporter jusqu'à 4 600 kg. Les plus grandes reçoivent jusqu'à 13 000 kg mais ne sont chargeables que dans les Boeing 747F.
Elles sont résistantes et légères, conçues en alliage d'aluminium. Les marchandises y sont consolidées par un film plastique ou un filet fixé par des crochets.

II Les conteneurs

Ils sont proposés dans de nombreux formats. Le modèle AKE (LD3) est le plus courant : sa base mesure 145 cm × 147 cm, il est biseauté pour s'adapter à la forme de la soute de tous les avions long-courrier. Il peut recevoir 4,3 m^3 de marchandises pour un poids brut maximum de 1 587 kg.
Le plus grand conteneur peut charger près de 5 000 kg.

III Les ULD spécialisées

Les conteneurs isothermes, à température dirigée ou stabilisateurs, sont destinés aux produits agroalimentaires, chimiques et pharmaceutiques.
Les stalles sont conçues pour le transport du bétail ou des chevaux.

Une fois constituées dans le centre de fret, les ULD sont acheminées par des rampes à roulement jusqu'à des remorques spécifiques, tractées jusqu'à l'avion. Le fret est alors transféré de la remorque au loader, plateforme horizontale placée sur des vérins qui permettent le déplacement vertical de la plateforme au niveau voulu.
Le fret conventionnel, hors ULD, léger et de petites dimensions, est chargé dans les soutes au moyen de rampes obliques.

FICHE RESSOURCE

3 Les documents du transport aérien

Les documents du transport aérien sont réglementés par les conventions internationales de Varsovie (1929) et de Montréal (1999). Les ULD sont réglementées et chaque type est désigné par un code IATA.

I La LTA : lettre de transport aérien (ou AWB *Air Waybill*)

La LTA matérialise le contrat de transport : elle atteste la prise en charge de la marchandise par le transporteur, qui s'engage à la transporter et à la remettre en bon état au destinataire, moyennant le paiement du fret. Elle est émise en trois exemplaires originaux (pour le chargeur, le transporteur et le destinataire). La date d'émission de la LTA tient lieu de date d'expédition.
Elle constitue également la facture du transport aérien : sur la LTA, figure le détail des prestations facturées par la compagnie aérienne et par l'agent de fret. Enfin, elle sert aussi de certificat d'assurance, quand une assurance transport a été souscrite.
À la différence du connaissement maritime (B/L), elle n'est pas négociable et ne matérialise pas, en principe, la propriété des marchandises (mais dans les faits, elle est utilisée comme telle).
Dans le cas le plus fréquent du recours à un agent de fret aérien, qui procède à un groupage dans la mesure du possible, deux LTA sont émises :
- la ***House Air Waybill*** (HAWB), remise par l'agent de fret (le transitaire ou le commissionnaire de transport) au chargeur, a valeur d'attestation de prise en charge ;
- la ***Master Air Waybill*** (MAWB), remise par la compagnie aérienne au transitaire, constitue le contrat de transport (dans les faits, elle est émise par l'agent pour le compte de la compagnie aérienne).

Les mentions apposées sur ces deux documents diffèrent :

<table>
<tr><td>Chargeur :
EXPORTATEUR</td><td rowspan="3">**HAWB**

TRANSITAIRE au départ</td></tr>
<tr><td>Destinataire :
IMPORTATEUR</td></tr>
<tr><td>Agent émetteur :
TRANSITAIRE
au départ</td></tr>
<tr><td colspan="2">**Marchandises de l'exportateur :**
Nombre, nature, poids et volume
Fret aérien : As agreed
(« comme convenu », donc non précisé)
Freight collect ou Freight prepaid
(en fonction de l'Incoterm)</td></tr>
</table>

<table>
<tr><td>Chargeur :
TRANSITAIRE
au départ</td><td rowspan="3">**MAWB**

COMPAGNIE AÉRIENNE</td></tr>
<tr><td>Destinataire :
TRANSITAIRE
à l'arrivée</td></tr>
<tr><td>Agent émetteur :
TRANSITAIRE
au départ</td></tr>
<tr><td colspan="2">**CONSOLIDATION** *(groupage)*
Pour le détail, voir le MANIFESTE joint
Détail du calcul du fret aérien et des autres frais
Freight prepaid
(le fret est avancé par l'agent à la compagnie)</td></tr>
</table>

II Le manifeste de groupage

Établi par l'agent de fret aérien, il donne le détail des expéditions groupées : expéditeur, destinataire, nombre de colis, marques et numéros, nature des emballages, quantité et désignation des marchandises, fret payé ou payable à destination.

III La déclaration de marchandises dangereuses

Le transport aérien de marchandises dangereuses (TMD) représente un risque bien réel. Le transport des matières dangereuses en général est encadré par des réglementations strictes issues des travaux de l'ONU.

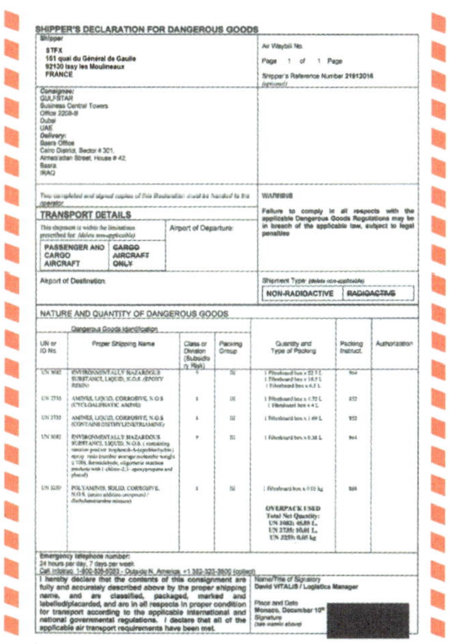

SHIPPER'S DECLARATION FOR DANGEROUS GOODS

Shipper
STFX
151 quai du Général de Gaulle
92130 Issy les Moulineaux
FRANCE

Air Waybill No.
Page 1 of 1 Page
Shipper's Reference Number 21912016 (optional)

Consignee:
GULFSTAR
Business Central Towers
Office 2208-B
Dubai
UAE
Delivery:
Basra Office
Cairo District, Sector # 301,
Almarsadan Street, House # 42,
Basra
IRAQ

Two completed and signed copies of this Declaration must be handed to the operator.

WARNING
Failure to comply in all respects with the applicable Dangerous Goods Regulations may be in breach of the applicable law, subject to legal penalties

TRANSPORT DETAILS
This shipment is within the limitations prescribed for: (delete non-applicable)
PASSENGER AND CARGO AIRCRAFT | CARGO AIRCRAFT ONLY
Airport of Departure:
Airport of Destination:
Shipment Type: (delete non-applicable)
NON-RADIOACTIVE | RADIOACTIVE

NATURE AND QUANTITY OF DANGEROUS GOODS

Dangerous Goods Identification						
UN or ID No.	Proper Shipping Name	Class or Division (Subsidiary Risk)	Packing Group	Quantity and Type of Packing	Packing Instruct.	Authorization
UN 3082	ENVIRONMENTALLY HAZARDOUS SUBSTANCE, LIQUID, N.O.S. (EPOXY RESIN)	9	III	1 Fibreboard box x 22.1 L 1 Fibreboard box x 16.5 L 1 Fibreboard box x 6.3 L	964	
UN 2735	AMINES, LIQUID, CORROSIVE, N.O.S. (CYCLOALIPHATIC AMINES)	8	III	1 Fibreboard box x 4.32 L 1 Fibreboard box x 4 L	852	
UN 2735	AMINES, LIQUID, CORROSIVE, N.O.S. (CONTAINS DIETHYLENETRIAMINE)	8	III	1 Fibreboard box x 1.69 L	852	
UN 3082	ENVIRONMENTALLY HAZARDOUS SUBSTANCE, LIQUID, N.O.S. (containing [illegible])	9	III	1 Fibreboard box x 0.38 L	964	
UN 3259	POLYAMINES, SOLID, CORROSIVE, N.O.S. ([illegible])	8	III	1 Fibreboard box x 0.05 kg OVERPACK USED Total Net Quantity: UN 3082: 45.88 L, UN 2735: 10.01 L, UN 3259: 0.05 kg	860	

Emergency telephone number:
24 hours per day, 7 days per week
Call Infotrac 1-800-535-5053 - Outside N. America +1 352-323-3500 (collect)

I hereby declare that the contents of this consignment are fully and accurately described above by the proper shipping name, and are classified, packaged, marked and labelled/placarded, and are in all respects in proper condition for transport according to the applicable international and national governmental regulations. I declare that all of the applicable air transport requirements have been met.

Name/Title of Signatory
David VITALIS / Logistics Manager
Place and Date
Monaco, December 10th
Signature
(see warning above)
[redacted]

Sont considérées comme dangereuses les marchandises présentant l'un des neuf risques suivants (classification de l'ONU) :

Classe 1 : le caractère explosif
Classe 2 : le risque gazeux
Classe 3 : l'inflammabilité des liquides
Classe 4 : l'inflammabilité des solides
Classe 5 : la combustion des matières chimiques
Classe 6 : la toxicité et le risque infectieux
Classe 7 : la radioactivité
Classe 8 : la corrosivité
Classe 9 : les autres dangers

L'expéditeur de marchandises dangereuses doit fournir un document spécifique (ci-contre) indiquant le numéro ONU du classement des différentes marchandises, les mesures à prendre pour leur transport, leur manutention ou leur stockage.

Des étiquettes de danger doivent être apposées sur les colis. Chacune de ces étiquettes permet de déterminer, pour chaque catégorie de produits, le type de danger, les conditions de manutention et de transport, et la procédure de gestion des incidents éventuels.

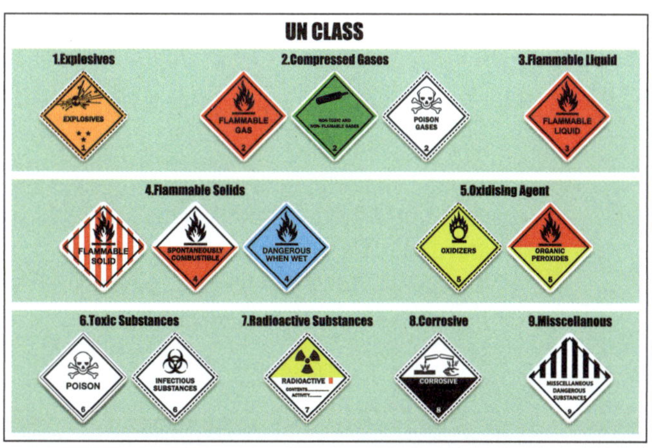

Depuis 2010, une nouvelle étiquette représentant un arbre et un poisson morts permet de signaler les produits dangereux pour l'environnement, pour tous les modes de transport.

IV Le certificat de sûreté du fret

Le transport aérien est particulièrement exposé aux risques d'attentat et d'actes illicites. La sécurisation du fret est assurée par le passage des colis dans des appareils radioscopiques de contrôle (scanners à rayons X). Les colis opaques ou de format hors norme sont contrôlés par une équipe cynophile. La *Consignment Security Declaration*, émise à l'issue du contrôle, est remise à la compagnie aérienne avec les marchandises à transporter.

FICHE RESSOURCE

4 Le coût du transport aérien

Il existe trois types de tarifs : le tarif général (IATA), le tarif ULD et les tarifs spéciaux (Class Rates et Co-Rates).

I Le tarif général : le tarif IATA

Les tarifs IATA sont harmonisés et s'entendent d'aéroport de départ à aéroport d'arrivée.
Le fret est calculé par rapport au poids ou au volume de l'expédition, à l'avantage du transporteur.

1 La recherche du poids taxable

Le fret est calculé par rapport au nombre de kilogrammes taxables : on retient soit le poids réel, soit le poids théorique correspondant au volume des marchandises, sur la base d'une **équivalence de 1 tonne = 6 m³**. Le poids taxable est le plus grand des deux.

→ Calcul du poids réel en kg

→ Calcul du volume en m³ :
Calcul du poids théorique (ou volumétrique) en tonnes : volume en m³ / 6
Multiplication de ce résultat par 1 000 pour obtenir le poids théorique en kg

Exemple Pour l'expédition de 2 caisses de dimensions unitaires 1 m × 0,85 m × 1 m et de poids brut unitaire 120 kg :
- Poids réel : 2 × 120 = 240 kg
- Volume : 2 × 1 m × 0,85 m × 1 m = 1,70 m³
- Poids théorique : 1,70 m³ / 6 = 0,283 t soit 0,283 × 1 000 = 283 kg

Le poids taxable est donc de 283 kg (le plus élevé des deux poids).

2 Le calcul du fret aérien

Le tarif général est exprimé pour un kilo taxable, construit par tranches de poids, et il est dégressif (plus le poids taxable est grand, plus le tarif au kilogramme est faible).

Exemple (suite) Tarif général de Japan Airlines Tokyo NRT – Paris CDG

Poids en kg	Tarif en JPY
M[1]	560
N[2]	130
45	70
100	52
300	46
500	42
1 000	32

Attention : une caisse de 2 kg taxables devrait être taxée dans la tranche N (tarif normal jusqu'à 45 kg) à 130 JPY/kg et le fret devrait s'élever à : 2 × 130 = 260 JPY.
Mais c'est inférieur au minimum, le fret s'élèvera donc à 560 JPY (le minimum).

1. M : Minimum de perception, c'est-à-dire le prix minimum à payer (s'applique sur les colis de faible poids).
2. N : tarif Normal jusqu'à 45 kg.

En raison de la dégressivité du tarif, il peut être intéressant de payer pour un poids plus important que le poids taxable, afin de bénéficier d'une tranche de prix moins chère. C'est ce qu'on appelle la **règle du payant pour**. Les compagnies aériennes font systématiquement ce calcul.

Exemple (suite) Pour l'expédition des 2 caisses :
- Tranche normale pour 283 kg (à partir de 100 kg) : 283 × 52 = 14 716 JPY
- Payant pour 300 kg (poids minimum de la tranche supérieure) : 300 × 46 = 13 800 JPY

La compagnie aérienne appliquera donc le payant pour et facturera 13 800 JPY pour le transport de ces deux colis

II Le tarif ULD

Ce tarif s'applique aux palettes et conteneurs de groupage remis par les agents de fret. Il est avantageux par rapport au tarif général, à condition de charger l'ULD de façon optimale.
Le fret correspond à un forfait pour un poids pivot, auquel s'ajoutent les kilogrammes excédentaires facturés à l'unité (sur la base du poids réel).

Exemple ▸ Expédition de 30 colis de poids brut unitaire de 25 kg, pouvant être emballés dans une ULD de type TWIN de Pékin à Paris

Tarif de China Cargo Airlines		Pékin (PEK) – Paris (CDG)	En yuan (CNY)
Type d'ULD	Forfait en CNY	Poids pivot	Excédent CNY/kg
TWIN	17 500	717 kg	40

Calcul du poids brut de l'expédition : 30 × 25 kg = 750 kg Kg excédentaires : 750 – 717 = 33 kg

Calcul du fret aérien :	Forfait	17 500 CNY
	Kg excédentaires : 33 × 40 =	1 320 CNY
	Fret aérien	18 820 CNY

III Les tarifs spéciaux

1 Les Class Rates

Ces tarifs de classification s'appliquent à des marchandises particulières et sont calculés avec une majoration ou une minoration du tarif général :
- majoration pour les animaux vivants, les véhicules, les œuvres d'art... ;
- minoration pour les bagages non accompagnés, la presse...

2 Les Co-Rates

Ces Commodity Rates correspondent à des tarifs réduits applicables au transport de marchandises spécifiques en grandes quantités sur des liaisons aériennes données (par exemple, pour les médicaments). Ils tendent à disparaître.

IV Les autres frais du transport aérien

Autres frais	Correspondance
La surcharge carburant	Prise en compte des variations du tarif du kérosène.
La taxe de sûreté	Sécurisation du fret (contrôle de toute marchandise avant embarquement, passage aux rayons X, émission d'un certificat de sûreté).
La taxe pour risque de guerre	Compensation de l'augmentation des cotisations d'assurance payées par les compagnies aériennes depuis les attentats du 11 septembre 2001.
Les frais annexes	Enlèvement des marchandises, primes d'assurance, émission de documents, présentation en douane, transbordement, primes pour marchandises dangereuses, transport réfrigéré (carboglace)…

Ces frais apparaissent de façon détaillée dans la LTA : ils sont répartis entre l'agent aérien (terminaison A, pour *agent*) et le transporteur (terminaison C, pour *carrier*) et sont codifiés.

IRC	Taxe de guerre versée au transporteur
AWA	Taxe d'émission de LTA versée à l'agent
CHC	Frais de manutention versés au transporteur
SCA	Taxe de sécurité versée à l'agent
SCC	Taxe de sécurité versée au transporteur (ou SPX)
MYC	Taxe de surcharge fuel au transporteur
RAA	Taxe sur les produits réglementés versée à l'agent
RAC	Taxe sur les produits réglementés versée au transporteur

AWA signifie « *Air Waybill **Agent*** » et désigne les frais d'émission de la LTA dus à l'agent.

CHC signifie « *Clearance and Handling **Carrier*** » et désigne les frais d'enregistrement et de manutention dus au transporteur.

FICHE RESSOURCE

5 L'assurance aérienne

L'assurance aérienne couvre les risques d'avarie sur les marchandises de magasin à magasin (y compris les parties terrestres et fluviales du trajet). Les risques d'avarie sont moins importants en transport aérien qu'en transport maritime, mais là aussi, la responsabilité du transporteur est limitée par les conventions internationales (voir chapitre 10).

I Les risques couverts

Il s'agit d'une police d'assurance tous risques. Sont garantis les dommages et pertes matériels, ainsi que les pertes de poids ou de quantités, subis par les marchandises assurées au cours de leur transport, leur manutention ou leur stockage, jusqu'au lieu de destination. Les risques de guerre, d'émeute ou de piraterie doivent être couverts par une extension de garantie.
Sont exclues les avaries résultant de la faute du chargeur, de l'insuffisance d'emballage ou du vice propre de la marchandise (vers et vermine, influence de la température, freinte de route).

II La valeur assurée

Il s'agit de la valeur réelle de la marchandise (assurance *ad valorem*), qui doit pouvoir être justifiée en cas de sinistre. Cette valeur correspond au coût de revient majoré du profit espéré ou à la valeur de la marchandise à destination.
Elle sert de base au calcul de la prime d'assurance et à l'indemnisation en cas de sinistre.

III Les polices d'assurance aérienne

Plusieurs types de contrats sont proposés aux chargeurs, en fonction de l'importance de leurs flux :

Quatre types de polices d'assurance	Situations
La police au voyage	Pour des expéditions occasionnelles
La police à alimenter	Pour des expéditions de marchandises de même nature, échelonnées sur une période indéterminée
La police flottante ou d'abonnement	Pour toutes les expéditions d'un même chargeur sur une période donnée
La police tiers chargeur	Souscrite par les transporteurs ou les transitaires, pour le compte de leurs clients

Exemple Calcul de primes d'assurance aérienne
1. Valeur assurée : 18 000 EUR CPT Roissy CDG
Taux de prime d'assurance : 0,4 % du CPT
Prime d'assurance = 18 000 × 0,4 % = 72 EUR
2. Valeur de la marchandise : 37 000 EUR CPT Marignane
Assurance : 0,25 % du CPT majoré de 20 %
Prime d'assurance = 37 000 × 1,20 × 0,25 % = 111 EUR

1 Décrypter un document de transport aérien

À la lecture du document :

1. Retracez l'expédition aérienne concernée : identifiez les parties, leur rôle, les marchandises transportées et le voyage organisé.

2. Expliquez le calcul du fret aérien et le détail des frais annexes facturés.

DOCUMENT Lettre de transport

147 | CDG | 91742442 — 147-91742442

Nom et adresse de l'expéditeur Shipper's Name and Adress
ORIENT HALL
152 boulevard Carnot
06400 CANNES
FRANCE

Numéro de compte de l'expéditeur Shipper's Account Number

LETTRE DE TRANSPORT AÉRIEN ROYAL AIR MAROC
Non négociable Cargo 4
Emise par 95700 ROISSY - CDG
Not negotiable AIR WAYBILL Issued by FRANCE

Les exemplaires 1, 2 et 3 de cette lettre de transport aérien sont originaux et ont la même validité
Copies 1, 2 and 3 if this Air Waybill are originals an have the same validity.

Nom et adresse du destinataire Consignee's Name and Adress
GAMBIA FURNITURES
Kankujereh rd
BANJUL
GAMBIE

Numéro de compte du destinataire Consignee's Account Number

Il est convenu que les marchandises décrites dans le présent document sont acceptées pour le transport en bon état apparent (sauf annotation contraire) que le transport est SOUMIS AUX CONDITIONS QUI FIGURENT AU VERSO. LES MARCHANDISES PEUVENT ÊTRE TRANSPORTÉES PA TOUT AUTRE MOYEN Y COMPRIS PAR ROUTE OU PAR TOUT AUTRE TRANSPORTEUR À MOINS QUE DES INSTRUCTIONS PRÉCISES, CE SUJET NE SOIENT DONNÉES PAR L'EXPÉDITEUR. ET L'EXPÉDITEUR ACCEPTE QUE LES MARCHANDISES SOIENT ACHEMINÉES V DES POINTS D'ARRÊT INTERMÉDIAIRES QUE LE TRANSPORTEUR AURA JUGÉ APPROPRIÉS. L'ATTENTION DE L'EXPÉDITEUR E ATTIRÉE SUR L'AVIS CONCERNANT LA LIMITATION DE RESPONSABILITÉ DU TRANSPORTEUR. L'expéditeur peut augmenter cette limitation responsabilité en déclarant une valeur pour le transport plus élevée et en payant des frais supplémentaires s'il y a lieu.
It is agreed that the goods described herein are accepted in apparent good order and condition (except as noted) for carriage SUBJECT TO TH CONDITIONS ON CONTRACT ON THE REVERSE HEROF. ALL GOODS MAY BE CARRIED BY ANY OTHER MEANS INCLUDING ROAD O ANY OTHER CARRIER UNLESS SPECIFIC CONTRARY INSTRUCTIONS ARE GIVEN HEREON BY THE SHIPPER, AND SHIPPER AGREE THAT THE SHIPMENT MAY BE CARRIED VIA INTERMEDIATE STOPPING PLACES WHICH THE CARRIER DEEMS APPROPRIATE. TH SHIPPER'S ATTENTION IS DRAWN TO THE NOTICE CONCERNING CARRIER'S LIMITATION OF LIABILITY. Shipper may increase such limitati of liability by declaring a higher value for carriage and paying a supplemental charge if required.

Nom et ville de l'agent du transporteur émetteur Issuing Carrier's Agent Name and City
QUALITAIRSEA
4 rue du meunier - ZA du moulin
95724 ROISSY CDG - FRANCE

Renseignements comptables Accounting Information
FREIGHT PREPAID
FRET SECURISE SELON CERTIFICAT JOINT ---SPX ---

Code IATA de l'agent Agent's IATA Code: 20 4 7042/9416
Numéro de compte Account Number:

Aéroport de départ (Adresse du premier transporteur) et itinéraire demandé Airport of Departure (Address of First Carrier) and Requested Routing: ROISSY CDG

N° de référence Reference Number: # 1 065 721
Information Acheminement (Facultatif) Optional Shipping information:

à to	Par premier transport By First Carrier / Routage et dest. Rout. and Dest.	à to	by par	à to	by par	Monnaie Currency	Frais CHGS Code	PP/Val WT/VAL Payé PPD	PP/Val WT/VAL Dû COLL	Autres Other Payé PPD	Autres Other Dû COLL	Valeur déclarée pour le transport Declared Value for Carriage	Valeur déclarée pour la douane Declared Value for Customs
BJL	RAM	CMN	RAM		RAM	EUR	X	P	X	P	X	NVD	

Aéroport de destination Airport of Destination: BANJUL, GM
Vol / Date Demandée Requested Flight / Date: 8842/0912
Montant de l'assurance Amount of: XXXXXXXXXXXX
ASSURANCE : Si le transporteur propose une assurance et que l'expéditeur en fait la demande conformément aux présentes conditions, indiquer le montant à assurer en chiffre dans la case "Montant de l'assurance".
INSURANCE : If Carrier offers insurance, and such insurance is requested in accordance with conditions on reverse

Renseignements pour le traitement de l'expédition Handling Information
Please contact ultimate consignee once upon arrival

SCI: X

Nomre de colis Number of Pieces RCP	Poids brut Gross Weight	kg lb	Classif de tarif Rate Class / N° d'article de la marchandise Commodity Item No	Poids de taxation Chargeable Weight	Tarif/Montant Rate/Charge	Total	Nature et Quantité des marchandises (y compris dimensions ou volume) Nature and Quantity of Goods (incl. Dimensions or Volume)
2	70	kg	N	86	12,57	1 081,02	CARPETS
2	70			86		1 081,02	

Port payé Prepaid	Port dû Collect
Taxation au poids Weight Charge	
1 081,02	
Taxation à la valeur Valuation Charge	
Taxe Tax	
Total des autres frais dus à l'agent Total Other Charges Due Agent	
22,00	
Total des autres frais dus au transporteur Total Other Charges Due Carrier	
107,95	
Total port payé Total Prepaid	**Total port dû** Total Other Charges Due Agent
1 210,97	

Autres frais Other Charges

AWA : 22,00	CHC : 25,00	IRC : 10,50
SCC : 5,95	MYC : 66,50	DBC : 0,00
RAA :	RAC : 0,00	DBA : 0,00
DFC : 0,00		

L'expéditeur certifie que les indications portées sur le présent document sont exactes et que, dans la mesure où une partie quelconque de l'expédition contient des marchandises dangereuses, cette partie d'expédition est correctement dénommée et bien préparée pour le transport par air conformément à la réglementation applicable.
Shipper certifies that the particulars on the face hereof are correct and that insofar as any part of the consignment contains dangerous goods, such part is properly described by name and is in proper condition for carriage by air according to the applicable Dangerous Goods regulations.

QUALITAIR&SEA ROISSY CDG

Signature du transporteur émetteur ou de son agent Signature of Issuing Carrier or his Agent

09/12/N — ROISSY — Laurent HUBERT

Note : DBA, DBC et DFC : frais de débours et d'encaissement des ports dus, facturés quand le fret aérien est payable à l'arrivée.

2 Calculer le fret aérien

La centrale d'achat des magasins Homeland importe des articles de décoration d'Inde depuis l'aéroport de New Delhi et en a confié la logistique à son transitaire.

À partir des documents 1 et 2 :

1. Calculez le poids taxable de cette expédition.

2. Calculez le montant des frais de la logistique aérienne à payer au transitaire pour cette importation.

DOCUMENT 1 Caractéristiques de l'expédition

10 colis de dimensions 50 × 40 × 40 cm
5 colis de dimensions 50 × 40 × 30 cm
5 colis de dimensions 50 × 40 × 25 cm
1 colis de dimensions 40 × 40 × 30 cm
Poids brut total : 428 kg

DOCUMENT 2 Cotation du transitaire

• **Fret aérien :**

NEW DELHI (DEL) – PARIS (CDG)	
Tarif au kg	**En EUR**
M	166
N	10,53
45	8,71
100	6,39
300	5,02
500	4,50
1 000	2,95

• **Frais annexes :**

LTA : 25 EUR
SCC : 40 EUR
CHC : 62 EUR
IRC : 36 EUR
MYC : 115 EUR

3 Choisir un tarif aérien

Un laboratoire pharmaceutique français expédie des vaccins à un hôpital de Washington DC, en transport aérien. Deux possibilités lui sont offertes par la compagnie aérienne : une expédition conventionnelle, au tarif général, et une expédition en conteneur, à un tarif forfaitaire.
Dans les deux cas, l'emballage des marchandises sera réfrigéré avec de la neige carbonique (carboglace) pour respecter les contraintes de température imposées par la nature des produits.

1. Calculez le fret aérien selon les deux modalités d'expédition et choisissez la plus économique.

2. Calculez le coût total de la logistique aérienne dans la modalité d'expédition choisie.

DOCUMENT 1 Caractéristiques de l'expédition

196 cartons
Dimensions d'un carton : 30 cm × 25 cm × 20 cm
Masse brute totale d'un carton : 5 kg

DOCUMENT 2 Tarifs Air France KLM Cargo pour Washington Dulles

Tarif général :

Paris CDG – Washington IAD	
Poids mini (kg)	**EUR/kg**
M	90
N	14,60
45	8,20
100	5,80
500	3,90
1 000	1,90

Tarif ULD :

ULD type AKE
Dimensions intérieures : 156 cm × 153 cm × 162 cm
Poids maximum autorisé : 1 505 kg
Forfait : 1 800 EUR
Poids pivot : 750 kg
Kg excédentaires : 1,05 EUR/kg

Frais annexes :

AWA Établissement de la LTA :	50 EUR
CHC Enregistrement compagnie :	28 EUR
MYC Surcharge fuel :	0,15 EUR/kg de poids taxable
IRC Risque de guerre :	0,12 EUR/kg de poids taxable
SCC Sûreté du fret :	0,025 EUR/kg de poids réel (minimum de perception 7,50 EUR, maximum 25 EUR)
MXC Frais de carboglace :	75 EUR
PAA Frais de check-list pour envois pharmaceutiques :	25 EUR

4 Calculer un prix de vente CIP Auckland

L'entreprise Audivis expédie deux palettes de matériel audiovisuel à un acheteur professionnel situé à Auckland, en Nouvelle-Zélande. Elle a convenu d'un Incoterm CIP aéroport avec son client. Elle contacte son transitaire habituel, qui lui fait parvenir une proposition tarifaire pour l'organisation de la logistique aérienne.

- **À partir de la cotation du transitaire, calculez le prix CIP Auckland qui sera facturé au client néo-zélandais.**

DOCUMENT Cotation du transitaire

EXPORT AÉRIEN NOUVELLE-ZÉLANDE
Depuis vos locaux à rendu CIP Auckland

Votre référence expédition :

Désignation	Dimensions (cm)	Poids unitaire (kg)
2 palettes	80 × 120 × 140 80 × 120 × 100	115 100

Matériel audiovisuel : valeur EXW 36 450 EUR

DOCUMENT Cotation du transitaire (suite)

Tarif depuis vos locaux à rendu aéroport :

Postes	Coût unitaire
Enlèvement	57,50 EUR/palette
Dossier et douane export	50 EUR/envoi
Taxe LTA	38 EUR/AWB
Taxe sûreté	0,09 EUR/kg réel (minimum 14,30 EUR)
Passage aéroportuaire	0,11 EUR/kg réel (minimum 11 EUR)
Fret aérien	1,75 EUR/kg taxable
Surcharge risque de guerre	0,15 EUR/kg taxable
Surcharge fuel	0,90 EUR/kg taxable
Assurance	0,35 % du CPT majoré de 10 %

5 Calculer un prix CIP aéroport d'Alger

La société S.A.M. (Sud Appareillage Médical), située dans les Bouches-du-Rhône, a reçu une commande de matériel médical d'un hôpital en Algérie. Elle a convenu avec son acheteur d'une expédition aérienne en CIP Alger.
Afin de déterminer son prix de vente, elle souhaite connaître le coût de la logistique et contacte un transitaire qui lui fait parvenir une proposition tarifaire.

- **À partir des caractéristiques de l'expédition et de la cotation du transitaire (documents 1 et 2), calculez le prix CIP Alger à communiquer au client.**

DOCUMENT 1 Caractéristiques de l'expédition

Valeur totale de la commande : 26 300 EUR FCA Marseille
Emballage dans une caisse de dimensions : 1,10 m × 1 m × 0,92 m
Poids brut : 140 kg

DOCUMENT 2 Cotation du transitaire

Tarif Air Algérie Cargo

Marseille MRS – Alger ALG	
Poids en kg	**Tarif en EUR**
M	90
N	14,40
45	10,75
100	8,20
500	5,10
1 000	2,40

Frais annexes :

AWA frais fixes LTA :	20 EUR/LTA
CHC manutention :	0,15 EUR/kg réel (minimum 25 EUR)
MYC surcharge fuel :	0,55 EUR/kg taxable
SCC sécurisation du fret :	0,12 EUR/kg réel (minimum 18,50 EUR)
IRC taxe de guerre :	0,16 EUR/kg taxable (minimum 8,25 EUR)
Assurance tous risques :	0,5 % du prix CPT

CHAPITRE 7

Organiser le transport routier international

COMPÉTENCES PROFESSIONNELLES

Organiser, contrôler et suivre la réalisation d'un contrat international

Le transport routier permet de réaliser des expéditions en *door-to-door* (de porte à porte) et de limiter les ruptures de charge. Il est incontournable puisque, même dans une expédition maritime ou aérienne, il assure le pré- et le post-acheminement. Il est un maillon essentiel de la chaîne logistique et reste le mode de transport le plus flexible, le plus fluide et souvent le plus économique. Au-delà de l'acheminement des marchandises, les opérateurs du transport routier offrent de nombreux services : entreposage, traçabilité, dématérialisation des données... pour les camions complets comme pour les plus petits colis.

Mais le transport routier des marchandises (TRM) pèse lourdement dans le réchauffement climatique, la dégradation de la qualité de l'air, la congestion et la détérioration des routes. Cette problématique est d'autant plus importante que le taux de remplissage volumique des remorques n'est que de l'ordre de 30 % en moyenne.

SITUATION PROFESSIONNELLE

MAROC

Régime : monarchie constitutionnelle
Superficie : 446 550 km²
Population : 35 millions d'habitants
Capitale : Rabat
Villes principales : Casablanca, Fès, Tanger, Meknès, Marrakech
Langue officielle : arabe
Monnaie : dirham marocain (1 EUR = 10,7153 MAD[1])
PIB/hab : 3 400 USD (2019)
Principaux clients : Espagne, France
Principaux fournisseurs : Espagne, France, Chine, États-Unis

1. Taux de change au 13/04/21.

1. Actualisez les données pays par une recherche sur Internet.
2. Caractérisez les pratiques commerciales, sociales et environnementales du pays, après consultation de l'évaluation des risques par Coface.

QUALITAIR&SEA
International Logistics

Agence de Marseille
35 boulevard du Capitaine Gèze
Parc Club des Aygalades
13400 MARSEILLE

PROV LAB, producteur de gel antibactérien situé dans le sud-est de la France, a contacté le bureau de Marseille du transitaire QUALITAIR&SEA pour l'envoi de 20 palettes de marchandises par transport routier à destination du Maroc.

Il s'agit d'approvisionner les boutiques de l'aéroport de Casablanca et l'expédition doit parvenir à l'acheteur sous 8 jours.
La marchandise sera prise en charge par un transporteur routier et le camion empruntera un navire roulier pour la portion maritime du trajet.
Vous travaillez pour QUALITAIR&SEA et participez à l'organisation de cette expédition au Maroc. Vous devez rédiger la réponse à envoyer à la demande de cotation du client PROV LAB (**document 1**) à partir des conditions de QUALITAIR&SEA (**document 4**) et des conditions de son partenaire, le transporteur routier Maroc-Trans (**documents 2 et 3**).

1. À partir de la demande du client, identifiez les contraintes à prendre en compte pour l'organisation de cette expédition au Maroc.
   ➲ Document 1
   ➲ Fiches ressources 1 et 3
2. Choisissez la modalité de transport adaptée à l'expédition : groupage ou affrètement d'un camion complet.
   ➲ Documents 1 et 2
   ➲ Fiches ressources 1 et 4
3. Déterminez la date d'enlèvement des marchandises dans les locaux de l'exportateur.
   ➲ Documents 1 et 3
4. Calculez le total des frais de logistique à facturer au client Prov Lab pour l'organisation de son expédition au Maroc.
   ➲ Documents 1, 2 et 4
   ➲ Fiches ressources 4 et 5
5. Rédigez la réponse à envoyer à la demande de cotation du client.

L'exportateur a accepté la proposition tarifaire de QUALITAIR&SEA et vous êtes chargé(e) de l'organisation de son exportation.
Vous établissez le document de transport routier, la CMR.

6. Complétez les rubriques 1, 2, 3, 4, 6, 11, 12, 16, 20, 22 et 24 du document de transport routier.
   ➲ Document 5
   ➲ Fiches ressources 2 et 3

VOTRE DOSSIER

DOCUMENT 1 **Demande de cotation du client PROV LAB, reçue par mail le mercredi 26 octobre N**

Bonjour,

Merci de nous communiquer vos tarifs et transit time pour l'envoi suivant en CIP Casablanca.

Adresse de livraison :

Casablanca Duty Free
Aéroport de Casablanca Mohammed V
Route de Nouasseur
Casablanca Maroc

20 palettes de gel antibactérien à destination du Maroc
Dangereux (classe 3 ONU 1266 emballage PE)
Non gerbables
Dimensions des palettes : 1,20 m × 0,80 m × 1,04 m
Poids brut unitaire : 445 kg
Assurance *ad valorem* par vos soins, valeur marchandises 88 600 EUR

Pour enlèvement dès que possible dans nos locaux de Marseille
Horaires d'ouverture du lundi au vendredi de 9 h à 19 h

Cordialement,

Mélanie NEZES
Service Export

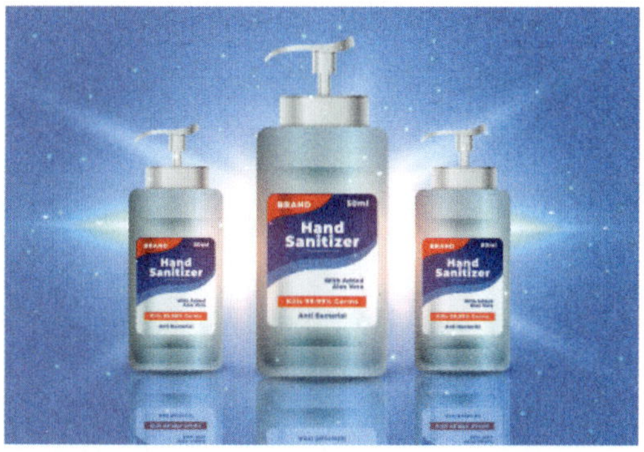

PROV LAB
110 Traverse de la Serviane
13012 Marseille

DOCUMENT 2 Conditions du transport routier vers Casablanca (Maroc-Trans)

Stockage

Nombre de palettes	De 1 à 50	De 51 à 120	À partir de 121
Prix/jour de stockage	0,40 EUR/palette	0,30 EUR/palette	0,20 EUR/palette

Expédition

Transport multimodal porte-à-porte (ro-ro)

Semi-remorque avec équipage ADR pour le transport des produits dangereux

Chargement dans un camion semi-remorque bâché

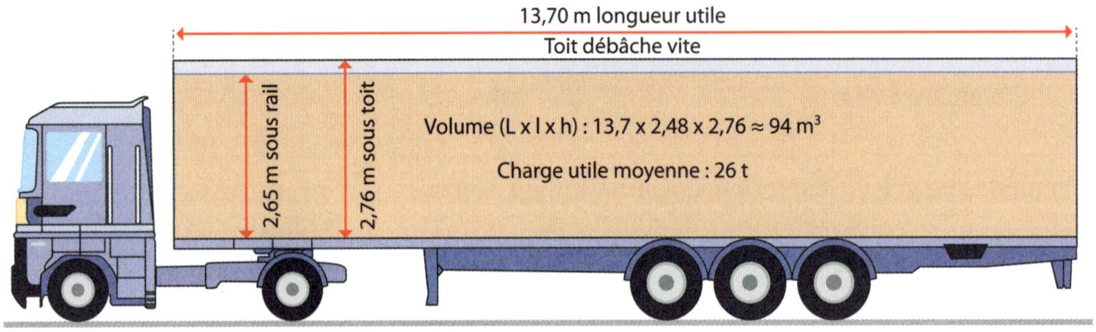

Coût du transport

Camion complet : 2 350 EUR

Tarif groupage :

	Marseille – Casablanca (groupage route) en EUR				
Poids en kg	< 1 t	1 à 3 t	3 à 5 t	5 à 10 t	> 10 t
Tarif pour 100 kg	20,00	15,00	17,50	14,00	11,50

Enlèvement à votre entrepôt principal

Prix valables pour des marchandises palettisées sur europalettes, dangereuses

Frais de documents : 70 EUR

Ces prix comprennent les frais de route.

DOCUMENT 3 Grille des départs et délais du transporteur routier Maroc-Trans au départ de Marseille

DÉPARTS ET DÉLAIS TRANSPORTS — Planning exprimé en jours ouvrés

PAYS	COMPLETS	DÉPARTS Lu	Ma	Me	Je	Ve	GROUPAGE	DÉPARTS Lu	Ma	Me	Je	Ve
ALLEMAGNE												
01 À 19	J+2	■	■	■	■	■	J+2/J+4		■	■	■	■
20 À 39	J+2	■	■	■	■	■	J+2/J+4		■	■	■	■
40 À 59	J+1/J+2	■	■	■	■	■	J+2/J+3		■	■	■	■
60 À 79	J+1/J+2	■	■	■	■	■	J+2/J+3		■	■	■	■
80 À 99	J+2	■	■	■	■	■	J+2/J+3		■	■	■	■
AUTRICHE	J+2	■	■	■	■	■	J+2/J+4		■	■	■	■
BELGIQUE	J+1	■	■	■	■	■	J+2/J+3	■	■	■	■	■
BULGARIE	J+6			■	■	■	J+7/J+8			■	■	■
DANEMARK	J+2/J+3		■	■	■	■	J+3/J+4		■		■	
ESPAGNE												
Alicante	J+2		■	■	■	■	J+3	■		■		■
Barcelone	J+1	■	■	■	■	■	J+1/J+2	■		■		■
Irun	J+2		■	■	■	■	J+2/J+3	■		■		■
Madrid	J+2		■	■	■	■	J+3/J+4	■		■		■
Valence	J+2		■	■	■	■	J+3/J+4	■		■		■
FINLANDE	J+5/J+6			■	■	■	J+5/J+6			■		■
GDE-BRETAGNE	J+2	■	■	■	■	■	J+2/J+4	■	■		■	■
GRÈCE												
Athènes	J+4				■	■	J+4/J+5					■
Thessalonique	J+4				■	■	J+4/J+5					■
HONGRIE	J+3	■	■	■	■	■	J+4/J+5			■	■	■
ITALIE												
00 À 09	J+2		■	■	■	■	J+3/J+4	■	■	■	■	■
10 À 29	J+1	■	■	■	■	■	J°1/J+2	■	■	■	■	■
30 À 39	J+1/J+2	■	■	■	■	■	J+2/J+3	■	■	■	■	■
40 À 49	J+1/J+2	■	■	■	■	■	J+2/J+3	■	■	■	■	■
50 À 59	J+1/J+2		■	■	■	■	J+2/J+3	■	■	■	■	■
60 À 69	J+2		■	■	■	■	J+3/J+4	■	■	■	■	■
70 À 89	J+2/J+3		■	■	■	■	J+3/J+4	■	■	■	■	■
FRANCE sauf Corse	J+1/J+2	■	■	■	■	■	J+2/J+3	■	■	■	■	■

PAYS	COMPLETS	DÉPARTS Lu	Ma	Me	Je	Ve	GROUPAGE	DÉPARTS Lu	Ma	Me	Je	Ve
SICILE/SARDAIGNE	J+4/J+5		■	■		■	J+6/J+7		■	■		■
IRLANDE	J+4/J+5	■	■		■	■	J+5	■	■		■	■
LUXEMBOURG	J+1/J+2		■	■	■	■	J+2/J+3		■	■	■	■
NORVÈGE												
Oslo	J+4		■	■	■	■	J+4/J+5				■	
Autres destinations	J+4/J+5		■	■	■	■	J+5/J+6				■	
PAYS BALTES	J+4			■	■	■	J+4/J+5			■	■	■
PAYS-BAS	J+1/J+2		■	■	■	■	J+1/J+2		■	■	■	■
POLOGNE	J+3/J+4	■	■	■	■	■	J+4/J+5		■	■	■	■
PORTUGAL												
Lisbonne	J+3		■	■	■	■	J+3/J+4		■	■	■	
Porto	J+2/J+3		■	■	■	■	J+3/J+4		■	■	■	
ROUMANIE	J+3/J+5	■	■	■	■	■	J+6/J+7			■	■	■
SLOVAQUIE	J+3	■	■	■	■	■	J+4/J+5			■	■	■
SLOVÉNIE	J+3		■	■	■	■	J+4/J+5			■	■	■
SUÈDE												
Malmö	J+3		■	■	■	■	J+4/J+5		■		■	
Göteborg	J+4		■	■	■	■	J+4/J+5		■		■	
SUISSE	J+1/J+2	■	■	■	■	■	J+2/J+3		■	■	■	■
TCHÉQUIE	J+3		■	■	■	■	J+4/J+5			■	■	■
TURQUIE												
Ankara	J+8		■	■	■	■	J+8/J+9		■		■	■
Bursa	J+7	■	■	■	■	■	J+7/J+8		■		■	■
Istanbul	J+7	■	■	■	■	■	J+7/J+8		■		■	■
Izmir	J+7		■	■	■	■	J+8/J+9		■		■	■
TUNISIE	J+3	■	■	■	■	■	J+3	■		■		
MAROC	J+4			■	■		J+4	■		■		

Pour vos flux vers Algérie, Bosnie, Croatie, Iran, Russie, Ukraine : nous questionner.
Pour Turquie et Maghreb : délais de livraison sur Terminal Douanes.
Pour Turquie et Maghreb : embarquement le mercredi et le samedi.
Délais non contractuels, communiqués à titre indicatif.
Pour les produits présentant le caractère de dangereux : nous consulter.

DOCUMENT 4 Tarifs du transitaire QUALITAIR&SEA

QUALITAIR&SEA International Logistics

Représentation en douane export :	100 EUR
Forfait export :	250 EUR
Assurance tous risques :	0,34 % sur CIP

DOCUMENT 5 Document de transport routier CMR

1 Exemplaire de **l'expéditeur**
Copy for **sender**

LETTRE DE VOITURE INTERNATIONALE
INTERNATIONAL CONSIGNMENT NOTE

No 24382

CMR

Ce transport est soumis, nonobstant toute clause contraire à la Convention relative au contrat de transport international de marchandises par route (CMR).

This carriage is subject, notwithstanding any clause to the contrary, to the Convention on the Contract for the International Carriage of goods by road (CMR).

1 Expéditeur (nom, adresse, pays)
Sender (name, adress, country

2 Destinataire (nom, adresse, pays)
Consignee (name, address, country)

3 Lieu prévu pour la livraison de la marchandise (lieu, pays)
Place of delivery of the goods (place, country)

4 Lieu et date de la prise en charge de la marchandise (lieu, pays, date)
Place and date of taking over the goods (place, country, date)

5 Documents annexés
Documents attached

16 Transporteur (nom, adress, pays)
Carrier (name, address, country)

17 Transporteur successifs (nom, adress, pays)
Successive carriers (name, address, country)

18 Réserves et observations du transporteur
Carrier's reservations and observations

6 Marques et numéro / Marks and Nos	7 Nombre des colis / Number of packages	8 Mode d' emballage / Method of packing	9 Nature de la marchandise / Nature of the goods	10 No statistique / Statistical number	11 Poids brut, kg / Gross weight in kg	12 Cubage m3 / Volume in m3
Classe / Class	Chiffre / Number	Lettre / Letter	(ADR*)			

13 Instructions de l'expéditeur
Sender's Instructions

19 Conventions particulières
Special agreements

20 A payer par / To be paid by:	Expéditeur / Sender	Monnaie / Currency	Destinataire / Consignee
Prix de transport / Carriage charges :			
Réductions / Deductions: -			
Solde / Balance			
Suppléments / Supplem. charges :			
Frais accessoires / Other charges : +			
TOTAL :			

14 Prescriptions d'affranchissement
Instructions as to payment for carriage
☐ Franco / Carriage paid
☐ Non franco / Carriage forward

21 Etablie à / Established in — le / on — 19

15 Remboursement / Cash on delivery

22
Signature et timbre de l'expéditeur
Signature and stamp of the sender

23
Signature et timbre du transporteur
Signature and stamp of the carrier

24 Marchandises reçues / Goods received
Lieu / Place — le / on — 19
Signature et timbre du destinaire
Signature and stamp of the consignee

Modèle IRU 1976

A remplir sous la responsabilité de l'expéditeur / To be completed on the sender's responsibility **1 - 15** Y compris et / including and **19+21+22.** Les parties encadrées de lignes grasses doivent être remplies par le transporteur / The space framed with heavy lines must be filled in by the carrier

- En cas de marchandises dangereuses indiquer, outre la certification éventuelle, à la dernière ligne du cadre: le chiffre et le cas échéant, la lettre.
- In case of dangerous goods mention, besides the possible certification, on the last line of the column the particulars of the class, the number and the letter, if any.

FICHE RESSOURCE

1 Les acteurs du transport routier international

I Les types de véhicule

Le camion	Véhicule isolé d'un maximum de 12 m de longueur pour 2,50 m de largeur et 4 m de hauteur.
La semi-remorque (tracteur + remorque)	Aux alentours de 15 m maximum de longueur en Europe, elle permet, selon le nombre d'essieux, de déplacer des masses importantes (40 t en moyenne) ; certains pays comme la Suisse ne tolèrent pas plus de 28 t de PTAC (poids total admissible en charge).
Le camion remorque	Appelé aussi « train roulier », il permet de transporter des volumes importants (jusqu'à 120 m^3).

Les remorques et semi-remorques sont les unités les plus utilisées pour le transport par la route (85 % des trajets en Europe pour le transport des produits de grande consommation). Elles peuvent emporter jusqu'à 33 palettes ISO (1,20 m × 1 m).

II Les types d'expédition par route

Le groupage	Le camion contient plusieurs chargements pour le compte de différents expéditeurs.
L'affrètement en camion complet	Le chargement d'un seul expéditeur occupe intégralement la remorque, soit 90 m^3 en moyenne et jusqu'à 32 300 kg de capacité de charge.
La messagerie	Elle est généralement réservée aux envois inférieurs à 3 000 kg, avec de courts délais (24 h, 48 h ou 72 h). Après leur enlèvement, les colis transitent entre des plateformes avant d'être distribués aux destinataires finaux. Un réseau de plateformes reliées entre elles par des lignes empruntées par des camions permet de couvrir au maximum le territoire, de manière à livrer les clients le plus rapidement possible.
Le transport express	Le transport de la marchandise est effectué sans rupture de charge, du lieu d'enlèvement au lieu de livraison. On achète un délai, à un prix plus élevé que dans les autres types d'expédition.

III Les prestataires

Au-delà du seul transport routier, les prestataires du transport routier proposent une offre plus large de manutention, de stockage, voire d'emballage et de conditionnement.

Les transporteurs routiers	On dénombre 31 800 entreprises de transport routier en France, plus de 584 000 dans l'Union européenne.
Les commissionnaires de transport et transitaires	Ils jouent un rôle majeur dans l'organisation de la logistique internationale et développent des partenariats avec de nombreux transporteurs routiers.
Les bourses de fret	Ces plateformes en ligne permettent de mettre en contact des affréteurs et des transporteurs (par exemple, Upply, filiale de Geodis). Avantages : l'affréteur (le chargeur) peut comparer les prix et faire jouer la concurrence entre différents prestataires ; le transporteur s'assure de trouver des clients et réduit les risques de faire rouler ses véhicules à vide.

FICHE RESSOURCE

2 Les documents du transport routier international

Le transport routier international de marchandises est réglementé par la convention de Genève de 1956, appelée « convention CMR » (convention des marchandises par route), complétée par les conditions générales de l'Union internationale des transports routiers (IRU, *International Road Transport Union*) pour les dispositions concernant les questions de chargement et de déchargement, de fixation du prix, de définition des prestations annexes au contrat, non traitées par la convention CMR.

I Le document de transport routier international : la CMR

La lettre de voiture CMR constitue le contrat de transport et matérialise l'obligation du transporteur routier de transporter les marchandises en bon état du lieu de départ au lieu d'arrivée désignés, en contrepartie du paiement du fret.

Elle est émise en trois exemplaires originaux signés par l'expéditeur et par le transporteur. Le premier exemplaire est remis à l'expéditeur, le deuxième accompagne la marchandise et le troisième est retenu par le transporteur.
Elle est établie sur la base des déclarations du chargeur (l'expéditeur).

La lettre de voiture CMR doit notamment préciser :
- les coordonnées du transporteur, de l'expéditeur et du destinataire ;
- les adresses de chargement et de livraison ;
- les dates et délais de livraison ;
- les caractéristiques de la marchandise : dénomination, mode d'emballage, poids brut, nombre et marquage des colis ;
- l'immatriculation des véhicules utilisés pour le transport routier.

Un protocole additionnel à la Convention des marchandises par route prévoit la possibilité d'émettre des lettres de voiture CMR électroniques, dont le coût administratif est trois à quatre fois inférieur à celui d'une lettre de voiture papier et qui permet une gestion accélérée, une facturation plus rapide et une meilleure synchronisation des livraisons, avec un accès à l'information en temps réel.
24 pays ont ratifié ce protocole, dont la France.

Une CMR est établie dès lors que le transport routier est international, même s'il ne constitue pas le transport principal (par exemple, lors d'un post-acheminement après un transport maritime, entre le port d'Anvers et une destination en France).

Source : www.transportinfo.fr

Si le transport routier est national, une lettre de voiture simple le couvrira.

Exemple

1 Rose : Expéditeur 2 Jaune : Destinataire 3 Vert : Livraison 4 Bleu : Client 5 Blanc : Souche	**AIGLE TRANSPORTS S.A.** Z.I La Chapelette – B.P. 90096 80202 PÉRONNE Cedex Tél. 03.70.70.00.00 – Fax. 03.70.70.20.20 SIRET 422 800 227 00015 – Code NAF 502 M	63669 LETTRE DE VOITURE Etablie le : 22/11 Véhicule : DZ 552 NP Remorque : CK 517 CL Conducteur : PIERRE

EXPÉDITEUR (Lieu de prise en charge)	**DESTINATAIRE** (Lieu de livraison)
Nom : STE	Nom : DISTRIB SA
Adresse : 76 SANDOUVILLE	Adresse : 80 CHAULNES
Date et heure d'arrivée au lieu de déchargement demandées par le remettant : le .... à .... h	

Nombre	NATURE DES MARCHANDISES	Mètre plancher	Poids	CHARGEMENT
23	Palettes SEL		28T065	Heure d'arrivée : 13 H
	Commande 5711745200067			Heure de départ : 14 H 30
				LIVRAISON

PALETTES EUR	CHARGÉES CHEZ L'EXPÉDITEUR	REMISES À L'EXPÉDITEUR	LIVRÉES AU DESTINATAIRE	RENDUES PAR LE DESTINATAIRE	NON RENDUES À REPRENDRE	Heure d'arrivée : 11 H 50 Heure de départ : 12 H 50
	23	0	0	0	0	

Nom, cachet et signature de l'expéditeur et observations ou réserves éventuelles	Nom et signature du conducteur au chargement et observations ou réserves éventuelles	Nom, cachet et signature du destinataire et observations ou réserves éventuelles	Nom et signature du conducteur au déchargement et observations ou réserves éventuelles
Le :	Le : 22/11	Le :	Le : 23/11

W

II Le carnet TIR (Transit International Routier)

Ce document permet de transiter par des pays qui ne sont pas la destination des marchandises ou qui n'appartiennent pas à l'Union européenne. Son utilisation n'est pas obligatoire mais, grâce à lui, les contrôles par les autorités douanières lors du passage de chaque frontière ne sont pas nécessaires. Les marchandises sont transportées dans des véhicules ou des conteneurs scellés.

Exemple Pour un transport routier de la Turquie à l'Ukraine, avec transit en Bulgarie et en Roumanie, le carnet TIR permettra de passer les postes douaniers à la sortie de la Turquie, à l'entrée et à la sortie de la Bulgarie, à l'entrée et à la sortie de la Roumanie et, enfin, à l'entrée en Ukraine où aura lieu le dédouanement import. Le carnet comportera autant de feuillets que de bureaux de douane à franchir.

En France, c'est l'AFTRI (Association française du transport routier international) qui délivre les carnets TIR. La procédure e-TIR permet de faire une déclaration dématérialisée pour le transit international routier.

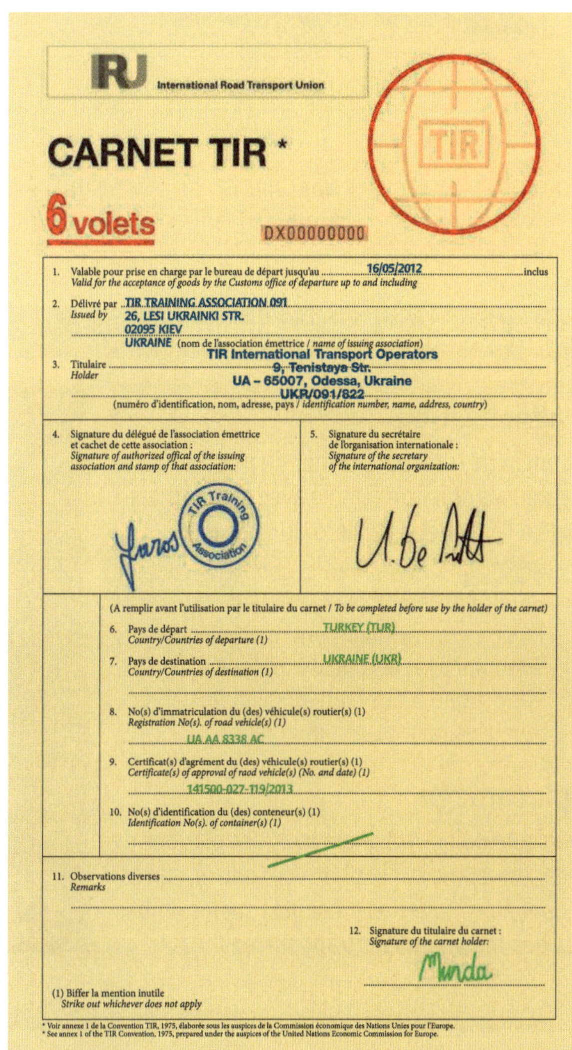
IRU International Road Transport Union

CARNET TIR *

6 volets

DX00000000

1. Valable pour prise en charge par le bureau de départ jusqu'au 16/05/2012 inclus
Valid for the acceptance of goods by the Customs office of departure up to and including

2. Délivré par TIR TRAINING ASSOCIATION 091
Issued by 26, LESI UKRAINKI STR.
02095 KIEV
UKRAINE (nom de l'association émettrice / name of issuing association)

3. Titulaire TIR International Transport Operators
Holder 9, Tenistaya Str.
UA – 65007, Odessa, Ukraine
UKR/091/822
(numéro d'identification, nom, adresse, pays / identification number, name, address, country)

4. Signature du délégué de l'association émettrice et cachet de cette association :
Signature of authorized offical of the issuing association and stamp of that association:

5. Signature du secrétaire de l'organisation internationale :
Signature of the secretary of the international organization:

(A remplir avant l'utilisation par le titulaire du carnet / To be completed before use by the holder of the carnet)

6. Pays de départ TURKEY (TUR)
Country/Countries of departure (1)

7. Pays de destination UKRAINE (UKR)
Country/Countries of destination (1)

8. No(s) d'immatriculation du (des) véhicule(s) routier(s) (1)
Registration No(s). of road vehicle(s) (1)
UA AA 8338 AC

9. Certificat(s) d'agrément du (des) véhicule(s) routier(s) (1)
Certificate(s) of approval of raod vehicle(s) (No. and date) (1)
141500-027-119/2013

10. No(s) d'identification du (des) conteneur(s) (1)
Identification No(s). of container(s) (1)

11. Observations diverses
Remarks

12. Signature du titulaire du carnet :
Signature of the carnet holder:

(1) Biffer la mention inutile
Strike out whichever does not apply

* Voir annexe 1 de la Convention TIR, 1975, élaborée sous les auspices de la Commission économique des Nations Unies pour l'Europe.
* See annex 1 of the TIR Convention, 1975, prepared under the auspices of the United Nations Economic Commission for Europe.

FICHE RESSOURCE

3 Le transport par route des marchandises dangereuses

Le transport routier des marchandises dangereuses est réglementé par l'ADR (Accord européen relatif au transport des marchandises Dangereuses par Route) de 1957, révisé en décembre 2019 (49 pays signataires).

I Les obligations de l'ADR

Ces obligations sont liées :
- à la nature de la marchandise (interdiction d'emballage commun avec d'autres marchandises, par exemple) ;
- à l'emballage des marchandises (il doit être homologué) ;
- au marquage et à l'étiquetage des colis (code ONU et étiquette de risque) (voir chapitre 6) ;
- au véhicule transportant les marchandises dangereuses (signalisation et équipement) ;
- au conducteur du véhicule (certificat ADR).

II Les mentions obligatoires sur la CMR

L'expéditeur n'est pas tenu de remettre une déclaration de marchandises dangereuses, mais il doit apposer certaines mentions sur la CMR : le numéro d'identification de la matière, la dénomination, la classe de danger, le code de classement ONU, le groupe d'emballage.

Exemple Pour un transport d'essence :
Classe 3 : liquide inflammable
Groupe d'emballage II : niveau de danger moyen

1203	ESSENCE	3	II	
Numéro ONU UN number	Nom voir 13 Name see 13	Numéro d'étiquette Labed Number	Groupe d'emballage Packing Group	(ADR*) (ADR*)

III La signalisation des véhicules

1 La signalisation

Tout engin de transport routier de marchandises dangereuses doit être signalé avec des panneaux orange à l'avant et à l'arrière du véhicule.

Exemple Sur la photo ci-contre, le code de danger désigne les matières dangereuses diverses, provoquant une réaction violente spontanée, et le code de matière ONU 3082 correspond à des matières liquides et dangereuses pour l'environnement.

2 Le placardage

Le véhicule doit être signalé avec des plaques de danger (en blanc sur la photo ci-contre), correspondant aux étiquettes présentes sur les emballages des marchandises transportées.

FICHE RESSOURCE

4 Le coût du transport routier international

En raison d'une forte concurrence, le transport routier offre à peu près toutes les gammes de prix. Le coût facturé au chargeur dépend de la distance et des caractéristiques de ses marchandises, mais également de l'exploitation de la ligne et des retours à vide. De plus, d'importantes remises peuvent être accordées aux chargeurs selon la fréquence, le volume ou encore la régularité du trafic. Le prix proposé par un transporteur est négociable et la mise en concurrence doit être la règle.

I Le tarif de groupage

Le fret est calculé par rapport au poids ou au volume de l'expédition, à l'avantage du transporteur.

1 La recherche du poids taxable

Le fret est calculé par rapport au poids taxable, à l'avantage du transporteur : on retient soit le poids réel, soit le poids théorique correspondant au volume des marchandises, sur la base d'une **équivalence de 1 tonne = 3 m³**. Le poids taxable est le plus grand des deux.

Exemple Pour l'expédition de 7 palettes de dimensions unitaires 1 m × 1,20 m × 1,40 m et de poids brut unitaire 650 kg :
- Poids réel : 7 × 650 kg = 4 550 kg ou 4,55 t
- Volume : 7 × 1 m × 1,20 m × 1,40 m = 11,76 m³
- Poids théorique : 11,76 m³ / 3 = 3,92 t soit 3,92 t × 1 000 = 3 920 kg

Le poids taxable est donc de 4 550 kg (le plus élevé des deux poids).

2 Le calcul du fret routier

Le tarif de groupage est construit par tranches de poids, exprimé en tonnes ou en kilogrammes, et il est dégressif. Comme en transport aérien, la règle du payant pour s'applique (voir chapitre 6).

Exemple (suite) Pour l'expédition des 7 palettes :

Tranches de poids	< 1 t	1 à 5 t	5 à 10 t	10 à 15 t	15 à 20 t	> 20 t
Prix/tonne en EUR	120,00	115,00	100,00	95,00	80,00	75,00

Pour les 7 palettes : tranche normale : 4,55 × 115 = 523,25 EUR
Payant pour le poids minimum de la tranche supérieure : 5 × 100 = 500 EUR
On applique le payant pour : le fret routier coûte donc 500 EUR pour ces 7 palettes.

II La tarification en camion complet

Cette tarification est forfaitaire et dépend de la destination, du délai de livraison demandé et du type de camion utilisé. Elle est généralement négociée au cas par cas.

III La tarification de la messagerie routière

Les compagnies de transport pratiquent des tarifs par zone de destination, indépendamment de la nature de la marchandise (sauf dangereux ou réfrigéré). Ils sont fonction du poids des colis, de la distance à parcourir et des infrastructures empruntées (péages, ferries...).

Dans tous les cas de figure, un délai garanti peut également influencer le tarif du transporteur routier. Il s'agit alors du délai total de porte à porte : le transit time.

FICHE RESSOURCE

5 L'assurance du transport routier

L'assurance du transport routier couvre les risques de magasin à magasin. La marchandise est sous la responsabilité du transporteur de l'enlèvement à la livraison, mais cette responsabilité est limitée par les conventions internationales (voir chapitre 10). La souscription d'une assurance est donc recommandée.

I Les risques couverts

L'assuré peut choisir une garantie « tous risques », qui couvre la plupart des dommages, y compris les disparitions et les vols, ou une garantie plus restrictive, qui couvre les conséquences des « accidents caractérisés » :
- la garantie « tous risques » couvre les avaries, les pertes et, sous certaines réserves, le vol ;
- la garantie « accidents caractérisés » couvre les avaries et les pertes mais, à la différence de la garantie « tous risques », les risques doivent être au préalable listés dans le contrat.

Des risques spécifiques peuvent être couverts par une extension de garantie :
- le « risque de guerre, émeutes, sabotages » : adapté au transport routier dans les zones dites « à risque politique » ;
- le « risque de grèves » : pour cette couverture, il est nécessaire de se rapprocher de la compagnie d'assurance, car cette disposition est rarement acceptée ;
- le transport de certaines marchandises spécifiques comme les animaux vivants ou les œuvres d'art.

Sont exclues les avaries résultant de la faute du chargeur, de l'insuffisance d'emballage ou du vice propre de la marchandise (vers et vermine, influence de la température, freinte de route).

II La valeur assurée

L'assurance couvre l'ensemble de la valeur des marchandises (assurance *ad valorem*) et peut inclure la valeur de facturation ainsi que les frais d'expédition (valeur CPT ou CIP), les droits et jusqu'à 10 % supplémentaires pour couvrir les dépenses.

III Les polices d'assurance du transport routier

Plusieurs types de contrats sont proposés aux chargeurs, en fonction de l'importance de leurs flux :

Quatre types de polices d'assurance	Situations
La police au voyage	Pour des expéditions occasionnelles
La police à alimenter	Pour des expéditions de marchandises de même nature, échelonnées sur une période indéterminée
La police flottante ou d'abonnement	Pour toutes les expéditions d'un même chargeur sur une période donnée
La police tiers chargeur	Souscrite par les transporteurs ou les transitaires, pour le compte de leurs clients

1 Décrypter un document de transport routier international

● **À partir du document ci-dessous, retracez l'expédition concernée et les intervenants impliqués.**

DOCUMENT CMR

LETTRE DE VOITURE - DOCUMENT DE TRANSPORT
VRACHTBIREF - VERVOERDOCUMENT
FRACHTBRIEF - TRANSPORTDOKUMENT

CMR

Code transporteur
33113

1105230
NL

1 Expéditeur (nom, adresse, pays)
Combilo B.V.
Transportweg 23
2742 RH Waddinxveen
Nederland

17 Transporteur (nom, adresse, pays)
Gärtner Holland BV
Transportweg 15
2742 RX WADDINXVEEN

2 Destinataire (nom, adresse, pays)
Demaris Rungis
11 rue de la Tour
MIN de Paris
94150 Chevilly Larue
France

18 Réserves et observations de l'expéditeur
Ordenum. :
SO/19561288
Date d'expédition
11-09-N
Date de livraison
13-09-N

3 Lieu et date de la prise en charge de la marchandise (lieu, pays, date)
Waddinxveen, Netherlands, 11-09-N

4 Documents annexés

5 Nombre de colis	6 Emballage	7 Nature de la marchandise	8 Catégorie	9 Origine	10 Poids brut kg	11 Poids net kg
30	CL	Haricots verts extra-fins I KE boîte barq-no 12 x 250 g	I	KE	105	90
30	CL	Mangetout ZW boîte barq-no 12 x 250 g		ZW	100	90
32	CL	Mangue Tommy Atkins I BR boîte 10 pc		BR	176	160
5	CL	Pitaya rouge 10 pc I VN boîte 2,5 kg	I	VN	17	15
3	CL	Sereh I TH boîte 3 kg	I	TH	10	9
5	CL	Kumquat I ZA boîte 2 kg		ZA	12	10
30	CL	Mûre noire 1 boîte panier 12 x 125 g		NL	58	45
135	Total					

12 Instructions de l'expéditeur
Transport temp: +7

	Au sol	Intermédiaire
Palette-Euro	1	0 1

Les délais de livraison
Toute la journée

13 Conventions particulières

14 Prescriptions d'affranchissement

15 Etablie à Waddinxveen le 11-09-N

18
Combilo B.V.
Transportweg 23
2742 RH Waddinxveen
Nederland
Signature et timbre de l'expéditeur

19
Gartner Holland BV
Transportweg 15
2742 RH WADDINXVEEN
7.9 BWGW 9
Signature et timbre du transporteur

20 Marchandises reçues
lieu le
Signature et timbre du destinataire

2 Calculer le prix du transport routier

Les Pépinières du Grand Sud, situées à Nice, expédient 3 000 tiges de mimosa à un importateur-distributeur de fleurs du marché de gros de Munich, en Allemagne. Les fleurs doivent voyager par la route, en transport frigorifique.

- **À partir des documents 1 et 2, calculez le prix du transport routier.**

DOCUMENT 1 Caractéristiques de l'expédition

Le mimosa est conditionné en cartons de 15 tiges.
Les cartons sont emballés dans des caisses palettes gerbables.
On place 20 cartons par caisse palette.
Dimensions d'une caisse palette : 1,20 m × 1,00 m × 2,40 m
Poids à vide (tare) d'une caisse palette : 20 kg
Le poids brut d'un carton de 15 tiges est de 2,50 kg.

DOCUMENT 2 Tarif du transporteur routier

Transport en camion frigorifique
Dimensions utiles du camion : 13,40 m × 2,42 m × 2,50 m
Charge utile du camion : 25 t

Tarif groupage Nice (France) – Munich (Allemagne) en EUR

Poids	3 à 5 t	5 à 7 t	7 à 10 t	10 à 15 t	15 à 20 t	> 20 t
Pour 100 kg	28,75	25,50	24,00	20,50	15,00	12,60

(Pour les envois inférieurs à 3 t : nous consulter.)

Frais de CMR : 40 EUR

3 Choisir une modalité d'expédition par la route

L'abus d'alcool est dangereux pour la santé.

Les bières Bulles de Provence sont brassées localement dans « l'atelier d'innovation » de la brasserie de Puyricard.

Ces bières artisanales sont confectionnées avec des produits naturels en respectant les étapes d'une fabrication traditionnelle.

Bulles de Provence doit expédier 20 palettes de bouteilles de 33 cl de 6 variétés de ses bières à son distributeur pour les pays du Benelux (**document 1**). Vous êtes chargé(e) du choix de la modalité d'expédition (camion complet ou groupage) et avez obtenu une cotation de la part d'un transitaire (**document 2**).

- **Choisissez la modalité d'expédition à retenir pour l'envoi des 20 palettes, à partir des informations communiquées dans les documents 1 et 2.**

DOCUMENT 1 Conditionnement des produits

Les bouteilles sont conditionnées dans des cartons chargés sur des palettes non gerbables pour leur transport par la route.
Dimensions d'une palette chargée : 1,20 m × 0,80 m × 1,20 m
Poids brut d'une palette : 650 kg

DOCUMENT 2 Informations communiquées par le transitaire

Dimensions utiles de la remorque : 13,34 m × 2,46 m × 2,60 m
Poids chargeable : 26 t

Camion complet : 3 000 EUR

Tarif groupage Belgique							
Minimum de facturation : 210 EUR							
Poids minimum	3 t	5 t	7 t	10 t	15 t	20 t	24 t
Prix/tonne en EUR	340	250	205	174	156	134	125

Poids arrondis aux 100 kg supérieurs

Enlèvement : Puyricard
Destination : Bruxelles

Transport *door-to-door*
Transit time : 72 heures

4 Calculer un prix CIP Manchester

L'entreprise Lahourie, située à Saubrigues, dans les Landes, a reçu une demande d'offre d'un distributeur britannique pour une expédition de rillettes de canard. Des prix FCA lui ont été proposés lors de la négociation, mais il préfère un tarif CIP Manchester. Le client souhaite des prix au pot de rillettes qui prennent en compte le nombre de palettes livrées. Ses premiers achats porteraient sur un poids brut de 5 tonnes maximum.
Vous êtes chargé(e) d'établir les tarifs à communiquer à ce nouvel acheteur.

1. **À partir du document 1, déterminez le nombre maximum de cartons que peut contenir une palette, sachant que les cartons ne nécessitent pas de précaution particulière. Déduisez-en les dimensions et le poids d'une palette de pots de rillettes de canard.**
2. **Afin de déterminer vos tarifs CIP Manchester, vous souhaitez que votre commissionnaire de transport habituel vous établisse une cotation route pour cette expédition. Rédigez la demande de cotation à lui adresser.**
3. **À partir du document 2, déterminez le nombre de palettes correspondant à chaque tranche du tarif de transport communiqué par le commissionnaire.**
4. **Dans un tableau, présentez les calculs permettant d'établir un tarif CIP Manchester en euros au pot, en fonction du nombre de palettes commandées. Vous tiendrez compte d'une prime d'assurance égale à 0,5 % de CIP + 10 %.**
5. **Déduisez-en les prix unitaire et total à communiquer au client britannique pour répondre à sa demande d'offre.**

DOCUMENT 1 Tarif et conditionnement des marchandises

Référence	Prix unitaire FCA Saubrigues	Poids net d'un pot	Conditionnement	Poids brut d'un carton	Dimensions d'un carton en cm
Rillettes de canard	2 EUR	400 g	24	16 kg	45 × 30 × 15

Les cartons sont emballés sur des europalettes dans les conditions suivantes :
– dimensions d'une europalette : 80 cm × 120 cm × 10 cm ;
– hauteur maximale d'une palette chargée : 1,50 m ;
– tare d'une palette (poids à vide) : 15 kg.

DOCUMENT 2 Extrait de la cotation du commissionnaire de transport

Tarif groupage routier Royaume-Uni en EUR			
Minimum de facturation : 180 EUR			
Poids en kg	Moins de 1 000	1 001 à 3 000	3 001 à 5 000
Tarif au kg en EUR	0,40	0,34	0,28

Transport en camion réfrigéré
Enlèvement à votre entrepôt principal : Saubrigues (40)
Destination : Manchester (Royaume-Uni)
Prix valables pour des marchandises palettisées sur europalettes.
Ces prix comprennent les frais de route, l'établissement de la CMR.

CHAPITRE

8 Envisager des modes de transport alternatifs

COMPÉTENCES PROFESSIONNELLES

Organiser, contrôler et suivre ma réalisation d'un contrat international

Proposer des pistes d'amélioration de gestion des opérations

Selon l'OCDE, les émissions de CO_2 générées par les transports internationaux de fret devraient presque tripler d'ici 2050 si aucune action particulière n'est entreprise, une croissance dont le mode routier serait le principal contributeur (à hauteur de 45 à 49 %). Notre économie est basée sur des échanges de plus en plus importants en volume et en valeur, sur des distances de plus en plus longues. Le transport est une source considérable de nuisances, pour l'homme et la planète : bruit, pollution atmosphérique, problèmes de santé, défiguration des espaces, grande consommation en énergies non renouvelables. Il est urgent de passer à des modes de transport moins polluants. Le cargo à voile de l'armateur nantais Néoline, long de 136 mètres, spécialisé dans les marchandises hors normes et le fret non conteneurisé (engins agricoles, véhicules...) pourra accueillir 280 conteneurs.

SITUATION PROFESSIONNELLE

HONGRIE

Régime : démocratie parlementaire
Superficie : 93 030 km²
Capitale : Budapest
Villes principales : Budapest, Debrecen, Szeged, Miskolc, Pécs
Population : 9,77 millions d'habitants
Langue officielle : hongrois
Autres langues : anglais, allemand
Monnaie : forint (1 EUR = 359,2000 HUF[1])
PIB/hab. : 16 732 USD (2019)
Principaux clients : Allemagne, Slovaquie, Italie, Roumanie, Autriche, France
Principaux fournisseurs : Allemagne, Autriche, Chine, Pologne (France 10ᵉ)

1. Taux de change au 13/04/21.

1. Actualisez les données pays par une recherche sur Internet.
2. Caractérisez les pratiques commerciales, sociales et environnementales du pays, après consultation de l'évaluation des risques par Coface.

AL$_2$O$_3$ est une entreprise de négoce d'aluminium, localisée à Gennevilliers, en région parisienne. Ce métal non ferreux est le plus exploité après le fer et largement utilisé dans l'industrie des transports, de l'électricité, du bâtiment, de l'emballage... Très léger et aussi résistant que l'acier, il est tiré de la bauxite que l'on extrait en abondance en France, en Grèce et en Italie.

Dans le négoce des matériaux non ferreux, les marges sont faibles. Par ailleurs, les produits sont légers et les volumes à transporter sont très importants. La maîtrise des coûts de transport est donc essentielle. Bien qu'elle soit embranchée directement sur la voie d'eau (sur la Seine, dans le plus important port fluvial de la région parisienne), l'entreprise **AL$_2$O$_3$** exploite la route pour le transport de ses marchandises. Poussée par des motivations écologiques (elle souhaite s'inscrire dans une démarche de développement durable et contribuer à l'engagement de la France vis-à-vis du protocole de Kyoto), économiques et organisationnelles (elle doit traiter jusqu'à 700 EVP pour certains contrats), elle étudie la possibilité de recourir à un mode de transport plus propre.

Pour sa prochaine expédition d'aluminium à Kunszent Pack, un fabricant de barquettes alimentaires situé près de Budapest, en Hongrie, **AL$_2$O$_3$** envisage de faire acheminer la marchandise par voie fluviale, par voie ferroviaire ou en transport combiné.

Vous êtes chargé(e) de l'étude d'une nouvelle solution de transport.

1. Contrôlez la faisabilité des solutions envisagées pour une expédition de marchandises de la France vers la Hongrie.
➲ Documents 1 et 2
➲ Fiches ressources 1 à 3

2. Vérifiez la capacité d'emport des moyens de transport par route, fleuve et rail pour cette expédition.
➲ Documents 3 et 4

3. Calculez le prix du transport dans les différentes solutions envisagées.
➲ Documents 5 et 6

4. Recommandez une solution de transport pour cette expédition d'aluminium en Hongrie.

5. Précisez le label que pourrait obtenir AL$_2$O$_3$ avec cette nouvelle solution de transport.
➲ Fiche ressource 4

DOCUMENT 1 Le réseau transeuropéen de transport (RTE-T)

9 corridors intermodaux

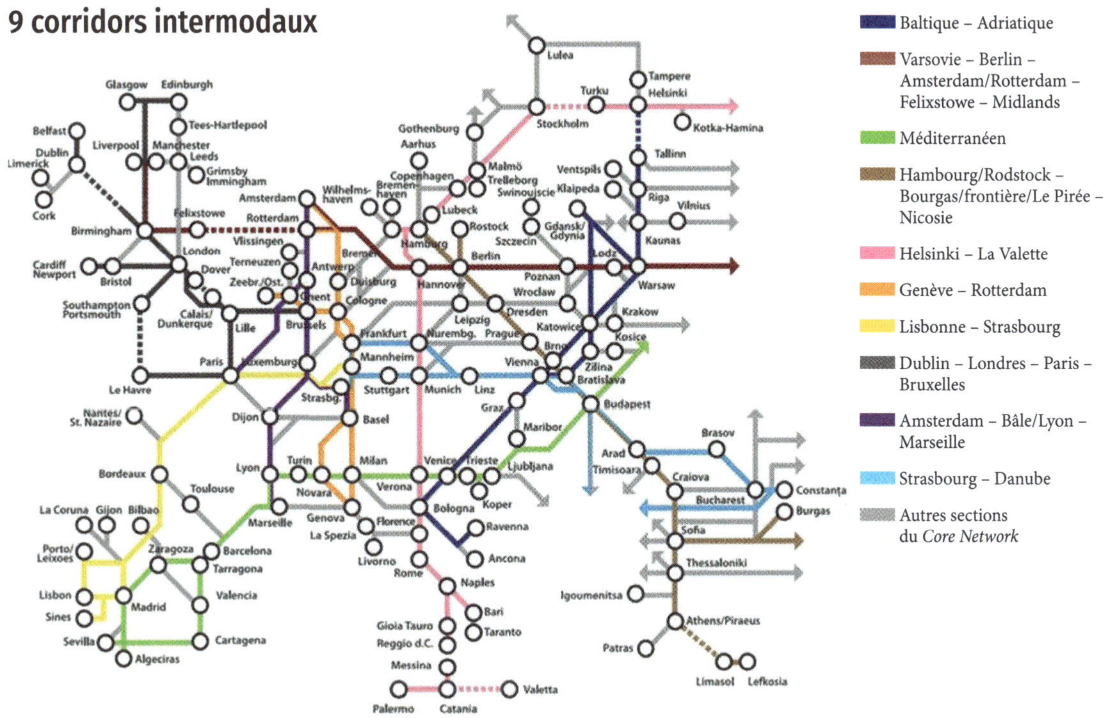

Commission européenne

DOCUMENT 2 Transport combiné rail-route : les « routes roulantes » en Europe

La route roulante n'est pratiquement pas possible en Espagne, en France, en Grande-Bretagne, dans le sud de l'Italie, au Portugal et sur un certain nombre de transversales alpines. Les goulots d'étranglement du transport ferroviaire s'ajoutent aux insuffisances de capacité des terminaux de transport combiné. Sur certains axes d'Europe centrale, en revanche, il existe des offres de type routes roulantes très performantes.

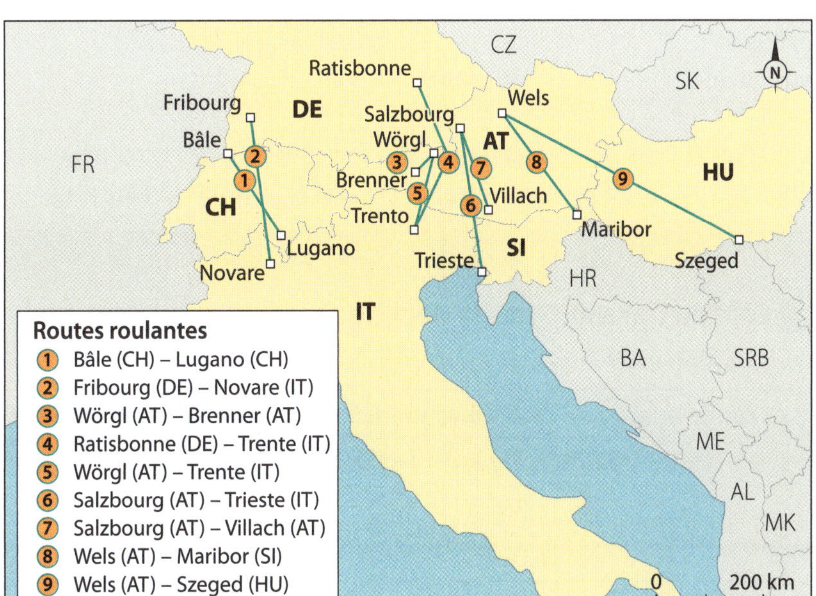

DOCUMENT 3 Caractéristiques de l'expédition d'aluminium en Hongrie

- Contrat d'approvisionnement annuel : 12 000 feuilles d'aluminium
- Expédition trimestrielle de 3 000 feuilles d'aluminium pour usage agroalimentaire
- Dimensions d'une feuille d'aluminium : longueur 6 m, largeur 1 m, épaisseur 2 mm
- Transport sur palettes en bois
- Masse volumique de l'aluminium : 2 700 kg/m^3

DOCUMENT 4 Capacité d'emport des moyens de transport

	Dimensions utiles			Charge utile
	Longueur	Largeur	Hauteur	
Camion porteur plateau	13,6 m	2,45 m	2,5 m	25 500 kg
Wagon plat à 4 essieux	18,5 m	2,64 m	2,5 m	55 000 kg
Péniche automoteur	38,5 m	5,05 m		250 à 400 t

DOCUMENT 5 Localisation des entreprises AL_2O_3 et Kunszent Pack

AL_2O_3

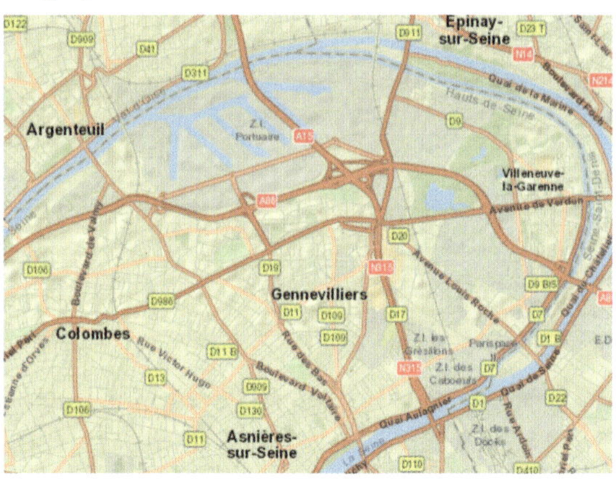

Route principale du Port
92230 Gennevilliers

Kunszent Pack

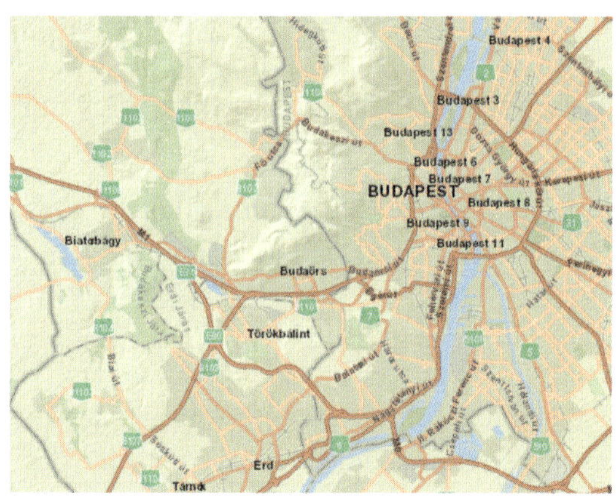

Biatorbágy
2051 Hongrie

Distances à parcourir

– Route : 1 480 km
– Rail : 1 245 km (pré- et post-acheminements par route : 30 km)
– Voies navigables : 2 200 km (pré- et post-acheminements par route : 34 km)

DOCUMENT 6 Coût du transport vers la Hongrie

Mode de transport	Coût par tonne et par km (en centimes d'euro)		
	Jusqu'à 200 km	De 201 à 1 000 km	Plus de 1 000 km
Route	14,30	11,90	8,80
Rail	16,04	12,52	7,40
Voies navigables	2,73	2,45	1,95

FICHE RESSOURCE

1 Le transport ferroviaire international

Le transport ferroviaire est réglementé par la Convention de Berne de 1980 qui comprend la CIM (Convention internationale sur le transport de marchandises par chemin de fer), révisée par la COTIF (Convention relative aux transports internationaux ferroviaires) de 1985, qui a été amendée en janvier 2010.

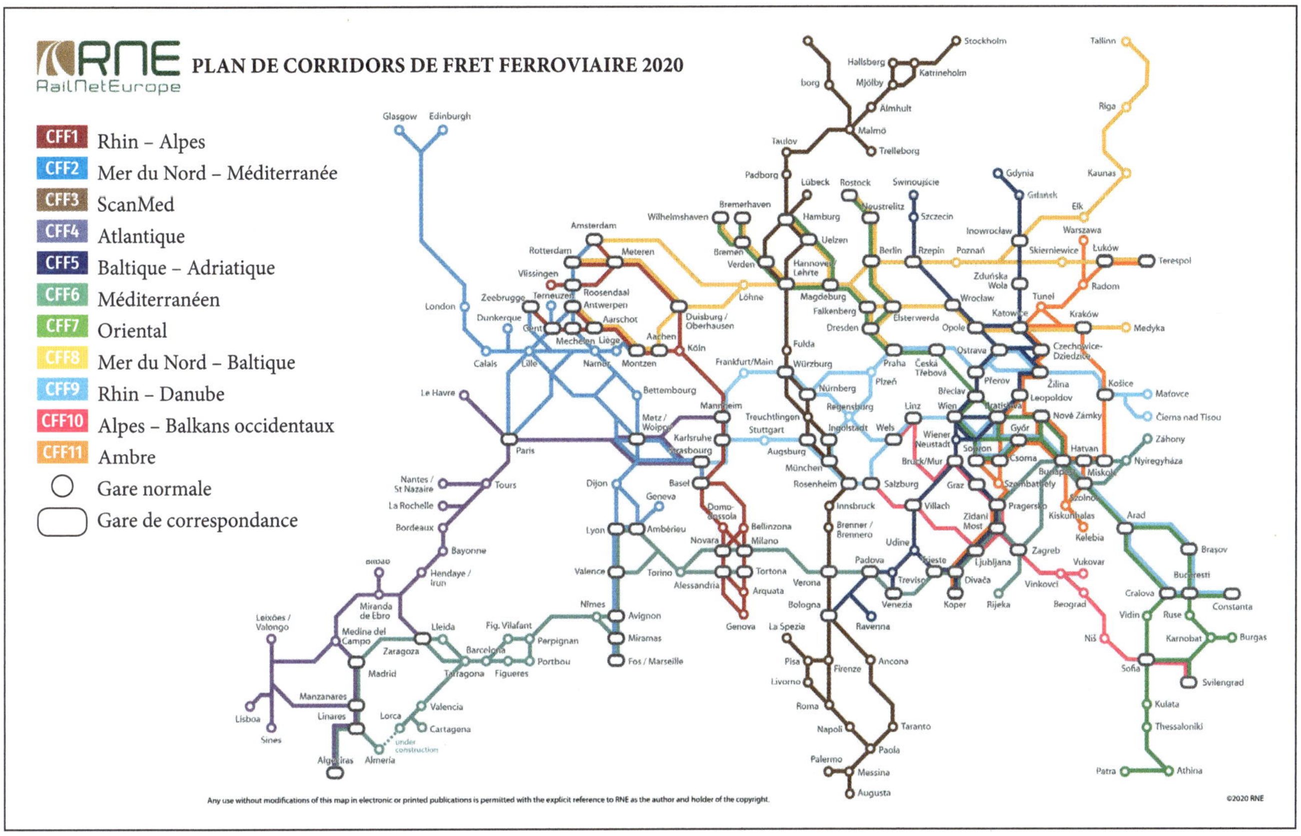

www.rne.eu

I Le document de transport ferroviaire : la lettre de voiture CIM

La lettre de voiture CIM est la preuve du contrat de transport ferroviaire. Elle atteste la prise en charge de la marchandise par le transporteur. Elle est complétée en partie par l'expéditeur et en partie par la compagnie de transport. L'original est remis au destinataire, l'expéditeur recevra un feuillet de la liasse.
Une lettre de voiture est émise par envoi (pour une expédition de détail) ou par wagon.

II Le coût du transport ferroviaire

La CIM ne réglemente pas les tarifs du transport ferroviaire international.
La tarification ferroviaire a été harmonisée en Europe et se distingue sous trois formes :
– la **tarification multilatérale** est valable dans plus de deux pays mais ne concerne qu'un type particulier de marchandise (par exemple, les produits relevant de la Communauté économique du charbon et de l'acier) ;
– la **tarification bilatérale** s'applique entre deux pays et concerne tous les types de marchandises (par exemple, le tarif franco-belge ou franco-allemand) ;
– en cas d'absence de tarif commun, on applique le principe des « **tarifications nationales soudées** » : le prix à payer résulte de l'addition des tarifs pratiqués dans les pays concernés.

FICHE RESSOURCE

2 Le transport fluvial international

En Europe, la Convention de Budapest de 2001 relative au contrat de transport de marchandises en navigation intérieure (CMNI) réglemente le transport fluvial. Elle ne prévoit pas de règle de tarification commune.

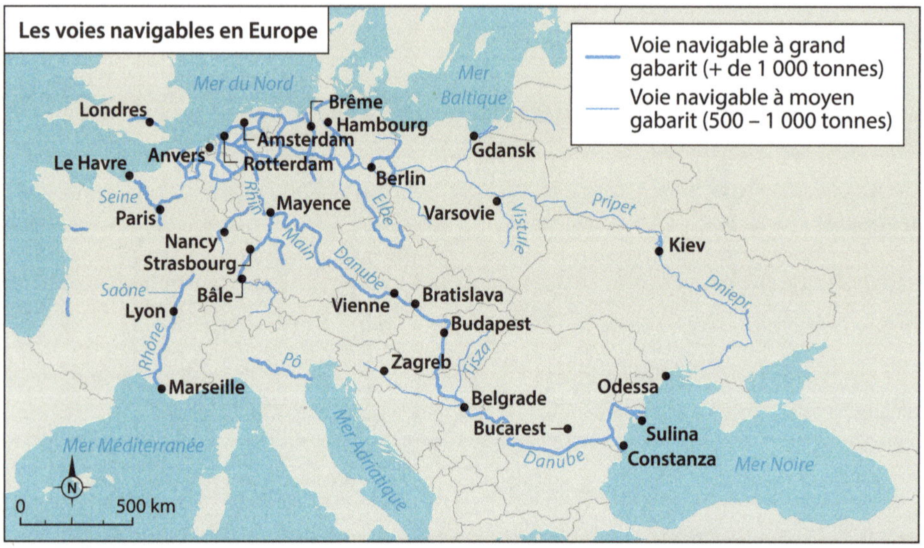

I Le document de transport fluvial : le connaissement fluvial

Le connaissement fluvial est un document à ordre négociable, représentatif de la marchandise (il constitue un titre de propriété de la marchandise). Il est émis par le transporteur. Le destinataire devra produire son exemplaire original du connaissement pour retirer les marchandises.

II Les types de contrat

Trois types de contrat peuvent être passés avec le transporteur :
– le **contrat à temps**, conclu pour une durée déterminée, quel que soit le nombre d'expéditions et de marchandises (paiement à la journée) ;
– le **contrat au tonnage**, conclu pour une quantité de marchandises donnée, quel que soit le nombre de voyages (paiement à la tonne) ;
– le **contrat au voyage simple ou multiple**, conclu pour un voyage déterminé sur un même bateau, pour tout transport de marchandises générales ou spécialisées, conditionnées ou en vrac (paiement au voyage).

III Les navires

- Les **automoteurs** ont une capacité de 250 à 4 000 tonnes.
- Les **barges fluviales** sont rassemblées en convoi dont le déplacement est assuré par un pousseur. Le convoi peut transporter jusqu'à 50 000 tonnes.
- Les **navires fluvio-maritimes** peuvent naviguer sur les océans comme sur les fleuves et sont capables de transporter plus de 2 000 tonnes de marchandises.
- Les **barges de navire** chargent et déchargent les barges par leurs propres moyens et transportent jusqu'à 800 tonnes.

IV Les marchandises

Les marchandises liquides, les ciments en vrac, les voitures neuves, les conteneurs sont couramment transportés par la voie fluviale.

FICHE RESSOURCE

3 Le transport combiné

Le transport combiné consiste à utiliser le rail ou la voie d'eau pour transporter des marchandises en conteneur, acheminées ensuite par camion pour les derniers kilomètres.
Ce transport intermodal offre une solution logistique sobre en énergie et respectueuse de l'environnement. Il est pertinent sur longue distance. Une directive européenne de 1992, révisée en 2019, établit des règles communes pour le transport combiné en Europe.
En Suisse, des « autoroutes ferroviaires » permettent de transporter des camions ou de nombreux ensembles routiers sur des trains.

I Les formes de transport combiné

Il existe trois formes de transport combiné :
- rail/route (ferroutage) ;
- fleuve/route ;
- mer/route (transroulage ou cabotage maritime, transport combiné en ro-ro – voir chapitre 5).

II Les types de transport combiné

On distingue deux types de transport combiné :
- le transport combiné non accompagné : transport de conteneurs, de caisses mobiles, de remorques ;
- le transport combiné accompagné : transport de camions avec les chauffeurs.

III Le document de transport

Une opération de transport combiné doit être considérée comme une opération de transport unique. Elle ne donne pas lieu à l'établissement d'un document de transport particulier : pour le chargeur, il s'agit d'un transport routier et c'est une CMR (Convention relative au contrat de transport international de marchandises par route) qui couvrira le transport de ses marchandises.

IV Les infrastructures

Le transport combiné nécessite l'emprunt de terminaux de transbordement, au départ et à l'arrivée. À l'heure actuelle, ces terminaux sont encore en nombre insuffisant et mal répartis dans l'Union européenne. Des incitations et des programmes d'aide à l'investissement sont développés par l'UE en vue d'en créer de nouveaux.

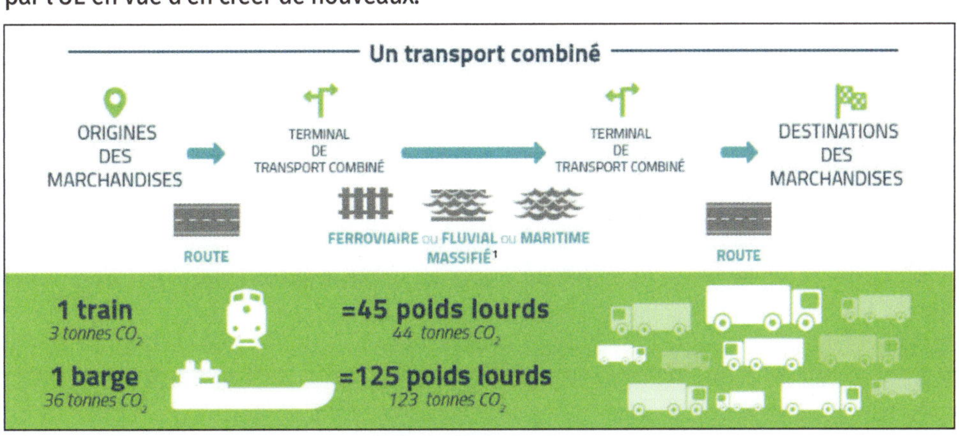

ecologique-solidaire.gouv.fr

1. Modes de transport massifiés : modes de transport permettant d'acheminer un très grand nombre de marchandises en émettant le moins possible de GES.

FICHE RESSOURCE

4 La recherche de solutions de transport respectueuses de l'environnement

Réunis sous la bannière du programme « Engagements volontaires pour l'environnement », le monde du transport et celui de la chaîne logistique désirent relever le défi de la transition écologique en réduisant chaque année leurs émissions de gaz à effet de serre (GES), responsables du réchauffement climatique.

ENGAGEMENTS VOLONTAIRES POUR L'ENVIRONNEMENT
transport et logistique

I Les dispositifs de réduction des émissions de gaz à effet de serre du secteur logistique

- **FRET 21 :** ce dispositif a pour objectif d'inciter les chargeurs à mieux intégrer l'impact environnemental des transports dans leur stratégie de développement durable aussi bien pour leurs opérations internes que pour celles des transports qu'ils utilisent.

- **EVcom :** ce dispositif accompagne les commissionnaires de transport pour agir durablement sur leur impact environnemental en se posant comme intermédiaire environnemental sur les émissions de gaz à effet de serre entre les donneurs d'ordre et les transporteurs.

- **Objectif CO_2 :** ce dispositif accompagne les transporteurs routiers (marchandises et voyageurs) à diminuer leur impact environnemental en réduisant les émissions de gaz à effet de serre de leurs propres opérations. Le label Objectif CO_2 valorise la performance environnementale des transporteurs de marchandises et de voyageurs.

Pour chaque dispositif, l'entreprise volontaire s'engage envers l'ADEME (Agence de la transition écologique) et le ministère de la Transition écologique à diminuer ses émissions de gaz à effet de serre et polluants atmosphériques. En contrepartie, elle bénéficie d'un accompagnement personnalisé.

II L'optimisation de la chaîne logistique grâce aux technologies connectées

Les plateformes numériques en ligne se multiplient : des outils comme Upply, conçu par GEODIS, permettent aux utilisateurs de comparer les prix du marché, de visualiser l'impact écologique du mode de transport choisi et de prendre leur décision en conséquence.

1 Les objectifs

Les deux objectifs majeurs sont :
- la réduction de l'empreinte carbone ;
- la recherche de gains énergétiques.

2 Les modalités

Les outils de *tracking* permettent d'optimiser le remplissage des camions et des conteneurs.

La modélisation des données des entrepôts (*Building Information Modeling*) permet une économie d'énergie, notamment en améliorant la maîtrise de la chaîne du froid, l'éclairage intérieur, la maintenance des bâtiments.

Les solutions de mutualisation, comme Urby, permettent de mettre en commun localement les stocks et les livraisons.

Des solutions connectées, comme le drone, offrent une solution dans la gestion du « dernier kilomètre », maillon le plus coûteux et le plus polluant de la chaîne de livraison.

Exemple Des tests de livraison par drone se sont multipliés dans le monde ces dernières années : les appareils Wing Aviation de Google et UPS pour Uber Eats aux États-Unis, ceux d'Amazon Prime Air au Royaume-Uni, de Zipline en Afrique pour l'approvisionnement des centres médicaux dans des régions difficiles d'accès… En France, La Poste a inauguré sa première ligne commerciale régulière en 2016 dans le Var, et Air Marine, opérateur aérien, travaille avec Cdiscount.

1 Calculer le prix d'un transport combiné rail/route

La Sodac, située dans la zone industrielle de La Ferté-sous-Jouarre (77), expédie 32 palettes de canettes de soda à une centrale d'achat espagnole, située à Villarubio (à une centaine de kilomètres au sud-est de Madrid). Les palettes sont conteneurisées dans les locaux de l'exportateur.
Les marchandises sont acheminées en transport combiné rail/route, au départ du terminal de transbordement de Noisy-le-Sec (93), qui a un débouché direct sur la RN3.

- **À partir des documents 1 et 2, calculez le coût du transport combiné pour l'envoi des palettes de soda en Espagne.**

DOCUMENT 1 Caractéristiques de l'expédition

- 32 palettes de dimensions unitaires : 1,20 m × 0,80 m × 1 m, et de poids brut unitaire : 800 kg
- Empotage en conteneur 20' : 5,92 m × 2,35 m × 2,39 m (poids chargeable : 22 100 kg)

DOCUMENT 2 Informations relatives à l'expédition

La marchandise est acheminée par un transporteur routier jusqu'au terminal de transbordement de Noisy-le-Sec. Elle est ensuite transportée de Noisy-le-Sec à Madrid (distance : 1 280 km) par Transfera, opérateur de transport combiné. Le post-acheminement en Espagne est réalisé par la route.
– Pré-acheminement par route : 115 EUR par conteneur
– Manutention par un portique sur rail par Novatrans : 45 EUR par conteneur
– Tarif du transporteur Transfera : 0,92 EUR par km et par conteneur
– Traction d'un conteneur jusqu'à Villarubio (104 km) : 0,90 EUR/km

2 Comparer le fret routier et le fret ferroviaire

L'entreprise Le Mets Biterrois, située à Béziers, dans le sud de la France, doit expédier 22 palettes de produits alimentaires (spécialités régionales : berlingots et petits pâtés de Pézenas, brasucades de moules, fougasses aux fritons...) à un distributeur situé à Graz, en Autriche, qui bénéficie d'un embranchement ferroviaire.
Avant de lui remettre une offre, elle souhaite connaître le prix de la logistique dans deux hypothèses de transport : transport routier et transport ferroviaire.

À l'aide des documents 1 à 3 :
1. Calculez le montant du fret de Béziers à Graz, dans les deux hypothèses de transport.
2. Conseillez l'entreprise sur le mode de transport à choisir, sans vous limiter au critère financier.

DOCUMENT 1 Caractéristiques de l'expédition

- 22 palettes de produits alimentaires (transport non réfrigéré)
- Conditions de livraison : DAP Graz (Autriche)
- Dimensions d'une palette : 1 m × 1,20 m × 1,25 m
- Poids d'une palette : 640 kg

DOCUMENT 2 Expédition par route (délai : 2 jours)

Minimum de facturation : 230 EUR

Tarif groupage Autriche					
Poids minimum	< 5 t	5 à 10 t	10 à 15 t	15 à 20 t	> 20 t
Prix par tonne (EUR)	350	290	240	210	180

Frais de dossier : 90 EUR
Frais de CMR : 20 EUR

DOCUMENT 3 Expédition par rail (délai : 3 jours)

- Tarif pour le transport de 22 palettes en wagon complet France-Autriche : 4 190 EUR
- Frais supplémentaires :
  – parcours français : tarification forfaitaire pour les gares du réseau secondaire (dont Béziers) : 160 EUR
  – parcours suisse : CFF Cargo[1] prélève une compensation monétaire par wagon chargé de 76 EUR
- Pré-acheminement jusqu'à la gare de Béziers : 230 EUR
- Émission de la lettre de voiture : 25 EUR

1. CFF Cargo : division des chemins de fer fédéraux suisses

CHAPITRE

9 Choisir une solution de transport

COMPÉTENCES PROFESSIONNELLES

Organiser, contrôler et suivre ma réalisation d'un contrat international

Évaluer les prestations de service et les offres fournisseurs

Proposer des pistes d'amélioration de gestion des opérations

Aux contraintes classiques de destination, de sécurité de la marchandise et de coût de la logistique, des exigences environnementales influencent le choix de la solution de transport.

Monoprix mise depuis plus de dix ans sur le transport multimodal, en particulier pour ses marchandises textiles et maison-loisirs, depuis leur pays d'importation jusqu'aux rayons des magasins. À leur arrivée en France, les marchandises sont transportées par voies fluviale et ferrée, modes de transport les moins polluants. Depuis 2018, les camions au GNL (gaz naturel pour véhicules) ont été généralisés pour le traitement du dernier kilomètre sur les flux rail et barge. L'optimisation du transport a également porté sur la diminution de la part des conteneurs 20 pieds au profit des 40 pieds et sur l'amélioration des taux de remplissage, ce qui a permis d'utiliser 187 conteneurs en moins sur la mer et sur la route.

www.entreprise.monoprix.fr

SITUATION PROFESSIONNELLE

BRÉSIL

Régime : République fédérative (26 États)
Superficie : 8 511 965 km²
Population : 210,3 millions d'habitants
Capitale : Brasilia
Villes principales : São Paulo, Rio de Janeiro
Langue officielle : portugais
Monnaie : réal (1 EUR = 6,8338 BRL[1])
PIB/hab. : 8 717 USD (2019)
Principaux clients : Chine, États-Unis, Pays-Bas, Chili
Principaux fournisseurs : Chine, États-Unis, Argentine, Allemagne (France 10e)

1. Taux de change au 13/04/21.

1. Actualisez les données pays par une recherche sur Internet.
2. Caractérisez les pratiques commerciales, sociales et environnementales du pays, après consultation de l'évaluation des risques par Coface.

Musiques du Monde importe et distribue des instruments de musique de tous les pays du monde, pour une clientèle de professionnels et de particuliers. L'entreprise approvisionne des conservatoires, des écoles et des magasins spécialisés. Son offre, très étendue, comporte les instruments classiques (pianos et guitares à cordes ou électriques, violons, contrebasses, instruments à vent, à percussion...) et des produits ethniques (binious, bombardes, djembé, dum dum...) d'Europe, d'Afrique et d'Amérique.

Elle s'approvisionne directement chez les fabricants qui lui garantissent des produits de la meilleure qualité possible.

Musiques du Monde a passé un contrat avec plusieurs fournisseurs brésiliens pour un achat total de 135 000 USD FCA Rio. Le sourcing et la négociation ont duré plusieurs semaines et l'importateur souhaite recevoir sa commande avant le début du mois de juin, période à laquelle ses clients effectuent leurs achats pour la rentrée.

Les produits sont fragiles et un soin particulier a été apporté à leur emballage par les producteurs.

Le service Achats envisage deux hypothèses d'acheminement : la voie maritime et la voie aérienne. Dans le cas d'une importation par la voie maritime, un suremballage sera apporté et un transitaire au Brésil procédera à l'empotage des colis dans un conteneur, afin d'assurer la meilleure sécurité possible pendant le transport des instruments de musique.

Afin de conserver sa compétitivité-prix, Musiques du Monde veut maîtriser ses coûts et la logistique ne doit pas excéder 8 % de la valeur des produits.

Un transitaire parisien a été contacté pour l'organisation de la logistique de cette importation. Il a fait parvenir une cotation à l'importateur, avec plusieurs propositions tarifaires : groupage ou conteneur complet en maritime, groupage ou ULD en aérien.

1. Identifiez les contraintes qui pèsent sur l'organisation logistique de cette importation. — Fiche ressource 1
2. Recensez les avantages et les inconvénients des solutions de transport envisagées, compte tenu des caractéristiques de cette importation. — Fiche ressource 2
3. Calculez le coût de la logistique dans les différentes hypothèses d'approvisionnement. (1 EUR = 1,12 USD) — Documents 1 et 2
4. Comparez les solutions de transport envisagées sur la base du coût, du délai et de la sécurité dans le tableau. — Document 3, Fiche ressource 3
5. Proposez une solution de transport et argumentez votre choix.

VOTRE DOSSIER

DOCUMENT 1 Caractéristiques de l'importation

• **Emballage des instruments de musique**
Emballage individuel en carton triple épaisseur

• **Colisage**
Volume total des cartons : 17 m³
Poids total des cartons : 4 850 kg

POUR LE TRANSPORT MARITIME
Suremballage : caisses en bois
Valeur totale des caisses : 400 EUR
Poids total des caisses : 80 kg
Volume total des caisses : 20 m³

DOCUMENT 2 Proposition tarifaire du transitaire en date du 26 avril

➢ COTATION MARITIME

Tarif LCL

Manutention au Brésil	120 USD	
Fret maritime Rio – Le Havre	75 USD l'UP	
Manutention à l'arrivée	140 EUR	
Post-acheminement	115 EUR	

Tarif FCL

Frais empotage conteneur	80 USD	par conteneur
THC au départ	260 USD	par conteneur
Fret maritime Rio – Le Havre	1 200 USD	pour un 20'
Transit portuaire au Havre	70 EUR	
THC et ISPS au Havre	250 EUR	par conteneur
Post-acheminement	250 EUR	par conteneur

Autres frais

B/L	70 USD par B/L
BAF	4 %
CAF	2 % du fret corrigé
Assurance	0,5 % de la valeur CIF majorée de 10 %

Transit time 27 jours (domicile-domicile)
Un départ par semaine (le jeudi)

COTATION AÉRIENNE ➢

➢ COTATION AÉRIENNE

Tarif général IATA

Rio (GIG) – Paris (CDG)	
Poids en kg	**En USD par kg**
M	80,00
N	14,10
100	8,60
500	6,35
1 000	4,90
3 000	2,60
5 000	2,10

Tarif ULD

Rio (GIG) – Paris (CDG) ULD Type 2	
Dimensions utiles (L × l × h en cm)	**Charge maximale**
305 × 235 × 240	5 000 kg
Poids pivot 2 200 kg	**Tarif excédent**
4 700 USD	1,55 USD/kg

Frais de mise en ULD : 0,75 USD/kg

Autres frais

Taxe fixe d'établissement de la LTA	25 USD
Taxe fixe d'enregistrement	35 USD
Taxe de sûreté	0,04 USD/kg (min 5 USD, max 20 USD)
Transit à Roissy CDG	25 EUR
Livraison	160 EUR
Assurance	0,55 % de la valeur CPT majorée de 20 %

Transit time : 4 jours
3 vols/semaine

DOCUMENT 3 Tableau de comparaison des solutions de transport

Critères	Maritime		Aérien	
	LCL	FCL	Conventionnel	ULD
Coût en EUR				
Coût en % du FCA				
Délai				
Sécurité				

FICHE RESSOURCE

1 Les paramètres de choix d'une solution de transport

Une solution de transport = un mode de transport + un emballage

I Les contraintes liées aux lieux de départ et de destination

- **Transport intercontinental ou continental**
  Transport intercontinental : maritime ou aérien
  Transport continental : routier, ferroviaire, fluvial
- **Distance à parcourir et transit time (durée totale de transport de porte-à-porte)**
- **Conditions de transport** dans le pays de pré- ou de post-acheminement. Certains pays sont difficilement joignables en raison des conditions météorologiques ou de leur isolement.

  Exemple ▸ En Afrique, l'abondance des pluies rend les routes impraticables et les pays enclavés ne peuvent être touchés que par le recours au transport aérien.

II Les combinaisons de transport disponibles

- **Transport multimodal** = plusieurs modes de transport successifs :
  pré-acheminement + transport principal + post-acheminement
- **Transport combiné** = plusieurs modes de transport simultanés :
  mer / route (navire roulier), rail / route (ferroutage) (voir chapitre 8)

III Le choix de l'emballage en fonction du mode de transport et de la nature de la marchandise

L'emballage permet de protéger la marchandise contre les risques de détérioration et de vol pendant les opérations de transport, de manutention et d'entreposage. L'emballage relève de la responsabilité du vendeur. En cas de sinistre, sa responsabilité sera engagée si la détérioration des marchandises est due à un emballage insuffisant ou inadapté.

- **Adaptation de l'emballage au(x) mode(s) de transport choisi(s)**
  - Risques liés au transport et à la manutention
  - Nombre de ruptures de charge (changement de moyens de transport)
  - Nécessité d'entreposage
  - Risques liés aux pays dans lesquels auront lieu le pré- et le post-acheminement
- **Adaptation de l'emballage aux caractéristiques de la marchandise**
  - Volumineuse ou pondéreuse
  - Périssable
  - Fragile
  - Dangereuse
  - À forte valeur ajoutée
- **Solutions disponibles pour l'emballage des marchandises**
  - Palette
  - Conteneur
  - Camion ou wagon complet

IV Le choix d'un partenaire

L'entreprise confie généralement l'organisation de la logistique de son expédition à un partenaire, dont le choix est déterminant.

a. Le commissionnaire de transport et le transitaire

Le commissionnaire de transport choisit la solution de transport et les transporteurs pour le compte de son client. Il agit en son nom et a une **obligation de résultat** : il est responsable de ses fautes, comme de celles des prestataires auxquels il a fait appel.

Le transitaire opère sur les instructions de son client au nom duquel il agit. Il n'a qu'une **obligation de moyen** : il n'est pas responsable des fautes des sous-traitants auxquels il a fait appel, mais assiste le plus souvent le mandant dans la gestion des sinistres survenus au cours du transport.

b. Les services apportés par le partenaire

Le commissionnaire de transport ou le transitaire organise et coordonne les opérations logistiques : réception des marchandises, emballage, entreposage, dédouanement export et import, documentation export et import, manutention, transport, assurance.

c. Les critères de choix d'un partenaire

- **La demande de cotation**

L'entreprise effectue une demande de cotation à plusieurs partenaires possibles, en leur communiquant les éléments suivants :

- les caractéristiques de l'expédition : nature de la marchandise et colisage (emballage, nombre de colis, poids et volume), éventuel caractère périssable ou dangereux ;
- l'Incoterm de la transaction ;
- les lieux d'expédition et de destination ;
- la date d'expédition et les éventuels délais à respecter ;
- le mode de transport principal souhaité.

- **Le choix du partenaire**

L'entreprise compare les cotations reçues et sélectionne son partenaire en fonction de plusieurs paramètres :

- les tarifs pratiqués ;
- la maîtrise des modes de transport requis ;
- la qualité du réseau de correspondants ;
- les outils de traçabilité disponibles ;
- les services annexes proposés (emballage, assurance, groupage, douane...) ;
- la qualité de la communication avec les clients, les outils utilisés, la réactivité ;
- l'accompagnement du client dans la recherche de solutions de transport adaptées à ses besoins ;
- l'assistance dans la gestion des litiges et des sinistres ;
- les références (la certification aux normes de qualité ISO 9001, 9002, 28001, 14001...).

FICHE RESSOURCE

2 Les avantages et les inconvénients des différents modes de transport

Modes de transport	Avantages	Inconvénients
Maritime	• Capacité d'emport considérable • Adapté aux marchandises volumineuses / pondéreuses • Adapté à tout type de marchandises • Économique • Convient aux longues distances	• Transit time important • Délais non garantis • Risques importants (transport et manutention), emballage adapté nécessaire • Entreposage nécessaire • Nécessité d'une façade maritime • Nécessité d'infrastructures portuaires adaptées • Pollution
Aérien	• Transit time réduit • Délais garantis • Desserte de tous les pays, nombreux aéroports • Risques limités (transport, manutention)	• Coût élevé • Pollution
Routier	• Transit time réduit • Délais garantis possibles • Flexibilité • *Door-to-door* possible (pas de rupture de charge) • Solution de transport combiné possible (ferroutage, ro-ro) • Plutôt économique • Manutention simple	• Soumis aux risques d'accident, d'embouteillage, de vol, de grève • Pollution • Limité au transport continental (sauf ro-ro sur quelques destinations)
Ferroviaire	• Économique (sauf dans certains pays comme la France) • Capacité d'emport considérable • Respect des délais • Adapté à tout type de marchandise (obligation de service public en France)	• Limité au transport continental • Infrastructures limitées et pas toujours harmonisées (écartement des rails différent d'un pays à l'autre)
Fluvial	• Très économique • Capacité d'emport considérable • Adapté à tout type de marchandises	• Limité au transport continental • Infrastructures limitées • Transit time important • Manutention risquée

FICHE RESSOURCE

3 Le choix d'une solution de transport

Ce choix incombe au vendeur ou à l'acheteur, en fonction de l'Incoterm.
Le vendeur a toujours pour obligation d'apporter un emballage adapté à la solution de transport choisie.

I Les critères de choix d'une solution de transport

- La **nature** (périssable, dangereuse...) et les **caractéristiques** (poids, volume) de la marchandise : elles peuvent imposer le recours à un mode de transport en particulier.
- Le **coût** : c'est le coût total de la logistique qu'il faut prendre en considération.
  Le coût de la logistique va impacter le prix final du produit pour l'acheteur.

  Exemple ▸ Selon l'organisation professionnelle Armateurs de France, transporter 20 tonnes de marchandises par la voie maritime, de l'Asie vers l'Europe, ne coûte pas plus cher qu'un billet d'avion pour une seule personne sur le même parcours. La part du transport maritime excède rarement 1,5 % du prix final du produit. Ainsi, un téléviseur d'une valeur de 700 EUR coûte 10 EUR à transporter en bateau.
- Le **délai** : il s'agit du transit time, soit le délai total depuis la prise en charge par le transitaire jusqu'à la livraison au lieu convenu.
  Le choix de la solution de transport peut être dicté par des délais de livraison imposés par l'acheteur.

  Exemple ▸ Comparaison des délais de transit moyens pour l'expédition d'une cargaison de 30 m^3 (équivalent à un conteneur 40') de Shanghai à Hambourg (de terminal à terminal)

Mode de transport	Maritime	Aérien	Ferroviaire
Distance parcourue	20 053 km	8 822 km	11 249 km
Temps de transit	19 jours	4 jours	16 jours

Source : Chambre de commerce de Washington

- La **sécurité** du transport et des délais.

  Exemple ▸ La route est le moyen le plus flexible, le plus fiable et le plus réactif pour transporter des marchandises. Cependant, de nombreux axes routiers sont engorgés et deviennent des goulots d'étranglement. Les camions sont également très exposés au risque de vol de la marchandise.

II La prise en compte de critères environnementaux

Les entreprises sont de plus en plus nombreuses à privilégier des solutions de transport plus respectueuses de l'environnement. Le **transport combiné** est une réponse adéquate à cette double problématique de rentabilité et de transport écologique.

Le ferroutage permet de limiter les ruptures de charge et émet moins de gaz à effet de serre. Le transport routier associé au transport ferroviaire permet de parcourir de longues distances et peut présenter un intérêt économique notable.

Le transport routier peut être combiné avec le transport fluvial pour une courte distance (à condition de disposer de voies d'eau navigables à proximité).

1 Choisir le mode de transport adapté à l'expédition

- **Dans chacune des situations suivantes, indiquez le mode de transport adapté et justifiez votre choix (l'entreprise est située en France).**

Situation	Transport choisi	Justification
Importation de roses depuis l'Équateur		
Exportation d'une grue de chantier en Espagne		
Importation de produits textiles de Turquie		
Exportation de matériaux de travaux publics en Allemagne		
Importation de fruits et légumes du Maroc		
Exportation de plaques d'acier en Côte d'Ivoire		

2 Choisir un partenaire pour l'organisation de la logistique

- **Dans chacune des situations suivantes, indiquez le partenaire à privilégier par l'entreprise française (transporteur, transitaire ou commissionnaire de transport) pour l'organisation logistique de son expédition et justifiez votre choix.**

Situation	Partenaire choisi	Justification
Exportation, pour la première fois, au Brésil, avec l'Incoterm DAP		
Expédition de la commande d'un client régulier situé en Allemagne		
Recherche de tarifs avantageux pour une expédition aérienne au Maroc		
Nécessité de tracer les marchandises en temps réel pour une expédition au Canada		
Expédition de 5 000 tonnes de produits chimiques en vrac en Belgique		
Livraison trimestrielle de champagne aux distributeurs de l'entreprise, aux États-Unis		

3 Choisir une solution de transport continental

La SSG (Société Strasbourgeoise de Grillages) conçoit et commercialise une large gamme de grillages destinés aux professionnels et aux particuliers, pour délimiter les jardins et les espaces animaliers.
Les produits ne sont pas particulièrement fragiles mais sont pondéreux, et la SSG recourt le plus souvent aux modes de transport les plus économiques pour que le coût de la logistique ne pèse pas trop lourd sur le prix final du produit.
La SSG doit livrer un nouveau distributeur à Rotterdam, aux Pays-Bas, et vous charge de la réflexion sur le choix de la solution de transport à mettre en œuvre. Vous disposez des informations relatives à l'expédition (**documents 1 et 2**).

1. **Identifiez les modes de transport disponibles pour cette expédition.**
2. **Recensez les avantages et les inconvénients de chaque mode de transport dans le cadre de cette expédition.**
3. **Proposez un mode de transport et justifiez votre choix.**

DOCUMENT 1 Localisation du distributeur néerlandais

DOCUMENT 2 Informations relatives à la commande

Facture : 9 200 EUR CPT Rotterdam
100 rouleaux de grillage (longueur : 25 m, hauteur : 1,82 m)
Fil d'acier galvanisé plastifié, treillis soudé mailles carrées, 3 coloris
Poids du rouleau : 106 kg
Volume de l'expédition : 20,22 m^3

4 Choisir une solution de transport maritime

L'entreprise Plein Sud commercialise les herbes de Provence d'une cinquantaine d'agriculteurs des cinq principaux départements français producteurs (Bouches-du-Rhône, Var, Vaucluse, Hautes-Alpes et Alpes-de-Haute-Provence), dont les plantations respectent le Label Rouge, sans engrais ni nitrates.

Elle vous charge de répondre à la demande d'offre d'un importateur situé à Hong Kong pour un mélange aromatique de thym, romarin, sarriette et origan (**document 1**). Vous avez obtenu une cotation de transport de votre transitaire (**document 2**), qui vous propose deux modalités d'expédition par la voie maritime.

1. Calculez le coût de la logistique pour les deux modalités d'expédition, sachant que l'assurance est calculée au taux de 0,5 % sur CIF + 10 %, et que le prix EXW est de 2 EUR/kg.

Taux de change
1 EUR = 1,1320 USD

2. Indiquez la modalité d'expédition à retenir en mettant en évidence vos critères de choix.

3. Rédigez la réponse à donner à la demande d'offre du client.

DOCUMENT 1 Demande d'offre de l'importateur hongkongais

Merci de nous formuler votre meilleur prix pour l'expédition suivante :
– 5 tonnes minimum d'herbes de Provence Label Rouge
– Conditionnement en sacs de 20 kg
– Transport maritime jusqu'à Hong Kong port
– Prix CIF Hong Kong en USD/kg

DOCUMENT 2 Cotation maritime du transitaire

• **Expédition LCL**
5 palettes : 80 × 120 × 200 cm, poids brut total 5 tonnes
Transport et frais portuaires (mise à FOB) : 280 EUR
Fret maritime depuis FOB Marseille : 35 USD l'UP

• **Expédition FCL**
Poids chargé : 6 tonnes
Positionnement et traction du conteneur depuis vos usines à FOB Marseille : 520 EUR
Fret maritime : 420 USD par conteneur 20'

Un départ par semaine pour Hong Kong
Transit time : 30 jours

5 Choisir entre le transport routier et le transport aérien

La Maison Jean-François Rey doit organiser l'expédition d'une commande de montures de lunettes à un importateur finlandais pour une valeur EXW de 18 650 EUR.
Les produits sont à forte valeur ajoutée et particulièrement sensibles aux chocs. Le client souhaite recevoir les produits le plus tôt possible avec l'Incoterm CIP Helsinki.
Deux modalités de transport sont envisagées : par route ou par avion.
Chargé(e) de l'organisation de cette expédition, vous devez choisir une solution de transport. Vous avez contacté un transitaire qui vous a fait parvenir une cotation (**document**).

1. **Calculez le coût de la logistique, en euros et en pourcentage de la valeur des marchandises, dans les deux modalités d'expédition.**

2. **Comparez les deux solutions de transport sur la base du coût, du délai et de la sécurité.**

3. **Concluez sur la solution de transport à retenir.**

DOCUMENT Éléments de cotation transmis par le transitaire

ENLÈVEMENT	**DESTINATION**
Pays : FRANCE Ville : PARIS (75)	Pays : FINLANDE Ville : HELSINKI
MARCHANDISES	
Nombre colis : 20 Nombre palettes : 1 Dimensions : 0,80 m × 1,20 m × 1,12 m Désignation : montures lunettes	NON DANGEREUX Poids brut : 115 kg Gerbable : OUI

TRANSPORT ROUTIER	
TRANSPORT	FRAIS ANNEXES
33,00 EUR les 100 kg de poids taxable	Gasoil : 8,45 % Écoparticipation : 1 EUR
Assurance : 0,65 % de la valeur CPT avec minimum 14 EUR CMR : 35 EUR Transport de porte-à-porte : 3-4 jours 2 départs par semaine (mardi/vendredi)	

TRANSPORT AÉRIEN Paris CDG – Helsinki HEL	
AIR France KLM CARGO	FRAIS ANNEXES
2,40 EUR/kg taxable	AWA Établissement de la LTA : 30 EUR CHC Enregistrement compagnie : 26 EUR MYC Surcharge fuel : 0,15 EUR/kg de poids taxable SCC Sûreté du fret : 0,025 EUR/kg de poids réel (minimum de perception 7,50 EUR, maximum 25 EUR)
Enlèvement Paris : 60 EUR Assurance : 0,45 % de la valeur CIP Vol Helsinki (HEL) par Amsterdam (AMS) tous les jours sauf samedi Transit time : 4 jours	

6 Choisir entre le transport maritime et le transport aérien

le Roy René

Depuis 1920

Leader de la confiserie provençale haut de gamme sur le marché national et international, la Confiserie du Roy René a rencontré un importateur américain de produits alimentaires français lors de sa dernière participation au Salon international de l'alimentation, SIAL Montréal, au Canada. Ce distributeur a montré un vif intérêt pour les calissons sucrés et salés, qu'il commercialiserait par l'intermédiaire d'un réseau étendu d'épiceries fines.

L'importateur américain a adressé à la Confiserie une demande d'offre pour une première commande à l'essai (**document 1**). La Confiserie entrevoit la possibilité d'un courant d'affaires important sur le marché des États-Unis et traite cette commande avec un soin particulier.

Vous disposez des tarifs des calissons (**document 2**). Vous avez formulé une demande de cotation à un transitaire, pour un transport maritime et pour un transport aérien (**document 3**).

- **Calculez le prix d'offre à communiquer au client, compte tenu de ses exigences et de la solution de transport que vous aurez retenue.**

Taux de change
1 EUR = 1,1320 USD

DOCUMENT 1 Demande d'offre du distributeur américain

Suite à notre entretien lors du Salon international de l'alimentation à Montréal, nous vous confirmons notre intérêt pour vos produits et vous prions de nous formuler une offre aux conditions suivantes :

- Calissons d'Aix « boîte losange » de 10 / 18 / 26
  4 cartons de chaque référence
- Conditions de livraison : transport et assurance inclus jusqu'à New York, États-Unis
- Mise à disposition de la commande à New York : 15 jours à compter de la commande
- Devise de facturation : USD
- Conditions de paiement : virement à 90 jours

Merci de nous faire parvenir votre offre le plus rapidement possible.

DOCUMENT 2 Tarif EXW des Calissons d'Aix « boîte losange »

Références	Poids net 1 boîte	Conditionnement carton 50 × 40 × 30 cm	Poids brut 1 carton	Prix par boîte
Boîte de 10 calissons	130 g	24	6 kg	4,50 EUR
Boîte de 18 calissons	235 g	20	8 kg	8,00 EUR
Boîte de 26 calissons	340 g	16	9 kg	9,50 EUR

DOCUMENT 3 Proposition tarifaire du transitaire

Formalités douane export : 100 EUR
Transport routier d'Aix à Marseille port ou aéroport, mise à bord incluse :

Poids taxable	Tarif mise à FCA/FOB
Minimum : 80,00 EUR	
0 à 1 000 kg	0,50 EUR/kg
1 001 à 2 000 kg	0,46 EUR/kg
2 001 à 3 000 kg	0,40 EUR/kg
> 3 000 kg	0,35 EUR/kg

Cotation maritime LCL Port de New York (États-Unis)
B/L : 40 EUR
Fret maritime B/B (BAF inclus) : 210 EUR l'UP
Assurance tiers chargeur : 0,65 % sur CIF + 10 %
3 départs par semaine, transit time : 12 jours

Cotation aérienne Aéroport de New York (États-Unis)
LTA : 30 EUR par expédition
Tarif IATA (transit time : 3 jours / vol Air France : 4 fois par semaine)

Poids taxable	EUR/kg
De 1 à 100 kg	3,90
De 101 à 300 kg	3,40
De 301 à 500 kg	2,70
Plus de 500 kg	2,20

Surcharge fuel Air France : 1,03 EUR/kg taxable
Surcharge IRC : 0,15 EUR/kg poids réel (min 7,50 EUR – max 375,00 EUR)
Taxe de sûreté : 0,04 EUR/kg taxable (min 47,00 EUR – max 285,00 EUR)
Assurance (sur demande) : 0,46 % sur CPT majoré de 10 %

CHAPITRE

10 Gérer un sinistre de transport

COMPÉTENCES PROFESSIONNELLES

Organiser, contrôler et suivre la réalisation d'un contrat international

Mesurer les risques, gérer leur couverture, les sinistres et les litiges

Les vols de marchandises pendant leur transport représenteraient 2 milliards d'euros par an sur la zone Europe, Moyen-Orient et Afrique. Les attaques concernent principalement le transport routier dans des lieux de stationnement non sécurisés. La France est le pays le plus touché d'Europe.
Dans le transport maritime, près de 2 700 accidents de navigation sont enregistrés chaque année avec, comme première cause, le bris de machine. Le nombre d'incendies à bord est toutefois en augmentation significative.

SITUATION PROFESSIONNELLE

PAKISTAN

Régime : République islamique fédérale
Superficie : 796 100 km²
Population : 212 millions d'habitants
Capitale : Islamabad
Villes principales : Karachi, Lahore
Langues officielles : ourdou, anglais
Monnaie : roupie pakistanaise (1 EUR = 182,6940 PKR[1])
PIB/hab. : 1 284 USD (2019)
Principaux clients : États-Unis, Chine, Royaume-Uni (France 12e)
Principaux fournisseurs : Chine, États-Unis, Singapour (France 23e)

1. Taux de change au 13/04/21.

1. Actualisez les données pays par une recherche sur Internet.
2. Caractérisez les pratiques commerciales, sociales et environnementales du pays, après consultation de l'évaluation des risques par Coface.

CMD TISSUS

14 rue des Trois Saints
54840 Gondreville

L'entreprise CMD Tissus commercialise une gamme étendue de linge de maison (linge de table, linge de lit, rideaux, coussins...) auprès d'un réseau de magasins de la grande distribution.
Elle renouvelle ses produits régulièrement et s'approvisionne auprès de fabricants sélectionnés pour la qualité de leur travail.

Elle a commandé récemment des parures de lit à son fournisseur habituel, Sabzazar, situé à Lahore, au Pakistan. L'expédition a été organisée par la voie aérienne jusqu'à l'aéroport de Roissy-CDG, à Paris.
L'entreprise CMD Tissus a mandaté son transitaire pour réceptionner ses marchandises à leur arrivée à l'aéroport, et pour en organiser le dédouanement et la livraison dans ses locaux de Gondreville, près de Nancy.
À l'arrivée du camion, le responsable de l'entrepôt de CMD Tissus constate que les colis d'une palette sont trempés et dégagent une forte odeur d'essence. La marchandise est endommagée et non commercialisable.

Pour traiter ce sinistre, vous disposez des documents accompagnant la marchandise : la facture commerciale du fournisseur pakistanais, le document de transport aérien, le certificat d'assurance et la lettre de voiture (**documents 1 à 4**).

1. Déterminez qui doit assumer les conséquences du dommage, compte tenu des conditions de vente.
2. Recherchez la responsabilité des dommages causés à une partie des marchandises.
3. Précisez les démarches à effectuer pour obtenir une indemnisation.
4. Calculez le montant de l'indemnisation que percevra l'assuré. (1 DTS = 1,23203 EUR)
5. Comparez ce montant à celui qui aurait été perçu en l'absence d'assurance et tirez-en une conclusion.

Fiches ressources 1 et 2 (questions 1 et 2)
Fiches ressources 1 et 3 (question 3)
Fiche ressource 3 (question 4)
Fiche ressource 2 (question 5)

DOCUMENT 1 Facture du fournisseur pakistanais

SABZAZAR

INVOICE

Date: Nov.22.N
No: SZ121600

To:
Company: CMD TISSUS
14 rue des Trois Saints
54840 Gondreville
Country: France

Code	Description	Quantity (ctns)	Unit value (EUR)	Total value (EUR)
	Bed linen	1,240	39.00	48,360.00
	Airfreight and insurance			2,671.00
	Total			**51,031.00**

Total amount CIP Paris airport 51,031.00 EUR
1,240 boxes on 10 pallets
The goods are origin of Pakistan
Payment terms: T/T 100% after 30 days of AWB date

SABZAZAR – Street VIII, Eden City. LAHORE PAKISTAN

DOCUMENT 2 LTA

121 | LHE | 98399326 — HAWB 157-2034-5441

Nom et adresse de l'expéditeur Shipper's Name and Adress
SABZAZAR
Street VIII
Eden City
Lahore
Pakistan

Numéro de compte de l'expéditeur Shipper's Account Number

LETTRE DE TRANSPORT AÉRIEN
Non négociable
Emise par
Not negotiable
AIR WAYBILL
Issued by
CARAVEL SHIPPING
17 Mezzanine floor, G-market, Block-6
Karachi
Pakistan

Les exemplaires 1, 2 et 3 de cette lettre de transport aérien sont originaux et ont la même validité
Copies 1, 2 and 3 if this Air Waybill are originals an have the same validity.

Nom et adresse du destinataire Consignee's Name and Adress
CMD TISSUS
14, rue des Trois Saints
54840 Gondreville
France

Numéro de compte du destinataire Consignee's Account Number

Il est convenu que les marchandises décrites dans le présent document sont acceptées pour le transport en bon état apparent (sauf annotation contraire) que le transport est SOUMIS AUX CONDITIONS QUI FIGURENT AU VERSO. LES MARCHANDISES PEUVENT ÊTRE TRANSPORTÉES P/ TOUT AUTRE MOYEN Y COMPRIS PAR ROUTE OU PAR TOUT AUTRE TRANSPORTEUR À MOINS QUE DES INSTRUCTIONS PRÉCISES, CE SUJET? NE SOIENT DONNÉES PAR L'EXPÉDITEUR. ET L'EXPÉDITEUR ACCEPTE QUE LES MARCHANDISES SOIENT ACHEMINÉES V DES POINTS D'ARRÊT INTERMÉDIAIRES* QUE LE TRANSPORTEUR AURA JUGÉ APPROPRIÉS. L'ATTENTION DE L'EXPÉDITEUR E ATTIRÉE SUR L'AVIS CONCERNANT LA LIMITATION DE RESPONSABILITÉ DU TRANSPORTEUR. L'expéditeur peut augmenter cette limitation responsabilité en déclarant une valeur pour le transport plus élevée et en payant des frais supplémentaires s'il y a lieu.
It is agreed that the goods described herein are accepted in apparent good order and condition (except as noted) for carriage SUBJECT TO TI CONDITIONS ON CONTRACT ON THE REVERSE HEROF. ALL GOODS MAY BE CARRIED BY ANY OTHER MEANS INCLUDING ROAD (ANY OTHER CARRIER UNLESS SPECIFIC CONTRARY INSTRUCTIONS ARE GIVEN HEREON BY THE SHIPPER, AND SHIPPER AGRE THAT THE SHIPMENT MAY BE CARRIED VIA INTERMEDIATE STOPPING PLACES WHICH THE CARRIER DEEMS APPROPRIATE. TI SHIPPER'S ATTENTION IS DRAWN TO THE NOTICE CONCERNING CARRIER'S LIMITATION OF LIABILITY. Shipper may increase such limitat of liability by declaring a higher value for carriage and paying a supplemental charge if required.

Nom et ville de l'agent du transporteur émetteur Issuing Carrier's Agent Name and City
CARAVEL SHIPPING
17 Mezzanine Floor, G-market, Block 6
Karachi
Pakistan

Renseignements comptables Accounting Information
FREIGHT PREPAID
FRET SECURISE

Code IATA de l'agent Agent's IATA Code: 23 3 9830/9473
Numéro de compte Account Number

Aéroport de départ (Adresse du premier transporteur) et itinéraire demandé Airport of Departure (Address of First Carrier) and Requested Routing
LAHORE

N° de référence Reference Number
Information Acheminement (Facultatif) Optional Shipping Information

à to	Par premier transport By First Carrier / Routage et dest. Rout. and Dest.	à to	by par	à to	by par	Monnaie Currency	Frais CHGS Code	Poids/Val WT/VAL Payé PPD	Dû COLL	Autres Other Payé PPD	Dû COLL	Valeur déclarée pour le transport Declared Value for Carriage	Valeur déclarée pour la douane Declared Value for Customs
CDG	AIR FRANCE	CDG	AF			EUR	X	P	X	P	X	NVD	

Aéroport de destination Airport of Destination: ROISSY CDG
Vol / Date Demandée: AF0043/22.11.N
Montant de l'assurance Amount of: XXXXXXXXXXX

ASSURANCE : Si le transporteur propose une assurance et que l'expéditeur en fait la demande conformément aux présentes conditions, indiquer le montant à assurer en chiffre dans la case "Montant de l'assurance".
INSURANCE : If Carrier offers insurance, and such insurance is requested in accordance with conditions on reverse

Renseignements pour le traitement de l'expédition Handling Information
Please contact ultimate consignee once upon arrival

SCI: X

Nomre de colis Number of Pieces RCP	Poids brut Gross Weight	kg lb	Classif de tarif Rate Class / N° d'article de la marchandise Commodity Item No	Poids de taxation Chargeable Weight	Tarif/Montant Rate/Charge	Total Total	Nature et Quantité des marchandises (y compris dimensions ou volume) Nature and Quantity of Goods (incl. Dimensions or Volume)
10	2540	kg		2776		AS AGREED	PALLETS 1.00*1.20*1.38*10 16,656 cbm BED LINEN 1240 PARCELS
10	2540					AS AGREED	

Port payé Prepaid	Taxation au poids Weight Charge	Port dû Collect
	Taxation à la valeur Valuation Charge	
	Taxe Tax	
	Total des autres frais dus à l'agent Total Other Charges Due Agent	
	Total des autres frais dus au transporteur Total Other Charges Due Carrier	

Autres frais Other Charges

L'expéditeur certifie que les indications portées sur le présent document sont exactes et que, dans la mesure où une partie quelconque de l'expédition contient des marchandises dangereuses, cette partie d'expédition est correctement dénommée et bien préparée pour le transport par air conformément à la réglementation applicable.

Shipper certifies that the particulars on the face hereof are correct and that insofar as any part of the consignment contains dangerous goods, such part is properly described by name and is in proper condition for carriage by air according to the applicable Dangerous Goods regulations.

Signature du transporteur émetteur ou de son agent Signature of Issuing Carrier or his Agent
CARAVEL SHIPPING KARACHI 22/11/N

Total port payé Total Prepaid: as agreed
Total port dû Total Other Charges Due Agent

DOCUMENT 3 Police d'assurance transport aérien

CARGO POLICY

In consideration of the payment to us by or on behalf of the Assured of premium specified in the schedule, we hereby agree to insure loss/damage/liability or expense in the hereinafter provided.

SCHEDULE

THE INSURED:
CMD TISSUS
14, rue des Trois Saints
54840 Gondreville
France

Policy #:	506/LHR/MP/0000367/11/N
Type:	(Export-Specific)
Branch:	JALAL CENTER, LAHORE
Agency:	Waqar

Date: 04-11-N

Issued at : JALAL CENTER, LAHORE

SUBJECT MATTER INSURED:
Bed linen / 1,240 parcels

Form-E No.	NBP-071-0875
Vessel	AWB N° 157-2034-5441

Conveyance:	Dt. 22-11-N
Sailing on / or About:	
From:	Lahore Airport Pakistan
To:	Paris Airport France

Subject to: Clauses, Endorsements, Conditions and Warranties:
Cargo Clauses "Air" Attached
Cargo Clauses WAR(Air) Attached
Cargo Clauses Strike(Air) Attached
Important Notice Clauses Attached
Radioactive Contamination Clauses Attached
Warehouse to Warehouse
Marks & No. **Pallet 1 to 10 Pak. Products to Paris, France**

PREMIUM

Air Clauses	@ .0800%	Rs.	6,152
War & SRCC	@ .0250%	Rs.	1,923
PREMIUM		**Rs.**	**8,075**
5%	**A.S.C**	**Rs.**	**404**
GROSS PREMIUM		**Rs.**	**8,479**
16%	**F.E.D**	**Rs.**	
1%	**F.I.F**	**Rs.**	**85**
STAMP DUTY		**Rs.**	**20**
TOTAL PREMIUM		**Rs.**	**8,584**

Sum Insured (in figures) Rs 7.690,372 / = EURO 51,031.00 + 10% = 56,134.00
Sum Insured (in words) Rs (Seven Million Six Hundred Ninety Thousand Three Hundred Seventy Two Only)

Survey Agent: Any Approved Lloyds Surevy Agent at Destination

Claim Payable At: The United Insurance Company of Pakistan Limited, 5th Floor, Nizam Chambers, Shahrah-e-Fatima Jinnah, Lahrore

The attached clauses and endorsements forming part of this Policy in witness whereof the undersigned acting on behalf of and with the authority of the Company has on the day stated in the said schedule herein to set his hand.

DOCUMENT 4 Lettre de voiture

JULLIARD TRANSPORTS 124 avenue Robespierre 93800 Aulnay sous Bois 01.48.66.66.66	**DONNEUR D'ORDRE** ALL TRANSIT Roissy 6 rue du Té 95700 Roissy CDG	**LETTRE DE VOITURE** **Date** ____ **N° commande** ____ **N° tracteur** ____ **N° semi** ____ **Nom conducteur** ____

EXPÉDITEUR – Nom, adresse	
ROISSY HANDLING Aéroport CDG Roissy	**Arrivée :** le ____ à __ h. __ **Départ :** le 24/11/N à 11 h. 15 **Livraison demandée :** le ____ à __ h. __

DESTINATAIRE – Nom, adresse	
CMD TISSUS 14 rue des Trois Saints 54840 GONDREVILLE	**Arrivée :** le ____ à __ h. __ **Départ :** le ____ à __ h. __

PRESTATIONS ANNEXES

Au chargement :

Au déchargement :

Instructions : Livraison entre 8h et 18h	Matières dangereuses ☐ Denrées Périssables ☐

Nombre	MARCHANDISES	Poids	Long./Vol.	PORT DÛ ☐ / PORT PAYÉ ☐
10	PALETTES		2540 kg	Prix du transport ____
				Taxes diverses ____
				C/Remb. ____
	1240 cartons textile			Total HT ____
				TVA ____
				TOTAL TTC

NOM ET SIGNATURE DU CONDUCTEUR	NOM, CACHET ET SIGNATURE DU REMETTANT
Le 24/11 Réserves éventuelles :	ROISSY HANDLING Aéroport CDG Roissy Le ____ Réserves éventuelles :

NOM ET SIGNATURE DU CONDUCTEUR	NOM, CACHET ET SIGNATURE DU DESTINATAIRE
1 palette trempée Le odeur essence Réserves éventuelles :	Le ____ Réserves éventuelles :

PALETTES ☐ Types : ☐ 80/120 ☐ 100/120 ☐ Autres ____	ORIGINE DES PALETTES	CHARGÉES CHEZ L'EXPÉDITEUR	RENDUES À L'EXPÉDITEUR	LIVRÉES AU DESTINATAIRE
RENDUES PAR LE DESTINATAIRE	**NON RENDUES À REPRENDRE**	**RESTITUTION FINALE**	**CERTIFICAT DE LAVAGE** CLASSE PRODUIT ____ NIVEAU DE LAVAGE A☐ B☐ C☐ D☐	**NOM DE LA STATION DE LAVAGE** ____ Date et cachet de la station de lavage

Informations pratiques au verso

Feuillet blanc : **TRANSPORTEUR** – Feuillet vert : **EXPÉDITEUR** Feuillet jaune : **DESTINATAIRE** – Feuillet rose : **SOUCHE**

FICHE RESSOURCE

1 La responsabilité du transporteur

I La présomption de responsabilité du transporteur

Le transporteur est responsable des marchandises dès leur prise en charge et jusqu'à leur remise au destinataire. Cette prise en charge est matérialisée par l'émission du document de transport ; sa responsabilité est levée lors de la signature du document de transport par le destinataire. Le transporteur ne peut s'exonérer de sa responsabilité qu'en prouvant qu'il n'a commis aucune faute (la preuve est à sa charge).

II L'étendue de la responsabilité du transporteur

Le transporteur est responsable des dommages causés aux marchandises et des pertes ou vols. Le retard est indemnisable en transport aérien et en transport terrestre à hauteur du prix du transport, à condition que le retard ait causé un préjudice (par exemple, un retard de livraison n'a pas permis à une entreprise de présenter ses produits lors d'une manifestation commerciale).

III La mise en jeu de la responsabilité du transporteur

Pour obtenir la mise en jeu de la responsabilité du transporteur, le demandeur (le destinataire ou son commissionnaire) doit simplement apporter la preuve de l'existence du dommage à l'arrivée.

- **Les réserves**

Lorsqu'il constate des dommages sur la marchandise à la livraison, le destinataire doit émettre des réserves sur le document de transport. Ces réserves doivent être complètes, précises et motivées (exemple : « une palette est écrasée et les colis sont éventrés »).
La perte ou l'avarie de la marchandise est établie dès lors que le transporteur n'a émis aucune réserve lors de la prise en charge. L'absence de réserve signifie que la marchandise était conforme à la description donnée dans le document de transport. Par extension, cela signifie que tout ce qui n'a pas été relevé par le transporteur mais signalé par le destinataire résulte d'un événement survenu au cours de transport.

- **Les démarches et les délais**

Ces réserves doivent être confirmées par courrier recommandé au transporteur (celui qui a effectué la livraison), dans des délais qui varient selon les modes de transport. Ces délais sont exprimés en jours ouvrables à compter de la réception des colis. Lorsqu'il y a un commissionnaire de transport, c'est à lui d'effectuer cette démarche.

> **Rappel** Le commissionnaire a une obligation de résultat et est responsable de ses choix logistiques.

En cas de dommage apparent : les réserves sont émises sur le document de transport et doivent être immédiatement confirmées par courrier au transporteur.

En cas de dommage non apparent : les démarches doivent être effectuées dans les délais suivants :
- transport maritime : dans les 3 jours ;
- transport aérien : dans les 14 jours ;
- transport terrestre : dans les 7 jours.

En cas de retard de livraison (transport aérien ou terrestre) : la réclamation doit être effectuée dans les 21 jours.

La **perte totale** ne requiert aucune formalité spécifique.

FICHE RESSOURCE

2 Les limites de la responsabilité du transporteur

Si le transporteur est présumé responsable des dommages causés aux marchandises pendant leur transport, les conventions internationales prévoient un grand nombre d'exceptions qui l'en exonèrent et limitent sa responsabilité à des plafonds.
Les causes d'exonération de la responsabilité du transporteur et les limites à l'indemnisation font courir un risque important à l'ayant droit de recevoir une indemnité très inférieure à la valeur des marchandises, voire de ne percevoir aucune indemnité.

I L'exonération de la responsabilité du transporteur

Lorsque le transporteur apporte la preuve que toutes les précautions ont été prises durant le transport, sa responsabilité est dégagée et aucune indemnité n'est due.

- **Causes générales d'exonération de la responsabilité du transporteur**

Elles sont applicables à tous les modes de transport.
- **La force majeure :** cette notion s'applique aux événements jugés imprévisibles, irrésistibles et extérieurs à l'entreprise de transport (grève, attaque à main armée, tremblement de terre, tempête non annoncée...).
- **La faute du chargeur :** elle peut être constituée par une insuffisance d'emballage, un conteneur inadapté, le défaut de marquage des colis, des déclarations inexactes sur le document de transport...
- **Le vice propre de la marchandise :** il porte sur un vice antérieur à la prise en charge des marchandises, la freinte par évaporation ou dessiccation, une marchandise dangereuse non signalée comme telle au transporteur par le chargeur.

- **Causes spécifiques d'exonération de la responsabilité du transporteur**

Transport maritime	L'innavigabilité du navire, la faute nautique, le sauvetage de vies, l'incendie à bord
Transport aérien	Le transport d'animaux vivants
Transport terrestre	Le transport d'animaux vivants, l'emploi de véhicules non bâchés à la demande du chargeur

Exemple Une « Déclaration de l'Expéditeur d'Animaux Vivants » doit être remise au transporteur aérien, qui atteste du bon état et de la bonne santé des animaux, et le décharge des dommages, pertes ou frais découlant de la mort d'un animal à l'occasion de son transport.

Remarque Concernant le sauvetage en mer, la tradition des gens de mer exige que tout capitaine se porte immédiatement au secours de tout navire en difficulté et soit donc amené à se dérouter et prendre un certain retard, le sauvetage des vies humaines étant prioritaire sur les délais commerciaux.

II Les plafonds de l'indemnisation par le transporteur

L'indemnisation du sinistre par le transporteur est limitée par les conventions internationales à des plafonds exprimés en DTS (droits de tirage spéciaux, unité de compte du Fonds monétaire international, codifiée XDR par ISO) ; la valeur du DTS est fixée quotidiennement par le FMI.
L'indemnisation est calculée sur la base du poids brut des colis endommagés.

Mode de transport	Convention internationale	Limite d'indemnisation
Maritime	Règles de La Haye	2 DTS/kg ou 666 DTS/colis
Aérien	Convention de Montréal	17 DTS/kg
Terrestre	Conventions CMR et CIM	8,33 DTS/kg

Exemple Indemnisation d'une avarie maritime sur une palette de marchandises d'une valeur CIF de 12 000 EUR et d'un poids brut de 450 kg – Valeur du DTS : 1,23203 EUR
Indemnisation par le transporteur maritime : 450 kg × 2 DTS × 1,23203 = 1 108,83 EUR
L'indemnisation est dérisoire par rapport à la valeur des marchandises. La souscription d'une assurance aurait permis à l'assuré de recevoir une indemnisation de : 12 000 × 1,10 = 13 200 EUR !

III La levée des plafonds d'indemnisation

- **La perte de la marchandise et la faute du transporteur**

Ces plafonds ne s'appliquent pas en cas de perte de la marchandise ou de faute lourde du transporteur (comme la négligence).
Le chargeur sera alors indemnisé de la valeur réelle du préjudice : la valeur des marchandises, augmentée du profit escompté de la vente et d'éventuelles pénalités.

Exemple Une machine volumineuse transportée par la route a heurté un pont et a été endommagée. Il s'agit d'une faute lourde du transporteur routier, qui doit vérifier la hauteur de son chargement et prévoir un itinéraire en conséquence. Le plafond d'indemnisation ne s'appliquera pas et le transporteur devra indemniser la valeur réelle du préjudice.

- **La déclaration de valeur**

Effectuée avant le transport, elle permet de déplafonner la responsabilité du transporteur et de la porter au niveau de la valeur déclarée, moyennant le paiement d'un supplément.
Il ne s'agit pas d'une assurance : le transporteur peut toujours se prévaloir des cas d'exonération de sa responsabilité (tels que la force majeure) et dans ce cas, aucune indemnité ne sera versée.
Cette déclaration de valeur doit être mentionnée sur le document de transport.

Exemple Sur cette LTA, dans la rubrique « Valeur déclarée pour le transport », la mention NVD signifie « *No Value Declared* » (pas de valeur déclarée). En cas de sinistre, le plafond d'indemnisation s'appliquera.

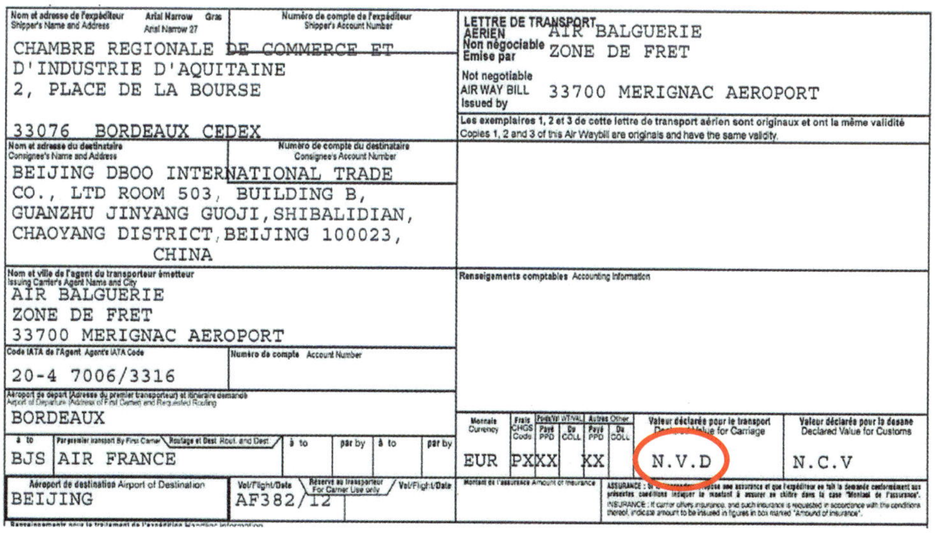
Nom et adresse de l'expéditeur Shipper's Name and Address — Arial Narrow Gras Arial Narrow 27
Numéro de compte de l'expéditeur Shipper's Account Number
CHAMBRE REGIONALE DE COMMERCE ET
D'INDUSTRIE D'AQUITAINE
2, PLACE DE LA BOURSE
33076 BORDEAUX CEDEX

LETTRE DE TRANSPORT AERIEN Non négociable Emise par / Not negotiable AIR WAY BILL Issued by
AIR BALGUERIE
ZONE DE FRET
33700 MERIGNAC AEROPORT

Les exemplaires 1, 2 et 3 de cette lettre de transport aérien sont originaux et ont la même validité
Copies 1, 2 and 3 of this Air Waybill are originals and have the same validity.

Nom et adresse du destinataire Consignee's Name and Address
Numéro de compte du destinataire Consignee's Account Number
BEIJING DBOO INTERNATIONAL TRADE
CO., LTD ROOM 503, BUILDING B,
GUANZHU JINYANG GUOJI, SHIBALIDIAN,
CHAOYANG DISTRICT, BEIJING 100023,
CHINA

Nom et ville de l'agent du transporteur émetteur Issuing Carrier's Agent Name and City
AIR BALGUERIE
ZONE DE FRET
33700 MERIGNAC AEROPORT

Renseignements comptables Accounting Information

Code IATA de l'Agent Agent's IATA Code: 20-4 7006/3316
Numéro de compte Account Number

Aéroport de départ (Adresse du premier transporteur) et itinéraire demandé Airport of Departure (Address of First Carrier) and Requested Routing
BORDEAUX

à to	Par premier transport By First Carrier — Routage et Dest. Rout. and Dest.	à to	par by	à to	par by	Monnaie Currency	Frais CHGS Code	Poids/Val WT/VAL Payé PPD	Poids/Val WT/VAL Dû COLL	Autres Other Payé PPD	Autres Other Dû COLL	Valeur déclarée pour le transport Declared Value for Carriage	Valeur déclarée pour la douane Declared Value for Customs
BJS	AIR FRANCE					EUR	PX	XX		XX		N.V.D	N.C.V

Aéroport de destination Airport of Destination: BEIJING
Vol/Flight/Date: AF382/12
Réservé au transporteur For Carrier Use only
Vol/Flight/Date
Montant de l'assurance Amount of Insurance

ASSURANCE : Si le transporteur propose une assurance et que l'expéditeur en fait la demande conformément aux présentes conditions indiquer le montant à assurer en chiffre dans la case "Montant de l'assurance".
INSURANCE : If carrier offers insurance, and such insurance is requested in accordance with the conditions thereof, indicate amount to be insured in figures in box marked "Amount of insurance".

FICHE RESSOURCE

3 L'indemnisation d'un sinistre de transport

I Les mesures conservatoires

Dans tous les cas, avec ou sans assurance transport, le destinataire doit prendre les mesures suivantes afin de conserver ses droits à indemnisation :
- émettre des réserves sur le document de transport ;
- confirmer ces réserves par courrier recommandé au transporteur dans les délais ;
- mettre les marchandises endommagées à l'abri de toute dégradation supplémentaire.

II L'indemnisation

1 Sans souscription d'assurance transport

Lorsque aucune assurance n'a été souscrite, l'indemnisation est à la charge du transporteur.

2 Avec souscription d'assurance transport

Lorsqu'une assurance a été souscrite, l'indemnisation est à la charge de la compagnie d'assurance. La procédure à respecter est toujours précisée dans le contrat d'assurance. L'assuré doit remettre à la compagnie d'assurance toutes les pièces exigées dans cette procédure.
Le **dossier sinistre** à remettre à l'assureur est constitué des pièces suivantes : le document de transport sur lequel figurent les réserves, la copie du courrier de confirmation de ces réserves au transporteur, l'original de la police ou du certificat d'assurance, la facture commerciale, les éventuels rapports d'expertise.
L'assuré est indemnisé du dommage exact qu'il a subi (les marchandises, les frais de logistique engagés, le profit espéré), dans les 30 jours à compter de la transmission du dossier complet à l'assureur.
L'**indemnité** est connue à l'avance, il s'agit de la valeur assurée.
En maritime, la valeur assurée correspond à la valeur CIF majorée de 10 %. Aussi, en cas de sinistre, l'indemnisation sera égale à la valeur CIF majorée de 10 % des colis endommagés.

Rappel ▸ Les avaries liées au défaut d'emballage, à la faute du chargeur ou au vice propre de la marchandise ne donnent droit à aucune indemnisation.

• **Le règlement des avaries communes en transport maritime**

En cas de réalisation d'une avarie commune (voir chapitre 6, fiche ressource 5), l'ensemble des parties concernées par le voyage maritime (l'armateur du navire et les chargeurs, y compris ceux dont la marchandise est intacte) partagent les frais supportés pour le sauvetage du navire et de sa cargaison, proportionnellement aux valeurs qu'elles ont engagées. Ces **contributions** sont déterminées par un expert répartiteur d'avarie commune, appelé « dispatcheur ».

Exemple ▸ Un incendie à bord d'un navire a causé des dommages au bâtiment et aux marchandises transportées ; ces dommages ont été aggravés par l'eau déversée pour éteindre l'incendie.
La valeur du navire est de 20 690 000 EUR.
La valeur des marchandises transportées est de 26 855 000 EUR.
La valeur totale engagée est donc de : 20 690 000 + 26 855 000 = 47 545 000 EUR.
Le montant des frais d'extinction de l'incendie s'élève à 1 874 000 EUR.
La contribution de l'armateur et de chaque chargeur au paiement de la facture sera de : (1 874 000 / 47 545 000) × 100 = 3,94 % de la valeur de ses propres intérêts.
Un chargeur dont les marchandises valaient 120 000 EUR (qu'elles aient été endommagées ou pas) contribuera au règlement de l'avarie commune (les conséquences de l'incendie) pour un montant de : 120 000 × 3,94 % = 4 728 EUR. C'est sa compagnie d'assurance qui paiera cette contribution.
L'indemnisation de ces marchandises, si elles ont été endommagées, relève, quant à elle, de l'assurance des avaries particulières.

1 Comparer l'indemnisation d'un sinistre sans ou avec assurance

La centrale d'achat d'une chaîne de grandes surfaces alimentaires importe du thé en vrac du Sri Lanka par la voie maritime. Elle s'interroge sur la nécessité de souscrire une assurance transport, en raison de la faible valeur de la marchandise.

- **À partir du document ci-dessous, démontrez par le calcul l'intérêt de souscrire ou non une assurance pour cette importation.**

DOCUMENT **Informations relatives à l'importation de thé**

Informations relatives à l'importation de thé en vrac du Sri Lanka

Valeur facturée : 6 280 USD FOB Colombo

Poids net : 1 000 kg de thé Pure Ceylon Black Tea

Emballage en cartons ondulés triple épaisseur : 25 kg

Fret maritime : 240 EUR

Informations monétaires

1 EUR = 1,1311 USD
1 EUR = 0,7957 XDR (DTS)

Information relative à la souscription d'une assurance maritime

Prime : 0,35 % du CIF majoré de 10 %

2 Décrypter un certificat d'assurance transport

L'entreprise Distembal, distributeur français d'emballages en plastique, a importé des marchandises de Thaïlande par la voie maritime, avec des conditions de vente CIF Le Havre.
Son fournisseur lui a fait parvenir, entre autres documents, son exemplaire de la police d'assurance souscrite pour le transport.

À la lecture du document, retrouvez :

1. **la valeur CIF Le Havre facturée par le fournisseur thaïlandais ;**

2. **les risques assurés dans cette expédition ;**

3. **le montant de l'indemnisation qui sera versé par la compagnie d'assurance en cas de sinistre.**

DOCUMENT Police d'assurance maritime

เริ่มกิจการปีพ.ศ. 2490
Established 1947

ทะเบียนเลขที่ บมจ. 0107536000625
Registration No. PCL. 0107536000625

อาคารกรุงเทพประกันภัย 25 ถนนสาทรใต้ กรุงเทพฯ 10120 Tel. 0 2285 8000, 0 2285 8888
Bangkok Insurance Bldg. 25 Sathon Tai Rd., Bangkok 10120 Fax. 0 2610 2100 www.bangkokinsurance.com

DUPLICATE

MARINE CARGO POLICY NUMBER : 712-01221-16911

SCHEDULE

502389 3

NAME OF ASSURED DISTEMBAL

CONVEYANCE : "SINAR BROMO V. 203S/HYUNDAI AMBITION V. 003W"

SAILING ON OR ABOUT : 05/12/N

VOYAGE : At and From BANGKOK / THAILAND TO LE HAVRE / FRANCE

AMOUNT INSURED HEREUNDER : USD. 50.261,00 **

(U.S. DOLLARS : FIFTY THOUSAND TWO HUNDRED AND SIXTY ONE ONLY)

SUBJECT-MATTER INSURED :

MARKS AS PER INVOICE

1,552 CARTONS (1,813,200 PCS.)
============= HDPE BAGS
(EMBALLAGES PLASTIQUES)

AS PER INVOICE N° AKB 2286 /P 108/22 DD 01/12/N

WARRANTY :- THAT ALL VESSELS ARE CLASSED SUBJECT TO INSTITUTE CLASSIFICATION CLAUSES 01/01/2001 AND NOT CARRIED ON DECK UNLESS SHIPMENT IN CONTAINER.
- SUBJECT TO INSTITUTE EXTENDED RADIOACTIVE CONTAMINATION EXCLUSION CLAUSES (CL.356A) 01.11.2002

Valued at the same as Amount Insured.

CLAUSES, ENDORSEMENTS, SPECIAL CONDITIONS AND WARRANTIES : Subject to the following clauses as per back hereof :

INSTITUTE CARGO CLAUSES (A) 1.1.82, INSTITUTE WAR CLAUSES (CARGO) 1.1.82, INSTITUTE STRIKES CLAUSES (CARGO) 1.1.82

The attached Clauses and Endorsements form part of this Policy

Claims, if any, payable at/in : LE HAVRE, FRANCE

By
UNILEX MARITIME (DOLPHIN'S AGENT)
CENTRE ROUTIER - ROUTE INDUSTRIELLE
GONFREVILLE L'ORCHER 75700, LE HAVRE, FRANCE
TEL. : 33 2 35240968 FAX : 33 2 35252009

In the event of loss of damage which may involve a claim under this insurance, no claim will be admitted unless immediate notice for survey has been given to and a survery report obtained from or with the approval of :
AS ABOVE

IF THERE IS ANY INCONVENIENCE CONTACTING OUR AGENT OR IN THE EVENT OF A CLAIM LESS THAN USD. 1,000.- IN VALUE, PLEASE CONTACT DIRECTLY suwaree@bangkokinsurance.com, teerapat.c@bangkokinsurance.com OR FAX : 66 2 6102100 EXT.8416 IN ORDER TO EXPEDITE THE CLAIM.

ชำระอากรแล้ว

In case where there is no Agents, Lloyd's Agents must be applied for.

Issued in Bangkok this 04TH day of DECEMBER N 2557 / C353

[X] Agent ตัวแทน [ ] Broker นายหน้า ประกันรายนี้ คุณ ประเสริฐ สุวรรณดุ License Number 5102017299 ใบอนุญาตเลขที่

(herein referred to as the Underwriters) hereby agree, in consideration of the payment to us by or on behalf of the Assured of the premium as arranged, to insure against loss damage liability or expense to the extend and in the manner herein provided.
IN WITNESS whereof the undersigned have subscribed their names for and on behalf of Underwritres.

Director Director Authorized Signature

ธอ-4-215-51

3 Gérer des avaries communes et particulières en transport maritime

Un incendie à bord du navire a endommagé les marchandises de l'entreprise Altecran, qui avait souscrit une assurance tous risques.

À partir des documents ci-dessous :

1. **Calculez le montant de la contribution de l'entreprise Altecran à l'avarie commune.**

2. **Calculez le montant de l'indemnité que lui versera la compagnie d'assurance au titre de l'avarie particulière.**

3. **Concluez sur l'intérêt d'avoir souscrit une assurance maritime pour cette expédition.**

DOCUMENT 1 Valeurs concernées par le voyage maritime (en EUR)

Navire : 150 000 000
Marchandises : 1 160 000 000
Conteneurs appartenant à la compagnie maritime : 19 400 000
Frais d'extinction de l'incendie : 41 300 000
Assistance au remorquage du navire endommagé : 76 800 000

DOCUMENT 2 Conditions de l'assurance souscrite par Altercan

Assurance tous risques
Valeur CFR des marchandises : 275 000 EUR
Valeur assurée : valeur CIF majorée de 10 %
Prime payée à la compagnie d'assurance : 0,45 %

4 Calculer le montant de l'indemnisation dans un transport routier international

L'entreprise Dentech expédie à son distributeur allemand une palette d'implants dentaires d'un poids brut de 230 kg et d'une valeur de 62 300 EUR DAP Berlin. Elle remet son expédition à la compagnie de transport routier Fastransp.
Le chauffeur du camion, qui a utilisé son téléphone portable en conduisant, a perdu le contrôle de son véhicule et provoqué un accident. La palette d'implants a été endommagée.

1. **Expliquez pourquoi la responsabilité du transporteur Fastransp est engagée.**

2. **Précisez les démarches à effectuer pour obtenir une indemnisation du transporteur.**

3. **Calculez le montant de cette indemnisation. (1 DTS = 1,23203 EUR)**

L'entreprise Dentech expédie une nouvelle palette d'implants à son distributeur allemand, dans les mêmes conditions commerciales. Cette fois, elle prend la précaution de faire une déclaration de valeur préalable au transporteur, d'un montant de 62 300 EUR, de façon à être mieux indemnisée en cas de sinistre. Au cours du trajet, le camion contenant la palette d'implants est percuté par un autre poids lourd dont le chauffeur commet une infraction au Code de la route. Les implants sont abîmés et inutilisables.

4. **Précisez si la responsabilité du transporteur Fastransp peut être engagée.**

5. **Calculez le montant de l'indemnisation à laquelle l'entreprise Dentech peut prétendre.**

6. **Conseillez l'entreprise sur les précautions à prendre pour l'organisation de ses prochaines expéditions.**

5 Établir les responsabilités dans un sinistre de transport maritime

L'entreprise BioProdist importe régulièrement des fruits par conteneurs depuis l'Afrique afin d'approvisionner les distributeurs français et européens. Sa dernière commande a concerné un conteneur réfrigéré de bananes en provenance de Côte d'Ivoire.
À l'arrivée du conteneur au port du Havre, son transitaire a constaté que les bananes étaient pourries, en raison d'un dysfonctionnement du système de réfrigération du conteneur appartenant à la compagnie maritime. Il a aussitôt commandé une expertise des fruits et en a remis le rapport à l'importateur français.
Vous êtes chargé(e) de traiter ce sinistre, à l'aide des documents 1 et 2.

1. **Précisez qui, en vertu du contrat de vente, doit assumer les conséquences de la détérioration des marchandises.**
2. **Établissez la responsabilité du transporteur maritime dans ce sinistre.**
3. **Expliquez les démarches que vous allez entreprendre pour obtenir une indemnisation.**
4. **Calculez le montant de l'indemnisation de ce sinistre. (1 DTS = 1,23 EUR)**

DOCUMENT 1 Conditions de l'importation des bananes

Facture FCA Abidjan : 13 140 EUR
Un conteneur 40' reefer contenant 3 600 cartons de bananes sur 18 palettes
Poids brut d'une palette : 882 kg
Mentions figurant sur le B/L établi par le transitaire au port d'Abidjan :
- 18 palettes de 200 cartons de bananes fraîches
- Température contrôlée : entre 8° et 10 °C
- Clean (absence de réserves)

Montant du fret maritime : 2 050 EUR
Montant de l'assurance maritime : 0,5 % du CIF majoré de 10 %

DOCUMENT 2 Extrait du rapport d'expertise

Conteneur réfrigéré n° CCLU 92122/8
18 palettes de 200 cartons de bananes fraîches en provenance de Côte d'Ivoire
BioProdist (France)

Nous vous confirmons notre expertise de votre cargaison de bananes sur le port du Havre.
À partir des relevés réalisés sur le système de réfrigération, nous avons constaté des températures anormalement élevées au cours de la traversée. Une partie de la cargaison est dans un état de maturité avancée, que la date de récolte affichée ne justifie pas.
Nous avons expertisé les 18 palettes contenant 3 600 cartons au total et avons constaté que l'ensemble des marchandises est abîmé et non commercialisable.

CHAPITRE

11 Déclarer ses opérations intracommunautaires

COMPÉTENCES PROFESSIONNELLES

Organiser, contrôler et suivre la réalisation d'un contrat international

Depuis le 1er janvier 1993, les territoires des États membres de l'UE constituent un même territoire douanier communautaire, à l'exception de certaines zones. Le commerce entre États membres s'effectue donc sans formalités douanières, sauf pour certains produits réglementés et en exonération des seuls droits de douane.

Les entreprises sont toutefois soumises à des obligations déclaratives et fiscales reprenant l'ensemble de leurs échanges de biens. Les notions d'introduction et de livraison se substituent à celles d'importation et d'exportation.

SITUATION PROFESSIONNELLE

ESPAGNE

Régime : monarchie parlementaire
Superficie : 505 990 km²
Capitale : Madrid
Villes principales : Barcelone, Valence, Séville
Population : 47 329 981 habitants
Langue officielle : castillan
4 langues régionales : catalan, basque, galicien, asturien
Monnaie : euro (EUR)
PIB/hab. : 29 600 EUR (2019)
Principaux clients : France, Allemagne, Italie, Portugal
Principaux fournisseurs : Allemagne, France, Chine, Italie

1. Actualisez les données pays par une recherche sur Internet.
2. Caractérisez les pratiques commerciales, sociales et environnementales du pays, après consultation de l'évaluation des risques par Coface.

JEAN'S CUP

Le dirigeant de Jean's Cup crée en 2013 sa propre marque de vêtements, animé par une conscience écoresponsable et l'ambition de mettre en place un modèle économique basé sur les circuits courts et la proximité de sa clientèle.
L'originalité de Jean's Cup se caractérise par le « tout *made in France* », associée à une volonté de préserver la planète. La conception, la teinture, la filature, le tissage, la coupe et la confection, tout a été relocalisé en France. Des cotons bio, certifiés GOTS (*Global Organic Textile Standard*), sans utilisation de pesticides, sont filés dans les ateliers. Enfin, sa démarche environnementale a conduit cette entreprise à créer un concept innovant de consignation des jeans pour recyclage.
La labellisation OEKO-TEX 100 des produits de l'entreprise est le résultat des préoccupations de Jean's Cup pour la préservation de la sécurité et de la santé des consommateurs.

L'entreprise a réalisé en année N-1 un chiffre d'affaires global de 280 000 EUR. Elle exporte depuis cette année en Espagne et au Danemark.
Les premières ventes ont eu lieu en août (**document 1**).

Dans le cadre des opérations réalisées avec ses distributeurs européens, vous êtes chargé(e) d'établir les formalités relatives aux obligations fiscales.

1. Compte tenu du chiffre d'affaires export réalisé en août N et d'une projection de progression des ventes export de 20 % par mois jusqu'à la fin de l'année, précisez les obligations déclaratives dont relève l'entreprise.

Document 1
Fiches ressources 1 à 3

2. À l'aide des factures export établies en août, complétez la DEB (déclaration d'échanges de biens) relative à la période du mois d'août.

Documents 2 et 3
Fiche ressource 3

VOTRE DOSSIER

DOCUMENT 1 Ventes export réalisées

Ventes août N	CA	Clients	Pays
06/08	2 178 EUR	Cerceira	Espagne
16/08	2 665 EUR	DAHL	Danemark
23/08	357 EUR	Lopez	Espagne
28/08	2 576 EUR	Boutique Club	Espagne

DOCUMENT 2 Factures commerciales

• Facture client Cerceira

Facture n° : 34567
Date de facturation : 06/08/N

JEAN'S CUP

Identifiant TVA FR38724208696

Téléphone : 05 41 56 67 89
Télécopie : 05 41 56 67 90

50 rue du Parlement St-Pierre
33000 BORDEAUX

Facturer à : **CERCEIRA**

Identifiant TVA ESB75083603

Adresse : **Rambla de Catalunya 120**
08008 BARCELONA
ESPAÑA

service clients@jeanscup.com
www.jeanscup.com
FCA ORLY

Numéro article	Description	Qté	Prix unitaire	Total en euros
163	JEAN 202 COUPE BOOTCUT INDIGO	15	89,00 €	890,00
771	CHINO AJUSTE FLEXDENIM	10	128,80 €	1 288,00
			Sous-total de la facture	**2 178,00**
			TVA	
			Taxe de vente	
			Frais d'expédition	
			Acompte reçu	0,00
			Total HT	**2 178,00**

Paiement par virement à 10 jours date de réception de la facture

• Facture client Dahl

Facture n° : 34596
Date de facturation : 13/08/N

JEAN'S CUP

Identifiant TVA FR38724208696

Téléphone : 05 41 56 67 89
Télécopie : 05 41 56 67 90

50 rue du Parlement St-Pierre
33000 BORDEAUX

Facturer à : **DAHL**

Identifiant TVA DK29476026

Adresse : **Stroget, 52**
1100 København
DANEMARK

service clients@jeanscup.com
www.jeanscup.com
CIP aéroport Copenhague

Numéro article	Description	Qté	Prix unitaire	Total en euros
163	CHINO COUPE AJUSTÉE	15	89,00 €	1 335,00
771	PULL SAINT JAMES	10	133,00 €	1 330,00
			Sous-total de la facture	**2 665,00**
			TVA	
			Taxe de vente	
			Frais d'expédition	
			Acompte reçu	0,00
			Total HT	**2 665,00**

Paiement par virement à 10 jours date de réception de la facture

• Facture client Lopez

Facture n° : 34610
Date de facturation : 25/08/N

JEAN'S CUP

Identifiant TVA FR38724208696

Téléphone : 05 41 56 67 89
Télécopie : 05 41 56 67 90

50 rue du Parlement St-Pierre
33000 BORDEAUX

Facturer à : **LOPEZ**

Identifiant TVA ESB84588973

Adresse : **Calle de Fuencarral, 64**
28004 Madrid
ESPAÑA

service clients@jeanscup.com
www.jeanscup.com
FCA ORLY

Numéro article	Description	Qté	Prix unitaire	Total en euros
543	JEAN 101 COUPE DROITE	3	119,00 €	357,00
			Sous-total de la facture	**357,00**
			TVA	
			Taxe de vente	
			Frais d'expédition	
			Acompte reçu	0,00
			Total HT	**357,00**

Paiement par virement à 10 jours date de réception de la facture

• Facture client Boutique Club

Facture n° : 34612
Date de facturation : 28/08/N

JEAN'S CUP

Identifiant TVA FR38724208696

Téléphone : 05 41 56 67 89
Télécopie : 05 41 56 67 90

50 rue du Parlement St-Pierre
33000 BORDEAUX

Facturer à : **BOUTIQUE CLUB**

Adresse : **PASO REVELLIN 1**
51001 CEUTA
ESPAÑA

service clients@jeanscup.com
www.jeanscup.com
FCA ORLY

Numéro article	Description	Qté	Prix unitaire	Total en euros
264	CHINO AJUSTE FLEXDENIM	20	128,80 €	2 576,00
			Sous-total de la facture	**2 576,00**
			TVA	
			Taxe de vente	
			Frais d'expédition	
			Acompte reçu	0,00
			Total HT	**2 576,00**

Paiement par virement à 10 jours date de réception de la facture

DOCUMENT 3 DEB (déclaration d'échanges de biens) à compléter

cerfa
N° 10838*05

Liberté • Égalité • Fraternité
RÉPUBLIQUE FRANÇAISE

DÉCLARATION D'ÉCHANGES DE BIENS
ENTRE ÉTATS MEMBRES DE L'UNION EUROPÉENNE (1)

Direction générale des Douanes
et Droits indirects

A. Période

Année ☐☐☐☐

Mois ☐☐

B. Flux	introduction	expédition
≥ 460 000 HT/an	☐ a	☐ b
< 460 000 HT/an	Pas de DEB	☐ c

C. Redevable de l'information

Numéro d'identification TVA :**FR** ☐☐ ☐☐☐ ☐☐☐ ☐☐☐

Raison sociale :

Rue

Code postal et ville :

Personne à contacter :

Téléphone : Télécopie :

Messagerie électronique :

D. Service

(réservé à l'administration)

Date, nom et signature
À défaut de signature, la déclaration est irrecevable

1	2	3	4	5	6	7	8	9	10	11	12
N° ligne	Nomenclature de produit	Pays dest. prov.	Valeur (en euros)	Régime	Masse nette (kg)	Unités supplémentaires	Nature transaction	Mode de transport	Dépar-tement	Pays d'origine	Numéro d'identification de l'acquéreur U.E.
1											
2											
3											
4											
5											
6											
7											
8											
9											
10											

Mentions légales
Les données des déclarations d'échanges de biens (DEB) font l'objet d'une saisie informatique dans le cadre du traitement automatisé instauré par arrêté du 8 octobre 2004 publié au journal officiel n° 247 du 22 octobre 2004. Conformément à la loi n° 2018-493 du 20 juin 2018 relative à la protection des données personnelles, vous bénéficiez d'un droit d'accès et de rectification aux informations qui vous concernent.

1 L'utilisation d'un support papier autre que le formulaire cerfa rend la déclaration irrecevable et équivaut donc à un défaut de production de la déclaration passible des sanctions prévues à l'article 467 du code des douanes.
a Toutes les colonnes, à l'exception de la colonne 12, doivent être complétées.
b Toutes les colonnes, à l'exception de la colonne 11, doivent être complétées lorsque le code régime 21 est utilisé. Lorsque le code régime 10 et 20 sont utilisés, seules les colonnes 1, 5 et 12 doivent être complétées. Toutes les colonnes à l'exception de la colonne 11, doivent être complétés lorsque le code régime 21 est utilisé. Toutes les colonnes, à l'exception des colonnes 11 et 12, doivent être complétées lorsque le code régime 29 est utilisé.
c Toutes les colonnes 4, 5, et 12 doivent être complétées lorsque le code régime 21 est utilisé. Les DEB en régime 29 ne sont dues que si le seuil de 460 000 € est atteint.

V-D n° 1/20 MINISTÈRE DE L'ACTION ET DES COMPTES PUBLICS **1/1 - DEB**

FICHE RESSOURCE

1 Le territoire douanier communautaire

Les 27 États membres de l'UE font partie du même territoire douanier et sont soumis à des règles communes en matière de douane, de TVA et d'accises.

États membres de l'Union européenne (territoire douanier communautaire) :

Allemagne	Italie
Autriche	Lettonie
Belgique	Lituanie
Bulgarie	Luxembourg
Chypre	Malte
Croatie	Pays-Bas
Danemark	Pologne
Espagne	Portugal
Estonie	Roumanie
Finlande	Slovaquie
France	Slovénie
Grèce	Suède
Hongrie	République tchèque
Irlande	

Certains territoires liés à des pays de l'UE sont exclus de ces dispositions en totalité ou partiellement :

Territoires liés à des pays de l'UE	Territoires de l'UE	Domaine d'application des règles		
		Douane	TVA[1]	Accises
Danemark : Îles Féroé, Groenland	NON	NON	NON	NON
Finlande : Îles Åland	OUI	OUI	NON	NON
France : COM (Saint-Pierre-et-Miquelon, Wallis-et-Futuna, Polynésie française, Saint-Barthélemy, Saint-Martin)	NON	NON	NON	NON
France : DROM (Guadeloupe, Martinique, Guyane française, Mayotte, La Réunion)	OUI	OUI	NON	NON
Allemagne : Île d'Helgoland, Territoire de Büsingen	OUI	NON	NON	NON
Grèce : Mont Athos	OUI	OUI	NON	OUI
Italie : Livigno, Campione d'Italia, Eaux italiennes du lac de Lugano	OUI	NON	NON	NON
Pays-Bas : Antilles néerlandaises	NON	NON	NON	NON
Portugal : Açores, Madère	OUI	OUI	OUI	OUI
Espagne : Ceuta, Melilla	OUI	NON	NON	NON
Espagne : Îles Canaries	OUI	OUI	NON	NON

1. Les biens **provenant de ces territoires** sont soumis à la TVA à l'importation en vigueur dans leur pays de destination. Cette règle tient au fait que les pays de l'UE sont tenus de traiter les biens en provenance de ces territoires de la même manière que ceux provenant de pays non membres de l'UE.
Les biens **expédiés vers ces territoires** sont soumis aux formalités d'exportation et considérés, aux fins de la TVA, comme transportés hors du territoire de l'UE.
D'autres territoires ont des règles spécifiques (par exemple, Monaco) : les règles relatives en matière de douane, de TVA et d'accises s'appliquent bien que les traités de l'UE ne s'appliquent pas.

FICHE RESSOURCE

2 La TVA intracommunautaire

I Le principe de la TVA intracommunautaire

Les expéditions (ou livraisons) de biens expédiés ou transportés par le vendeur sont exonérées de TVA. C'est l'introduction (ou acquisition) qui est le fait générateur de la TVA.

II Le mécanisme de la TVA intracommunautaire

L'entreprise assujettie à la TVA peut déduire la TVA payée sur ses achats. La facture établie par le vendeur est alors émise hors taxes (HT). L'acquéreur paie la TVA à son administration fiscale au taux en vigueur dans son pays ; cette TVA est déductible.
Les ventes à des acheteurs non assujettis à la TVA sont émises toutes taxes comprises (TTC) ; la TVA payée par ces acquéreurs n'est pas déductible.
Les entreprises européennes assujetties à la TVA disposent d'un numéro d'identification intracommunautaire. La facture émise à l'occasion d'une opération intracommunautaire doit mentionner les numéros d'identification intracommunautaire du vendeur et de l'acheteur.

III La taxation des prestations de services

Les entreprises françaises rendant des prestations de services, notamment les opérations de fret intracommunautaire à des sociétés européennes, doivent établir des déclarations européennes de services (DES) récapitulant les opérations effectuées.
Les services suivants sont exclus de cette obligation :
- les services des agences de voyages ;
- les services se rattachant à un immeuble ;
- les prestations de transport de passagers ;
- les prestations consistant à donner accès à des manifestations culturelles, artistiques, sportives, éducatives, scientifiques, de divertissement ou similaires, telles que les foires et les expositions, ainsi que les prestations accessoires à cet accès ;
- les ventes à consommer sur place ;
- les locations de moyen de transport de courte durée ;
- les services bénéficiant d'une exonération dans l'État membre du preneur.

IV La taxation des opérations de commerce électronique

1 La taxation des ventes aux particuliers (BtoC)

Toutes les entreprises UE et hors UE qui vendent en ligne des marchandises et des services à des particuliers européens sont concernées :
- les sites Web dédiés ;
- les marketplaces (Amazon, eBay, AliExpress, Fnac, Darty, Cdiscount...) ;
- les réseaux sociaux (Facebook, Instagram, Snapchat, Twitter...) ;
- les sites de *dropshipping* (le site vendeur fait livrer le client final par le fournisseur).

Jusqu'au 31 décembre 2021, la TVA applicable est celle du pays du vendeur, jusqu'à un seuil qui dépend de l'État membre de destination.
À partir de 2022, une réforme fixe de nouvelles règles : les ventes à distance entre professionnels et particuliers sont taxables dans le pays d'arrivée, lorsque le vendeur a réalisé des ventes à distance vers ce pays de l'Union européenne, pour un montant qui dépasse le seuil de 10 000 EUR.

La mention « Exonération de TVA, article 262 ter, I du CGI » doit figurer sur les factures de vente aux particuliers.

2 La taxation des ventes aux professionnels (BtoB)

La TVA applicable est celle du lieu de livraison, si l'acquéreur est assujetti et a fourni son numéro d'identifiant à la TVA intracommunautaire : la TVA est liquidée dans le pays de l'acquéreur au taux en vigueur dans son pays.

V La déclaration périodique de TVA

Les acquisitions et les livraisons intracommunautaires doivent être inscrites sur des lignes dédiées de la déclaration mensuelle ou trimestrielle de TVA, afin de permettre la liquidation de la TVA.

Sont inscrits :
- le montant HT des acquisitions et le montant de la TVA selon le taux en vigueur (TVA déductible) ;
- le montant HT des livraisons sans calcul de la TVA si les acheteurs européens sont assujettis ou avec calcul de la TVA s'ils ne sont pas assujettis (TVA collectée).

Déclaration des opérations intracommunautaires dans le formulaire de déclaration de la TVA

A MONTANT DES OPÉRATIONS RÉALISÉES

	OPÉRATIONS IMPOSABLES (H.T.)				OPÉRATIONS NON IMPOSABLES		
01	Ventes, prestations de services	0979	....	04	Exportations hors UE	0032	....
02	Autres opérations imposables	0981	....	05	Autres opérations non imposables	0033	....
2A	Achats de prestations de services intracommunautaires (article 283-2 du code général des impôts)	0044	....	5A	Ventes à distance taxables dans un autre État membres au profit des personnes non assujetties – Ventes BtoC	0047	....
2B	Importations (entreprises ayant opté pour le dispositif d'autoliquidation de la TVA à l'importation).	0045	....	06	Livraisons intracommunautaires à destination d'une personne assujettie- Ventes BtoB	0034	....
03	Acquisitions intracommunautaires	0031	....	6A	Livraisons d'électricité, de gaz naturel, de chaleur ou de froid non imposables en France	0029	....
3A	Livraisons d'électricité, de gaz naturel, de chaleur ou de froid imposables en France	0030	....	07	Achats en franchise	0037	....
3B	Achats de biens ou de prestations de services réalisés auprès d'un assujetti non établi en France (article 283-1 du code général des impôts)	0040	....	7A	Ventes de biens ou prestations de services réalisées par un assujetti non établi en France (article 283-1 du code général des impôts)	0043	....
3C	Régularisations (important : cf. notice)	0036	....	7B	Régularisations (important : cf. notice)	0039	....

B DÉCOMPTE DE LA TVA À PAYER

	TVA BRUTE		Base hors taxe	Taxe due
	Opérations réalisées en France métropolitaine			
08	Taux normal 20 %	0207	....	....
09	Taux réduit 5,5 %	0105	....	....
9B	Taux réduit 10 %	0151	....	....
	Opérations réalisées dans les DOM			
10	Taux normal 8,5 %	0201	....	....
11	Taux réduit 2,1 %	0100	....	....
12	....		....	....
	Opérations imposables à un autre taux (France métropolitaine ou DOM)			
13	Anciens taux	0900	....	....
14	Opérations imposables à un taux particulier (décompte effectué sur annexe 3310 A)	0950	....	....
15	TVA antérieurement déduite à reverser	0600		....
5B	Sommes à ajouter, y compris acompte congés (exprimées en euro)	0602		....
16	**Total de la TVA brute due (lignes 08 à 5B)**			....
7C	**Dont TVA sur importations bénéficiant du dispositif d'autoliquidation**	0046		....
17	**Dont TVA sur acquisitions intracommunautaires**	0035		....
18	**Dont TVA sur opérations à destination de Monaco**	0038		....

La ligne 11 ne concerne que les DOM.
Les autres opérations relevant du taux de 2,1 % sont déclarées sur l'annexe 3310 A-SD.

FICHE RESSOURCE

3 La déclaration des opérations intracommunautaires

I La déclaration d'échanges de biens (DEB)

Tout opérateur réalisant des opérations intracommunautaires (hors prestations de services) et identifié par un numéro intracommunautaire doit établir une déclaration d'échanges de biens (DEB) mensuelle et la transmettre à la douane, en version dématérialisée (obligatoire si son chiffre d'affaires export annuel est supérieur à 2 300 000 EUR) ou sur formulaire (cerfa 10838*05). Une déclaration par type de flux (introduction et expédition) doit être déposée.

Cette déclaration d'échanges de biens permet à la douane :
- l'établissement des statistiques du commerce extérieur ;
- la surveillance fiscale des flux intracommunautaires de marchandises (TVA).

1 Les opérations soumises à déclaration

Elle doit reprendre l'ensemble des mouvements de marchandises communautaires (ou de marchandises provenant de pays tiers à l'Union européenne pour lesquelles ont été acquittés les droits et taxes) qui circulent entre la France et un autre État membre, notamment :
- les échanges intracommunautaires de produits soumis à accises (par exemple, les boissons alcoolisées) ;
- les marchandises importées en France, pour lesquelles sont acquittés les droits et taxes, et qui sont expédiées vers un autre État membre (déclaration d'expédition) ;
- les marchandises communautaires expédiées de France vers un autre État membre, à partir duquel elles sont exportées.

2 Les opérations exclues de la déclaration

D'autres opérations non pas à être déclarées :
- les échanges entre États membres de marchandises d'origine tierce, circulant sous le régime douanier du transit externe et n'ayant pas encore été dédouanées ;

> **Exemple** Des marchandises importées du Canada sont placées sous transit à leur arrivée à Rotterdam ; elles circulent jusqu'en France où elles seront dédouanées. Le flux Pays-Bas – France n'a pas à être déclaré dans la DEB.

- les marchandises communautaires ne faisant qu'emprunter le territoire français au cours de leur transport ;

> **Exemple** Des marchandises sont expédiées de Belgique à destination de l'Espagne, en traversant la France.

- les échanges avec les DROM (Guyane, Martinique, Guadeloupe, la Réunion, Mayotte), îles Canaries, îles Anglo-Normandes, mont Athos… (DAU, document administratif unique) ;
- les territoires nationaux exclus du territoire douanier de l'Union européenne (DAU) (voir fiche 1) ;
- les prestations de services (DES, déclaration européenne de services) ;
- les expéditions et introductions temporaires de biens (sous certaines conditions) ;
- les échantillons commerciaux gratuits ;
- les ventes à des particuliers étrangers dont le lieu de livraison est en France (taxation en France)…

II Les entreprises soumises à la déclaration

Seuils annuels des déclarations	Acquisitions	Livraisons
Chiffre d'affaires < 460 000 EUR	Pas de déclaration	Déclaration fiscale DEB avec uniquement les données suivantes à fournir : n° TVA vendeur, n° TVA acquéreur, montant facturé HT (rubrique 4), régime (rubrique 5).
Chiffre d'affaires > 460 000 EUR	Déclaration détaillée	Déclaration détaillée

Le seuil de 460 000 EUR est atteint si l'une des deux conditions suivantes est remplie :
- la société a réalisé, au cours de l'année civile précédente, des expéditions d'un montant HT supérieur à 460 000 EUR ;
- la société atteint ce seuil en cours d'année.

Pour calculer le montant des expéditions réalisées, l'entreprise ne doit prendre en compte que les opérations correspondant à des flux physiques.

III Les obligations des entreprises

VENDEUR		ACHETEUR	
Obtenir le n° d'identifiant intracommunautaire de l'acheteur.		Fournir le n° d'identifiant intracommunautaire au vendeur.	
Établir une facture HT.		Acquitter la TVA au taux en vigueur dans son pays.	
Établir : – une déclaration statistique ; – un état récapitulatif des livraisons.	**DEB**	Établir : – une déclaration statistique ; – un état récapitulatif des acquisitions.	**DEB**
Déclaration fiscale	**Déclaration TVA**	Déclaration fiscale	**Déclaration TVA**

IV Les rubriques de la DEB

Rubrique et intitulé	Correspondance
1 N° ligne	Un numéro par facturation. La numérotation est continue quel que soit le nombre de pages.
2 Nomenclature du produit	Codification du produit dans la nomenclature douanière (10 chiffres)
3 Pays dest. prov.	Deux caractères alphabétiques. Il s'agit, à l'expédition, du code de l'État membre de destination des biens et, à l'introduction, du code de l'État membre de provenance. **Exemple** ▸ DK pour Danemark, ES pour Espagne (codes sur www.douane.gouv)
4 Valeur	– Correspond à la **valeur fiscale**[1] des livraisons et acquisitions intracommunautaires de biens facturées conformément aux dispositions en matière de TVA (pour les codes régime 11, 21, 25, 26 et 31). – Correspond à la **valeur marchande des biens** (pour les codes régime 19 et 29).

• • •

1. Arrondie à l'euro le plus proche. Il ne faut pas confondre la valeur fiscale et la valeur statistique (voir chapitre 12).

5 Régimes	**Codes régimes à l'introduction** Code régime Nature de l'introduction 11 Acquisition intracommunautaire taxable en France 19 Autres introductions : – en vue d'un travail à façon (sous-traitance) ; – en suite de travail à façon ; – achats en franchise de TVA… **Codes régimes à l'expédition** 21 Livraison exonérée et transfert 25 Régularisation commerciale entraînant une minoration de valeur (rabais, remise, avoir…) 26 Régularisation commerciale entraînant une majoration de valeur (majoration de prix…) 29 Autres expéditions : pour travail à façon et en suite de travail à façon (sous-traitance) 31 – Refacturation dans le cadre d'une opération triangulaire (c'est-à-dire lorsque l'importateur revend les marchandises à un client situé dans un autre pays de l'UE) – Facturation de biens à un donneur d'ordre, établi dans un autre État membre, les biens faisant l'objet d'une prestation de services en France (c'est-à-dire lorsqu'une entreprise française assure une sous-traitance pour le compte d'une entreprise située dans un autre État membre)
7 Unités supplémentaires	Il s'agit des unités de mesure autres que le kilogramme, servies pour autant que le code nomenclature utilisé l'exige. Elles ne comportent pas de décimale. Les unités comprises entre 0 et 1 sont codifiées 1.
8 Nature transaction	Il s'agit d'une codification comportant deux caractères numériques qui permet de transmettre une information économique sur l'opération réalisée (achat/vente, travail à façon…). Exemples « 11 » pour une vente ferme ou « 42 » pour une expédition de biens destinés à faire l'objet d'un travail à façon, sans retour vers l'État membre d'expédition initial.
9 Mode de transport	Code numérique à un caractère indiquant le moyen de transport par lequel les marchandises sont présumées soit devoir quitter le territoire national à l'expédition, soit avoir pénétré sur le territoire national à l'introduction. Exemples 1 Transport maritime, 3 Transport routier, 4 Transport aérien
10 Département	Département français (code à deux caractères numériques) d'expédition initiale de la marchandise à l'expédition, ou de destination effective à l'introduction. Cette information est sans relation directe avec le siège social géographique de l'entreprise concernée.
11 Pays d'origine	Le pays d'origine (code à deux caractères alphabétiques) n'est à indiquer qu'à l'introduction. Il s'agit du pays d'où sont originaires les biens introduits, au sens de la réglementation douanière sur l'origine. Le code peut donc correspondre à celui d'un pays n'appartenant pas à l'Union européenne ou à celui de la France (FR) en cas de retour. Il peut différer du pays de provenance (voir rubrique 3).
12 N° identification acquéreur UE	Information obligatoire à l'expédition : numéro d'identification TVA fourni par le client intracommunautaire, qui doit figurer sur les factures pour les livraisons intracommunautaires.

1 Analyser des opérations intracommunautaires

● **Dans les situations suivantes, indiquez si l'opération doit être facturée HT ou TTC (votre entreprise est située en France). Vous justifierez votre réponse.**

Situations	Facturation		Justification
	HT	TTC	
a. Vous avez conclu une vente avec un distributeur italien. Il vous a transmis son numéro d'identification TVA pour l'établissement de la facture commerciale.			
b. Vous vendez *via* votre site Internet à des clients particuliers situés dans différents pays de l'UE.			
c. Vous avez vendu des marchandises à un nouveau client situé à Malte, qui ne vous a pas fourni son numéro d'identification TVA.			
d. Vous vous faites livrer, par un fabricant portugais, des supports pour la vente en magasin de coffrets cadeaux pour les fêtes de Noël. Vous avez transmis votre numéro d'identifiant TVA.			
e. Vous revendez à un distributeur allemand des meubles importés de Thaïlande. Le distributeur allemand a fourni son numéro d'identifiant TVA.			
f. Vous avez reçu une demande d'offre d'un client situé à Vichy. Il vous communique son numéro de TVA et vous demande une facture HT.			
g. Vous réceptionnez un conteneur de marchandises à Rotterdam, en provenance du Chili. Ces marchandises sont à destination de votre distributeur exclusif au Danemark. Un T1 est établi à Rotterdam et le dédouanement aura lieu à Copenhague.			

2 Établir une DEB

L'entreprise Tear Tex fabrique en France des articles de prêt-à-porter qu'elle commercialise auprès de distributeurs à l'étranger, notamment dans plusieurs pays de l'UE.
Vous disposez de données générales sur l'entreprise (**document 1**), du relevé des ventes du mois de février N (**document 2**) et de la DEB vierge (**document 3**).

● **Vous êtes chargé(e) de compléter la DEB compte tenu des obligations qui incombent à l'entreprise Tear Tex.**

DOCUMENT 1 Données générales de l'entreprise Tear Tex

CA annuel N-1	780 000 EUR
N° identifiant TVA	FR35787498794
Adresse	45 rue du général de Gaulle 10000 TROYES

DOCUMENT 2 Relevé des ventes du mois de février N

Ventes février N			
Livraisons	Client Santo	Client Batista	Client Dreyer
Identifiant TVA	ESB75087634	BE0345673606	DK26065407
Marchandises	3 000 jupes	2 500 vestes	1 500 robes
PV	DAP Alicante 6,90 EUR l'unité	CPT Bruxelles 13,50 EUR l'unité	EXW Troyes 9,20 EUR l'unité
Nomenclature	61 04 52 00	61 04 32 00	61 04 41 00
Destination	Espagne	Belgique	Danemark
Masse totale nette	580 kg	720 kg	765 kg
Mode de transport	Routier	Routier	Routier

DOCUMENT 3 Formulaire DEB

cerfa
N° 10838*05

Liberté • Égalité • Fraternité
RÉPUBLIQUE FRANÇAISE

DÉCLARATION D'ÉCHANGES DE BIENS
ENTRE ÉTATS MEMBRES DE L'UNION EUROPÉENNE [1]

Direction générale des Douanes et Droits indirects

A. Période

Année

Mois

B. Flux	introduction	expédition
≥ 460 000 HT/an	☐ [a]	☐ [b]
< 460 000 HT/an	Pas de DEB	☐ [c]

C. Redevable de l'information

Numéro d'identification TVA : FR

Raison sociale :

Rue

Code postal et ville :

Personne à contacter :

Téléphone : Télécopie :

Messagerie électronique :

D. Service

(réservé à l'administration)

Date, nom et signature
À défaut de signature, la déclaration est irrecevable

1	2	3	4	5	6	7	8	9	10	11	12
N° ligne	Nomenclature de produit	Pays dest. prov.	Valeur (en euros)	Régime	Masse nette (kg)	Unités supplémentaires	Nature transaction	Mode de transport	Département	Pays d'origine	Numéro d'identification de l'acquéreur U.E.
1											
2											
3											
4											
5											
6											
7											
8											
9											
10											

Mentions légales
Les données des déclarations d'échanges de biens (DEB) font l'objet d'une saisie informatique dans le cadre du traitement automatisé instauré par arrêté du 8 octobre 2004 publié au journal officiel n° 247 du 22 octobre 2004. Conformément à la loi n° 2018-493 du 20 juin 2018 relative à la protection des données personnelles, vous bénéficiez d'un droit d'accès et de rectification aux informations qui vous concernent.

1 L'utilisation d'un support papier autre que le formulaire cerfa rend la déclaration irrecevable et équivaut donc à un défaut de production de la déclaration passible des sanctions prévues à l'article 467 du code des douanes.
a Toutes les colonnes, à l'exception de la colonne 12, doivent être complétées.
b Toutes les colonnes, à l'exception de la colonne 11, doivent être complétées lorsque le code régime 21 est utilisé. Lorsque le code régime 10 et 20 sont utilisés, seules les colonnes 1, 5 et 12 doivent être complétées. Toutes les colonnes à l'exception de la colonne 11, doivent être complétés lorsque le code régime 21 est utilisé. Toutes les colonnes, à l'exception des colonnes 11 et 12, doivent être complétées lorsque le code régime 29 est utilisé.
c Toutes les colonnes 4, 5, et 12 doivent être complétées lorsque le code régime 21 est utilisé. Les DEB en régime 29 ne sont dues que si le seuil de 460 000 € est atteint.

V-D n° 1/20 — MINISTÈRE DE L'ACTION ET DES COMPTES PUBLICS — 1/1 - DEB

CHAPITRE

12 Dédouaner les marchandises : évaluer la dette douanière

COMPÉTENCES PROFESSIONNELLES

Organiser, contrôler et suivre la réalisation d'un contrat international

La Douane est un interlocuteur privilégié des entreprises présentes à l'international, notamment dans le cadre du dispositif Team France Export. Rattachés au ministère de l'Économie, des Finances et de la Relance, les services de la Direction générale des Douanes et Droits indirects (DGDDI) aident les opérateurs économiques à développer leur compétitivité et visent à faire de la France une plateforme attractive pour les investisseurs étrangers. Ils protègent l'espace national, en luttant contre les grands trafics, les organisations criminelles et terroristes, et en assurant la protection du consommateur et de l'environnement.

SITUATION PROFESSIONNELLE

RÉPUBLIQUE POPULAIRE DE CHINE

Superficie : 9 596 961 km²
Population : 1 401 501 343 habitants
Capitale : Pékin (Beijing)
Villes principales : Shanghai, Canton, Shenzhen, Wuhan, Chengdu
Langue officielle : mandarin (ou putonghua)
2e langue parlée : cantonais
Monnaie : renminbi (RMB), unité de compte : yuan (1 EUR = 7,8210 CNY[1])
PIB/hab. : 10 262 USD (2019)
Commerce extérieur : 1er exportateur et 2e importateur de marchandises du monde

1. Taux de change au 13/04/21.

1. Actualisez les données pays par une recherche sur Internet.
2. Caractérisez les pratiques commerciales, sociales et environnementales du pays, après consultation de l'évaluation des risques par Coface.

Perpetua

L'enseigne de mode des femmes modernes

Enseigne de prêt-à-porter qui cible les femmes de 35 à 50 ans, la marque Perpetua s'appuie sur un savoir-faire produit éprouvé et sur une mode créative, gaie et accessible.
Son exigence de renouvellement fréquent des collections lui permet de se positionner comme une marque enseigne reconnue pour sa différence et sa performance.
Tout est orchestré depuis le siège social à Sainte-Geneviève-des-Bois, en région parisienne : la réalisation des produits grâce aux stylistes « maison », le choix des tissus et des fournisseurs, l'organisation du travail à façon sous-traité en Chine, en Tunisie, en Inde ou plus récemment en Roumanie, la gestion des exportations vers le réseau franchisé étranger ou les clients indépendants, la gestion des importations, la gérance des magasins, la comptabilité, la réception des marchandises et leur réexpédition.

La notoriété de Perpetua dépend de la qualité et de la compétitivité de ses approvisionnements.
Pour la nouvelle collection « Printemps-Été », la directrice de la collection a sélectionné une nouvelle pièce chez un fournisseur chinois : un top bustier en dentelle. Le service import de Perpetua a enregistré, dans le système ERP, ce nouveau produit de la famille « T-shirts, maillots en bonneterie » et ses caractéristiques (**document 1**).

Vous êtes chargé(e) de préparer l'importation de 10 000 bustiers et de vérifier les éléments qui conditionnent les impositions douanières.

1. Identifiez le régime douanier applicable à cette importation de top bustiers et ses conséquences pour l'entreprise.

Fiche ressource 1

2. Dans l'encyclopédie RITA, recherchez le numéro de nomenclature correspondant à l'espèce tarifaire de cet article et identifiez les taxations douanières et la réglementation applicables à l'importation de ce produit.

Document 1
Fiches ressources 2 et 3

Le service Achats vous transmet les informations logistiques fournies par le transitaire MIRO, ainsi que la facture proforma des articles commandés (bustiers dentelle) auprès du fournisseur TANG XI (**documents 2 et 3**).

3. Calculez le montant de la liquidation douanière prévisionnelle en faisant apparaître la valeur en douane, le montant des droits de douane et celui de la TVA.

Fiche ressource 4

DOCUMENT 1 Extrait ERP : caractéristiques des bustiers dentelle

Nom	ATELIER 315	Code	27154
Désignation	BUSTIER DENTELLE		
Rayon	2	Saison	5 — PRINTEMPS/ÉTÉ N
Famille	2 2		
Sous-famille	22 2		
Créé le	06/12/N	Modifié le	14/12/N
Par	ACHATS		

Contexture

Code	Libellé	%
PES	Polyester	55
10	Polyamide	35
EA	Élasthanne	10

Tissu principal	100	Origine matière :	CN
Code douanier		Tee-shirt/Maillot bonneterie/Fib artif ou synth	
Réassort	à la pièce		

DOCUMENT 2 Informations fournies par le transitaire MIRO

1 conteneur 20' Guangzhou – Le Havre
Dédouanement au Havre

Frais de B/L :	53 EUR
Forfait transport Guangzhou – Le Havre (de bord à bord) :	1 560 USD
ISPS au Havre :	30 EUR
THC au port du Havre :	220 EUR
Transit portuaire à l'arrivée :	75 EUR
Forfait de dédouanement import :	150 EUR
Traction Le Havre – Sainte-Geneviève-des-Bois :	860 EUR
Déchargement à l'arrivée :	250 EUR

Assurance tous risques 0,5 % de CIF majoré de 10 %

1 EUR = 1,1315 USD

DOCUMENT 3 Facture des bustiers en dentelle

PROFORMA INVOICE

SELLER (L/C BENEFICIARY)
TANG XI

ADDRESS:
1027 Jimnen Road
GUANGZHOU CHINA

TEL:
0225587954561

FAX:
0225587955884

NB & DATE OF INVOICE
HLJR N-009 N/12/14

BUYER
PERPETUA

ADDRESS:
17 rue des Petits-Champs
ZAC de la Croix-Blanche
91700 SAINTE-GENEVIEVE-DES-BOIS

TEL:
33.1.69.46.23.98

ADVISING BANK

HSBC GUANGZHOU

AIC: 584[redacted]
SWIFT CODE: BKHSBC[redacted]

SHIPPING TERMS FOB GUANGZHOU BY SEA

DELIVERY DATE AS BELOW

L/C TERMS & CONDITIONS

1) L/C PAYMENT TERM – 60 DAYS AFTER SHIPPING DATE
2) BILL OF LADING TO BE CONSIGNED TO THE ORDER OF PERPETUA
3) INSPECTION CERTIFICATE ISSUED BY G&G INC ;
4) L/C TRANSFERABLE

STYLE #	PO#	DESCRIPTION OF GOODS	DEL	QTY/PCS	UNIT PRICE	AMOUNT
EBOMP205	93806	55% polyester, 35% polyamide, 10% elasthane	N/01/15	10,000	$7.65	$76,500
TOTAL				**10,000**		**$76,500**

COUNTRY OF ORIGIN: CHINA

FICHE RESSOURCE

1 Les principes du dédouanement

Toutes les exportations et importations sur le territoire douanier de l'Union (TDU) (y compris des départements d'outre-mer) doivent être déclarées en douane.

L'établissement de cette déclaration permet :
- d'attribuer un **régime douanier** (statut juridique de la marchandise) ;
- d'appliquer la **réglementation douanière** afférente à la marchandise (contrôles, documentations spécifiques selon le pays et/ou la nature de la marchandise) (*voir fiche ressource 3*) ;
- d'évaluer la **dette douanière** (droits et taxes) à l'importation (*voir fiche ressource 4*).

Depuis le 1er janvier 1993, les échanges intracommunautaires sont exclus du Code des douanes et soumis à une simple réglementation fiscale (*voir chapitre 11*).
Le nouveau Code des douanes de l'Union (CDU) est entré en vigueur le 1er mai 2016.
Les États membres de l'UE ont mis en place un dispositif visant à sécuriser les échanges commerciaux avec les pays tiers, au moyen d'une base de données communautaire. Chaque opérateur économique ayant des relations avec les administrations douanières de l'Union européenne, ou exerçant des activités couvertes par la législation douanière, doit être identifié par un numéro unique (numéro EORI) (voir chapitre 13).
Les régimes généraux (de droit commun) s'appliquent aux situations simples : importation et exportation définitives. Des régimes particuliers sont prévus pour les situations particulières (stockage, utilisation ou transformation de marchandises importées – *voir chapitre 14*).

I Le régime général à l'importation

Ce régime s'applique aux importations définitives de marchandises tierces, destinées à être utilisées ou revendues dans l'Union européenne.

Exemple L'entreprise My Skinny International, située à Paris, importe du Pakistan des vêtements destinés à être revendus rapidement dans des magasins de la région parisienne.

Le régime général à l'importation est subdivisé en deux régimes, associés ou non :
- le **régime de « mise en libre pratique » (MLP)** autorise la libre circulation des marchandises au sein de l'Union européenne mais celles-ci ne peuvent pas être commercialisées tant que la TVA n'est pas acquittée. Il confère aux marchandises tierces le caractère de marchandises communautaires. Les droits de douane et les dispositions réglementaires sont appliqués ;
- le **régime de « mise à la consommation » (MAC)** permet l'utilisation ou la revente des marchandises importées dans le pays d'importation. La TVA et les autres taxes nationales éventuelles doivent être acquittées.

Au sein de l'Union européenne, il existe une spécificité : si les droits de douane sont exigibles à l'entrée du territoire communautaire, la TVA n'est payable qu'au moment de la commercialisation dans un État membre. Cette particularité conduit à distinguer les deux régimes dans certains cas (commercialisation dans un autre pays de l'Union ou paiement différé de la TVA en raison du placement de la marchandise sous un régime temporaire – *voir chapitre 14*).

1 MLP/MAC simultanées avec dédouanement à l'entrée dans l'UE

Exemple Importation du Pakistan par la voie maritime de marchandises destinées à la France : les marchandises sont dédouanées et mises à la consommation lors de leur arrivée au port de Rotterdam (point d'entrée dans l'UE).
La déclaration en douane donne lieu à l'établissement d'un DAU (document administratif unique) et au paiement des droits et taxes. Les marchandises pakistanaises acquièrent le statut de marchandises communautaires : elles peuvent circuler librement et être revendues dans l'UE.

Pakistan → **Rotterdam** → **France**
MLP/MAC
(Paiement des droits et taxes)

2 MLP/MAC simultanées avec dédouanement au lieu de destination en France

Exemple Importation du Pakistan par la voie maritime de marchandises destinées à la France : les marchandises sont dédouanées et mises à la consommation lors de leur arrivée au lieu de destination finale, à Paris.

Les marchandises n'étant pas dédouanées au point d'entrée dans l'UE (au port de Rotterdam), elles doivent être placées « sous transit », régime particulier accordé par la douane, pour circuler légalement sur le territoire communautaire. La mise en libre pratique et la mise à la consommation (édition du DAU et paiement des droits et taxes) auront lieu à Paris.

Pakistan	→	**Rotterdam** Mise sous transit	→	**France** MLP/MAC (Paiement des droits et taxes)

3 MLP et MAC dissociées : dédouanement à l'entrée dans l'UE et transfert de la marchandise dans un autre État membre

Exemple Importation de Chine par la voie maritime de marchandises destinées à des distributeurs en Italie : les marchandises sont dédouanées lors de leur arrivée au port du Havre (point d'entrée dans l'UE). Elles sont mises en libre pratique : seuls les droits de douane sont acquittés. Elles acquièrent le statut de marchandises communautaires, qui les autorise à circuler dans l'UE, jusqu'à leur lieu de destination finale, en Italie, où elles seront mises à la consommation. La TVA sera acquittée en Italie.

Chine	→	**Le Havre** MLP (Paiement des droits de douane)	→	**Italie** MAC (Paiement de la TVA)

II Le régime général à l'exportation : l'exportation définitive

Ce régime s'applique aux marchandises communautaires ou ayant acquis le caractère communautaire qui quittent définitivement le territoire douanier de l'Union européenne.

Exemple Un fabricant de produits cosmétiques marins exporte un conteneur complet depuis le port de Fos-sur-Mer (13), destiné à son distributeur exclusif en Australie. La marchandise est dédouanée par son transitaire à Fos-sur-Mer.

Le dédouanement a lieu à Fos-sur-Mer : le régime de l'exportation définitive est attribué à la marchandise. Le DAU est édité. La marchandise étant exportée, il n'y a pas de droits ou taxes à payer (ils seront acquittés par l'importateur, dans son pays).

FICHE RESSOURCE

2 Les éléments fondamentaux du dédouanement

La déclaration en douane (import ou export) contient trois éléments fondamentaux :
- l'espèce (dénomination de la marchandise dans le tarif douanier commun, TDC) ;
- l'origine ;
- la valeur en douane.

Ces éléments sont indispensables pour l'application des mesures douanières (contrôles, calcul des droits et taxes, préférences tarifaires, formalités et statistiques du commerce extérieur) et vont conditionner le niveau de taxation des produits à l'importation.
La déclaration doit être accompagnée de tous les documents justifiant ces éléments.
Elle fait également apparaître la valeur statistique (valeur de l'expédition à la frontière nationale), qui permet à la Douane d'élaborer les statistiques du commerce extérieur.

I L'espèce

Le tarif douanier comporte près de 15 000 rubriques de classement de marchandises. Les deux premiers chiffres déterminent le numéro de « chapitre » dans la nomenclature. Les deux derniers déterminent les réglementations européennes douanières et commerciales (suspensions et préférences tarifaires, prohibitions, licences ou droits antidumping) à l'importation dans l'Union européenne, *via* des codes additionnels communautaires (CACO).

1	2	3	4	5	6	7	8	9	10	Les éventuelles réglementations nationales sont intégrées au niveau de la nomenclature à 10 chiffres (TARIC), *via* des codes additionnels nationaux (CANA).
Système harmonisé (SH[1])										
Nomenclature combinée (NC[2])										
Tarif intégré des Communautés européennes (TARIC)										

1. SH : nomenclature internationale développée par l'Organisation mondiale des douanes permettant le classement des produits au niveau international.
2. NC : se fonde sur la nomenclature du SH avec des subdivisions supplémentaires spécifiques à l'UE pour répondre aux exigences du tarif douanier commun et des statistiques du commerce extérieur de l'UE.

1 À l'import

L'encyclopédie RITA permet de consulter la réglementation et la taxation des marchandises originaires de pays tiers importées dans l'UE (*voir fiche ressource 3*). Les taux de droits de douane et des autres taxes dépendent de l'espèce. Deux situations sont possibles :

a. L'entreprise connaît le numéro de nomenclature des produits importés

Exemple Une entreprise importe de Corée du Sud des consoles de jeux : 9504 50 00 00.
La consultation du TARIC permet d'identifier la réglementation applicable. Taux de droits de douane : 0 % (accords préférentiels), taux de TVA : 20 %, protection du consommateur : obligation d'apposer sur l'emballage et la notice d'emploi des mises en garde de sécurité relatives à l'avertissement sur l'épilepsie et aux précautions d'utilisation des jeux vidéo.

b. L'entreprise ne connaît pas le numéro de nomenclature des produits importés

Le module RITA permet de rechercher le numéro de nomenclature (ou classement tarifaire) et d'identifier la réglementation et les taxations à l'importation. En cas de difficulté (produits complexes ou difficiles à identifier dans la nomenclature), l'entreprise peut obtenir une décision de classement auprès des douanes grâce à l'outil SOPRANO-RTC (renseignement tarifaire contraignant), concernant l'espèce tarifaire des marchandises qu'elle souhaite importer (ou exporter). Cette décision est valable 3 ans. Le TARIC est disponible sur le site Europa (ec.europa.eu).

2 À l'export

L'encyclopédie RITA permet de consulter la réglementation de marchandises exportées vers des pays tiers.

Exemple Une entreprise exporte des cuirs et peaux chamoisés : 41141010.
La consultation du module RITA permet d'identifier la réglementation applicable : permis d'exportation ou certificat de réexportation CITES délivré par un État membre.

Le site Market Access Database (en anglais) de la Commission européenne permet de consulter le tarif applicable (taux de droits de douane) pour les marchandises originaires de l'Union européenne, ainsi que les formalités sanitaires ou phytosanitaires, les mesures de prohibition ou d'embargo, l'application du contrôle de la destination finale à l'entrée dans les pays tiers : madb.europa.eu.

II L'origine

Une marchandise est considérée comme originaire du pays où elle a subi sa dernière ouvraison ou transformation substantielle, économiquement justifiée, effectuée dans une entreprise équipée à cet effet et ayant abouti à la fabrication d'un produit nouveau ou correspondant à un stade de fabrication important.
En pratique, l'espèce tarifaire du produit fini est différente de celles des éléments utilisés pour sa fabrication.

Exemple Une entreprise fabrique en France des chemises de nuit pour fillettes, à partir d'étoffes de bonneterie originaires de l'Île Maurice (SH 6006) et de dentelles originaires de Chine (SH 6004). Le pays d'origine de la marchandise est celui dans lequel a eu lieu la dernière transformation substantielle, selon le CDU et le règlement de l'UE. Les chemises de nuit sont donc d'origine française et auront une position tarifaire différente de celles des produits importés (SH 6108).

On distingue l'origine préférentielle de l'origine non préférentielle.
Une marchandise a toujours une origine de droit commun, dite « non préférentielle ». À cette origine est lié un ensemble de réglementations, telles que le marquage (« *made in* ») ou encore certaines dispositions de politique commerciale applicables à l'importation dans l'UE (droits antidumping).
Dans le cadre des accords de libre-échange conclus entre l'UE et des pays tiers partenaires, les entreprises peuvent bénéficier d'un traitement tarifaire préférentiel à l'importation des produits (droits de douane réduits ou nuls).
Pour les importations d'une valeur inférieure à 6 000 euros, une déclaration d'origine mentionnée sur facture (DOF) est suffisante. Au-delà de 6 000 euros, la facture doit mentionner le numéro d'exportateur agréé (EA) ou, pour les SPG (systèmes de préférences généralisées), le numéro d'exportateur enregistré (EE) (*voir chapitre 13*).
Si l'exportateur n'a pas l'autorisation d'EA, des documents sont nécessaires pour justifier l'origine des produits et profiter des avantages liés à cette origine.

Dans le cadre du SPG, l'exportateur doit être enregistré dans le système REX (*Registered Exporter System*), sous peine de perdre le bénéfice des accords préférentiels.
Au sein de l'UE, un opérateur peut obtenir, auprès de l'administration douanière, un renseignement contraignant sur l'origine (RCO), valable 3 ans, en prévision d'opérations de commerce international, afin de sécuriser les données déclaratives relatives à l'origine.
Dans le cas où un document prouvant l'origine préférentielle est manquant, l'administration douanière accorde à l'importateur un délai d'un mois pour régulariser, dans le cadre de la procédure D48, et bénéficier ainsi de l'avantage réglementaire lié à cette origine préférentielle.

Origine	Pays concernés	Document à produire
Non préférentielle	Pays tiers ne bénéficiant pas d'un accord préférentiel avec l'UE ou pour des produits non visés par l'accord	Certificat d'origine délivré par les chambres de commerce et d'industrie
Préférentielle	AELE (Association européenne de libre-échange) : Islande, Norvège, Suisse, Liechtenstein	EUR 1 ou EUR MED
	Protocole Paneuromed : Maghreb (Maroc, Tunisie, Algérie), Égypte, Jordanie	EUR 1 ou EUR MED
	Turquie	ATR
	Liban, Syrie Balkans occidentaux (Monténégro, Bosnie-Herzégovine, Serbie, Albanie, Macédoine du Nord) Moldavie, Ukraine, Géorgie	EUR 1
	ACP (pays d'Afrique, des Caraïbes et du Pacifique, anciennes colonies des pays membres de l'UE)	EUR 1
	PTOMA (pays et territoires d'outre-mer associés)	EUR 1
	SPG (système de préférences généralisées) : pays en voie de développement	Attestation d'origine établie par un exportateur enregistré (EE) avec mention obligatoire du numéro d'enregistrement REX pour les importations supérieures à 6 000 euros.
	Autres accords bilatéraux : Andorre, Afrique du Sud, Mexique, Chili, Pérou…	EUR 1
	CETA : accord UE-Canada Accord UE-Vietnam (remplacement progressif du SPG)	Attestation d'origine établie par un exportateur enregistré (EE) avec mention obligatoire du numéro d'enregistrement REX pour les importations supérieures à 6 000 euros.

III La valeur en douane

1 À l'import

La valeur en douane correspond à la valeur de l'expédition au premier point d'entrée dans l'Union européenne.

Elle est calculée à partir de la valeur transactionnelle (prix facturé) des marchandises importées. Suivant l'Incoterm de facturation (FOB, CIF, DAP...), la valeur transactionnelle doit être majorée ou minorée des frais à ajouter ou à déduire à cette valeur : commissions des ventes, frais de transport et d'assurance, de manutention et de chargement jusqu'au lieu d'introduction sur le territoire douanier unique (TDU). Elle est exprimée en euros, car les droits et taxes sont perçus en euros, sur la base du taux de change mensuel douanier.

Elle constitue l'assiette des droits de douane et permet ensuite de calculer les autres droits et taxes dus à l'importation. RITA dispose d'un module de calcul de la valeur en douane.

Remarque L'administration douanière arrondit les montants dus à l'euro.

Le calcul de la valeur en douane diffère selon le mode de transport :

Mode de transport	Valeur en douane
Voie maritime	Valeur CIF port de débarquement ou de transbordement UE
Voie terrestre ou fluviale	Valeur au premier bureau de douane frontière UE
Voie aérienne	Valeur frontière UE (selon coefficient d'aéroport)

a. Importation maritime : la valeur en douane correspond à la valeur CIF.

Exemple ▸ Importation de Chine d'un conteneur de jeux vidéo par voie maritime. Arrivée des marchandises au port de Rotterdam, puis acheminement par route jusqu'à Asnières.
Le dédouanement a lieu à Asnières.
1 EUR = 1,13 USD
Valeur facture FOB Ningbo : 59 480 USD — Fret maritime assurance incluse : 1 620 USD
Frais de manutention au port d'arrivée : 125 EUR — Fret routier Rotterdam – Asnières : 250 EUR

Calcul de la valeur en douane

Facture FOB Ningbo :	59 480 USD
Fret et assurance maritimes :	1 620 USD
Valeur CIF Rotterdam :	61 100 USD

Valeur en douane : 61 100 / 1,13 = 54 070,80 EUR soit 54 070 EUR

b. Importation aérienne : un coefficient d'aéroport permet de déterminer la part du fret aérien (assurance incluse) engagée dans les pays tiers, afin de calculer la valeur de l'expédition au point de survol de la frontière de l'UE (la valeur en douane).

Exemple 1 ▸
Valeur CIP CDG : 15 200 EUR
Fret (assurance incluse) Montréal – Paris-CDG : 660 EUR
Coefficient d'aéroport : 70 %

Fret pays tiers : 660 × 70 % = 462 EUR, le reste (30 %) correspond au fret aérien dans l'UE.
Ces 30 % sont à déduire de la valeur CIP.

Exemple 2 ▸
Importation du Népal de 2 colis de tapis de laine, par voie aérienne.
Arrivée à Nice *via* Paris-CDG. Le dédouanement a lieu à l'aéroport CDG.
Coefficient d'aéroport : 46 % (fret hors UE)
1 EUR = 1,1088 USD
Valeur facture CIP CDG : 4 105 USD. — Fret aérien (assurance comprise) : 194 USD

Calcul de la valeur en douane

Facture CIP CDG :	4 105,00 USD
– Fret et assurance UE : 194 USD × (100 – 46) %	104,76 USD
Valeur en douane (valeur frontière UE) :	4 000,24 USD

Valeur en douane : 4 000,24 USD / 1,1088 = 3 607,72 EUR soit 3 607 EUR

c. Importation terrestre : la répartition des frais de transport pays tiers / UE est généralement calculée proportionnellement au nombre de km parcourus.

Exemple ▸ Fret routier 350 EUR pour 1 000 km, dont 730 km dans les pays tiers.
Fret pays tiers : (350 × 730) / 1 000 = 255,50 EUR
Le reste (270 km) correspond au fret routier dans l'UE.

2 À l'export

La valeur en douane correspond à la valeur de l'expédition au premier point de sortie du territoire national (différent selon les modes de transport) ; elle correspond également à la valeur statistique (encore appelée VFFN : valeur franco frontière nationale).

Modes de transport	Valeur en douane
Voie maritime	Valeur FOB port d'embarquement convenu
Voie terrestre ou fluviale	Valeur CIP franco frontière française
Voie aérienne	Valeur FCA aéroport de départ

Exemple 1 ▸ Exportation en groupage maritime d'une palette de calissons, au départ du Havre et à destination de Montréal (Québec). Le port du Havre est le premier point de sortie du territoire national.
Valeur facture FOB Le Havre : 5 962 EUR = valeur en douane

Exemple 2 ▸ Exportation de tapis en Gambie par voie aérienne, au départ de l'aéroport de Nice.
Valeur facture CPT Banjul : 4 426 EUR
Prix du fret aérien : 676 EUR. L'aéroport de Nice est le premier point de sortie du territoire national.
Valeur en douane (valeur statistique) : 4 426 – 676 = 3 750 EUR

FICHE RESSOURCE

3 Utiliser RITA

L'encyclopédie RITA (référentiel intégré tarifaire automatisé) est un outil de recherche de la nomenclature douanière d'une marchandise et de la réglementation applicable, à l'importation comme à l'exportation, et un outil de simulation du dédouanement.

douane.gouv.fr/service-en-ligne/tarif-douanier-communautaire-et-national-rita

I Recherche d'un numéro de nomenclature douanière

La bulle « Nomenclature » de l'application RITA regroupe toutes les recherches sur les couples nomenclatures-produits. Il s'agit d'une aide au classement des marchandises. Deux types de recherche sont proposés sur un même écran : par numéros ou par mots-clés.

Exemple ▸ Recherche de numéro de nomenclature par mots-clés, pour des sécateurs importés de Chine

Recherche dans les nomenclatures : 4 résultats pour la recherche « secateur ».
Recherche dans les notes légales : La recherche « secateur » n'a retourné aucun résultat.

SECTION XV - MÉTAUX COMMUNS ET OUVRAGES EN CES MÉTAUX
Chapitre 82 : *OUTILS ET OUTILLAGES, ARTICLES DE COUTELLERIE ET COUVERTS DE TABLE, EN MÉTAUX COMMUNS ; PARTIES DE CES ARTICLES, EN MÉTAUX COMMUNS*

• En sélectionnant le chapitre 82, on accède à la classification des outils et outillage... : l'outil « sécateur » apparaît dans la sous-position 82015000.

SECTION XV - MÉTAUX COMMUNS ET OUVRAGES EN CES MÉTAUX	
Chapitre 82 : *OUTILS ET OUTILLAGES, ARTICLES DE COUTELLERIE ET COUVERTS DE TABLE, EN MÉTAUX COMMUNS ; PARTIES DE CES ARTICLES, EN MÉTAUX COMMUNS*	
82015000	Sécateurs et simil. maniés à une main (y.c. les cisailles à volailles), avec partie travaillante en métaux communs
82016000	Cisailles à haies, sécateurs et outils simil. maniés à deux mains, avec partie travaillante en métaux communs
82019000	Faux et faucilles, couteaux à foin ou à paille et autres outils agricoles, horticoles ou forestiers, à main, avec une partie travaillante en métaux communs (à l'excl. des bêches, pelles, pioches, pics, houes, binettes, râteaux, racloirs, haches, serpes et outils simil. à taillants, cisailles à volailles, sécateurs et simi. maniés à deux mains
82130000	Ciseaux à doubles branches et leurs lames, en métaux communs (sauf taille-haies, cisailles et articles simil. actionnés des deux mains, sécateurs et articles actionnés d'une main et sauf ciseaux spéciaux de maréchal-ferrant)

• La sélection de la sous-position 82015000 permet de développer l'arbre de nomenclature :

Chapitre 82	**OUTILS ET OUTILLAGE, ARTICLES DE COUTELLERIE ET COUVERTS DE TABLE, EN MÉTAUX COMMUNS; PARTIES DE CES ARTICLES, EN MÉTAUX COMMUNS**
8201	Bêches, pelles, pioches, pics, houes, binettes, fourches, râteaux et racloirs; haches, serpes et outils similaires à taillants; sécateurs de tous types; faux et faucilles, couteaux à foin ou à paille, cisailles à haies, coins et autres outils agricoles, horticoles ou forestiers, à main TN 701
8201100000	Bêches et pelles
8201300000	Pioches, pics, houes, binettes, râteaux et racloirs
8201400000	Haches, serpes et outils similaires à taillants
8201500000	**Sécateurs (y compris les cisailles à volaille) maniés à une main**
8201600000	Cisailles à haies, sécateurs et outils similaires, maniés à deux mains
8201900000	autres outils agricoles, horticoles ou forestiers, à main

• En cliquant sur la ligne de cette sous-position, on accède directement à l'écran de recherche de la réglementation associée. Il suffit de sélectionner le code des pays origine/destination (CN pour Chine) à l'aide de la loupe, le territoire d'application (ici, France continentale) ainsi que le flux import et le choix d'affichage codes et leurs libellés. Les informations s'actualisent dans le récapitulatif.

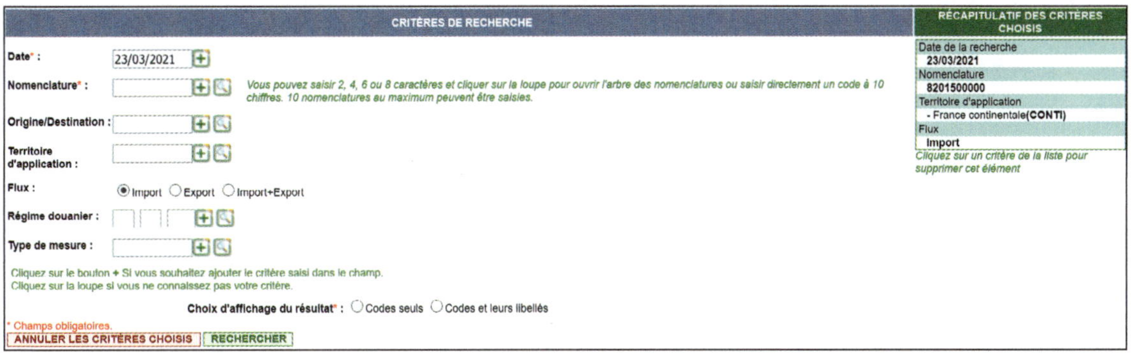

II Recherche de la réglementation applicable à l'importation des produits

- **Les options d'affichage**

Les options d'affichage peuvent être sélectionnées.

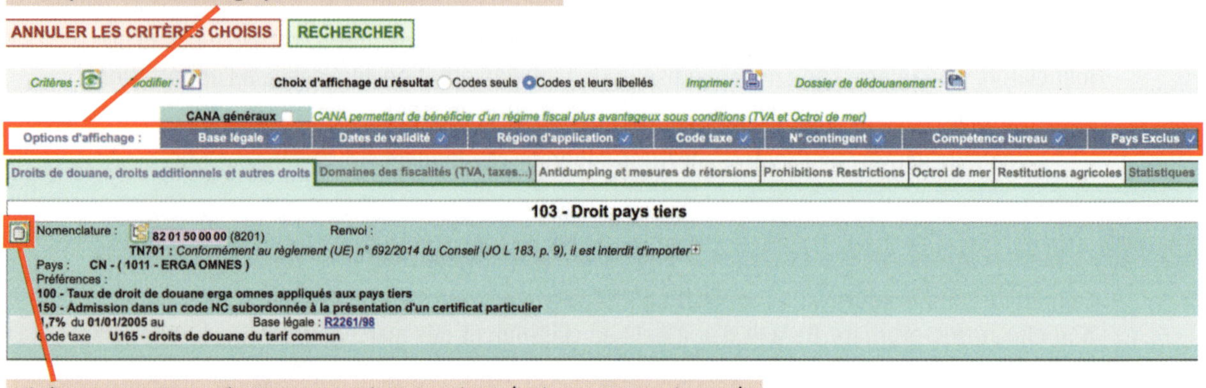

L'icône permet de développer les informations (voir capture suivante).

- **Les informations détaillées**

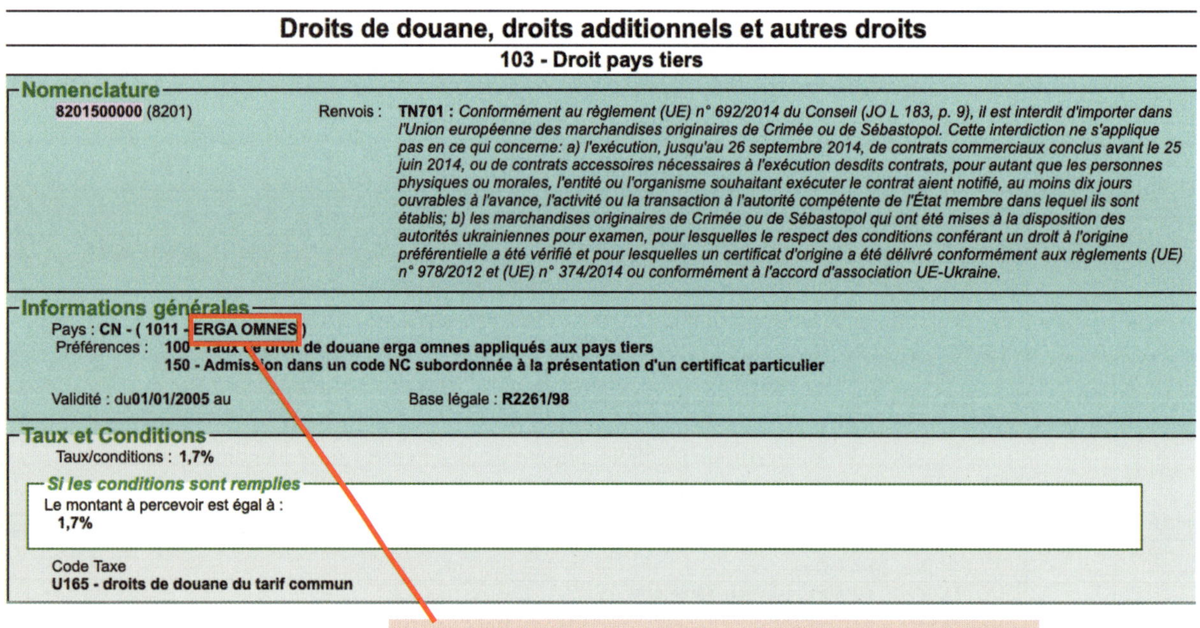

Droits de douane, droits additionnels et autres droits

103 - Droit pays tiers

Nomenclature

8201500000 (8201)

Renvois : **TN701 :** *Conformément au règlement (UE) n° 692/2014 du Conseil (JO L 183, p. 9), il est interdit d'importer dans l'Union européenne des marchandises originaires de Crimée ou de Sébastopol. Cette interdiction ne s'applique pas en ce qui concerne: a) l'exécution, jusqu'au 26 septembre 2014, de contrats commerciaux conclus avant le 25 juin 2014, ou de contrats accessoires nécessaires à l'exécution desdits contrats, pour autant que les personnes physiques ou morales, l'entité ou l'organisme souhaitant exécuter le contrat aient notifié, au moins dix jours ouvrables à l'avance, l'activité ou la transaction à l'autorité compétente de l'État membre dans lequel ils sont établis; b) les marchandises originaires de Crimée ou de Sébastopol qui ont été mises à la disposition des autorités ukrainiennes pour examen, pour lesquelles le respect des conditions conférant un droit à l'origine préférentielle a été vérifié et pour lesquelles un certificat d'origine a été délivré conformément aux règlements (UE) n° 978/2012 et (UE) n° 374/2014 ou conformément à l'accord d'association UE-Ukraine.*

Informations générales

Pays : **CN - (1011 - ERGA OMNES)**

Préférences : **100 - Taux de droit de douane erga omnes appliqués aux pays tiers**
150 - Admission dans un code NC subordonnée à la présentation d'un certificat particulier

Validité : du**01/01/2005** au — Base légale : **R2261/98**

Taux et Conditions

Taux/conditions : **1,7%**

Si les conditions sont remplies

Le montant à percevoir est égal à :
1,7%

Code Taxe
U165 - droits de douane du tarif commun

ERGA OMNES : applicable aux importations de tous les pays.

- **Les onglets**

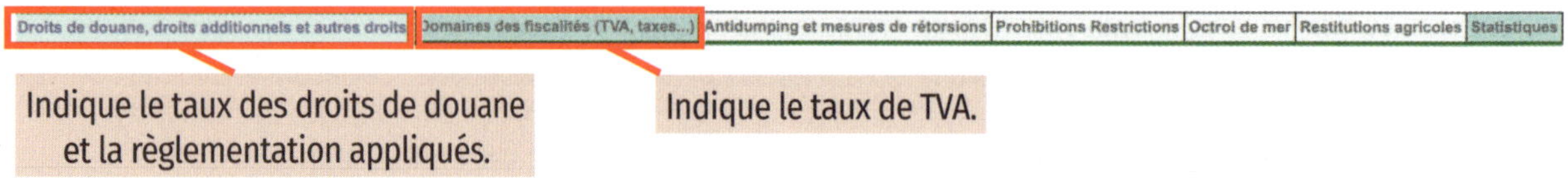

Indique le taux des droits de douane et la règlementation appliqués.

Indique le taux de TVA.

Dans cet exemple, droits et taxes pour l'importation, en France métropolitaine, de sécateurs en provenance de Chine : taux de droits de douane : 1,7 % – taux de TVA : 20 %

- **La fonction impression**

Il est ensuite possible d'imprimer à partir de la page de résultats :

Permet d'imprimer la page seule.

Permet d'imprimer le dossier complet de dédouanement correspondant.

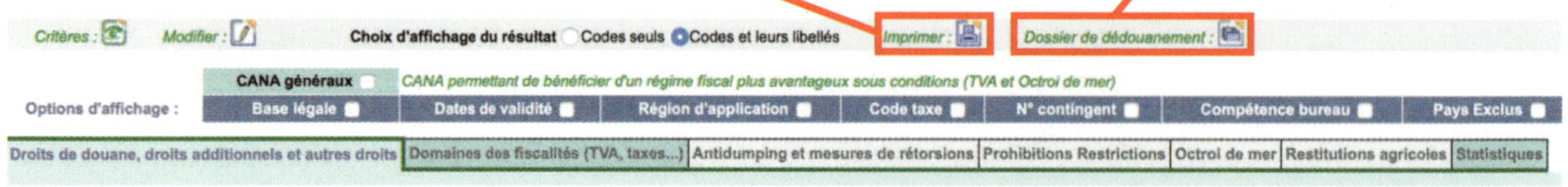

FICHE RESSOURCE

4 L'évaluation de la dette douanière

En principe, les droits et taxes à l'importation de marchandises sont dus au comptant, dès l'édition de la déclaration d'importation, avant l'enlèvement de la marchandise. Toutefois, les régimes suspensifs (*voir chapitre 14*) en permettent le report avec la mise en place d'une garantie.
D'autre part, moyennant la mise en place d'un crédit d'enlèvement, les opérateurs peuvent être autorisés à :
- payer les droits et taxes dus 30 jours plus tard ;
- enlever les marchandises au fur et à mesure des vérifications, avant liquidation des droits et taxes exigibles.

Cette autorisation est soumise à la mise en place par le déclarant d'une garantie financière (bancaire) afin de sécuriser auprès des douanes le paiement des droits et taxes en cas de défaut de paiement.
La dette douanière (ou montant de la liquidation douanière) est constituée des différents éléments de taxation identifiés dans la réglementation à l'aide du numéro TARIC.
Les droits de douane et les droits antidumping sont de portée européenne et reversés au budget de l'UE. Les taxes parafiscales, les droits d'accises et la TVA sont nationaux et reversés au budget de l'État du pays de l'importateur.

Dette douanière
= Droits de douane + Droits antidumping + Taxes parafiscales + Droits d'accises + TVA

Exemple Importation de bracelets en or d'Équateur, qui ne bénéficient pas de préférences tarifaires. Valeur CIP Aéroport Roissy : 35 000 EUR. Prix du fret (assurance incluse) : 254 EUR. Coefficient d'aéroport : 78 % (fret hors UE). Le dédouanement a lieu à l'arrivée à l'aéroport de Roissy.
La consultation du tarif RITA indique :
- un taux de droits de douane (TEC) de 2,5 % ;
- une taxe pour le développement des industries de la bijouterie : taxe parafiscale perçue sur la valeur appréciée au lieu d'introduction dans le territoire national et entrant dans l'assiette de la TVA, soit sur la valeur statistique ou VFFN : 0,19 % ;
- un taux de TVA de 20 % ;
- l'absence de droits antidumping.

I Droits de douane

DD = Valeur en douane × TEC (tarif extérieur commun)

Exemple (suite) Pour l'importation des bracelets en or d'Équateur :
Valeur en douane = 35 000 EUR – 254 EUR × (100 – 78) % = 34 944,12 EUR
DD = 34 944 EUR × 2,5 % = 873 EUR

II Droits antidumping et compensatoires

Les mesures antidumping et compensatoires ont pour objet de rétablir une concurrence loyale entre les produits importés des pays tiers et les produits fabriqués dans l'Union européenne. La finalité n'est pas de punir les importations tierces ou d'augmenter artificiellement le coût des produits importés, mais de lutter contre des pratiques jugées déloyales par l'OMC. Pour cette raison, ces mesures ne s'appliquent qu'à l'encontre des importations des pays d'où émanent les pratiques jugées déloyales.
Un produit fait l'objet d'un dumping lorsque les sociétés du pays exportateur vendent ce produit à l'exportation à un prix inférieur à sa valeur normale, c'est-à-dire au prix auquel le produit est vendu sur le marché intérieur du pays exportateur. Dans ce cas, la Commission européenne impose des droits compensatoires sur les produits importés.

III Taxes parafiscales

L'objectif de ces taxes parafiscales est de protéger les industries nationales. Elles diffèrent d'un pays membre à l'autre et peuvent évoluer dans le temps (en France, elles sont perçues sur les produits de la pêche, l'horlogerie, la bijouterie, l'ameublement, la maroquinerie...).
Elles sont calculées à partir de la valeur des marchandises :
- soit sur la valeur statistique ou VFFN (c'est-à-dire sur la valeur des marchandises arrivées au point d'entrée sur le territoire national) ;
- soit sur l'assiette de TVA ;
- soit sur la valeur en douane.

Le mode de calcul est toujours précisé dans le tarif.

Exemple (suite) Pour l'importation des bracelets en or d'Équateur
Le fret intérieur (territoire français) représente 7 % du fret aérien total.
La taxe parafiscale de 0,19 % doit être calculée sur la valeur statistique.
Valeur statistique : 35 000 – (254 × 7 %) = 34 982,22 EUR
Taxes parafiscales : 34 982,22 EUR × 0,19 % = 66 EUR

IV Droits d'accises

Les droits d'accises sont des droits de consommation et de circulation. Ce sont des taxes qui s'appliquent sur les alcools, les tabacs, les huiles minérales (produits pétroliers).

Exemple Sur les alcools : rhum : 835 EUR/hl

V TVA

Le montant de TVA est calculé sur l'**assiette de la TVA**.
L'assiette de la TVA correspond à la valeur des marchandises au lieu du dédouanement, droits de douane et taxes parafiscales inclus.

Exemple Pour l'importation des bracelets en or d'Équateur
Le dédouanement ayant lieu à l'aéroport d'arrivée :
Assiette de TVA = Valeur CIP CDG + DD + Taxes parafiscales
= 35 000 + 873 + 66 = 35 939 EUR
TVA = 35 939 × 20 % = 7 187 EUR

VI Autoliquidation de la TVA

L'autoliquidation de la TVA à l'import (ATVAI) bénéficie désormais à tous les assujettis à la TVA qui réalisent des importations en France, pour lesquelles ils sont redevables de la taxe, à condition d'en faire la demande auprès de la Douane et de respecter les critères définis par la réglementation.
Le dispositif de l'autoliquidation de la TVA permet de différer le paiement de la TVA à l'importation en en reportant le montant sur la déclaration de chiffre d'affaires (CA3 mensuelle ou trimestrielle) déposée auprès de la Direction générale des Finances publiques (DGFIP).

Dans certaines situations, l'importateur peut bénéficier d'une franchise de TVA (*voir chapitre 14*).
Si la marchandise est destinée à un client situé dans un autre État membre, l'importateur peut utiliser la procédure 42 (*voir chapitre 14, fiche ressource 6*).

APPLICATIONS PROFESSIONNELLES

1 Utiliser l'encyclopédie RITA

Vous importez du Népal des tapis de laine fait main (composition : 60 % laine, 40 % soie), pour une valeur CIF Le Havre de 8 500 EUR.

1. Identifiez le numéro de nomenclature adéquat.

2. Identifiez la réglementation à appliquer à l'import : les taux des droits et taxes ainsi que les documents à joindre à la déclaration.

2 Déterminer la liquidation douanière et la valeur statistique

1. Pour chacune des situations ci-dessous, réalisez un schéma présentant les conditions de l'expédition : lieux de départ et d'arrivée de la marchandise, mode de transport, Incoterm, lieu de dédouanement.

2. Calculez le montant de la liquidation douanière.

3. Calculez la valeur statistique.

a. Importation de Chine d'un conteneur d'hoverboards, à destination de Nice (06)
Facture : 86 565 USD FOB Ningbo
Transport maritime jusqu'à Fos-sur-Mer : 1 500 USD
Assurance 0,2 % de CIF majoré de 10 %
Frais de manutention à l'arrivée au port de Fos/Marseille (13) : 350 EUR
Transport routier : Fos-sur-Mer – Nice : 700 EUR
Dédouanement par le transitaire à Nice
TEC : 6 %, TVA : 20 %
Taux de change : 1 EUR = 1,1232 USD

b. Importation par route de 3 palettes d'ardoises scolaires en provenance de Moscou (Russie) à destination de Strasbourg
Facture : 3 675 EUR DAP Strasbourg
Fret routier total (assurance incluse) : 450 EUR, donc 82 % dans l'UE
Dédouanement à Strasbourg (frontière française)
TEC : 2,7 %, TVA : 20 %

c. Importation de 5 colis de perruques en provenance de Thaïlande à destination de Sainte-Geneviève-des-Bois (91)
Facture : 2 996 USD FCA Bangkok
Fret aérien : 511 EUR et assurance aérienne : 83 EUR
Coefficient d'aéroport : 70 %, fret intérieur : 6 %
Handling Airport : 75 EUR, taxe de mise à disposition compagnie aérienne : 108 EUR
Frais de dédouanement import : 85 EUR
Transport routier jusqu'à Sainte-Geneviève-des-Bois : 120 EUR
Dédouanement à l'aéroport CDG
TEC : 2,2 %, TVA : 20 %
Taux de change : 1 EUR = 1,1245 USD

d. Importation en urgence de vestes d'un fournisseur indien
Facture : 3 926 EUR CIP L'Union (31)
Fret aérien Chennai – Toulouse : 370 USD
Assurance transport principal : 58 EUR
Post-acheminement Toulouse – L'Union : 70 EUR
Dédouanement à l'aéroport de Toulouse. Coefficient d'aéroport : 46 %, fret intérieur : 9 %
TEC : 9,6 % (SPG), TVA : 20 %, TDH (taxe pour le développement des industries de l'habillement) : 0,068 % perçue sur la valeur franco frontière française
Taux de change : 1 EUR = 1,1245 USD

e. Importation d'un conteneur 40' de climatiseurs mobiles en provenance de Yantian (province de Shenzhen, Chine) à destination de Changé (72)
Facture : 69 422 USD DAP Changé
Transport maritime assurance incluse Yantian – Anvers : 1 450 USD
Manutention et frais au port d'Anvers : 270 EUR
Transport routier Anvers – Changé : 550 EUR dont 20 % en Belgique
Dédouanement à destination
TEC : 2,2 %, TVA : 20 %
Taux de change : 1 EUR = 1,1343 USD

f. Exportation de 2 palettes de bougies artisanales à un distributeur vietnamien
Facture : 9 907 EUR CPT Ho Chi Minh Ville Airport
Fret aérien Nice – Ho Chi Minh Ville : 1 642 EUR

g. Exportation d'un conteneur de vêtements à destination d'un distributeur saoudien
Facture : 57 100 EUR FCA Saint-Michel-sur-Orge (91)
Transport Saint-Michel-sur-Orge – Le Havre : 700 EUR
Mise à FOB au Havre : 156 EUR
Fret et assurance maritime : 1 882 USD
Taux de change : 1 EUR = 1,1343 USD

3 Évaluer le coût du dédouanement d'une importation

L'entreprise Gramex importe des emballages plastiques (sacs en polymères d'éthylène biodégradables). Vous avez reçu par fax la facture commerciale (**document 1**) et l'attestation de prise en charge par le transporteur (FBL) (**document 2**). En retour des instructions au transitaire chargé de la réception des marchandises (**document 3**), vous avez reçu par mail la cotation de Danzas depuis CIF Le Havre à rendu Brie-Comte-Robert (**document 4**).
Le taux de change utilisé par la Douane est : 1 EUR = 1,1225 USD.

1. À l'aide des documents reçus et de l'encyclopédie RITA, identifiez la réglementation à appliquer pour l'importation de ces emballages.

2. Calculez le montant des droits et taxes à acquitter pour la mise à la consommation de ces produits.

DOCUMENT 1 Facture commerciale du fournisseur

THAÏ AK PAK

4 SOI PETCHKASEM 68 YAK 29, BANG-KHAE NUA, BANGKHAE
BANGKOK 10160, THAILAND – TEL: (662) 804-4543/2 – FAX: (662) 804-3351
E-MAIL: exim@akpak.com

COMMERCIAL INVOICE NO. AKB 1286/P 108/12

Messrs	GRAMEX PARC GUTENBERG 91126 PALAISEAU CEDEX France	**Date**	DECEMBER 1, 20N
		Prof. Inv. No.	AK. 4882/N
		Your Order No.	CF 8046, 8057, 8059
Shipment from	BANGKOK/THAILAND **To** LE HAVRE/France	**By**	Steamr
Vessel Name	SINAR BROMO V.203S / HYUNDAI AMBTION V.003W	**On board**	05/12/N
Term of payment	BY T/T		

Item	Description	Quantity	Unit Price	Amount
	HDPE BAGS (EMBALLAGES PLASTIQUES) AS PER PROFORMA INVOICE			
	NO. AK. 4882/N DD NOVEMBER 6, N YOUR ORDER NO CF 8046, 8057, 8059		CIF LE HAVRE	
1	HDPE T-SHIRT BAGS AND BLOCKED (PTD1C2S) "DAIGO STRIPES"			
	WIDTH X LENGTH X THICKNESS			
	(260+60+60) X 450 X 0.017 MM (10331-BRBD022) (BLACK)	136 CTNS	US$ 56.9649	US$ 6,038.19
2	HDPE KIDNEY CUT HANDLE BAGS			
	(120+30+30) X 460 X 0.050 MM (12050) (NATURAL)	166 CTNS	US$ 23.2548	US$ 3,860.30
3	HDPE KIDNEY CUT HANDLE BAGS			
	(180+40+40) X (340+30) X 0.014 MM (12102-LP002) (WHITE)	117 CTNS	US$ 27.3660	US$ 3,201.83
	(420+50+50) X 550 X 0.040 MM (12104-LP004) (WHITE)	191 CTNS	US$ 16.9570	US$ 3,238.80
4	HDPE KIDNEY CUT HANDLE BAGS (PTD1C2S) "GOLD SPOTS"			
	(180+40+40) X (340+30) X 0.024 MM (12311-PDS006) (BLACK)	112 CTNS	US$ 35.4524	US$ 3,970.67
	(420+50+50) X 530 X 0.025 MM (12313-PDS069) (BLACK)	200 CTNS	US$ 24.2810	US$ 4,856.20
	(350+50+50) X 450 X 0.025 MM (12314-PDS070) (BLACK)	192 CTNS	US$ 35.6800	US$ 6,850.56
	(250+30+30) X (340+30) X 0.023 MM (12338-R3832) (BLACK)	126 CTNS	US$ 44.6160	US$ 5,621.62
5	HDPE KIDNEY CUT HANDLE BAGS (PTD1C2S) "GOLD SPOTS"			
	(120+30+30) X 460 X 0.050 MM (12333-POT25) (RED)	74 CTNS	US$ 30.5130	US$ 2,257.96
	(120+30+30) X 460 X 0.050 MM (12334-POT26) (GREEN)	71 CTNS	US$ 30.5130	US$ 2,166.42
	TOTAL 1,813,200 PCS	**1,385 CTNS**		**US$42,062.55**
	(US DOLLARS FORTY TWO THOUSAND SIXTY TWO AND FIFTY FIVE CENTS)			
	N.W. 12,835.80 KGS			
	G.W. 13,553.00 KGS			

Shipping marks :	**A.K. PACK AND MACHINERY CO., LTD.** **AUTHORIZED**

DOCUMENT 2 Document de transport

Consignor

DANZAS
Parc logistique
Rogerville
76053 LE HAVRE

FBL | NO.PFI 95939 | TH 764

NEGOTIABLE FIATA MULTIMODAL TRANSPORT BILL OF LADING
issued subject to UNCTAD/ICC Rules for Multimodal Transport Documents (ICC Publication 481).

Consigned to order of

TO THE ORDER OF SHIPPER

B/L NO.EPI12120074

Notify address

GRAMEXINTERNATIONAL
PARC GUTENBERG
91126 PALAISEAU CEDEX FRANCE

PROFREIGHT INTERNATIONAL CO., LTD.
7TH FLOOR, MODERN TOWN BLDG.,
87/90-91 EKAMAI 3, SUKHUMVIT 63 ROAD,
NORTH KLONGTON, KLONGTOEY,
BANGKOK 10110, THAILAND.
TEL : 711-6111
FAX : 711-6112

SINAR BROMO V. 203S

Place of receipt: BANGKOK,THAILAND

Ocean vessel: HYUNDAI AMBITION V. 003W

Port of loading: BANGKOK,THAILAND

Port of discharge: LE HAVRE,FRANCE

Place of delivery: LE HAVRE,FRANCE

Marks and numbers	Number and kind of packages	Description of goods	Gross weight	Measurement
MARKS AS PER ATTACHED SHEET	1 CONTAINER	CY/CY SAID TO CONTAIN :- 1,385 CARTONS HDPE BAGS (EMBALLAGES PLASTIQUES) AS PER PROFORMA INVOICE NO AK. 4882/2012 DD NOVEMBER 6, 2012 YOUR ORDER NO 8046, 8057,8059 CIF LE HAVRE - DETAILS AS PER INV. NO.AKB 1286/P 108/12 - TRANSHIPMENT AT SINGAPORE BY HYUNDAI AMBITION V.003W (TOTAL : ONE CONTAINER ONLY)	G.W. : 13,553.000 KGS. N.W. : 12,835.800 KGS.	1 X 20'

ORIGINAL

CONTAINER NO.: BSIU 2332125

SEAL NO.: HD59082 / 20'

FREIGHT PREPAID
"SHIPPER'S LOAD & COUNT"
SHIPPED ON BOARD
BY SINAR BROMO V. 203S
AT BANGKOK,THAILAND
ON 05/12/N

according to the declaration of the consignor

Declaration of interest of the consignor in timely delivery (Clause 6.2.)

Declared value for ad valorem rate according to the declaration of the consignor (Clauses 7 and 8).

The goods and instructions are accepted and dealt with subject to the Standard Conditions printed overleaf.

Taken in charge in apparent good order and condition, unless otherwise noted herein, at the place of receipt for transport and delivery as mentioned above.

One of these Multimodal Transport Bills of Lading must be surrendered duly endorsed in exchange for the goods. In Witness whereof the original Multimodal Transport Bills of Lading all of this tenor and date have been signed in the number stated below, one of which being accomplished the other(s) to be void.

Freight amount	Freight payable at	Place and date of issue
	BANGKOK	BANGKOK 05/12/20N
Cargo Insurance through the undersigned ☐ not covered ☐ Covered according to attached Policy	Number of Original FBL's 3 (THREE)	Stamp and signature
For delivery of goods please apply to: SOGETRA INTERNATIONAL FREIGHT FORWARDERS 10 QUAI DE LA CITADELLE 59377 DUNKERQUE FRANCE		

DOCUMENT 3 Instructions du transitaire

GRAMEX
INTERNATIONAL
Groupe Import Export

- DANZAS
PARC LOGISTIQUE
Rogerville
76053 LE HAVRE cedex

Ref

A l'attention d'Anais

N/ réf : Fac AKB 1286/P 108/12
Container ref BSIU2332125
CHRONOPOST n° TV 188445217 FR

Objet : Dédouanement de container
Provenance THAILANDE

le 14/12/N

Bonjour,

Veuillez trouver ci-joint les documents originaux c.c. le dédouanement d'1 container prévu vers le 30/12 au Havre.
Il s'agit de sacs PEHD / PEBD (position tarifaire 39 23 21.00 00).

Avant le dédouanement, nous vous demandons d'anticiper la livraison et de contacter par fax EXCLUSIVEMENT notre entrepôt pour prise de Rendez-vous de livraison MARIA-Tél : 01 60 78 54 85 – fax : 01 60 78 54 80 sous peine de refus du camion.

Livraison chez :
M.P.S. - MAUFFREY PARIS-SUD / P.o.GRAMEX International
800 RUE TUBOEUF – PARC D ACTIVITES TUBOEUF
77170 BRIE COMTE ROBERT

Vous remerciant par avance de bien vouloir faire le nécessaire et de nous confirmer le délai de livraison à Brie,

Veuillez agréer nos meilleures salutations.

Hugo DAMPIERRE

S.A. au Capital de 200 000 Euros
Parc GUTENBERG - 91126 Palaiseau Cedex - France
Tél. : + 33 1 69 48 76 47 - Fax : + 33 1 69 48 79 40 - E mail : gramex@gramex.fr

DOCUMENT 4 Cotation Danzas

Objet : COTATION IMPORT CIF LE HAVRE

CONTENEURS COMPLETS 20'DRY/GROUPAGE

POD* : LE HAVRE/ANVERS Livraison : BRIE COMTE ROBERT (77)

FRAIS DEPUIS CIF LE HAVRE À RENDU DDP HT BRIE COMTE ROBERT (77)

CONTENEUR COMPLET :

	20'DRY (EUR)	40'DRY (EUR)
THC LE HAVRE	160	225
ISPS	16	16
TID/TPI	15	15
Droits de port	9	9
Formalités de douane import	100	100
Positionnement votre adresse de BRIE COMTE ROBERT (77) en TOUT ROUTE	440	540
Surcharge gasoil (actuellement en vigueur)	14,04 %	14,04 %

DÉLAIS DE LIVRAISON SELON MODE DE TRANSPORT :

Tout Route : Jour A/Jour B

* POD : PORT OF DELIVERY

CHAPITRE

13 Réaliser le dédouanement : les principes communs

COMPÉTENCES PROFESSIONNELLES

Organiser, contrôler et suivre la réalisation d'un contrat international

Les services de la Direction générale des Douanes et Droits indirects (DGDDI) s'adaptent aux besoins des entreprises pour favoriser leurs opérations commerciales, à l'import comme à l'export, en proposant des procédures simplifiées et personnalisées. L'objectif est double : réduire les coûts et gagner du temps.

SITUATION PROFESSIONNELLE

PORT DE QINGDAO (TSINGTAO)
Province du Shandong

Population : 6 352 000 d'habitants
PIB du Shandong : 7 110 milliards de yuans[1] (2019)
Monnaie : renminbi (RMB), unité de compte : yuan (1 EUR = 7,8210 CNY[1])
Données commerciales :
- 7e port chinois en volume de marchandises transportées et 7e port mondial
- 6e port chinois en EVP transportés et 8e mondial (18 260 millions EVP)
- 1er exportateur chinois de produits agricoles

1. Taux de change au 13/04/21.

1. Actualisez les données pays par une recherche sur Internet.
2. Caractérisez les pratiques commerciales, sociales et environnementales du pays, après consultation de l'évaluation des risques par Coface.

Perpetua

L'enseigne de mode des femmes modernes

Le service Achat de Perpetua a récemment procédé à de nouveaux appels d'offres en vue d'améliorer son *sourcing*. Un nouveau fournisseur chinois a été retenu et Perpetua a passé une commande d'imperméables pour femmes.

Le transitaire Miro en réalise le dédouanement dans ses bureaux de Roissy CDG.
Vous êtes chargé(e) de vérifier la déclaration douanière.

Vous disposez de la fiche produit (**document 1**), de la facture commerciale du fournisseur (**document 2**) et de l'exemplaire du DAU (document administratif unique) destiné à l'importateur (**document 3**).

1. Identifiez les caractéristiques commerciales de la transaction et les impositions figurant dans cette déclaration douanière (DAU).

Document 4
Fiche ressource 1

Vous constatez que la désignation des marchandises figurant dans le DAU n'est pas correcte.

2. Précisez les conséquences du numéro de nomenclature renseigné lors de la saisie de la déclaration sur le dédouanement.

3. Indiquez les démarches à entreprendre pour rectifier cette erreur.

La société Perpetua dispose de plusieurs plateformes logistiques qui ventilent les marchandises vers les franchisés du territoire national et les distributeurs européens. Elle est enregistrée dans la base de données des EORI (*Economic Operator Registration and Identification*).
L'activité est en pleine expansion, notamment à l'international. Le directeur export envisage d'ailleurs, dans un proche avenir, la création d'un service de douane au sein de l'entreprise.
Pour le moment, il souhaite se doter de procédures douanières à la hauteur du développement international de l'entreprise, avec la mise en place d'une procédure de dédouanement centralisé.

4. Recensez les avantages de la mise en place de cette procédure pour Perpetua.

Fiche ressource 2

Perpetua a des contacts avec un distributeur potentiel basé à Montréal, au Canada. Un contrat d'exclusivité est à la clé de la négociation. Afin de bénéficier de simplifications douanières, l'entreprise souhaite connaître les différents statuts dont elle pourrait bénéficier.

5. Identifiez le ou les statuts douaniers dont Perpetua pourrait bénéficier. Justifiez votre proposition.

Fiche ressource 3

VOTRE DOSSIER

DOCUMENT 1 Extrait ERP : caractéristiques des imperméables pour femmes

Désignation IMPERMÉABLE

Contexture

Code	Libellé	%	
PES	Polyester	55	
TEP	Tissu enduit	45	

Tissu principal 100 Origine matière : CN

Code douanier	6113001000	Vet/Imperm/TEP
Réassort	à la pièce	

DOCUMENT 2 Facture du fournisseur chinois

沂南中泰工艺品有限公司

YINAN ZHONGTAI CO. LTD

25CHAOYANGROAD,YINANCOUNTY,SHANDONG,CHINA

TEL:0086 539 3257817 FAX:0086 539 3783699

COMMERCIAL INVOICE

TO: PERPETUA

17 RUE DES PETITS CHAMPS
91700 Ste GENEVIEVE DES BOIS
FRANCE

INVOICE NO.:ZT08120
DATE:JUL 26,N

DESCRIPTION &SPECIFICATION	QUANTITY	UNIT PRICE	AMOUNT
WOMEN'S RAIN JACKET		FOB QINGDAO PORT	
AS PER SALES CONFIRMATION ZT080408 DATED 15/06/N			
30758/ZT75087-12	4700	USD 15,85/PC	USD 74495
L/C NUMBER:00051011003770			
TOTAL:	4700PCS		USD74495

SHIPPING MARKS:
99 CARTONS
CT CAIU2529176

AUTHORIZED SIGNATURE

DOCUMENT 3 **DAU**

COMMUNAUTE EUROPEENNE | FR003080

A BUREAU DE DESTINATION

1 DÉCLARATION IM | A — 20INC008138C0001

Etat de la déclaration

EXEMPLAIRE POUR LE DESTINATAIRE — 8

2 Expéditeur/Exportateur — No.
YINAN ZHONGTAI CO. LDT
25 CHAOYAN RAOD
YINAN COUNTY - SHANDONG
CHINE (REP POPUL)

3 Formulaires: 1 | 2
4 List. chargem.
5 Articles: 1
6 Total des colis: 99
7 Numéro de référence: 20INC008138C0001 — 1600010

8 Destinataire — No. FR00010010600001
PERPETUA
17 RUE DES PETITS CHAMPS
91700 STE GENEVIEVE DES BOIS
FRANCE

9 Responsable financier — No.

10 Pays dern. proven.
11 Pays trans-action.
12 Éléments de la valeur
13 P.A.C.

14 Déclarant/Représentant — No. FR30380302710078
MIRO FRANCE
68, BLD Jules DURAND FR7
6600 LE HAVRE
No agrément 00000017
Mode de représentation 2

15 Pays d'expédition/ d'exportation: CHINE (REP POPUL)
15 Code P. expéd./expor.: a| CN |b|
17 Code P. destination: a| FR |b| 91
16 Pays d'origine
17 Pays de destination: FRANCE

18 Identité et nationalité du moyen de transport au départ: MEDU 446231 3
19 Ctr.: 1
20 Conditions de livraison: FOB | QINGDAO | 3

21 Identité et nationalité du moyen de transport actif franchissant la frontière: FR
22 Monnaie et montant total facturé: USD | 74495
23 Taux de change: 1.1232
24 Nature de la transaction: 1 | 1

25 Mode transport à la frontière: 1
26 Mode transport intérieur: 3
27 Lieu de chargement
28 Données financières et bancaires

29 Bureau d'entrée: FR002300
30 Localisation des marchandises: CAMION/IST

31 Colis et désignation des marchandises — Marques et numéros - No(s) conteneur(s) - Nombre et nature:
99 Ct Cartons
Ct : CAIU 2529176
Vêtements et Accessoires du vêtement

32 Article: 1 No.
33 Code des marchandises: 61103091 | 00
34 Code P. origine: CN
35 Masse brute (kg): 3502
36 Préférence: 100
37 RÉGIME: 4000 | 000
38 Masse nette (kg): 3254
39 Contingent
40 Décla. Sommaire / Doc. Précédent: 821 Z 20FR36801890999108
41 Unités supplémentaires: 4700NAR
42 Prix de l'article: 74495
43 Code M.E.: 1

44 Mentions spéciales/ Documents produits/ Certificats et autorisations:
N821 20FR36801890999108 14/08/2021 - N380 ZT08120 26/07/2021

45 Ajustement
46 Valeur statistique: 67659

47 Calcul des impositions

Type	Base d'imposition	Quotité	Montant	MP
U165-A00	67659	12	8119	
A 445-B00	76478	20	15295	
Total			23414	R

48 Report de paiement: CE : ARDV
49 Identification de l'entrepôt

B DONNÉES COMPTABLES

U165	8119
A445 TVA	15295
TG	23414

Frais de transport
Hors UE : 1500.00 USD
Intérieurs : 700.00 EUR

C BUREAU DE DÉPART

51 Bureaux de passage prévus (et pays)

52 Garantie non valable pour — Code
53 Bureau de destination (et pays)

D CONTRÔLE PAR LE BUREAU DE DESTINATION — Cachet :
Résultat :
Scellés apposés : Nombre :
marques :
Délai (date limite) :
Signature :

54 Lieu et date : Edité le 27/07/N 18:10:38
LE HAVRE
Signature et nom du déclarant/représentant :
J.VARGA

DOCUMENT 4 Tableau de décryptage du DAU

Décryptage du DAU		
Rubrique	**Intitulé**	**Correspondance**
Caractéristiques de la transaction : Informations fournies par la facture commerciale		
2	Expéditeur / Exportateur	
8	Destinataire	
15	Pays d'exportation	
20	Conditions de livraison	
22	Monnaie et montant total facturé	
31	Colis et désignation des marchandises	
Caractéristiques des réglementations et impositions afférentes à l'opération		
33	Code des marchandises	
46	Valeur statistique	
47	Calcul des impositions	

FICHE RESSOURCE

1 Décrypter le document administratif unique (DAU)

Le DAU (document administratif unique) matérialise la déclaration en douane, par laquelle une personne (morale ou physique) demande l'attribution d'un régime douanier à une marchandise importée ou exportée. La déclaration en douane sert à calculer les droits et taxes, à établir les statistiques du commerce extérieur et à réaliser des contrôles ciblés.

I Le dépôt du DAU

Quand établir un DAU ?	Le DAU est utilisé : – dans les échanges avec les pays tiers ; – pour les mouvements de marchandises tierces au sein de l'UE ; – dans les échanges avec les pays de l'AELE (Suisse, Norvège, Liechtenstein et Islande) ; – pour certains mouvements de marchandises communautaires (comme les armes et munitions) à l'intérieur de l'UE ; – avec certaines zones du territoire douanier de l'UE qui ne font pas partie du territoire fiscal des États membres, comme les DROM (par exemple, entre la France et la Martinique) ou entre DROM (par exemple, entre la Martinique et la Réunion).
Qui dépose la déclaration ?	La personne qui établit une déclaration en douane est qualifiée de déclarant. Le déclarant peut choisir de déposer lui-même sa déclaration en douane ou de faire appel à un professionnel du dédouanement, qualifié de représentant en douane.
Quand déposer la déclaration ?	La déclaration en douane peut être déposée : – au moment de la présentation en douane des marchandises au bureau de douane compétent ; – jusqu'à 30 jours avant la présentation en douane des marchandises au bureau de douane compétent (déclaration en douane anticipée). **Attention :** la déclaration en douane ne peut pas être déposée postérieurement à l'arrivée des marchandises sur le territoire douanier de l'Union (flux import) ou au départ des marchandises du territoire douanier de l'Union (flux export).
Où déposer la déclaration ?	La présentation en douane des marchandises peut être réalisée selon deux modalités différentes : – au bureau de douane compétent, à savoir celui auprès duquel les marchandises sont présentées (hors cas du dédouanement centralisé) ; – dans les locaux du déclarant en douane (dédouanement domicilié), préalablement agréés par la douane (*voir fiche 2*).
Quelles sont les formes de la déclaration ?	La déclaration en douane peut être établie selon les modalités de droit commun (procédure normale) ou selon les modalités d'une procédure simplifiée (déclaration simplifiée avec un jeu de données réduit, suivie d'une déclaration complémentaire globale) (*voir fiche 2*). Conformément au Code des douanes de l'Union européenne, la déclaration en douane doit être déposée sur un support dématérialisé. Le dépôt d'une déclaration en douane au format papier peut être accepté pour certaines opérations occasionnelles (exemple : déménagement) ou certaines marchandises.

II DAU à l'import

COMMUNAUTE EUROPEENNE

1 DECLARATION: IM | A

FR — LE HAVRE PORT- MAGASINS ET FRC02300

2000400778 — 17/01/N

MIRO FRANCE — 00001070

A — DECLARATION D'IMPORTATION

2 Expéditeur/Exportateur — No. ETRANGER
FILLONY LTD
80/1 BLOCK F PHASE 8
SHENZHEN

3 formulaires: 1 | 1
4 List. chargem: GDC_SOGET1912104593365
5 Articles: 1
6 Total des colis: 40
7 Numéro de référence: 12-231-56

8 Destinataire — No. FR 34203426200115
BRICO SA
13 ALLÉE DE LA SABLIÈRE
91078 BONDOUFLE CEDEX

9 Responsable financier — No.

10 Pays p. dest. d.prov
11 Pays trans- /prod.
12 Elements de la valeur
13 P.A.C.

14 Déclarant/Représentant — No. FR 30380302710078
MIRO FRANCE
68, BLD JULES DURAND
LE HAVRE
FR76600
B. rattachement
N° agrément: 00001070 — Mode de représentation: 3

15 Pays d'expédition/d'exportation: CHINE (REP POPUL)
15 Code P. expéd./expor.: a CN b
17 Code P. destination: a FR b 06
16 Pays d'origine
17 Pays de destination: France

18 Identité et nationalité du moyen de transport au départ / à l'arrivée
19 Ctr: 1

20 conditions de livraison: FOB — YANTIAN — 3

21 Identité et nationalité du moyen de transport actif franchissant la frontière: MSC CAPELLA — PA

22 Monnaie et montant total facturé: USD 46704
23 Taux de change: 1.1342
24 Nature de la transaction: 11

25 Mode transport à la frontière: 1
26 Mode transport intérieur: 3
27 Lieu de chargement / déchargement
28 Données financières et bancaires

29 Bureau de sortie / d'entrée: FR002300
30 Localisation des marchandises: GARANCIÈRES

A

Type de trajet aérien
Aéroport d'embarquement

31 Colis et désignation des marchandises
Désignation commerciale: Sécateurs et outils similaires maniés à une main avec partie travaillante en métaux communs
Nombre et nature: 280 CT
Marque(s) et numéro(s): Ct:MSCU5913375

32 article: 1 — No.
33 Code des marchandises: 82015000 — 00
1er caco
2ème caco
34 Code P.origine: a CN
35 Masse brute (kg): 4474
36 Préférence: 100
37 régime: 40 00 | 000
38 Masse nette (kg)
39 Contingent
40 Déclaration sommaire/Document précédent: 740 Z 100416710
41 Unités supplémentaires
42 Prix de l'article: 46704 USD
43 Code M.E.: 1
Code M.S.
45 Ajustement
46 Valeur statistique: 41946

44 Mentions spéciales/Documents produits/Certificats et autorisations
CANA(S)
Document(s) joint(s)
N380 SE/1036/9/04/N, N821 27/05/N

47 Calculs des impositions

Type	Base d'imposition	Quotité	Montant	MP
U165-A00	41946	1,7	713	
A445-B00	43023	20	8604	-
	Total		9317	R

frais de transport
Assurance : 69 EUR
Hors UE : 700 EUR
Intérieurs : 364 EUR

48 Report de paiement
CE: ARTM — COD: ARTM
Mode paiement: R CRÉDIT D'ENLÈVEMENT
Mode garantie: C CRÉDIT OPÉRATIONS DIVER

49 Identification de l'entrepôt

B DONNEES COMPTABLES
Garanti sur COD, hors D48 : 0
TVA, AI2 : 0
TVA autoliquidée : 0
Montant à payer : 0
Montant non perçu : 0
Pour informations
Partie cautionnée : 0
Partie non cautionnée : 0

Recap.	impositions
U165	713
A445	8604

D/J — CONTROLE PAR LE BUREAU DE DEPART / DE DESTINATION — Cachet:
résultat:
Scellés apposés: Nombre
marques:
Délai (date limite):
Signature:

54 lieu et date :
Date d'édition : 30/05/N
Date de dépôt :
Date de validation: 30/05/N
Etat de la déclaration : BAE
Type de procédure : DROIT COMMUN
Signature et nom du déclarant/représentant
JENNIFER

généré par SOGET DOUANE 2.6.a

III DAU à l'export

COMMUNAUTE EUROPEENNE

1 DECLARATION	EX | A
FR	LE HAVRE PORT - MAGASINS ET (FRC02300)
2000560987	17/01/N
MIRO FRANCE	00001070

A — DECLARATION D'EXPORTATION — A

2 Expéditeur/Exportateur	No. FR62162092100075 CALISSONS DU ROY RENE - CALISSONS D 5380 RTE D AVIGNON RD 7N - CS 4000 FR 13090 AIX EN PROVENCE
3 formulaires	1 | 1
4 List. chargem	GDC_SOGET2001177090504
5 Articles	1
6 Total des colis	1
7 Numéro de référence	47014600-380024 ROY RENE
8 Destinataire	No. ETRANGER MON EPICERIE FRANCAISE 3654 JACQUES CARTIER EST CA J4N 1P8 LONGUEUIL QUEBEC
9 Responsable financier	No.
10 Pays p. dest. d.prov	
11 Pays trans-/prod.	
12 Elements de la valeur	
13 P.A.C.	
14 Déclarant/Représentant	No. FR30380302700091 MIRO FRANCE 68 BLD JULES DURAND FR 76600 LE HAVRE B. rattachement N° agrément 00001070 Mode de représentation 3
15 Pays d'expédition/d'exportation	
15 Code P. expéd./expor.	a b 13
17 Code P. destination	a CA b
16 Pays d'origine	
17 Pays de destination	CANADA
20 conditions de livraison	FOB LE HAVRE 1
18 Identité et nationalité du moyen de transport au départ / à l'arrivée	
19 Ctr	0
21 Identité et nationalité du moyen de transport actif franchissant la frontière	GB
22 Monnaie et montant total facturé	EUR 5962.44
23 Taux de change	
24 Nature de la transaction	11
25 Mode transport à la frontière	1
26 Mode transport intérieur	3
27 Lieu de chargement / déchargement	
28 Données financières et bancaires	
29 Bureau de sortie / d'entrée	FRC02300 LE HAVRE PORT MAGASINS Motif 01
30 Localisation des marchandises	OYB BOSTYN
31 Colis et désignation des marchandises	Reference Logistique ECV00520898 Désignation commerciale R= 9998* GROUPAGE CARGO LINES MONTREAL * 1 PALETTE * CONFISERIES * 43930380024 Nombre et nature 1 PK Marque(s) et numéro(s) ACEMA
32 article	1 No.
33 Code des marchandises	1704909999
1er caco	
2ème caco	
34 Code P.origine	a
35 Masse brute (kg)	193
36 Préférence	
37 régime	10 00 000
38 Masse nette (kg)	137
39 Contingent	
40 Déclaration sommaire/Document précédent	ZZZ X ECV00520898
41 Unités supplémentaires	
42 Prix de l'article	5962.44 EUR
43 Code M.E.	
Code M.S.	
45 Ajustement	
46 Valeur statistique	5962
44 Mentions spéciales/Documents produits/Certificats et autorisations	Document(s) joint(s) N380 FVCR12000193 14/01/2020
47 Calculs des impositions	
48 Report de paiement	CE: ASJK COD: Mode paiement: R CRÉDIT D'ENLÈVEMENT Mode garantie:
49 Identification de l'entrepôt	

B DONNEES COMPTABLES

Garanti sur COD, hors D48 :	0
TVA, AI2 :	0
TVA autoliquidée :	0
Montant à payer :	0
Montant non perçu :	0
Pour informations	
Partie cautionnée :	0
Partie non cautionnée :	0

D/J CONTROLE PAR LE BUREAU DE DEPART / DE DESTINATION — Cachet:

résultat:

Scellés apposés: Nombre

marques:

Délai (date limite):

Signature:

54 lieu et date :

Date d'édition :	12/02/N 20:33
Date de dépôt :	
Date de validation :	17/01/N 09:42
Etat de la déclaration :	BAE - ECS SORTIE
Type de procédure :	DROIT COMMUN

Signature et nom du déclarant/représentant

généré par SOGET DOUANE

IV Détail des rubriques du DAU

Rubrique	Intitulé	Correspondance
Caractéristiques de la transaction : Informations fournies par la facture commerciale		
2	Expéditeur / Exportateur	Nom, adresse et raison sociale (n° SIREN à l'export)
3	Formulaire	Remplie automatiquement selon le nombre d'articles différents pour la même expédition, car il faut un formulaire par type d'article. Un type d'article = une position tarifaire **Exemple** Dans le document de la page précédente, nous lisons « 1/1 » car l'importation ne concerne qu'un seul type d'article (1), donc il y a une seule déclaration (1).
8	Destinataire	Nom ou raison sociale et adresse complète du destinataire réel de la marchandise (n° SIREN à l'import).
15	Pays d'exportation	À l'importation, le nom du pays de provenance (CHINE) et son code (CN). À l'exportation, cette rubrique n'est à servir que si la déclaration en douane est utilisée simultanément comme document de transit communautaire. Dans ce cas, inscrire « France » en toutes lettres.
19	Conteneur	1 pour conteneur, 0 pour autre mode.
20	Conditions de livraison	1re sous-case : CIV (conditions internationales de vente) de la Chambre de commerce internationale : incoterms (FOB). 2e sous-case : lieu prévu sur le contrat de transport à préciser (YANTIAN).
22	Monnaie et montant total facturé	1re sous-case : code (norme ISO) de la monnaie de facturation (USD). 2e sous-case : montant total facturé dans la devise correspondante soit au fournisseur (si import) (46704), soit au client (si export).
31	Colis et désignation des marchandises	Désignation commerciale précise pour permettre l'identification des marchandises et leur classification immédiate et certaine (SÉCATEURS ET OUTILS SIMILAIRES). Marques, numéros, nombre et nature des colis (280 Cartons CT). Le cas échéant : numéro(s) du (ou des) conteneur(s) (MSCU5913375).
Caractéristiques du dédouanement		
1	Déclaration	IM pour les importations A (type de déclaration) : déclaration de droit commun
14	Déclarant	L'entreprise ou son représentant légal ou habilité par procuration
23	Taux de change	Taux de change constaté l'avant-dernier mercredi du mois précédent et publié au *Journal officiel de la République française* (JORF) du jour même ou du jour suivant. Ce taux reste en vigueur du premier au dernier jour du mois considéré, sauf exceptions. Ce taux permettra de calculer la valeur en douane en euros.
24	Nature de la transaction	Code 11 pour les opérations d'achat ou de vente.
25	Mode de transport	Mode de transport franchissant la frontière externe de l'UE 1 : Transport maritime – 3 : Transport par route – 4 : Transport par air
26	Mode de transport	Mode de transport au départ à l'exportation et à l'arrivée à destination à l'importation 1 : Transport maritime – 3 : Transport par route – 4 : Transport par air
30	Localisation des marchandises	Lieu où les marchandises peuvent être examinées lors du dédouanement : hangars, quai, etc.
37	Régime	1re subdivision : 10 : exportation définitive 40 : mise en libre pratique avec mise à la consommation simultanée 2e subdivision : régime précédent 00 : ce code est utilisé pour indiquer qu'il n'y a aucun régime précédent (40 00).

Rubrique	Intitulé	Correspondance
		Caractéristiques du dédouanement (suite)
44	Mentions spéciales / Documents produits / Certificats et autorisations	Codification communautaire des mentions spéciales, documents produits et autorisations. Pour les documents nationaux, maintien d'une codification nationale mais selon la structure déterminée au niveau communautaire. **Exemple** N380 : facture commerciale – N821 : document de transit communautaire externe / transit commun : T1
		Caractéristiques des réglementations et impositions afférentes à l'opération
33	Code des marchandises	Nomenclature à 10 chiffres du TARIC
36	Préférence	Cette rubrique n'est applicable que dans les relations avec les pays tiers à l'importation. Elle doit être remplie chaque fois qu'un régime tarifaire préférentiel est sollicité. Le code à indiquer est un code à 3 chiffres qui résulte de la combinaison d'un chiffre relatif au cadre juridique des préférences tarifaires avec 2 chiffres relatifs aux divers instruments de gestion des préférences. Les codes applicables sont les suivants : – 1er chiffre du code : code régime tarifaire : 1 régime tarifaire *erga omnes* (sans certificat à fin préférentielle), 2 système de préférences généralisées (SPG), 3 aucun des cas suivants (EUR1, ATR ou document équivalent) ; – les 2 chiffres suivants du code régime tarifaire : 00 aucun des cas suivants ; 10 suspension tarifaire, etc. **Exemple** « 100 », donc pas de préférence, c'est le taux applicable *erga omnes* (ici, 1,7 % de droits de douane).
46	Valeur statistique	Il s'agit de la valeur des marchandises y compris les frais de transport et d'assurance jusqu'à la frontière française. Elle doit être exprimée en euros. C'est sur la base de cette valeur que sont établies les statistiques du commerce extérieur et certaines taxes parafiscales (à l'import).
47	Calcul des impositions	Type : codification communautaire des codes taxes **Exemple** U165 = Droits de douane – A445 = TVA Base d'imposition : – pour les droits de douane = à la valeur en douane ; – pour la TVA = à l'assiette de TVA. Quotité : taux et montant Modes de paiement : comptant, crédit d'enlèvement, autoliquidation pour la TVA

Certaines rubriques ne sont renseignées qu'à l'export ou qu'à l'import, d'autres ne le sont jamais. Si le déclarant (ou son représentant) constate *a posteriori* des incohérences dans la déclaration en douane établie dans les services en ligne DELTA[1] G et DELTA X, il lui est possible, selon certaines conditions, de la rectifier ou l'invalider dans un délai de 3 ans :

1. rectification : lorsque l'erreur porte sur une autre donnée de la déclaration ;
2. invalidation : lorsque l'erreur porte sur le régime douanier ou lorsque deux déclarations pour le même chargement ont été établies par erreur.

Le cas échéant, une demande de remboursement/remise doit être introduite par la personne qui a acquitté ou est tenue d'acquitter les droits à l'importation.

1. DELTA : dédouanement en ligne par traitement automatisé (système de communication nationale entre le déclarant et l'administration fiscale).

FICHE RESSOURCE

2 Les procédures de dédouanement

Les procédures douanières et de dédouanement couvrent les formalités de conduite sous douane et le placement sous un régime douanier à l'importation ou à l'exportation des marchandises.
Le dépôt d'une déclaration constitue le point de départ de la procédure de dédouanement à l'importation et à l'exportation, précédée de l'annonce par le transporteur de l'arrivée du moyen de transport sur le TDU. Cette procédure est actuellement mise en œuvre dans le cadre du système de contrôle des importations ou *Import Control System* (ICS).
La déclaration est dématérialisée et réalisée sur le site douane.gouv, services en ligne DELTA (DELTA-G pour le fret traditionnel et DELTA-X pour le fret express et les colis postaux).

I Le déclarant en douane

Celui qui établit la déclaration peut être :
- l'importateur lui-même ;
- toute personne désignée nominativement par l'importateur, munie d'un mandat de représentation ;
- un prestataire agréé par la douane en tant que représentant en douane enregistré (RDE).

Si le déclarant ne dispose pas de certains documents (à l'exception des documents d'ordre public) au moment d'établir la déclaration en douane, il peut solliciter l'autorisation de la douane pour les produire ultérieurement. Dans ce cas, il devra mettre en place une garantie bancaire et produire le document dans les délais fixés par le service (procédure dite « D48 »).

II Les modes de représentation en douane

Deux modes de représentation en douane sont possibles :
- par un représentant en douane au nom et pour le compte d'autrui (représentation directe) ;
- par un représentant en douane en son nom propre, mais pour le compte d'autrui (représentation indirecte).

III Les procédures de dédouanement

1 La procédure de droit commun

Elle consiste à effectuer une déclaration unique, en un seul temps.

2 La procédure simplifiée

Une procédure simplifiée peut être accordée par la douane, à condition que le déclarant réponde aux critères d'opérateur économique agréé (OEA) : antécédents douaniers, fiscaux et pénaux satisfaisants, système efficace de gestion des écritures douanières.
Elle permet d'effectuer le dédouanement en deux temps : une déclaration simplifiée, suivie d'une déclaration complémentaire globale. Les avantages procurés sont les suivants :
- un minimum d'informations et de documents d'accompagnement requis ;
- la disposition des marchandises dès l'obtention de la main levée de la douane ;
- un délai pour compléter la déclaration simplifiée et fournir les documents manquants.

IV Les procédures de dédouanement centralisé

Les procédures de dédouanement centralisé national (DCN) sont des options d'utilisation des procédures de dédouanement.
Dans le cas d'une procédure de dédouanement centralisé, la procédure utilisée (procédure de droit commun ou procédure simplifiée) est paramétrée pour être utilisée en tant que dédouanement centralisé.

	Modalités	Avantages
Procédure de dédouanement centralisé national (DCN)	Centralisation auprès d'un seul bureau de déclaration du dépôt de l'ensemble des déclarations d'importation et/ou d'exportation relatives à des opérations réalisées auprès de plusieurs bureaux de douane de présentation situés en France. Indication de la liste des bureaux de présentation par l'opérateur lors de la demande de DCN. Dans chacun des bureaux, il devra disposer d'un représentant et d'un lieu agréé pour recevoir la marchandise.	– Un point de contact unique : le bureau de déclaration. – Optimisation de la trésorerie : centralisation du paiement des droits et taxes auprès de la recette de rattachement du bureau de déclaration et, le cas échéant, centralisation des crédits de douane. – Accompagnement optimal par le bureau de déclaration qui pilote le DCN (orientation des contrôles). – Optimisation de la gestion logistique des flux. – Économie sur les coûts de gestion d'une déclaration de transit.
Procédure de dédouanement centralisé communautaire (DCC)	Nécessite un statut OEA (opérateur économique agréé). Centralisation de toutes les opérations au niveau communautaire alors que les marchandises entreront et sortiront du territoire national par d'autres endroits. Nécessaire mise à niveau préalable des systèmes informatiques des différents États membres de l'Union européenne (2022/2023).	– Centralisation des déclarations et paiement des droits de douane auprès d'un seul bureau de douane (dit « bureau de déclaration ») dans l'État membre d'établissement. – Optimisation des schémas logistiques et intégration de la fonction douane de l'entreprise avec les chaînes d'approvisionnement et de distribution : présentation des marchandises dans d'autres bureaux de douane situés au sein de l'Union européenne (« bureaux de présentation »). – Paiement de la TVA et dépôt de la déclaration statistique auprès des bureaux de présentation puisque les flux physiques concernent bien l'État membre où les marchandises sont présentées. – Rationalisation de la chaîne documentaire et des flux d'informations.

Dans le cadre du DCN, on distingue :
- le bureau de déclaration : il traite les déclarations en douane. Il s'agit du bureau compétent pour le lieu où l'opérateur est établi ;
- le bureau de présentation : il s'agit du bureau où les marchandises peuvent être présentées physiquement pour le contrôle.

Les procédures de dédouanement, accordées avant le Code douanier unique de 2016, sont progressivement abandonnées au profit de procédures de DCN au gré des demandes et des besoins des entreprises.

FICHE RESSOURCE

3 Les statuts accordés par les douanes

I L'identification EORI

Les entreprises réalisant des opérations d'import/export avec la France doivent disposer d'un numéro d'identifiant communautaire EORI (*Economic Operator Registration and Identification*) permettant de les identifier dans leurs relations avec les autorités douanières. Les sociétés établies en dehors de l'Union européenne ne disposant pas déjà d'un numéro EORI en UE doivent se faire immatriculer auprès de l'administration douanière française.
Pour les entreprises françaises : FR + numéro SIRET

II Les statuts d'opérateurs agréés par la douane

Ils sont accordés par la douane en vue de simplifier et sécuriser les échanges à l'international.

1 L'opérateur économique agréé (OEA)

Le statut d'OEA permet à toute entreprise exerçant une activité liée au commerce international (PME ou grande entreprise) d'acquérir un label de qualité sur les processus douaniers et/ou sécurité-sûreté qu'elle met en œuvre. Délivré par la douane française, il est reconnu dans toute l'Union européenne et dans les pays signataires d'accords de reconnaissance mutuelle. Deux statuts d'OEA sont possibles :

OEA « simplifications douanières »	– Modulation des taux de contrôles physiques et documentaires. – Traitement prioritaire des envois en cas de sélection à un contrôle douanier, choix du lieu de contrôle. – Dispense de garantie financière (*voir chapitre 12, fiche 4*). – Priorité aux analyses en laboratoire lors des contrôles de produits soumis à normes. – Accès facilité à 14 autorisations (autorisation d'établir des déclarations simplifiées, autorisation de destinataire agréé TIR, autorisation de constituer une garantie globale…). – Priorité de traitement et accompagnement personnalisé lors de l'octroi de facilitations liées au dédouanement.
OEA « sécurité-sûreté »	– Notification préalable des contrôles douaniers. – Réduction des données à fournir pour les déclarations sommaires. – Facilités liées à la signature des accords de reconnaissance mutuelle entre l'UE et les pays tiers.

L'entreprise peut demander les deux statuts.

2 Les autorisations exportateurs

Les statuts exportateur agréé (EA) et exportateur enregistré (EE) permettent la simplification des formalités d'exportation dans le cadre des accords UE-pays tiers.

Exportateur agréé (EA)	– Auto-certification de l'origine préférentielle des produits, par une déclaration spécifique sur tout document commercial identifiant les produits exportés et portant le numéro d'EA, appelée « déclaration d'origine ». – Soutien des services des douanes pour la maîtrise des règles d'origine préférentielle.
Exportateur enregistré (EE)	– Avantages concurrentiels à l'export en permettant à son client d'obtenir des droits de douane réduits ou nuls à l'importation dans le pays partenaire. – Dispense de l'obligation de se rendre au bureau de douane pour faire viser les certificats d'origine. – Auto-certification de l'origine préférentielle sur un document commercial d'exportation pour les exportations d'une valeur supérieure à 6 000 EUR, en indiquant le numéro REX et en identifiant clairement les produits originaires visés.

Décrypter un document douanier

L'entreprise Altoverde, située à Nice, importe des franges en microfibre du Pakistan. Son transitaire WES a réalisé le dédouanement lors de l'arrivée des marchandises à l'aéroport de Nice.
Vous disposez d'un extrait de la codification des documents (**document 1**), de l'exemplaire du DAU de l'importateur (**document 2**), de la liasse documentaire relative à cette importation (**documents 3 à 6**) et de la facture du transitaire WES (**document 7**).

À partir de ces documents :

1. **Identifiez dans un tableau les caractéristiques commerciales et les impositions de cette importation.**
2. **Justifiez, à partir du document 1, les documents exigés pour le dédouanement en case 44 du DAU.**
3. **Expliquez la raison pour laquelle ce DAU ne fait pas apparaître de droits de douane.**
4. **Justifiez le calcul du montant de l'assiette de TVA.**

DOCUMENT 1 Extrait de la codification des documents

N271	Liste de colisage
N325	Facture pro forma
N380	Facture commerciale
N703	Feuille de route émise par un transitaire
N704	Connaissement principal
N705	Connaissement maritime
N710	Manifeste maritime (T1)
N714	Connaissement émis par un transitaire
N720	Lettre de voiture CIM
N722	Liste d'accompagnement-SMGS
N730	Lettre de voiture pour les transports routiers
N740	Lettre de transport aérien
N741	Lettre de transport aérien principal
N750	Envois par la poste y inclus les colis postaux
N760	Document de transport multimodal/combiné
N785	Manifeste de chargement
N787	Bordereau
N820	Document de transit "T"
N821	Document de transit communautaire externe / transit commun, T1
N822	Document de transit communautaire interne, T2
N823	Exemplaire de contrôle T5
N825	Document T2L
N830	Déclaration de marchandises pour exportation
N851	Certificat phytosanitaire
N852	Certificat sanitaire et d'analyse
N853	Document vétérinaire commun d'entrée (DVCE) prévu par le règlement (CE) n? 136/2004
N861	Certificat d'origine universel
N862	Déclaration d'origine
N864	Certificat d'origine préférentielle (déclaration d'origine préférentielle sur la facture; EUR.2)

DOCUMENT 2 DAU

COMMUNAUTE EUROPEENNE

FR NICE AERO BUREAU (FR003080)

1 DECLARATION: IM | A

1920094782 — 13/12/N

WES - KOBA INTERNATIONAL — 00003772

A

DECLARATION D'IMPORTATION

2 Expéditeur/Exportateur — No. ETRANGER
M/S SAEED ENTERPRISES
62/4 BLOCK A PHASE 9
PK . LAHORE

3 formulaires: 1 | 1
4 List. chargem: GDC_SOGET1912104565482
5 Articles: 1
6 Total des colis: 40
7 Numéro de référence: 1071126 SAEED

8 Destinataire — No. FR50138627500022
ALTOVERDE
261 AV DE NOTRE DAME
FR 06100 NICE

9 Responsable financier — No.

10 Pays p. dest. d.prov
11 Pays trans-/prod.
12 Elements de la valeur
13 P.A.C.

14 Déclarant/Représentant — No. FR00010423200001
WES - KOBA INTERNATIONAL
BP 647 - +377 9798 8998
FR 98013 MONACO CEDEX
B. rattachement
N° agrément 00003772 — Mode de représentation 2

15 Pays d'expédition/d'exportation
15 Code P. expéd./expor.: a PK b
17 Code P. destination: a FR b 06
16 Pays d'origine
17 Pays de destination: France

20 conditions de livraison: CPT NICE, FR — 1

18 Identité et nationalité du moyen de transport au départ / à l'arrivée: EK 176-10553734
19 Ctr: 0

21 Identité et nationalité du moyen de transport actif franchissant la frontière: AE

22 Monnaie et montant total facturé: EUR 2502
23 Taux de change
24 Nature de la transaction: 11

25 Mode transport à la frontière: 4
26 Mode transport intérieur: 3
27 Lieu de chargement / déchargement

28 Données financières et bancaires
Transport et Assurance - Trajet Aérien Pays tiers - CE
Fret et Frais — 442 EUR
Frais base TVA non compris dans le prix
Fret et Frais — 312 EUR

A

29 Bureau de sortie / d'entrée
FR003080
NICE AERO BUREAU

30 Localisation des marchandises
NCEFH1
FRANCE HANDLING NICE

Type de trajet aérien: 3
Aéroport d'embarquement: LHE LAHORE

31 Colis et désignation des marchandises
Désignation commerciale
2000 FRANGES MICROFIBRE POCHE 40X11 CM BLEUE
N°GROS FH : 347EK0077
Nombre et nature: 40 CT
Marque(s) et numéro(s)
.

32 article: 1 — No.
33 Code des marchandises: 6307109090
1er caco
2ème caco
34 Code P.origine: a PK
35 Masse brute (kg): 290
36 Préférence: 200
37 régime: 40 00 | 000
38 Masse nette (kg): 250
39 Contingent
40 Déclaration sommaire/Document précédent: 740 Z 176-10553734
41 Unités supplémentaires
42 Prix de l'article: 2502 EUR
43 Code M.E.: 1
Code M.S.
45 Ajustement
46 Valeur statistique: 2462

44 Mentions spéciales/Documents produits/Certificats et autorisations
CANA(S)
1035
Document(s) joint(s)
N380 SE/1036/N 09/12/N
N741 EK 176-10553734 09/12/N
N864 PKREXPK41316487-BAF-20N-0000041853 09/10/N
N271 SE1036/N 09/12/N
1003 FR71501386275 01/03/N

47 Calculs des impositions

Type	Base d'imposition	Quotité	Montant	MP
A445 B00	2814	20	563	
	Valeur en douane 2263	Total	0	R

48 Report de paiement
CE: ARTM — COD: ARTM
Mode paiement: R CRÉDIT D'ENLÈVEMENT
Mode garantie: C CRÉDIT OPÉRATIONS DIVER

49 Identification de l'entrepôt

B DONNEES COMPTABLES
Garanti sur COD, hors D48 : 0
TVA, AI2 : 0
TVA autoliquidée : 563
Montant à payer : 0
Montant non perçu : 0
Pour informations
Partie cautionnée : 0
Partie non cautionnée : 0

Recap.	Impositions
A445	563

D/J — CONTROLE PAR LE BUREAU DE DEPART / DE DESTINATION — Cachet:
résultat:
Scellés apposés: Nombre
marques:
Délai (date limite):
Signature:

54 lieu et date :
Date d'édition : 13/12/N 16:39
Date de dépôt :
Date de validation : 13/12/N 16:31
Etat de la déclaration : BAE
Type de procédure : DROIT COMMUN
Signature et nom du déclarant/représentant
AURELIE

DOCUMENT 3 Facture commerciale du fournisseur pakistanais

M/S SAEED ENTERPRISES

IMPORTER & EXPORTERS

Commercial Invoice

ALTOVERDE
261 Avenue de NOTRE DAME
06100 Nice -France
Tel: 0033- 489 241423

Invoice no: **SE/1036/N** Dated: **09.12.N**	E- Form No: **BAF-N-0000041853** Dated: **09.12.N**	Destination: Nice Payment Term: Advance	No. of ctns: 40

Sr. No.	Article No.	Description	No. of Pieces	Unit Price	Total Price
01	MF133	FRANGE MICROFIBRE POCHE 40x11 cm BLEUE	2000	1.03	2060.00
		As agreed air freight			442.00
Total			**2000 Pieces**	EURO	**2502.00 CPT**

Gross Weight:290.00 KG	**Net weight:.250.00 KG**

Saeed Enterprises

DOCUMENT 4 Liste de colisage du fournisseur pakistanais

M/S SAEED ENTERPRISES

IMPORTER & EXPORTERS

Packing List

ALTOVERDE
261 Avenue de NOTRE DAME
06100 Nice -France
Tel: 0033- 489 241423

Invoice no: **SE/1036/N** Dated: **09.12.N**	E- Form No: **BAF-N-0000041853** Dated: **09.12.N**	Destination: Nice Payment Term: Advance	No. of ctns: 40

Cartons Marks	Article No.	DESCRIPTION	No. of Pieces	Pieces / ctns	Total Ctns
01—40	MF133	FRANGE MICROFIBRE POCHE 40x11 cm BLEUE	2000	50	40
Total			**2000 Pieces**		**40 CTNS**

Gross Weight:290.00 KG	**Net weight:.250.00 KG**

Saeed Enterprises

DOCUMENT 5 Attestation d'origine du fournisseur pakistanais

M/S SAEED ENTERPRISES

IMPORTER & EXPORTERS

Date of Issue: 09.12.N

Name AND ADDRESS OF THE EXPORTER:
M/S SAEED ENTERPRISES
House No. 32/4 , A BLOCK, PHASE IX
DHA LAHORE, PAKISTAN

REX Registration of Exporter
[Rex No. PKREXPK41316487]*

Name AND ADDRESS OF THE Consignee:
ALTO VERDE
261 Avenue de Notre Dame
06100 Nice -France
Tel: 0033- 489 241423

Country of Origin:
Pakistan

Invoice No.: SE/1036/N
Dated: 09.12.N

No. of ctns: 40
No. of Pieces: 2000

DESCREIPTION OF PRODUCT:
Floor Cleaning Flat Mops

Statement on Origin,

" The Exporter M/S Saeed Enterprises [Rex No. PKREXPK41316487]* of the Products covered by this document declares that , except where otherwise clearly indicated, these products are of Pakistan preferential origin according to rules of the origin of the Generalized system of Preferences of the European Union and that the origin criterion met is Ref MF133 W.

HEAD OFFICE: 80/1, BLOCK-F PHASE -8 DHA, LAHORE-PAKISTAN TEL: +92-42-36615062
FACTORY ADDRESS: KHAN PIARA MORE EMINABAD ROAD, GUJRANWALA. TEL: +92-55-3262045
E-MAIL: SALES@CLEANINGPLUS.PK WEB: WWW.CLEANINGPLUS.PK

DOCUMENT 6 LTA

176 | LHE | 1055 3734

Shipper's Name and Address	Shipper's Account Number	Not Negotiable **Air Waybill** issued by EMIRATES AIRLINES
M/S SAEED ENTERPRISES 32/4, BLOCK-A PHASE – 9 DEA, LAHORE 54000 PAKISTAN TEL: +92-42-36616248		Copies 1, 2 and 3 of this Air Waybill are originals and have the same validity.

Consignee's Name and Address	Consignee's Account Number	
ALTOVERDE 261 AVENUE DE NOTRE-DAME 06100 NICE – FRANCE TEL: 0033-489 241423		It is agreed that the goods declared herein are accepted in apparent good order and condition (except as noted) for carriage SUBJECT TO THE CONDITIONS OF CONTRACT ON THE REVERSE HEREOF. ALL GOODS MAY BE CARRIED BY ANY OTHER MEANS INCLUDING ROAD OR ANY OTHER CARRIER UNLESS SPECIFIC CONTRARY INSTRUCTIONS ARE GIVEN HEREON BY THE SHIPPER, AND SHIPPER AGREES THAT THE SHIPMENT MAY BE CARRIED VIA INTERMEDIATE STOPPING PLACES WHICH THE CARRIER DEEMS APPROPRIATE. THE SHIPPER'S ATTENTION IS DRAWN TO THE NOTICE CONCERNING CARRIER'S LIMITATION OF LIABILITY. Shipper may increase such limitation of liability by declaring a higher value for carriage and paying a supplemental charge if required.

Issuing Carrier's Agent Name and City		Accounting Information
UNIVERSAL NETWORK SYSTEMS (PVT.) LTD. PAKISTAN +922134327911-4		FREIGHT PREPAID THIS AWB IS ONLY VALID AFTER CUSTOM CLEARANCE AND ANF.
Agent's IATA Code: 27 3 0604	Account No.	

Airport of Departure (Addr. of First Carrier) and Requested Routing	Reference Number	Optional Shipping Information
LAHORE – PAKISTAN		

To	By First Carrier (Routing and Destination)	to	by	to	by	Currency	CHGS	WT/VAL PPD	WT/VAL COLL	Other PPD	Other COLL	Declared Value for Carriage	Declared Value for Customs
DXB	EK	NICE	EK			USD	PP	P		P		NVD	

Airport of Destination	Requested Flight/Date		Amount of Insurance	INSURANCE - If carrier offers insurance, and such insurance is requested in accordance with the conditions thereof, indicate amount to be insured in figures in box marked "Amount of Insurance".
NICE, FRANCE	EK-625	12/12/N		

Handling Information
NOTIFY: SAME AS CONSIGNEE

SCI

No. of Pieces RCP	Gross Weight	kg/lb	Rate Class / Commodity Item No.	Chargeable Weight	Rate / Charge	Total	Nature and Quantity of Goods (incl. Dimensions or Volume)
40	290			351	1.35	473.85	SAID TO CONTAIN FLOOR CLEANING FLAT MOPS INVOICE NO. : SE/1056/19–20 DATED : 09/12/N FORM "E" NO. : BAF–2019–0000041853 DATED : 09/12/N
DIM IN CMS 47x35x32 = 40							

Prepaid	Weight Charge	Collect
473,85		
	Valuation Charge	
	Tax	
	Total Other Charges Due Agent	
17.71		
	Total Other Charges Due Carrier	
122.32		
Total Prepaid		Total Collect
613.88		
Currency Conversion Rates		CC Charges in Dest. Currency
For Carrier's Use only at Destination	Charges at Destination	Total Collect Charges

Other Charges

AWB	: 12.88	A.I.S	:	4.83	
CB	: 10.00	XD	:	0.01/KG	
MY	: 0.28/KG	GTC	:	0.01/KG	
SC	: 0.02/KG				

I hereby certify that the particulars on the face hereof are correct and that insofar as any part of the consignment contains dangerous goods. **I hereby certify that the contents of this consignment are fully and accurately described above by proper shipping name and are classified, packaged, marked and labeled, and in proper condition for carriage by air according to applicable national governmental regulations.**

C/O AIRSEA LOGISTICS (PVT) LIMITED
Signature of Shipper or his Agent

UNIVERSAL NETWORK SYSTEMS (PVT) LTD.
09/12/N — LAHORE, PAKISTAN
Executed on (date) — at (place) — Signature of Issuing Carrier or its Agent

176-1055 3734

DOCUMENT 7 **Facture du transitaire WES**

Since 1996
WES
World • Express • Services

FACTURE

Facture n° : 32583
Code client : 4200XX

Date : 16/12/N
Échéance : 15/01/N
Paiement : CHEQUE 30 JOURS
N° TVA client : FR9700000000

Expéditeur :
M/S SAEED Enterprises
LAHORE
PAKISTAN

Destinataire :
ALTOVERDE
06100 NICE
FRANCE

HAWB / HBL : 1 071 126
MAWB / MBL : 176-10553734
Depuis : LHE
Vers : NCE
Départ : 12/12
Réf client : SE/1036/21 SAEED

Poids : 290,000
Volume : 0,000
Taxable : 352 KGS
Incoterm : CPT NICE NCE AIRPORT
Arrivée : 13/12
Donneur d'ordre : BERTRAND

Qté	Unité	Libellé	Prix unitaire	Montant	Code TVA
351,64	KG	Handling Import Air	0,22 €	77,36 €	0
351,64	KG	Taxe de mise à dispo + frais compagnie	0,31 €	109,01 €	0
1,00	NO	Douane import	85,00 €	85,00 €	0
2,00	P4	Palettisation & fourniture palette perdue 80x120	20,00 €	40,00 €	0

Montant HT non soumis à TVA :	**311,37 €**
Montant HT soumis à TVA :	**0,00 €**
TOTAL HT :	**311,37 €**
TVA :	**0,00 €**
TOTAL TTC :	**311,37 €**

Mention exonération de TVA pour les prestations de services liées aux exportations : art. 262, I-1° et 2° du CGI.
Mention exonération de TVA pour les prestations de services à l'importation : art. 262, II-14° du CGI.
Mention exonération de TVA pour les transports intracommunautaires de biens des non assujettis : art. 259 A, 3° du CGI.
Mention exonération de TVA pour les transports intracommunautaires de biens des assujettis : art. 259, 1° du CGI.
Mention exonération de TVA de biens sous régime douanier : art. 291, III-2° du CGI.

* Les relances pour retour de paiement sont facturées 15 € HT pour une relance 2 ; 30 € HT pour les relances 3 et suivantes en courrier recommandé avec AR.
* Tout retard de paiement entraine l'application automatique d'une pénalité égale à 3 fois le taux d'intérêt légal.
* Pas d'escompte en cas de règlement anticipé.
* Les conditions générales de transport sont consultables sur notre site Internet ou sur demande à notre service client.
* Toute réclamation doit être faite par mail (facturation@wes.fr) dans un délai de 20 jours après la date de facturation.
* TVA acquittée sur les débits.
* Vos règlements doivent être envoyés à : WES – KOBA INTERNATIONAL – BP 647 – 98013 – MONACO Cedex

WES – KOBA INTERNATIONAL
BP 647
98013 MONACO Cedex

Tél. : +377 97 98 79 98
Email : facturation@wes.fr
N° TVA : FR3900000000

CHAPITRE

14 Dédouaner les marchandises : les situations particulières

COMPÉTENCES PROFESSIONNELLES

Organiser, contrôler et suivre la réalisation d'un contrat international | **Proposer des pistes d'amélioration de gestion des opérations**

« Accompagner, conseiller et contrôler avec discernement », telles sont les missions quotidiennes de la Douane dans ses relations avec les entreprises.
En accordant le bénéfice d'un régime douanier particulier ou d'une facilité fiscale, permettant à l'importateur d'économiser droits et taxes, la Douane participe au développement de la compétitivité des entreprises. Elle devient un accélérateur de croissance par la mise en place de procédures spécifiques. La fonction « douane » est aujourd'hui stratégique au sein de l'entreprise.

douane.gouv

SITUATION PROFESSIONNELLE

MALAISIE

Population : 33 220 000 habitants (2020)
Capitale : Kuala Lumpur
2e centre urbain : Penang
Langue officielle : malais (45 %)
2e langue parlée : tamoul (14 %)
Monnaie officielle : ringgit (1 EUR = 4,9409 MYR[1])

PIB/hab. : 11 414 USD (2019)
Principaux clients : Chine, Singapour, États-Unis, Hong Kong, Japon
Principaux fournisseurs : Chine, Singapour, États-Unis, Japon, Taïwan

1. Taux de change au 13/04/21.

1. Actualisez les données pays par une recherche sur Internet.
2. Caractérisez les pratiques commerciales, sociales et environnementales du pays, après consultation de l'évaluation des risques par Coface.

Fidèle à ses engagements de produire artisanalement de beaux et bons produits issus d'un savoir-faire français, Quai Sud développe une gamme de thés verts aromatisés. Sa gamme actuelle est travaillée surtout à base de thé en provenance de Chine. Elle espère se démarquer en proposant du thé vert de Malaisie, qu'elle déclinera selon différentes aromatisations originales.

Le thé vert sera importé en vrac et transformé au fur et à mesure des commandes dans ses ateliers de Signes (83). Un fournisseur a été sélectionné par le service Achats, les échantillons ont été reçus, testés et validés. La négociation est en phase finale.

Le responsable des achats vous charge de préparer cette importation. Il souhaite notamment profiter des mesures douanières qui permettront à la fois d'optimiser les coûts de revient et d'alléger les contraintes de trésorerie, sachant qu'une partie de la production est destinée aux marchés export.

Il vous transmet le récapitulatif des caractéristiques de cette importation (**document**).

1. Identifiez le(s) régime(s) particulier(s) à privilégier. ➲ Fiches ressources 1 à 4
2. Précisez les formalités à réaliser pour la mise en place du (des) régime(s) choisi(s). ➲ Fiches ressources 1 à 5
3. Précisez les dispositions dont pourrait bénéficier l'entreprise en matière de TVA en fonction des régimes qu'elle aura choisis. ➲ Fiche ressource 6
4. Proposez au responsable des achats une simulation chiffrée afin d'appuyer votre argumentation.

VOTRE DOSSIER

DOCUMENT Caractéristiques de l'importation de thé vert

- Contrat annuel portant sur 1 tonne de thé vert en feuilles, conditionné en vrac dans des sacs de jute placés en caisse. Expéditions échelonnées à raison d'une par trimestre, par voie maritime en groupage.
- Estimation de la valeur en douane annuelle : 35 600 EUR
- Dédouanement réalisé à l'arrivée au port du Havre
- Extraits du TARIC :
  – n° 09 02 10 0000
  – taux de droits de douane à l'import de Malaisie : 3,2 %
- Taux de TVA à appliquer : 10 %
- Prévisions de la répartition des ventes de thé aromatisé :
  – 50 % en France ;
  – 30 % hors UE ;
  – 20 % en UE.

FICHE RESSOURCE

1 Régimes particuliers : présentation générale

I Présentation

Les régimes particuliers permettent d'importer dans l'Union européenne des marchandises tierces (non communautaires) en suspension et/ou exonération de droits de douane, de TVA et de mesures de politique commerciale, afin de les stocker, de les utiliser ou de les transformer, avant de les réexporter hors de l'UE ou de les écouler sur le marché européen.
Le bénéfice d'un régime particulier nécessite une autorisation préalable des douanes.
Le placement des marchandises sous un régime particulier est effectué au moyen d'un DAU.

Situations particulières	Régimes particuliers	Effets
Transit (*Voir fiche ressource 2*)	Transit de l'Union	Suspension des droits et taxes
	Transit commun	Suspension des droits et taxes
	TIR	Suspension des droits et taxes
Stockage (*Voir fiche ressource 3*)	Entrepôt douanier	Suspension des droits et taxes
	Zones franches	Suspension des droits et taxes
Utilisation spécifique (*Voir fiche ressource 4*)	Admission temporaire	Exonération partielle ou totale
	Destination particulière	Exonération partielle ou totale
	Carnet ATA	Exonération totale
Transformation (*Voir fiche ressource 5*)	Perfectionnement actif	Suspension des droits et taxes
	Perfectionnement passif	Taxation sur la plus-value

II L'apurement des régimes particuliers

Apurer un régime signifie mettre fin à un régime particulier en le transformant en un autre régime, soit particulier, soit définitif (MAC ou exportation).
L'apurement est réalisé au moyen du dépôt d'un nouveau DAU.

Des régimes particuliers peuvent se succéder.

Exemple L'entreprise Friz Candle, située à Grasse, fabrique des bougies à partir d'ingrédients locaux (cire et extraits de parfums). Les verres et les mèches destinés à ces bougies sont importés depuis la Chine. Les produits finis sont ensuite vendus en France ou exportés aux États-Unis. L'entreprise a sollicité un régime de perfectionnement actif afin de bénéficier des mesures suspensives. D'autre part, les quantités importantes de verres et mèches commandées à ses fournisseurs chinois sont stockées en amont de la fabrication.

Ainsi, à leur arrivée au port de Marseille, les marchandises sont successivement placées :
1. sous le régime de transit de l'Union (T1) jusqu'au lieu de dédouanement (Grasse) ;
2. sous le régime d'entreposage dans des locaux agréés ;
3. sous le régime du perfectionnement actif, pour la partie des marchandises faisant l'objet d'une ouvraison et destinées à être réexportées aux États-Unis. L'entreprise bénéficie d'une exonération des droits de douane et de la TVA pour ces marchandises.

Apurement des régimes particuliers lors de la commercialisation des bougies :
4a. mise en libre pratique et mise à la consommation des bougies commercialisées en France ;
4b. réexportation des bougies destinées aux États-Unis.

La succession de ces régimes particuliers permet à l'entreprise de réaliser des gains de trésorerie et de bénéficier des mesures de politique commerciale.

FICHE RESSOURCE

2 Les régimes particuliers : les régimes de transit

Les régimes de transit permettent à des marchandises de circuler sur un territoire douanier sans accomplir de formalités de dédouanement, parce qu'elles ne font que le traverser.

Transit de l'Union	**Transit externe (T1) :** il permet la circulation de marchandises tierces sur le territoire douanier de l'Union européenne (TDU). Exemple ▸ Des marchandises japonaises déchargées à Anvers seront placées sous transit T1 pour leur transport jusqu'à leur lieu de dédouanement en France.
	Transit interne : il permet la circulation de marchandises communautaires sur le TDU, avec emprunt du territoire d'un pays hors-UE, sans modification de son statut. Son code sur le DAU est T2. Exemple ▸ Des marchandises en provenance d'Autriche pour la France traversent la Suisse. Le passage en Suisse (hors UE) est facilité grâce au T2.
Transit commun	Il permet de faciliter la circulation des marchandises entre les parties contractantes à la Convention de transit commun du 20 mai 1987 : pays de l'Association européenne de libre-échange (AELE – Islande, Suisse, Norvège, Liechtenstein), Turquie, Macédoine du Nord, Serbie et les États membres de l'Union européenne. On utilise un DAU T1 pour des marchandises tierces et un DAU T2 pour des marchandises communautaires.
Transit international routier (TIR)	Il permet la circulation de marchandises tierces sur le territoire des pays adhérents à la Convention douanière relative au transport international sous carnet TIR (Convention TIR de Genève du 14 novembre 1975, entrée en vigueur en 1978), sans autre formalité que la production du carnet TIR. Exemple ▸ Le chauffeur d'un camion à destination de la Russie établit le carnet TIR au départ de France, constitué d'autant de feuillets que de douanes à franchir. Le carnet TIR sera visé à chaque frontière et apuré lors du dédouanement en Russie.

Cas du transit postal : les règles relatives au transit postal sont encadrées par le droit international – union postale universelle (UPU) – et par le Code des douanes de l'Union.

FICHE RESSOURCE

3 Les régimes particuliers liés au stockage des marchandises : l'entreposage

Que ce soit à l'import ou à l'export, le régime de l'entreposage permet le stockage des marchandises en l'état, en suspension des droits et taxes, dans l'attente de l'affectation à une autre destination douanière.
Le dédouanement est réalisé au fur et à mesure de la sortie des marchandises de l'entrepôt. Si les marchandises sont finalement réexportées hors du territoire douanier de l'Union, l'entreprise n'aura à acquitter ni droits de douane ni TVA.

I Les modalités du régime de l'entreposage

Entreposage à l'importation	Autorise le stockage des marchandises tierces sous contrôle douanier en suspension de droits et taxes, sans limite de temps.
Entreposage à l'exportation	Permet le stockage sous contrôle douanier des marchandises tierces destinées à l'exportation (limité à 2 ans) afin de bénéficier des effets attachés à l'exportation, comme l'exonération de la TVA.

1 Intérêts du régime de l'entreposage

- À l'import, les droits et taxes sont acquittés uniquement lors de la commercialisation des marchandises sur le territoire douanier de l'Union.
- Ce régime permet à l'importateur de constituer des stocks, sans acquitter de facture douanière.

2 Contraintes du régime de l'entreposage

- Il nécessite la mise en place d'une caution.
- L'entreprise doit tenir une comptabilité-matières (suivi régulier des entrées et des sorties des articles en stock) et se soumettre aux contrôles de la Douane.
- Les transformations sont interdites, mais les manipulations usuelles sont autorisées (un reconditionnement, par exemple).
- La durée maximale d'entreposage est fixée en fonction des besoins de l'entreprise.

II Les entrepôts agréés et les zones franches

Entrepôts publics	Ils sont mis à disposition par des prestataires : représentants en douane enregistrés, transporteurs, logisticiens (entreprises privées), ports autonomes ou encore chambres de commerce (personnes morales de droit public). Ces locaux doivent obtenir l'agrément des douanes. Responsabilité du titulaire de l'autorisation (le prestataire) et du titulaire du régime douanier (l'importateur).
Entrepôts privés	Ils sont gérés par les titulaires du régime, avec ou sans agrément des locaux par les douanes. En cas d'absence d'agrément des locaux, les douanes doivent tracer en temps réel le flux des marchandises dans les lieux déclarés. La responsabilité incombe au titulaire de l'autorisation, qui est également titulaire du régime. L'agrément des locaux est obligatoire s'il y a un seul lieu de stockage bien délimité et si les flux commerciaux sont relativement modérés. La durée de stockage est illimitée.
Zones franches	Autorisées par arrêté ministériel, ces zones géographiques clôturées, situées dans des grands ports, en territoire urbain ou à proximité des frontières, permettent le stockage pour une durée illimitée de marchandises tierces, en suspension de droits, de taxes et de mesures de politique commerciale, sans constitution de garantie.

FICHE RESSOURCE

4 Les régimes particuliers liés à l'utilisation des marchandises

I L'admission temporaire

Ce régime permet d'importer temporairement des marchandises tierces affectées à un usage déterminé (expositions ; usages professionnel, culturel, sportif ; essai de matériels) et destinées à être réexportées sans leur faire subir de modifications.

1 Intérêts du régime de l'admission temporaire

Le placement des marchandises sous ce régime permet :
- l'exonération totale ou seulement partielle des droits de douane et des taxes pour une liste de marchandises établie par les douanes (exemple : matériels pédagogique et scientifique) ;
- l'application des mesures de politique commerciale :
  - TVA : paiement intégral, lors du dépôt de la déclaration de placement,
  - droits de douane : acquittement des droits lors de la réexportation des marchandises sur la base de 3 % de leur montant normal par mois d'utilisation.

Si les matériels sont laissés définitivement sur le territoire douanier de l'Union, les droits de douane doivent être payés intégralement.

2 Contraintes du régime de l'admission temporaire

Nécessite la mise en place d'une garantie des droits de douane (dispense en cas de statut OEA), délai maximum de séjour de 24 mois (sauf délais spéciaux prévus par les douanes).

Exemple Une entreprise située dans un État membre de l'UE importe, pour une durée de 4 mois, un four de cuisson boulanger industriel d'une valeur à l'importation de 120 000 EUR. Le taux de droits de douane est de 1,7 % et la TVA de 20 %.

1. Sans le régime de l'admission temporaire	2. Avec le régime de l'admission temporaire
Droits de douane : 120 000 × 1,7 % = 2 040 EUR	TVA immédiatement exigible dès le placement sous le régime : 120 000 × 20 % = 24 000 EUR
TVA : (120 000 + 2 040) × 0,20 = 24 408 EUR	Lors de la réexportation, les droits de douane sont calculés au *prorata temporis* : 3 % par mois d'utilisation des droits normalement dus : (2 040 × 3 %) × 4 = 244 EUR
Soit un total dû de 26 448 EUR	Soit un total dû de 24 244 EUR
Économie réalisée avec le régime de l'admission temporaire : 26 448 – 24 244 = 2 204 EUR	

Remarque Le régime des retours n'existe plus en tant que tel dans le CDU, mais en cas de réimportation d'une marchandise initialement exportée (matériel défectueux, par exemple) dans un délai de 3 ans, il est possible de demander l'exonération des droits et taxes. Le motif du retour doit être justifié. L'importateur doit fournir la déclaration douanière et la facture émises lors de l'exportation. La déclaration douanière de réimportation mentionnera en case 37 le régime 61 10 (réimportation suite à une exportation définitive).
La douane peut néanmoins refuser d'accorder le bénéfice de l'exonération.

II La destination particulière

Ce régime vise à favoriser la production dans l'UE. Il permet, sous conditions, la mise en libre pratique de marchandises tierces affectées à une destination donnée (processus de montage ou de transformation), à des conditions préférentielles.
Si le produit peut bénéficier de ce régime, cette disposition apparaîtra dans le TARIC (exemple : pare-chocs importés de Chine destinés à être montés dans une usine en France).

1 Intérêt du régime de la destination particulière

- Réduction ou suspension des droits de douane.
- Le délai d'affectation des marchandises à leur destination est celui estimé nécessaire par l'opérateur, en fonction du processus industriel.

2 Obligations du régime de la destination particulière

- Les marchandises doivent bénéficier de conditions tarifaires préférentielles.
- L'importateur doit déposer une déclaration d'importation et tenir une comptabilité-matières.

III Le carnet ATA (Admission Temporaire/*Temporary Admission*)

Le carnet ATA est une déclaration simplifiée d'admission temporaire / d'exportation temporaire valant titre de transit, qui relève d'une convention internationale antérieure au CDU.

Valable 12 mois maximum, il est délivré par les chambres de commerce et d'industrie, moyennant le paiement d'une redevance. Cette redevance varie en fonction de la valeur de la marchandise concernée, des pays de destination et du nombre de voyages.

Ce régime autorise l'utilisation du matériel professionnel, scientifique ou pédagogique, pendant la durée de validité du carnet souscrit (maximum un an) et pour les motifs autorisés lors de l'émission du carnet ATA.

Il facilite la circulation internationale des marchandises en simplifiant les formalités douanières. Il se substitue aux différents documents douaniers normalement requis pour une opération d'importation temporaire, d'exportation temporaire, ou de transit, lorsque des marchandises tierces ou communautaires exportées temporairement doivent emprunter des pays tiers pour parvenir à destination et si les pays traversés sont parties contractantes à l'une des conventions ATA (convention ATA de Bruxelles 1961, convention d'Istanbul 1990).

Les marchandises bénéficient en principe d'une franchise totale des droits de douane. Elles bénéficient également d'une franchise de la TVA, si elles sont réimportées par l'exportateur lui-même.

Exemple Pour sa participation à un salon important aux Émirats arabes unis, une entreprise spécialisée dans la fabrication de baignoires de balnéothérapie a utilisé un carnet ATA pour la circulation de son matériel d'exposition (stand modulaire, baignoires de démonstration, éléments de décor...) et pour son matériel informatique et audiovisuel (ordinateurs, téléviseurs grand écran, caméras...).

FICHE RESSOURCE

5 Le régime particulier lié à la transformation : le perfectionnement

I Le perfectionnement actif

Le régime du perfectionnement actif est destiné à favoriser l'activité économique des entreprises de l'Union européenne qui transforment ou réparent des marchandises tierces.
Il leur permet d'importer des marchandises tierces, de les transformer ou de les réparer avant de les réexporter ou de les mettre à la consommation dans l'UE.

1 Intérêts du régime du perfectionnement actif

- Suspension de droits et taxes et des mesures de politique commerciale en cas de réexportation.
- Depuis le CDU (2016), la réexportation n'est plus obligatoire. En cas de non-réexportation, la taxation sur les produits finis devient la règle.

2 Contraintes du régime du perfectionnement actif

- Déclaration de placement sous le régime du perfectionnement actif.
- Justification économique du recours au régime du perfectionnement actif.
- Mise en place d'une garantie pour couvrir les droits et taxes suspendus (dispense de cette garantie en cas de statut OEA).
- Tenue d'une comptabilité-matières.
- Déclaration du taux de rendement (quantité de marchandises d'importation nécessaires pour fabriquer une quantité donnée de produits compensateurs).

Exemple Importation d'orchidées séchées pour incorporation dans des produits cosmétiques. La totalité des marchandises importées sera transformée (taux de rendement : 100 %). Les produits cosmétiques seront réexportés à hauteur de 40 %, le reste (60 %) étant destiné au marché de l'UE.
Taux de droits de douane : 8,5 %, TVA : 20 %.
Valeur en douane CIP Marseille : 25 000 EUR
À leur placement sous le régime de PA : suspension des droits et taxes.
Les DD et la TVA concernant les produits commercialisés sur le territoire de l'UE seront exigibles au moment de la mise en libre pratique, alors que les produits exportés bénéficieront des exonérations relatives aux exportations (pas de DD ni de TVA).

1. Sans le régime du perfectionnement actif	2. Avec le régime du perfectionnement actif
La totalité des marchandises importées sont taxées : DD = 25 000 × 8,5 % = 2 125 EUR TVA = (25 000 + 2 125) × 0,20 = 5 425 EUR	Seuls les produits destinés au marché intérieur sont taxés : DD = (25 000 × 0,60) × 8,5 % = 1 275 EUR TVA = [(25 000 × 0,60) + 1 275] × 0,20 = 3 255 EUR
Total dû : 2 125 + 5 425 = 7 550 EUR	Total dû : 1 275 + 3 255 = 4 530 EUR
Économie réalisée avec le régime du perfectionnement actif : 7 550 – 4 530 = 3 020 EUR	

II Le perfectionnement passif

Il permet d'exporter temporairement des marchandises communautaires dans un pays tiers en vue de les faire transformer ou réparer, avant de réimporter les produits finis.
L'octroi du régime est conditionné au fait que les marchandises communautaires exportées soient identifiables dans la composition du produit compensateur et que l'octroi de l'autorisation ne porte pas atteinte aux intérêts essentiels des transformateurs communautaires.

1 Intérêts du régime du perfectionnement passif

Réimportation en exonération totale ou partielle des droits à l'importation : les droits de douane sont calculés sur la base des coûts de perfectionnement (plus-value) dans le pays tiers auxquels s'ajoute éventuellement le prix des matières tierces utilisées dans le processus de perfectionnement.

2 Contraintes du régime du perfectionnement passif

- Dépôt d'une déclaration temporaire d'exportation.
- Déclaration du taux de rendement (quantité de marchandises d'exportation nécessaires pour fabriquer une quantité donnée de produits compensateurs).

Exemple Exportation de 5 000 kg d'acier en Russie, à destination d'un fabricant chargé de la production de limes (produits compensateurs).
Valeur de l'acier exporté : 15 000 EUR
Valeur des limes réimportées : 75 000 EUR
Valeur facturée par le fabricant russe (plus-value) : 60 000 EUR
Taux de rendement : 95 % → réimportation de : 5 000 × 95 % = 4 750 kg de produits compensateurs
Droits de douane : 1,7 %. TVA : 20 %
Lors de la réimportation des limes :

1. Sans le régime du perfectionnement passif	2. Avec le régime du perfectionnement passif
Valeur en douane : 75 000 EUR DD = 75 000 × 1,7 % = 1 275 EUR TVA = (75 000 + 1 275) × 0,20 = 15 255 EUR	Taxation sur la plus-value de 60 000 EUR : DD = (60 000 × 1,7 %) = 1 020 EUR TVA = (60 000 + 1 020) × 0,20 = 12 204 EUR
Total dû : 1 275 + 15 255 = 16 530 EUR	Total dû : 1 020 + 12 204 = 13 224 EUR
Économie réalisée avec le régime du perfectionnement passif : 16 530 – 13 224 = 3 306 EUR	

FICHE RESSOURCE

6 Les mécanismes liés à la TVA

Plusieurs mécanismes permettent aux entreprises de faciliter le paiement de la TVA ou d'alléger leur trésorerie.

I L'autoliquidation de la TVA

Le dispositif de l'autoliquidation de la TVA à l'importation permet d'en différer le paiement en en reportant le montant sur la déclaration de chiffre d'affaires (CA3 mensuelle ou trimestrielle) déposée auprès de la Direction générale des Finances publiques (DGFIP).
Peut en bénéficier toute personne physique ou morale assujettie à la TVA, établie ou non dans le territoire douanier de l'Union européenne et redevable de la taxe pour les opérations d'importation réalisées en France, à condition d'en faire la demande auprès de la Douane et de respecter les critères définis par la réglementation :

Pour les opérateurs établis dans l'UE	– Avoir effectué au moins quatre importations au sein du territoire de l'UE au cours des 12 mois précédant la demande. – Disposer d'un système de gestion des écritures douanières et fiscales permettant le suivi des opérations d'importation. – Ne pas avoir commis d'infractions graves ou répétées aux dispositions douanières et fiscales au cours des 12 mois précédant la demande. – Avoir une situation financière satisfaisante au cours des 12 mois précédant la demande (sans condition de garantie ou de caution).
Pour les opérateurs non établis dans l'UE	Dédouaner impérativement par l'intermédiaire d'un représentant en douane titulaire d'une autorisation d'opérateur économique agréé « simplifications douanières » valide (cette condition permet d'avoir le même niveau de sécurisation que pour les opérateurs européens).

II Les achats en franchise de TVA : la procédure fiscale des AI2

À partir d'une simple évaluation des ventes à destination de pays tiers ou membres de l'Union européenne effectuées en exonération de TVA, il est possible de bénéficier d'un contingent d'achat en franchise de TVA. Si ces ventes sont importantes, cette procédure est particulièrement intéressante.
La détermination de ce contingent relève de la compétence du service des impôts dont dépend l'entreprise.
Cette procédure fiscale des AI2 permet d'importer des produits en franchise de TVA (sont exclus les biens constituant des immobilisations) destinés à faire l'objet d'une exportation.
Cette facilité permet d'importer des marchandises sans avance de TVA, ce qui constitue un réel avantage de trésorerie pour l'importateur.

III Le régime 42

Il permet d'importer ou de réimporter en exonération de TVA des marchandises tierces seulement si celles-ci font consécutivement l'objet d'une livraison intracommunautaire (expédition dans un autre État membre).
Les droits de douane sont payés lors de leur introduction dans l'UE (mise en libre pratique), la TVA est acquittée dans l'État membre de destination finale.
Le numéro d'identification à la TVA de l'acheteur doit être mentionné sur la déclaration en douane.

1 Identifier le régime particulier adapté à la situation

- **Pour chaque situation, indiquez le régime adapté et justifiez votre réponse.**

Situation	Régime	Justification
a. Une université française emprunte un matériel coûteux à une université américaine pour un de ses laboratoires afin d'effectuer des expériences scientifiques.		
b. Exportation de câbles pour être montés sur des automobiles en Corée du Sud, ces dernières étant ensuite réimportées dans l'Union européenne.		
c. Le musée du Louvre importe du Caire des objets égyptiens pour une exposition sur l'art funéraire égyptien.		
d. Importation de Thaïlande d'objets de décoration destinés à être commercialisés sur le marché français par une centrale d'achat.		
e. Importation de Chine de pare-brise destinés à être montés sur des véhicules dans les usines françaises.		
f. Importation du Brésil de bois de palissandre destinés à la fabrication de tables basses vintage dans les ateliers français.		
g. Expédition de produits cosmétiques destinés à la participation à un salon professionnel à Seattle.		

2 Utiliser des régimes particuliers

Une entreprise française importe en bonbonnes dans des conteneurs complets une très grande quantité d'huile d'olive de Tunisie. La marchandise arrive par bateau jusqu'au port de Marseille, puis elle est acheminée jusqu'aux entrepôts sous douane du transitaire situés à Aix-en-Provence, à proximité de son site de conditionnement. Le dédouanement a lieu à leur arrivée dans les entrepôts.

L'entreprise fait ensuite embouteiller l'huile sur son site. Une partie des bouteilles d'huile d'olive est commercialisée en France *via* son réseau de distributeurs. Le reste est exporté vers la Suisse, les États-Unis, le Royaume-Uni et l'Allemagne.

1. **Identifiez le(s) régime(s) que l'entreprise doit solliciter afin d'optimiser ses coûts de revient. Justifiez vos réponses.**

2. **Expliquez l'intérêt de faire stocker sa marchandise dans l'entrepôt sous douane de son transitaire.**

3. **Listez les formalités à réaliser pour la mise en place de ces différents régimes.**

4. **Expliquez comment ces différents régimes seront apurés.**

5. **Identifiez les différentes mesures auxquelles l'entreprise peut prétendre en matière de TVA.**

6. **Expliquez l'intérêt économique de l'utilisation de régimes particuliers.**

3 Utiliser le régime du perfectionnement actif

L'entreprise Gramex fabrique et commercialise tous types d'emballages plastiques.
Elle importe des États-Unis des rouleaux de film plastique en propylène noir pour la fabrication de sacs isothermes individuels pour bouteilles. Elle sollicite un régime de perfectionnement actif.
Les produits fabriqués sont destinés à 70 % au marché français, le reste aux marchés export.

1. **Justifiez le choix du régime de perfectionnement actif.**

2. **Calculez, à l'aide du document, l'économie réalisée grâce à l'utilisation de ce régime particulier.**

DOCUMENT **Informations douanières**

Valeur CIP Le Havre : 45 000 EUR
DD : 6,7 %
TVA : 20 %
TPP : 0,033 % calculée sur la valeur en douane

4 Utiliser le régime du perfectionnement passif

Lindole, installée à Dole (39), fabrique et commercialise du linge de maison haut de gamme. Elle propose une gamme complète de linge et produits textiles coordonnés (linge de lit assorti aux rideaux et aux éléments de décoration).

Elle veut compléter sa gamme par des couettes matelassées assorties. En raison de la spécificité de la technique (piquage, rembourrage...), elle a décidé de les faire fabriquer en Russie, par un producteur qui dispose d'ateliers spécialisés.

Elle fournira les tissus destinés à ces couettes à ce sous-traitant qui se chargera de la fabrication. L'entreprise Lindole a demandé à l'administration des douanes à bénéficier du régime du perfectionnement passif.

1. **Justifiez le choix du régime du perfectionnement passif.**

2. **Calculez, à l'aide du document, l'économie réalisée grâce à l'utilisation de ce régime particulier.**

DOCUMENT Informations douanières

Tissu	Valeur EXW Dole : 13 500 EUR DD : 8 % TVA : 20 %
Couettes	DD : 12 % TVA : 20 % Taux de rendement : 95 % Valeur CIP CDG : 22 500 EUR Fret aérien : 450 EUR Coefficient d'aéroport : 57 % Dédouanement à l'aéroport CDG

5 Utiliser le régime de l'admission temporaire

L'entreprise ARTIMOB fabrique et commercialise des meubles sur mesure. Un nouveau client saoudien lui passe une commande d'un ensemble de meubles en bois de courbaril. C'est une essence de bois de luxe et qui nécessite un outillage de précision.
L'entreprise choisit de louer l'équipement nécessaire plutôt que d'investir dans un matériel coûteux qu'elle utiliserait très rarement. Elle sollicite donc une société spécialisée américaine qui lui louera cet équipement pour une durée de 6 mois minimum.

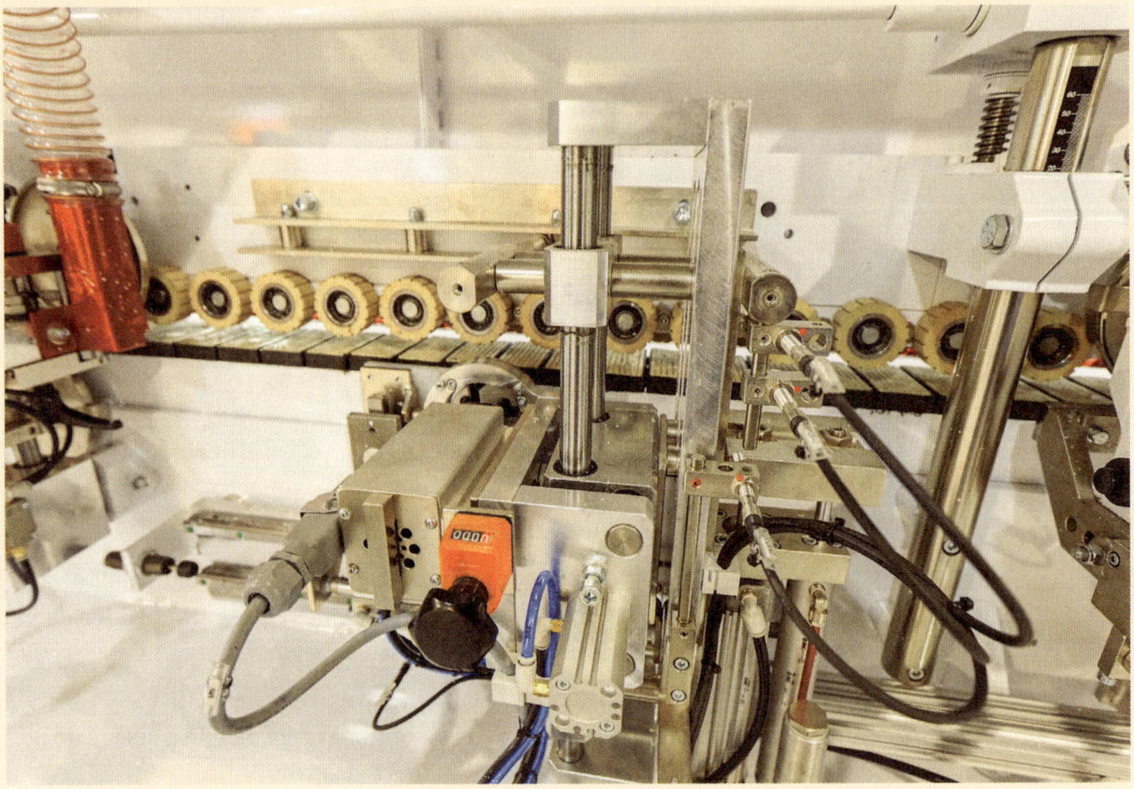

La machine arrive le 30 janvier au port du Havre. Elle sera réexpédiée le 30 août.

1. **Justifiez le choix du régime de l'admission temporaire.**

2. **Calculez, à l'aide du document, l'économie réalisée grâce à l'utilisation de ce régime particulier.**

DOCUMENT Informations douanières

Valeur CIP Le Havre : 182 000 EUR
Dédouanement réalisé au Port du Havre par le transitaire de l'entreprise
Régime douanier : admission temporaire
Droits de douane : 2,7 %
TVA : 20 %

CHAPITRE

15 Calculer le coût de revient d'une importation

COMPÉTENCES PROFESSIONNELLES

Évaluer les conséquences des choix opérés

Le coût de revient d'une importation est la base du calcul du prix de vente sur le marché domestique ou export. En fonction de sa stratégie de prix, l'entreprise pourra mettre en concurrence différents fournisseurs afin d'obtenir une offre plus compétitive et d'améliorer ses marges.

Il est primordial pour l'importateur d'avoir une bonne maîtrise de son coût de revient. Les choix logistiques, mais aussi les conditions commerciales de l'achat, vont avoir *in fine* un impact sur le prix de vente de l'exportateur.

SITUATION PROFESSIONNELLE

SRI LANKA

Régime : république démocratique
Capitale : Sri Jayewardenepura (Kotte)
Population : 21 803 725 habitants
Villes principales : Colombo, Jaffna, Kandy
Langues officielles : cingalais et tamoul
Autre langue parlée : l'anglais est reconnu par la Constitution comme langue de communication.
Monnaie : roupie sri-lankaise (1 EUR = 239,2917 LKR[1])
PIB/hab. : 3 853 USD (160e) (2019)
Principaux clients : États-Unis, Royaume-Uni, Inde
Principaux fournisseurs : Inde, Chine, États-Unis

1. Taux de change au 13/04/21.

1. Actualisez les données pays par une recherche sur Internet.
2. Caractérisez les pratiques commerciales, sociales et environnementales du pays, après consultation de l'évaluation des risques par Coface.

GUAYAPI

VOUS FAIT DÉCOUVRIR LES MEILLEURES MATIÈRES PREMIÈRES D'AMAZONIE ET DU SRI LANKA
SUPER-ALIMENTS- COMPLÉMENTS ALIMENTAIRES
EPICERIE FINE - COSMÉTIQUES

Siège social : 55 rue Traversière 75012 Paris
Showroom : 73 rue de Charenton 75012 Paris
www.guayapi.com

Bureau au Sri Lanka :
Guayapi Lanka Private Ltd, Maussawa Estate, Pundaluoya, Sri Lanka

Fondée en 1990 par Claudie Ravel, Guayapi est née de rencontres et de passion. Cette entreprise a pour vocation la reconnaissance, la valorisation et la distribution des plantes de cueillette sauvage en provenance d'Amazonie et du Sri Lanka.
Guayapi importe du territoire amazonien (Brésil) des matières premières renommées pour leurs prodigieuses vertus comme le warana, plante énergisante, l'acérola, fruit chargé de vitamine C, puissant antioxydant, le borojo, fruit d'Amazonie et du Sri Lanka, des céréales (riz rouge, kurakkan), de la sève de kitul, du lait de coco, de la farine de coco et bien d'autres variétés de plantes sélectionnées, entrant dans la composition des compléments alimentaires, produits d'épicerie fine et produits cosmétiques commercialisés par l'entreprise.
Ses critères de sélection reposent sur la qualité d'origine et la pureté des plantes utilisées.
Guayapi œuvre en faveur de trois critères fondamentaux : environnemental (biodiversité), biologique et social (commerce équitable), et est membre de la PFCE (Plate-forme pour le commerce équitable). Elle participe également activement à la recherche en phytothérapie sur les territoires concernés par ce programme.
La vocation de Guayapi est la valorisation de produits issus des terres d'origine en adéquation avec les populations locales. C'est dans ce contexte que s'inscrivent ses trois gammes de produits (**document 1**).
Aujourd'hui, l'entreprise est présente sur le marché français et exporte en Belgique, en Allemagne, en Espagne, en Italie, au Cameroun et à Singapour. Elle distribue également ses produits dans les départements, régions et collectivités d'outre-mer, *via* un réseau de distributeurs spécialisés dans la commercialisation des produits bio.
Vous collaborez à l'organisation de diverses opérations au sein du service import de Guayapi.
Vous êtes chargé(e) de calculer le coût de revient import du thé vert sri-lankais issu de l'agriculture biologique (« thé vert *organic* »), afin de préparer les prix de vente pour le nouveau catalogue (**document 1**).
Le service Comptabilité vous a transmis la facture du fournisseur sri-lankais (**document 2**), la facture du prestataire chargé de la logistique (**document 3**), ainsi que les éléments de coûts relatifs à la commercialisation de ce produit en France (**document 4**).

1. Calculez le coût de revient global et unitaire d'une boîte de thé vert bio (« thé vert *organic* »).

Fiche ressource 1

Deux références de la gamme « Épicerie fine » sont en rupture de stock et vous devez procéder en urgence au réapprovisionnement : il s'agit de la farine de coco, conditionnée en sachets de conservation de 500 g, et du riz rouge, présenté en boîtes en carton de 1 kg.
Le transitaire habituel de Guayapi a été chargé de réaliser la logistique de cette importation par la voie aérienne.
Vous disposez des éléments fournis par le service Comptabilité (**document 5**), des éléments logistiques transmis par le transitaire (**document 6**) et de la facture commerciale (**document 7**).

2. Procédez à la répartition des frais logistiques entre les deux références importées.

Fiche ressource 2

3. Calculez le coût CPT Roissy de chaque référence.

4. Calculez les coûts de revient total et unitaire par référence de cette commande.

DOCUMENT 1 Extrait du catalogue de Guayapi

Super-aliments	Épicerie fine	Cosmétiques
☐ Waranà-Guaranà ☐ Semence de cumaru	☐ Riz rouge ☐ Thé vert bio ☐ Farine de coco	☐ Poudre de douche waranà ☐ Huile de copaïba

Catalogue en ligne disponible sur le site de l'entreprise : www.guayapi.com

DOCUMENT 2 Facture commerciale, importation de thé vert bio (« *organic* »)

Guayapi Lanka (Pvt.) Ltd

Maussawa Estate, Halpola, Pundaluoya, SRI LANKA

Tel: +94 (0)51 2233100 +94 (0)51 2233133 E-mail : info@guayapilanka.com

		COMMERCIAL INVOICE **AIR FREIGHT**	**INVOICE No** 20N / 0101
Buyer Office Address Guayapi Tropical 55 rue Traversière 75012 Paris - France		**Delivery Address** ATL 83 83 Albert Garry 94450 Limell-Brevannes	**Date** 08/06/20N
City and country France		**Port of Destination**	**Name of embarkation**
Country of origin Sri Lanka		**Date of Shipment**	**Loading Port**
Number of cartons per item	**Quantity and Kind of Volume**	**Specification of Goods**	**Total Price**
13 cartons	250 kg	Stassen Natural Foods (PVT), LTD. Pure Ceylon Organic green Tea BOPF LOT No B7551	€ 3,850.00
		Sri Lankan Handling Charges	€ 150.00
Gross Weight 268.85		**Received by**	€ 4,000.00
Net Weight 250.00 kg		**Approved by**	Air freight
			C & F Value
			Insurance

DOCUMENT 3 Facture du transitaire pour l'importation de thé vert bio (« *organic* »)

Expéditeur KVE
STASSEN NATURAL FOODS
COLOMBO
Destinataire
GUAYAPI
PARIS

CHALLENGE AIR INTERNATIONAL
Bâtiment 3441, Cargo 7 - 7, rue du Té
BP 18239 TREMBLAY EN FRANCE
95703 ROISSY CHARLES DE GAULLE CEDEX - FRANCE
Tél. : 01 49 19 81 80 - International : + 33 1 49 19 81 80
Fax : 01 49 47 08 75 - International : + 33 1 49 47 08 75

Facture no 312482 A COPIE
Du 17/07/
Vos références

Réf/CPT : Réf/CPT : 5842178
N/Réf : 71 A I 461679 (306962)
V/Identifiant: FR654242588182
Parti de COLOMBO
Arrivé à ROISSY CDG
Par QR039 **du** 06/07/
LTA/HAWB : 157 / 54746624 /

GUAYAPI
55 RUE TRAVERSIERE
75012 PARIS
FRANCE

Nombre colis	Marchandises	Poids brut	Unité	Pays	Volume	Valeur
1 PALETTE	THE	292	291.5	KG		

Libellé (Incoterm: CPT / ROISSY)	Exo	TVA	Taxable	Non Taxable
FRET AERIEN	D	0.00		1350.00
FRAIS DE COMPAGNIE		20.00	90.00	
MAGASINAGE		20.00	210.00	
MISE A DISPOSITION		20.00	37.00	
FRAIS DE TRANSPORT		20.00	47.50	
APPLICATION DELTA		20.00	20.00	
INTERVENTION DOUANE		20.00	135.00	
FRAIS FIXES		20.00	21.00	
			560.50	1350.00

Tva acquittee sur les debits / Payable sans escompte
informations CO2 : http://www.challenge-int.fr/CO2
Règlement : VIREMENT Au 16/08/

Total H.T.	Taxable	TVA	Montant TVA	Total TTC	Net à payer
1910.50	560.50 0.00	TVA 20%	112.10 0.00	2022.60	**2022.60**
				Mt Provision 0.00	Devise EUR N/identifiant FR94075

Pièces Jointes
IMA 1905468438

EX: Exonération d'office par la DGI; A: Exonération - cf. CGI art 262; B: TVA due par le preneur - cf. CGI art 259; C: Exonération - cf. CGI art 263;
D: Non soumis à TVA - cf. CGI art 267; E: Exonération - cf. CGI art 261; F: Exonération - cf. CGI art 297; G: Exonération - cf. CGI art 275;
Commissionnaire agréé en douane bénéficiant des dispositions d'aménagement et/ou de reports concernant le paiement des droits et taxes exigibles à l'importation

IATA afaq ISO 9001 Qualité AEO

"CONDITIONS GÉNÉRALES" VOIR AU VERSO, EN PARTICULIER LES ARTICLES 1°/4°/5°/6°

Rappel Article 7 de nos conditions générales de vente : Payable sans escompte.
Le taux de pénalité applicable est le taux de refinancement BCE majoré de 10 points.

DOCUMENT 4 Informations fournies par le service Comptabilité – Importation de thé vert bio

Importation de 2 500 sachets de 100 g de thé vert bio, en franchise de droits de douane

Conditionnés en boîtes dans notre entrepôt pour la commercialisation (1 sachet par boîte)
Coût du conditionnement : 0,71 EUR par boîte

Frais administratifs : 1,78 EUR par boîte

Assurance auprès de notre assureur AXA : 0,4 % valeur CPT Roissy CDG majorée de 20 %

DOCUMENT 5 Informations fournies par le service Comptabilité – Importation de farine de coco et de riz rouge

Importation du Sri Lanka

- Droits de douane :
  - farine de coco : en franchise de droits de douane ;
  - riz rouge : 65 EUR la tonne.
- Conditionnement dans notre entrepôt :
  - pour la farine de coco : en sachets conservation de 500 g pour la commercialisation ;
  - pour le riz rouge : en boîtes carton de 1 kg pour la commercialisation.
- Coût du conditionnement :
  - la boîte format 1 kg : 0,75 EUR ;
  - le sachet conservation 500 g : 0,95 EUR.
- Frais administratifs : 1,78 EUR par conditionnement.
- Assurance auprès de notre assureur AXA : 0,45 % valeur CIP Roissy CDG majorée de 20 %.

DOCUMENT 6 Informations fournies par le transitaire concernant l'importation de la farine de coco et du riz rouge

Fret aérien depuis Colombo Airport : 9 000 EUR

Coûts logistiques de Roissy aéroport CDG à l'entrepôt de Limeil-Brévannes (94) : 700 EUR

Forfait dédouanement : 156 EUR

DOCUMENT 7 **Facture commerciale pour le réassort en farine de coco et riz rouge**

Guayapi Lanka (Pvt.) Ltd

Maussawa Estate, Halpola, Pundaluoya, SRI LANKA

Tel: +94 (0)51 [redacted] +94 (0)51 [redacted] E-mail : info@[redacted].com

		COMMERCIAL INVOICE **AIR FREIGHT**	**INVOICE No** 20N / 0010
Buyer Office Address Guayapi Tropical 55 rue Traversière 75012 Paris - France		**Delivery Address** ATL 83 83 Albert Garry 94450 Limell-Brevannes	**Date** 08/06/N
City and country France		**Port of Destination**	**Name of embarkation**
Country of origin Sri Lanka		**Date of Shipment**	**Loading Port** Colombo
Number of cartons per item	**Quantity and Kind of Volume**	**Specification of Goods**	**Total Price** FCA Colombo
		Stassen Natural Foods (PVT), LTD.	
26 cartons	500 kg	COCONUT FLOUR	€ 1,565.00
78 cartons	1,500 kg	RED RICE	€ 3,250.00
Gross Weight 2,144.00		**Received by**	€ 4,815.00
Net Weight 2,000.00 kg		**Approved by**	Air freight
			C & F Value
			Insurance

FICHE RESSOURCE

1 Les éléments du coût de revient import

Le coût de revient import est constitué de tous les frais supportés par l'importateur pour se procurer les marchandises.
Il est calculé à partir du prix d'achat au fournisseur, auquel vont s'ajouter, selon l'Incoterm de la facture, les frais logistiques et financiers supportés par l'importateur pour acheminer la marchandise jusque dans ses locaux.

Calcul du coût de revient (CR) import en fonction d'Incoterms

	FCA	FOB	CFR/CPT	CIF/CIP	DAP	DDP
Prix d'achat EXW						
+ Frais d'emballage supplémentaire						
+ Dédouanement export						
+ Frais manutention (chargement sur camion)						
+ Pré-acheminement (vers le port ou l'aéroport)						
= CR FCA						
+ Frais chargement (en maritime)						
= CR FOB						
+ Transport principal						
= CR CFR/CPT						
+ Assurance transport						
= CR CIF/CIP						
+ Frais de déchargement						
+ Frais entreposage sous douane						
+ Post-acheminement (locaux de l'importateur)						
= CR DAP						
+ Frais de dédouanement import						
+ Droits de douane						
= CR DDP						
+ Frais de déchargement						
+ Frais du commissionnaire de transport						
+ Frais financiers[1] : frais de change (bancaires et/ou assurance), frais techniques de paiement…						
+ Frais d'achat d'échantillons[1], de PLV[1]						
+ Frais de recherche de fournisseurs[1], frais administratifs[1]						
+ Frais de stockage[1], de reconditionnement[1], de contrôle qualité[1]						
= Coût de revient global des marchandises importées						
Coût de revient unitaire des marchandises importées = Coût de revient global / Nombre d'unités importées						

Frais inclus dans l'Incoterm (cases grisées)

1. Frais éventuels

Le coût de revient n'inclut pas de TVA (l'importateur, assujetti à la TVA, récupère l'éventuelle TVA payée lors du dédouanement, sous la forme d'une TVA déductible sur biens et services).

FICHE RESSOURCE

2 Le calcul du coût de revient import

Le coût de revient import correspond au coût des marchandises rendues dans l'entrepôt de l'importateur.

I Le calcul du coût de revient unitaire

Ce coût est calculé pour une unité de marchandises.
Lorsque l'expédition ne comporte qu'une référence, le coût de revient unitaire s'obtient en divisant le coût de revient total par la quantité de marchandises (1er cas). Mais, souvent, l'importateur achète à son fournisseur plusieurs références, à des prix de départ différents, et ces produits lui sont expédiés ensemble.
Pour calculer le coût de revient unitaire de chaque référence, il faut ventiler les frais de logistique entre les différentes références (2e cas).

a) 1er cas : l'expédition ne comporte que des produits de la même référence, au même prix d'achat unitaire.
Toutes les marchandises ayant le même prix unitaire au départ, les frais de logistique seront répartis de façon uniforme :

Coût de revient unitaire = Coût de revient global / Nombre d'unités

b) 2e cas : l'expédition comporte plusieurs références de produits, à des prix de départ différents.
Les frais de logistique, engagés pour l'ensemble de l'expédition, doivent être ventilés entre les différentes références de produits.

Les frais à répartir incluent :
- des frais de transport, facturés par le transporteur en fonction du poids ou du volume de l'expédition (quelle que soit la nature des marchandises transportées) ;
- des frais d'assurance, calculés sur la valeur de l'ensemble des marchandises assurées ;
- des droits de douane, calculés eux aussi sur la valeur des marchandises, mais dont le taux diffère, selon leur nature.

Le calcul du coût de revient de chaque référence de produit nécessite le choix d'une **clé de répartition** : l'importateur détermine un critère pour répartir le coût de la logistique entre les différentes références de marchandises importées.

II Le choix d'une clé de répartition des frais logistiques

Il peut s'agir du poids ou du volume des marchandises (en fonction du critère retenu par le transporteur pour taxer le fret) ou encore de la valeur des marchandises (lorsque le prix du transport représente une part minime du coût de revient) ou enfin, plus simplement, du colisage (nombre de palettes, de cartons) ou des quantités de produits.

Remarque Les droits de douane et l'assurance sont toujours répartis selon la valeur, même si les frais logistiques sont répartis selon une autre clé.

Exemple Calcul du coût de revient unitaire en fonction de plusieurs hypothèses de clé de répartition
Importation de trois références de produits pour une valeur totale de 17 950 EUR FCA Chennai (Inde)

• Informations relatives à l'importation :

Références	Nombre de produits	Nombre de palettes	Poids brut (kg)	Valeur FCA (EUR)
Réf. 1	400	5	560	4 500
Réf. 2	8 000	12	1 276	9 700
Réf. 3	120	4	456	3 750
Totaux	**8 520**	**21**	**2 292**	**17 950**

– Assurance souscrite pour le transport des marchandises : 70,31 EUR
– Facture du transitaire pour l'organisation de la logistique : 1 432 EUR
– Droits de douane acquittés : 1 578 EUR
(464 EUR sur la réf. 1 – 860 EUR sur la réf. 2 – 254 EUR sur la réf. 3)

• 1re hypothèse : répartition des frais de logistique en fonction de la valeur des marchandises importées

Total des coûts à répartir : logistique 1 432 + assurance 70,31 + droits de douane 1 578 = 3 080,31 EUR

Références	Valeur FCA (EUR)	Répartition des frais	Quote-part des frais (EUR)
Réf. 1	4 500	4 500 / 17 950 × 100 = 25,07 %	3 080,31 × 25,07 % = **772,23**
Réf. 2	9 700	9 700 / 17 950 × 100 = 54,04 %	3 080,31 × 54,04 % = **1 664,60**
Réf. 3	3 750	3 750 / 17 950 × 100 = 20,89 %	3 080,31 × 20,89 % = **643,48**
Total	**17 950**	**100 %**	**3 080,31**

Références	Valeur FCA (EUR)	Quote-part des frais (EUR)	Coût de revient total (EUR)	Coût de revient (EUR)	
				par palette	par produit
Réf. 1	4 500	772,23	5 272,23	/ 5 = 1 054,45	/ 400 = 13,18
Réf. 2	9 700	1 664,60	11 364,60	/ 12 = 947,05	/ 8 000 = 1,42
Réf. 3	3 750	643,48	4 393,48	/ 4 = 1 098,37	/ 120 = 36,61
Total	**17 950**	**3 080,31**			

Le coût de revient unitaire pour chaque référence est donc le suivant :

Références	Réf. 1	Réf. 2	Réf. 3
Coût de revient unitaire	13,18 EUR	1,42 EUR	36,61 EUR

• 2e hypothèse : répartition des frais de logistique en fonction du nombre de palettes

Le coût de l'assurance et les droits de douane sont répartis entre les différents produits par rapport à leur valeur, les frais logistiques sont répartis en fonction du nombre de palettes.

Coût de l'assurance : Réf. 1 70,31 × 4 500 / 17 950 = 17,63 EUR
Réf. 2 70,31 × 9 700 / 17 950 = 37,99 EUR
Réf. 3 70,31 × 3 750 / 17 950 = 14,69 EUR

Le coût de revient total par référence est égal à la somme du prix d'achat, des coûts logistiques, des droits de douane et de l'assurance, pour chaque référence.

Références	Nombre de palettes	Répartition des frais logistiques	Quote-part des frais logistiques (EUR)
Réf. 1	5	(5 / 21) × 100 = 23,81 %	1 432 × 23,81 % = **340,96**
Réf. 2	12	(12 / 21) × 100 = 57,14 %	1 432 × 57,14 % = **818,24**
Réf. 3	4	(4 / 21) × 100 = 19,05 %	1 432 × 19,05 % = **272,80**
Total	**21**	**100 %**	**1 432,00**

Références	Valeur FCA (EUR)	Frais logistiques (EUR)	DD (EUR)	Assurance (EUR)	Coût de revient total (EUR)	Coût de revient (EUR)	
						par palette	par produit
Réf. 1	4 500	340,96	464	17,63	5 322,59	/ 5 = 1 064,52	/ 400 = 13,31
Réf. 2	9 700	818,24	860	37,99	11 416,23	/ 12 = 951,35	/ 8 000 = 1,43
Réf. 3	3 750	272,80	254	14,69	4 291,49	/ 4 = 1 072,87	/ 120 = 35,76
Total	**17 950**	**1 432,00**	**1 578**	**70,31**	**21 030,31**		

Le coût de revient unitaire pour chaque référence est donc le suivant :

Références	Réf. 1	Réf. 2	Réf. 3
Coût de revient unitaire	13,31 EUR	1,43 EUR	35,76 EUR

3e hypothèse : répartition des frais de logistique en fonction du poids des marchandises

Références	Poids (kg)	Répartition des frais logistiques	Quote-part des frais logistiques (EUR)
Réf. 1	560	(560 / 2 292) × 100 = 24,43 %	1 432 × 24,43 % = **349,84**
Réf. 2	1 276	(1 276 / 2 292) × 100 = 55,67 %	1 432 × 55,67 % = **797,19**
Réf. 3	456	(456 / 2 292) × 100 = 19,90 %	1 432 × 19,90 % = **284,97**
Total	**2 292**	**100 %**	**1 432,00**

Références	Valeur FCA (EUR)	Frais logistiques (EUR)	DD (EUR)	Assurance (EUR)	Coût de revient total (EUR)	Coût de revient (EUR)	
						par kilo	par produit
Réf. 1	4 500	349,84	464	17,63	5 331,47	/ 560 = 9,52	/ 400 = 13,33
Réf. 2	9 700	797,19	860	37,99	11 395,18	/ 1 276 = 8,93	/ 8 000 = 1,42
Réf. 3	3 750	284,97	254	14,69	4 303,66	/ 456 = 9,44	/ 120 = 35,86
Total	**17 950**	**1 432,00**	**1 578**	**70,31**	**21 030,31**		

Dans cet exemple, les pourcentages de répartition et les coûts de revient unitaires sont sensiblement les mêmes, quelle que soit la clé choisie.

Dans l'entreprise, on retient généralement la valeur de la marchandise comme clé de répartition, afin de simplifier les calculs en utilisant la même clé pour les coûts logistiques que pour l'assurance et les droits de douane.

1 Calculer un coût de revient import

L'entreprise Viande Import importe de Nouvelle-Zélande des gigots d'agneau en conteneur 20' réfrigéré. Le montant facturé par le fournisseur est payable par remise documentaire, pour un montant de 72 145,88 EUR CIF Le Havre.
Le transitaire prendra en charge la marchandise à son arrivée au Havre, procédera au dédouanement et à la livraison dans les locaux de l'importateur à Rungis.

- **À partir du document, calculez le coût de revient global et au kg des gigots d'agneau importés de Nouvelle-Zélande, afin de permettre à l'entreprise Viande Import de déterminer son prix de revente sur le marché national.**

DOCUMENT **Informations relatives à l'importation**

Caractéristiques de l'importation
- Gigots d'agneau
- 800 cartons pour un total 11 543 kg nets
- Droits de douane : 12,8 %

Frais bancaires
Remise documentaire : 156 EUR

Éléments de facturation du transitaire
- THC Le Havre : 270 EUR
- Forfait douane import : 90 EUR
- Traction Le Havre – Rungis : 1 050 EUR
- Frais d'intervention : 50 EUR

2 Calculer un coût de revient global et unitaire avec répartition des frais logistiques

L'entreprise Guayapi importe différents produits biologiques d'un consortium de producteurs amérindiens d'Amazonie du Brésil : du guarana (warana), de la semence de cumaru (*sementes de cumarù*) et de l'huile de copaïba (*copaiba oil*) (**document 1**).
Elle souhaite calculer le coût de revient import de chaque produit, afin de déterminer ses tarifs de vente.
Les produits seront conditionnés pour la commercialisation, à leur arrivée, dans les locaux de Guayapi.
Le prestataire Sealogis est chargé du dédouanement et de la logistique jusque dans les locaux de l'entreprise.

À l'aide des documents 1 à 4 :

1. **Calculez le coût de revient global de l'expédition.**
2. **Calculez les coûts de revient global et unitaire par référence en justifiant le choix de la clé de répartition des coûts logistiques.**

DOCUMENT 1 Facture commerciale

CNPJ: 10.750.497/0001 – 1

INVOICE N° 01/[redacted]	**DATE: 10 FEVEREIRO** [redacted]
Buyer: GUAYAPI TROPICAL 83 rue Albert Garry 94450 LIMEIL-BREVANNES, France Contact: Rabah Amroune +33 9 54816461	Orden Nr: Terms of Payment: Advanced PRICE FCA MANAUS - AM
Notify: [redacted] International Aéroport Roissy CDG, 7 rue du Té, Cargo 7, Bâtiment 3441 BP 18239 – 95703 Roissy-Charles de Gaulle CEDEX – France Phone: +33 (0)1.49.[redacted] – Fax. : +33 (0)1.49.[redacted] Mobile: +33. (0)6.[redacted] **Ship by:** Air shipped on airport: Manaus	

MARKS CASE	QTY	DESCRIPTION OF GOODS	UNIT. PRICE EUR	TOTAL AMOUNT EURO
BRASIL CPSM C/Nr: 01/47	300 kg	**Guarana (Warana)** *powder* Sateré Mawé Certified Organic by IMO Cert BR-BIO-123 **15** box with **20 kg** Lote: **m1** **NCM: 21069090** **HS: 21069092**	50.00	15.000,00
	300 kg	**Sementes de Cumarú** Sateré Mawé Certified Organic by IMO Cert BR-BIO-123 **25** box with **12 kg** Lote: **A1** **NCM: 1207.99.90** **HS: 12119030**	30.00	9.000,00
	140 kg	**Copaiba** *oil* Sateré Mawé Certified Organic by IMO Cert BR-BIO-123 **07** drum with **20 kg** Lote: **m1** **NCM: 13019090** **HS: 13019090**	25.00	3.500,00
		Total		**27.500,00**

1 – TOTAL OF VLS: 47
2 – FRIEGHT: Collect
3 – TOTAL NET WEIGHT: 740,00 kg
4 – TOTAL GROSS WEIGHT: 775,26 kg

SHIPPING OF DEPARTMENT MANAGER

Rua: Leopoldo Neves, 51G
CEP –69.151.[redacted] Centro
Parintins – AM
www.[redacted].com

DOCUMENT 2 Liste de colisage

CNPJ: 10.750.497/0001 – 19

PACKING LIST N° 01/[redacted]	**DATE: 10 FEVEREIRO** [redacted]
Buyer: GUAYAPI TROPICAL 83 rue Albert Garry 94450 LIMEIL-BREVANNES, France Contact: Rabah Amroune +33 9 54816461	Orden Nr: Terms of Payment: Advanced PRICE FCA MANAUS - AM
Notify: [redacted] International Aéroport Roissy CDG, 7 rue du Té, Cargo 7, Bâtiment 3441 BP 18239 – 95703 Roissy-Charles de Gaulle CEDEX – France Phone: +33 (0)1.49.[redacted] – Fax. : +33 (0)1.49.[redacted] Mobile: +33. (0)6.[redacted] **Ship by:** Air shipped on airport: Manaus	

MARKS CASE	QTY	DESCRIPTION OF GOODS	UNIT. NET AND GROSS WEIGHT	TOTAL NET AND GROSS WEIGHT
BRASIL CPSM C/Nr: 01/47	01 a 15 Box	**Guarana (Warana)** *powder* Sateré Mawé Certified Organic by IMO Cert BR-BIO-123 **15** box with **20 kg** Lote: **m1** Dimension of box 23 cm x 35 cm x 35 cm	20,00/20,650 kg	300,00/309,70 kg
	16 a 40 Box	**Sementes de Cumarú** Sateré Mawé Certified Organic by IMO Cert BR-BIO-123 **25** box with **12 kg** Lote: **A1** Dimension of box 23 cm x 35 cm x 35 cm	12,00/12,650 kg	300,00/316,25 kg
	41 a 47 Box	**Copaiba** *oil* Sateré Mawé Certified Organic by IMO Cert BR-BIO-123 **07** drum with **20 kg** Lote: **m1** Dimension of box 23 cm x 36 cm x 23 cm	20,00/21,330 kg	140,00/149,31 kg
		Total		**740,00/775,26 kg**

REMARKS
1 – TOTAL OF VLS: 47
2 – FRIEGHT: Collect
3 – TOTAL NET WEIGHT: 740,00 kg
4 – TOTAL GROSS WEIGHT: 775,26 kg

SHIPPING OF DEPARTMENT MANAGER

Rua: Leopoldo Neves, 51G
CEP –69.151.[redacted] Centro
Parintins – AM
www.nusoken.com
cpsm@[redacted].com

DOCUMENT 3 Facture du prestataire Sealogis

Expéditeur JCH
CPSM
PARINTINS
Destinataire
ATL
LIMEIL BREVANNES

Facture no 311823A COPIE
Du 07/07/[redacted]
Vos références

Réf/CPT : Réf/CPT : 50036300
N/Réf : 71 A I 466327 (306962)
V/Identifiant: FR654[redacted]
Parti de MANAUS
Arrivé à ROISSY CDG
Par LA8108 **du** 20/03/[redacted]
LTA/HAWB : 549 / 28065483 /

GUAYAPI
55 RUE TRAVERSIERE
75 012 PARIS
FRANCE

Nombre colis	Marchandises	Poids brut	Unité Pays	Volume	Valeur
47 COLIS	divers pro	775.26	775.26 KG		

Libellé (Incoterm: FCA / MANAUS)	Exo	TVA	Taxable	Non Taxable
DROITS DE DOUANE	EX	0.00		1920.00
FRET AERIEN	D	0.00		2806.00
TAXE PORT DU		20.00	270.29	
FRAIS DE COMPAGNIE		20.00	90.00	
MISE A DISPOSITION		20.00	74.00	
FRAIS DE TRANSPORT -30% DE REMISE		20.00	66.50	
FRAIS DE TRANSPORT -30% DE REMIES		20.00	95.00	
INTERVENTION DOUANE		20.00	135.00	
FRAIS FIXES		20.00	21.00	
APPLICATION DELTA		20.00	20.00	
Tva acquittee sur les debits / Payable sans escompte informations CO2 : http://www.challenge-int.fr/CO2 Règlement : VIREMENT Au 01/08/2021			771.79	4726.00

Total H.T.	Taxable	TVA	Montant TVA	Total TTC	Net à payer
4726.00	771.79 0.00	TVA 20%	154.36 0.00	5652.15	**5652.15**

Mt Provision	Devise EUR N/identifiant
0.00	FR94075[redacted]

Pièces Jointes
IMA N°2002264148

EX: Exonération d'office par la DGI; A: Exonération - cf. CGI art 262; B: TVA due par le preneur - cf. CGI art 259; C: Exonération - cf. CGI art 263;
D: Non soumis à TVA - cf. CGI art 267; E: Exonération - cf. CGI art 261; F: Exonération - cf. CGI art 297; G: Exonération - cf. CGI art 275,
Commissionnaire agréé en douane bénéficiant des dispositions d'aménagement et/ou de reports concernant le paiement des droits et taxes exigibles à l'importation

"CONDITIONS GÉNÉRALES" VOIR AU VERSO, EN PARTICULIER LES ARTICLES 1°/4°/5°/6°

Rappel Article 7 de nos conditions générales de vente : Payable sans escompte.
Le taux de pénalite applicable est le taux de refinancement BCE majoré de 10 points

DOCUMENT 4 **Informations fournies par le service Comptabilité**

Produits importés	Conditionnement	Coût unitaire du conditionnement	Droits de douane
Guarana (*warana*)	4 600 boîtes	0,72 EUR	1 656 EUR
Semence de cumaru (*sementes de cumarù*)	6 000 sachets	0,68 EUR	264 EUR
Huile de copaïba (*copaiba oil*)	2 260 flacons	1,20 EUR	0 EUR

Assurance transport auprès de notre assureur AXA : 0,4 % valeur CIP majorée de 20 %
Total des frais administratifs et de communication estimés pour cette commande : 1 763 EUR

3 Sélectionner une offre sur la base du coût de revient

L'entreprise Vollmer, épicerie fine française implantée à New York, a fait parvenir une demande d'offre à trois chocolatiers français pour des assortiments de pralines en ballotins, en prévision des fêtes de fin d'année.
Assistant(e) import chez Vollmer, vous êtes chargé(e) de sélectionner l'offre la plus compétitive. Vous avez contacté le transitaire Meredith Shipping à New York afin d'obtenir une cotation de transport en groupage.

À partir des documents 1, 2 et 3 pages suivantes :

1. **Calculez le coût de revient global pour les trois hypothèses d'approvisionnement et sélectionnez l'offre la plus avantageuse pour l'épicerie fine Vollmer.**

2. **Calculez le coût de revient unitaire de l'importation de chocolats. Vous retiendrez la valeur des produits comme clé de répartition des frais logistiques.**

Taux de change :
1 EUR = 1,1782 USD

DOCUMENT 1 Éléments de la demande d'offre de l'épicerie fine Vollmer

Demande d'offre pour des ballotins de pralines (assortiments)
- 800 ballotins de 1 kg
- 560 ballotins de 500 g
- 1 200 ballotins de 250 g

DOCUMENT 2 Éléments des offres des chocolatiers français

Offres	Chocolaterie Rigaux Brie-Comte-Robert (77)	Chocolaterie L'Otarie La Norville (91)	Chocolaterie Lucien Henri Nogent-sur-Marne (94)
Conditions de vente	PU EXW Brie-Comte-Robert	PU FCA aéroport CDG	PU CIP New York
Ballotins 1 kg	9,00 EUR	9,20 EUR	11,00 EUR
Ballotins 500 g	4,30 EUR	4,60 EUR	5,50 EUR
Ballotins 250 g	2,50 EUR	2,70 EUR	3,00 EUR

DOCUMENT 3 Cotation du transitaire

Expédition en groupage aérien à New York
5 palettes de confiserie (chocolats)

Transport routier jusqu'à l'aéroport de Roissy CDG : 110 EUR
Handling aéroport départ : 44 EUR
Frais de douane export : 80 EUR
Frais LTA : 50 EUR
Fret aérien tout inclus CDG/New York : 2 622 EUR pour un poids brut de 1 450 kg
Handling aéroport New York : 90 USD
Droits de douane : 1 600 USD
Livraison dans vos locaux à New York : 125 USD

Assurances tous risques : 0,3 % sur CIP majoré de 20 %
Forfait commissionnaire : 70 USD

CHAPITRE

16 Gérer le risque de non-paiement

COMPÉTENCES PROFESSIONNELLES

Mesurer les risques, gérer leur couverture, les sinistres et les litiges | **Contrôler et suivre les processus et la chaîne documentaire**

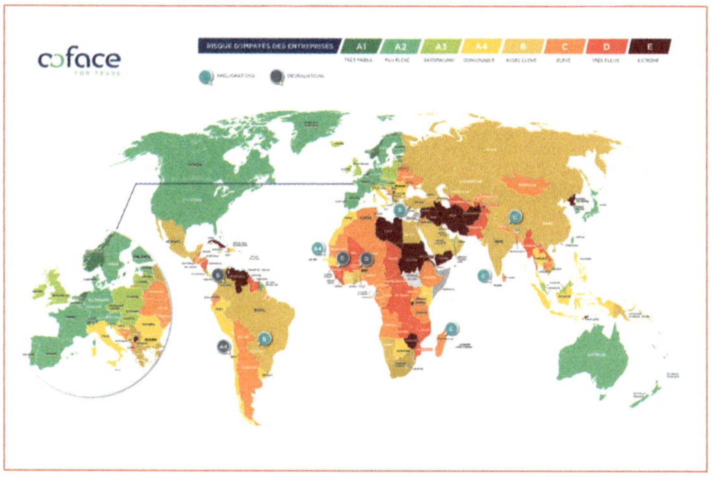

160 évaluations pays, réalisées à partir de données macroéconomiques, financières et politiques, sont en accès libre sur le site de la Coface. Mises à jour régulièrement, elles donnent une estimation du risque de crédit moyen des entreprises d'un pays. C'est un outil précieux qui indique l'influence potentielle d'un pays sur l'engagement financier d'une entreprise. Les évaluations se situent sur une échelle de 8 niveaux : A1, A2, A3, A4, B, C, D, E dans l'ordre croissant du risque.

SITUATION PROFESSIONNELLE

ALGÉRIE

Régime : démocratie représentative constitutionnelle
Superficie : 2 381 740 km²
Population : 42,2 millions d'habitants
Capitale : Alger
Villes principales : Alger, Oran, Constantine
Langues officielles : arabe, berbère
Autre langue parlée : français
Monnaie : dinar algérien (1 EUR = 158,1071 DZD[1])
PIB/hab. : 3 950 USD (2019)
Principaux clients : Italie, France, Espagne
Principaux fournisseurs : Chine, France, Italie, Allemagne

1. Taux de change au 13/04/21.

1. Actualisez les données pays par une recherche sur Internet.
2. Caractérisez les pratiques commerciales, sociales et environnementales du pays, après consultation de l'évaluation des risques par Coface.

Depuis 1988, en collaboration avec des centres de recherche de renommée mondiale, HTS BIO Laboratories, située à Gémenos, près d'Aix-en-Provence, imagine, conçoit et fabrique en France des produits et solutions écologiques, ultra-performants et à la pointe de l'innovation pour le nettoyage et l'entretien, la bioremédiation (dépollution biologique), l'agriculture, l'aquaculture, le traitement des eaux et des plans d'eau.

HTS BIO Laboratories met à la disposition d'une large clientèle (CHR, mairies, écoles, gymnases, administrations…) la solution biologique pour le nettoyage des surfaces et le traitement des pollutions domestiques, industrielles et accidentelles. HTS BIO Laboratories a été contactée pour une demande d'offre par une entreprise algérienne, ALG Hygiène, spécialisée dans le conseil et la commercialisation de produits et matériels de nettoyage et de désinfection en industrie agroalimentaire, bâtiments d'élevage, collectivités, industries pharmaceutiques et cosmétiques. La commande de ce nouvel acheteur porterait sur une importante quantité de nettoyant dégraissant des sols pour autolaveuses. Avant de répondre à cette demande d'offre, le responsable du service Export vous charge d'évaluer les risques occasionnés par cette vente.

À l'aide des informations communiquées sur le site de Coface :

1. Évaluez l'intensité du risque pays et du risque environnement des affaires liés à cette demande d'offre.
2. Évaluez l'intensité du risque commercial de crédit occasionné par cette vente.
3. Identifiez les moyens de paiement recommandés avec les entreprises du pays du prospect.

Fiches ressources 1 à 3

HTS BIO Laboratories envoie une offre commerciale au prospect algérien le 20 octobre N.

4. Analysez la facture pro forma : expliquez comment l'exportateur se protège contre les risques occasionnés par cette vente.

Document 1

Dix jours plus tard, HTS BIO Laboratories reçoit un courrier de notification d'ouverture de crédit documentaire en sa faveur (**document 2**). Vous êtes chargé(e) de contrôler la conformité de l'avis d'ouverture de crédit documentaire par rapport à la pro forma.

5. Identifiez les parties en présence, la forme et le mode de réalisation du crédit documentaire.
6. Listez les démarches à entreprendre pour organiser l'exportation dans le respect des termes et des délais imposés par l'avis d'ouverture.
7. Relevez et analysez l'erreur que comporte cet avis d'ouverture. Précisez les démarches à effectuer par l'exportateur pour en obtenir la rectification.
8. À partir du tarif communiqué par la banque (**document 3**), calculez le coût de ce crédit documentaire pour HTS BIO Laboratories.

Documents 2 et 3
Fiche ressource 5

Au vu du montant total des frais bancaires à payer, le responsable export s'interroge sur les autres techniques de couverture du risque de crédit envisageables pour ses prochaines ventes en Algérie.

9. Proposez d'autres techniques de couverture et précisez-en les avantages et les inconvénients par rapport au crédit documentaire.

Fiches ressources 6 et 7

DOCUMENT 1 Réponse à la demande d'offre du client algérien

HTSBIO LABORATORIES

180-210 avenue Roque Forcade
13420 Gémenos – France
Tél. : +33(0)4 42 320 020

ALG HYGIÈNE
Ouled Brahim Section 05, Îlot 075
Hammadi, Boumerdes, Algérie

FACTURE PRO FORMA n° 22/45643
Gémenos, le 20 octobre N

Référence	Désignation	Quantité	Prix unitaire	Total EUR
301059	2 × 5 L Bidons livrés avec pompe doseuse Total 4 000 litres AUTOCLEANWAY Nettoyant dégraissant sols pour autolaveuses Produit en France	400	32,00	12 800,00
Conditions de livraison : FOB Marseille Conditions de paiement : virement SWIFT à vue – crédit documentaire irrévocable Délai de livraison : 15 jours à compter de la commande Délai de validité de l'offre : 2 mois				

HTSBIO LABORATORIES

Fabriqué en France / 180-210 avenue Roque Forcade – 13420 Gémenos – France
Tél : + 33 (0) 442 320 020 – Fax : + 33 (0) 442 320 64 – Email : contact@htsbio.com – www.htbsbio.com

DOCUMENT 2 **Courrier reçu du Crédit National de Provence-Alpes-Côte d'Azur**

C N PACA

MESSAGE SWIFT REÇU

Reçu de : CPALDZAL le 30 octobre N à 15:38
CREDIT COMMERCIAL D'ALGERIE
CITE DU 5 JUILLET CP NR 15
BAB EZZOUAR ALGER
ALGERIE

27: SEQUENCE OF TOTAL
1/1

40A: FORM OF L/C
IRREVOCABLE

20: DOCUMENTARY CREDIT N°
364-3015CD927471

40E: APPLICABLE RULES
UCP LATEST VERSION

31D: DATE AND PLACE OF EXPIRY
N+1/01/30
A NOS GUICHETS

50: APPLICANT
ALG HYGIENE
OULED BRAHIM SECTION 05, ILOT 075,
HAMMADI, BOUMERDES, ALGERIE

59: BENEFICIARY
HTS BIO LABORATORIES
180-210, AVENUE DE LA ROQUE FORCADE
13420 GEMENOS, FRANCE

32B: CURRENCY CODE, AMOUNT
EUR 12 800,00

39B: MAXIMUM CREDIT AMOUNT
NOT EXCEEDING

41A: AVAILABLE WITH.BY
CPALDZAL
BY PAYMENT

43P: PARTIAL SHIPMENT
AUTORISE

43T: TRANSSHIPMENT
AUTORISE

44E: PORT OF LOADING
PORT DE MARSEILLE

44F: PORT OF DISCHARGE
PORT DE SKIDA

44C: LATEST DATE OF SHIPMENT
N/11/30

45A: DESCRIPTION OF GOODS
4 000 LITRES NETTOYANT DEGRAISSANT SOLS
POUR AUTOLAVEUSE AUTOCLEANWAY
SELON FACTURE PRO FORMA DU 20-OCTOBER-N
FOB PORT DE MARSEILLE ICC 2020

• • •

MESSAGE SWIFT REÇU (suite)

46A: DOCUMENTS REQUIRED
+ FACTURE COMMERCIALE ORIGINALE MENTIONNANT L'ORIGINE DE LA MARCHANDISE, DETAILLEE, DATEE, CACHETEE ET SIGNEE PAR LE BENEFICIAIRE EN 06 EXEMPLAIRES
+ 3/3 DE CONNAISSEMENT MARITIME ORIGINAL 'CLEAN ON BOARD' ETABLI A L'ORDRE DU CREDIT COMMERCIAL D'ALGERIE NOTIFY ORDONNATEUR MENTIONNANT FRET PAYABLE AU DEPART
+ CERTIFICAT D'ORIGINE ETABLI ET SIGNE PAR LA CHAMBRE DE COMMERCE DU PAYS EXPORTATEUR
+ ATTESTATION DU BENEFICIAIRE CERTIFIANT AVOIR TRANSMIS PAR COURRIER EXPRESS A L'ORDONNATEUR : 06 FACTURES COMMERCIALES ORIGINALES MENTIONNANT L'ORIGINE DE LA MARCHANDISE + LISTE DE COLISAGE
+ COPIE DECLARATION D'EXPORTATION
+ ORIGINAL EUR 1
+ ORIGINAL LISTE DE COLISAGE

47A: ADDITIONAL CONDITIONS
+ INSTRUCTIONS POUR L'ENVOI DES DOCTS PAR COURRIER EXPRESS AERIEN EN 02 PLIS SEPARES AU CREDIT COMMERCIAL D'ALGERIE CITE DU 05 JUILLET BP N 15 BAB-EZZOUAR ALGER ALGERIE
+ DANS LE CAS OU LES DOCUMENTS D'EXPEDITION NOUS SONT PRESENTES AVEC DES DIVERGENCES AUX TERMES ET CONDITIONS DU CREDIT NOUS DEDUIRONS MAX. EUR 100,00 POUR CHAQUE UTILISATION PRESENTEE SOUS RESERVES
+ LES DOCUMENTS D'EXPEDITION DOIVENT IMPERATIVEMENT NOUS PARVENIR PAR VOTRE BANQUE.
+ TOUS LES DOCUMENTS DOIVENT ETRE ETABLIS EN FRANÇAIS ET/OU EN ANGLAIS.
+ POUR LE PAIEMENT, NOUS ACCEPTONS UNIQUEMENT LES DOCUMENTS D'EXPEDITION ENVOYES PAR LA BANQUE CNPACA, DOCUMENTS ENVOYES PAR LE BENEFICIAIRE OU PAR UNE AUTRE BANQUE NE SONT PAS ACCEPTABLES ET SERONT SYSTEMATIQUEMENT RETOURNES A L'ENVOYEUR SANS RESPONSABILITE DE NOTRE PART. LES FRAIS DE RETOUR DE CES DOCUMENTS SERONT A LA CHARGE DU BENEFICIAIRE.
+ TOUS LES DOCUMENTS DOIVENT COMPORTER LES REFERENCES DE LA L/C.

71B: CHARGES
FRAIS HORS ALGERIE SONT A LA CHARGE DU BENEFICIAIRE MEME EN CAS DE NON-UTILISATION OU D'ANNULATION DE LA L/C.

49: CONFIRMATION INTRUCTION
WITHOUT

78: INSTR TO PAY
POUR LA VALEUR DES DOCUMENTS STRICTEMENT CONFORMES AUX TERMES ET CONDITIONS DE CE CREDIT, NOUS VOUS AUTORISONS A DEBITER NOTRE COMPTE DANS VOS LIVRES.

END OF MESSAGE

DOCUMENT 3 Extrait des tarifs du CNPACA

CNPACA	Crédits documentaires – Export
Notification ou confirmation silencieuse	0,10 %
• minimum	100,00 € HT
Confirmation ou confirmation silencieuse	% l'an (*)
• minimum	de 150,00 € à 310,00 € (*)
Transmission du crédit documentaire	70,00 € HT
Commission de transfert du crédit documentaire	0,25 %
• minimum	160,00 € HT
Modification simple de crédit documentaire notifié ou confirmé	100,00 € HT
Modification du montant	0,10 %
• minimum	100,00 € HT
Modification de risque sur crédit documentaire	% l'an (*)
• minimum	de 150,00 € à 310,00 € (*)
Frais de pré-vérification	120,00 € HT
Levée de documents	0,15 %
• minimum	125,00 € HT
Port sécurisé (DHL, Chronopost…)	40,00 €
Acceptation/Engagement de paiement différé	% l'an (*)
• minimum	de 150,00 € à 310,00 € (*)
Frais d'intervention/Frais d'assistance spécifique, minimum	105,00 € HT
Commission d'encaissement	0,15 %
• minimum	80,00 € HT
Frais de message	20,00 € HT
Commission pour documents remis irréguliers	95,00 € HT

(*) Selon le risque pays et le risque banque.
Les commissions proportionnelles sont exprimées en taux annuel et calculées *prorata temporis*.
Elles sont perçues par trimestre indivisible sur la durée de validité du crédit.

CNPACA - Crédit National de Provence-Alpes-Côte d'Azur

Société anonyme au capital de 508 339 666 € - 23 avenue de Paris - 13009 Marseille RCS Marseille 542 016 138 - N° ORIAS : 07 025 742

FICHE RESSOURCE

1 Le risque de crédit ou risque de non-paiement

Ce risque, présent dans les transactions nationales, est encore plus grand à l'international. Aucune réglementation internationale ne protège l'entreprise contre le risque d'impayé. Il n'existe pas de tribunal de commerce international pour contraindre un acheteur à payer son fournisseur.

I Les deux dimensions du risque de non-paiement

1 Le risque commercial

C'est le risque de carence de l'acheteur privé : le client ne paie pas parce qu'il ne peut pas (en raison d'une insuffisance de trésorerie) ou ne veut pas payer (litige, mauvaise foi).

2 Le risque politique

C'est le risque que l'acheteur ne puisse pas payer sa dette en raison d'un événement affectant son pays :
- un événement politique au sens strict : une guerre, une émeute, un nouveau régime qui interdit les transferts... ;
- une catastrophe : naturelle, nucléaire, sanitaire...

Relèvent également du risque politique :
- le risque de non-paiement d'un acheteur public ;
- le risque de non-transfert bancaire.

II Les facteurs du risque de non-paiement

L'intensité du risque de non-paiement dépend :
- du montant de l'encours (total du crédit) accordé au client : plus il est élevé, plus le risque de non-paiement est grand ;
- du délai de paiement accordé : plus il est long, plus le risque de dégradation de la situation financière du client est important ;
- de la distance géographique : plus le client est loin, plus il sera difficile de récupérer le paiement ;
- de l'ancienneté de la relation commerciale : un client nouveau présente davantage de risque qu'un client connu.

III La prévention du risque de non-paiement

Avant d'engager des relations commerciales, il convient de faire une recherche d'informations pour évaluer le risque encouru.

• **Les informations sur le pays :** il est possible de vérifier le risque politique et le risque environnement des affaires, et de connaître les techniques de paiement conseillées en consultant les sites des organismes de couverture comme Euler Hermes ou Coface (France), Credendo (Belgique), Serv (Suisse)...

• **Les informations sur le client :**
- une recherche par Internet permet de vérifier l'existence de l'entreprise acheteuse par une consultation de son site, son référencement dans des annuaires professionnels ;
- la consultation de sites spécialisés dans les informations commerciales, juridiques et comptables sur les entreprises permet d'avoir accès aux comptes publiés ;
- l'abonnement à un service d'évaluation des entreprises étrangères d'une compagnie d'assurance-crédit (comme le @rating de la Coface) permet de connaître les antécédents des clients des assurés ;
- la prise d'informations auprès des banques est également possible, quand elles proposent ce service.

FICHE RESSOURCE

2 Les instruments de paiement utilisés à l'international

Les entreprises utilisent principalement deux instruments de paiement : le virement et la traite. Le chèque est peu utilisé en raison des risques de falsification et des délais et frais d'encaissement.

I Le virement bancaire

C'est la méthode la plus simple, la plus rapide et la moins coûteuse. Un ordre est donné par l'acheteur de transférer une somme d'argent de son compte bancaire à celui de son fournisseur. Dans leurs relations internationales, les banques utilisent un réseau sécurisé : SWIFT, du nom de la centrale de messagerie financière internationale (Society for Worldwide Interbank Financial Telecommunication).

II La traite ou lettre de change

La traite est émise par le vendeur en même temps que la facture et envoyée à l'acheteur pour acceptation (signature). Le vendeur récupère la traite acceptée et la remet à l'encaissement auprès de sa banque. L'acheteur fournit donc au vendeur une preuve écrite de son engagement à payer la somme prévue à la date convenue.

La traite peut intégrer une échéance : la somme ne pourra pas être tirée sur le compte de l'acheteur avant cette date.

Elle peut être escomptée : moyennant le paiement d'intérêts, le bénéficiaire de la traite peut en obtenir l'avance par une banque.

Exemple **Escompte d'une traite**

Nominal : 12 000 EUR
Échéance : 2 mois
Taux d'escompte : 4 %

Intérêts : 12 000 × 4 % × 2/12 = 80 EUR
Encaissement : 12 000 – 80 = 11 920 EUR

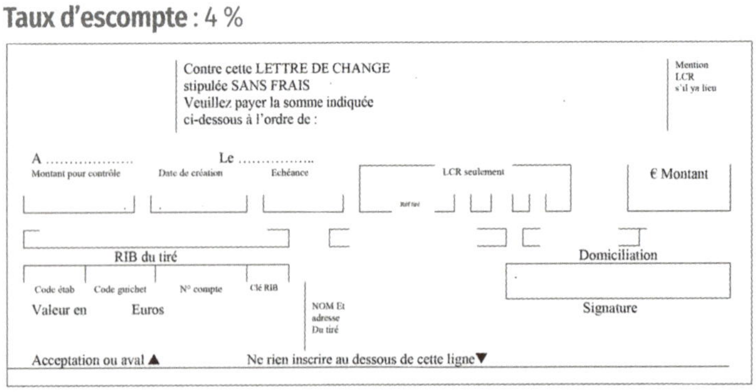
Contre cette LETTRE DE CHANGE
stipulée SANS FRAIS
Veuillez payer la somme indiquée
ci-dessous à l'ordre de :

Mention LCR s'il ya lieu

A .... Le ....

Montant pour contrôle | Date de création | Echéance | LCR seulement | Réf tiré | € Montant

RIB du tiré | Domiciliation

Code étab | Code guichet | N° compte | Clé RIB

Valeur en Euros

NOM Et adresse Du tiré

Signature

Acceptation ou aval ▲ Ne rien inscrire au dessous de cette ligne ▼

III Le risque de non-paiement

Aucun de ces deux instruments ne garantit la réalisation effective du paiement : le client peut ne pas donner l'ordre de virement à sa banque, son compte risque de ne pas être suffisamment approvisionné le jour de l'encaissement de la traite. Ce risque peut être réduit par la demande d'une traite avalisée (engagement solidaire d'une banque de payer la traite), mais le risque politique et le risque de non-transfert subsistent.

En l'absence de technique de couverture, le seul moyen de ne pas supporter de risque d'impayé est le paiement à la commande (ou paiement d'avance) : l'exportateur n'expédie les marchandises que lorsque le paiement a été effectué par son client. Le paiement à la commande n'est généralement possible que pour de faibles montants. La concurrence à l'international est telle que le vendeur doit, le plus souvent, accorder des délais de paiement pour remporter le contrat.

Aussi, il est indispensable d'associer le mode de paiement à une technique de couverture du risque, qui peut être un produit bancaire ou une assurance.

FICHE RESSOURCE

3 Les techniques bancaires de paiement à l'international

I L'encaissement simple (*open account*)

Le contrat commercial stipule que la marchandise est payable à l'expédition ou à une échéance donnée, par virement ou par traite.
Aucune garantie de paiement n'est apportée.

II L'encaissement documentaire

Le contrat commercial prévoit un paiement contre présentation par le vendeur des documents d'expédition (documents commerciaux, douaniers, de transport).
Les techniques de paiement documentaire font intervenir des banques dans les pays de l'acheteur et du vendeur. Ces banques agiront comme intermédiaires dans la transmission des documents d'expédition et du paiement, et, sauf dans la remise documentaire, garantiront le paiement. Ces techniques permettent de réduire ou de supprimer le risque de non-paiement :
- la remise documentaire (*voir fiche ressource* 4) ;
- le crédit documentaire irrévocable ou irrévocable et confirmé (*voir fiche ressource* 5) ;
- la lettre de crédit stand-by simple ou confirmée (*voir fiche ressource* 6).

La demande d'une technique de paiement documentaire doit être prévue par le vendeur dans son offre commerciale et acceptée par l'acheteur avec les autres conditions de vente.

Les **documents** remis par le vendeur sont au minimum la facture commerciale, la liste de colisage et le document de transport. En fonction de l'Incoterm, des marchandises et des formalités d'entrée dans le pays de l'acheteur, la liasse peut également comporter un certificat d'origine (*voir chapitre* 12), un certificat d'assurance, un certificat sanitaire ou phytosanitaire, un certificat de conformité à une norme, un certificat d'inspection avant embarquement...

Les **banques** intervenant dans une technique de paiement documentaire ne sont pas forcément celles qui détiennent les comptes du vendeur et de l'acheteur : il s'agit de deux banques partenaires qui ont une activité internationale.

III La cession des créances export à un établissement financier

1 L'affacturage

L'affacturage (*factoring*) consiste à céder ses créances clients à un établissement bancaire (le factor) qui en avancera le montant à l'exportateur et gérera le recouvrement par les clients (ainsi que le risque d'impayé). Sur ses factures, le vendeur mentionne que les règlements doivent être adressés au factor.

2 Le forfaitage

Le forfaitage (*forfaiting*) consiste à céder sans recours ses créances clients à un organisme de crédit qui en avancera le montant à l'exportateur et deviendra le créancier de ces clients.
À la différence de l'affacturage, le forfaitage permet d'obtenir le montant des factures dès leur émission. C'est l'organisme financier qui supporte définitivement le risque de non-paiement.

3 Avantages et inconvénients de la cession des créances

- **Avantages pour l'exportateur :** avance de trésorerie, couverture du risque de non-paiement.
- **Inconvénients :** commissions très élevées (jusqu'à 3 % du montant des factures) qui viennent s'ajouter aux intérêts prélevés par l'organisme financier, nécessité de mettre en place une assurance-crédit pour récupérer la totalité des créances impayées dans le cadre de l'affacturage, le factor n'assumant le risque qu'à hauteur d'un fonds de garantie.

FICHE RESSOURCE

4 La remise documentaire (*documentary remittance*)

Elle est réglementée par les Règles Uniformes relatives aux Encaissements (RUE 522) de la Chambre de commerce internationale.

Cette technique fait intervenir les banques du vendeur et de l'acheteur. Elle ne garantit pas le paiement mais leur présence rassure les deux parties au contrat commercial.
Elles transmettent les documents et le paiement par virement (D/P : documents contre paiement) ou par traite acceptée par l'acheteur (D/A : documents contre acceptation).

L'exportateur, donneur d'ordre, remet à la banque remettante ses instructions concernant les modalités de la remise documentaire (modalités de remise des documents et de paiement).
Il expédie les marchandises et remet les documents d'expédition à la banque. Les documents sont transmis à la banque correspondante dans le pays de l'acheteur, la banque présentatrice, qui les présente à l'importateur (le tiré) en échange du paiement ou de l'acceptation de la traite. La banque présentatrice envoie le paiement ou la traite acceptée à la banque remettante pour transmission à l'exportateur.

Schéma de déroulement de la remise documentaire

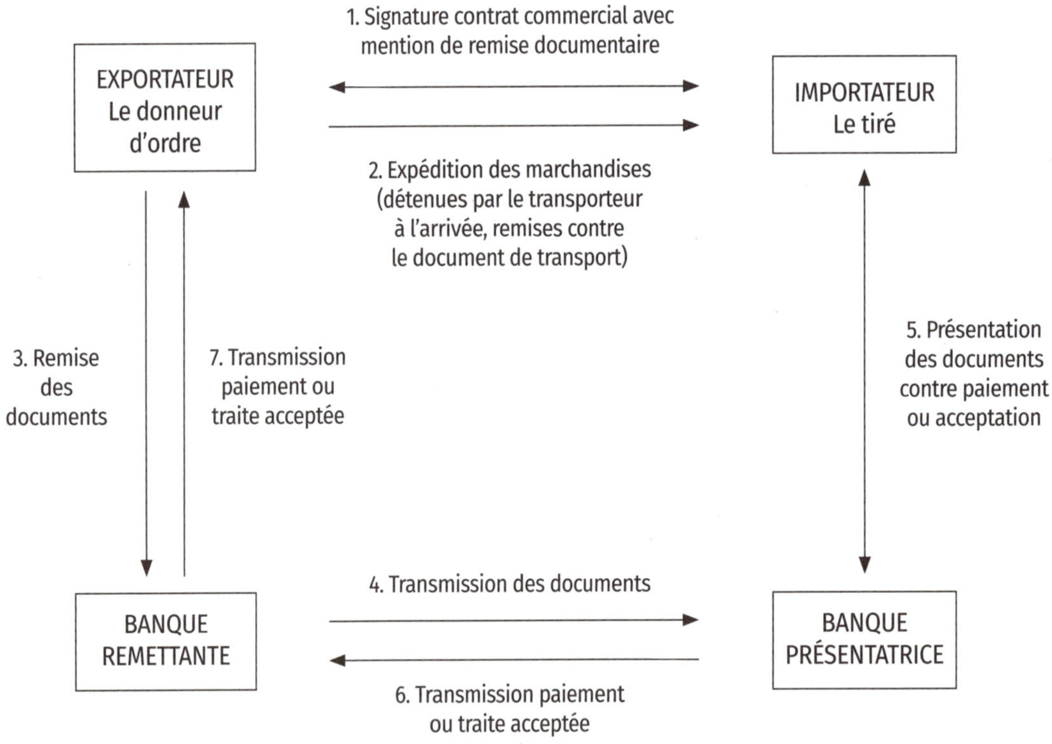

– **Avantages de la remise documentaire :** l'acheteur est obligé de payer ou d'accepter la traite pour avoir les documents nécessaires à la récupération des marchandises.
– **Limites de la remise documentaire :** le paiement n'est pas garanti car l'acheteur peut refuser de « lever » les documents. La transaction sera alors annulée et le vendeur devra rapatrier les marchandises à ses frais. Par ailleurs, en cas de paiement par traite, l'approvisionnement à l'échéance du compte du tiré n'est pas garanti.

FICHE RESSOURCE

5 Le crédit documentaire (*documentary credit, letter of credit* – LC) ou crédoc

Il est réglementé par les Règles et Usances Uniformes (RUU 600) de la Chambre de commerce internationale. Un supplément (e-UCP) y a été apporté en 2019 pour encadrer le crédit documentaire électronique, encore peu utilisé.
C'est un engagement irrévocable, donné par une banque (la **banque émettrice**, *issuing bank*) à la demande de l'acheteur (le **donneur d'ordre**, *applicant*), de payer le vendeur (le **bénéficiaire**, *beneficiary*) à condition qu'il remette les documents d'expédition conformes et dans les délais exigés à une banque désignée dans son pays (la **banque notificatrice**, *advising bank*).
Le crédit documentaire est irrévocable : il ne peut être modifié ou annulé sans l'accord de toutes les parties.

I Les formes de crédit documentaire

Le crédit documentaire irrévocable : le paiement est garanti par la banque émettrice. Le risque commercial de non-paiement est couvert.
Le crédit documentaire irrévocable et confirmé : le paiement est garanti par la banque émettrice et par la banque notificatrice, qui devient alors banque confirmatrice ou confirmante (*confirming bank*). Le risque commercial et le risque politique de non-paiement sont couverts.

II Les obligations du bénéficiaire du crédit documentaire

L'exportateur doit respecter les modalités de l'avis d'ouverture « à la virgule près », selon les RUU, au risque de perdre la garantie de paiement donnée par la banque. Il doit :
- remettre les **documents** originaux ou en copie, dans le nombre d'exemplaires demandés, avec les éventuelles signatures et certifications de chambres de commerce, les mentions particulières (comme la mention relative au paiement du fret sur le document de transport)... Tous les documents mentionnent le numéro du crédoc. Le **document de transport**, pièce essentielle du crédit documentaire, apporte la preuve de l'expédition des marchandises en bon état apparent (absence de réserves du transporteur), au lieu de départ et dans les délais convenus. Il est généralement émis à l'ordre de la banque émettrice, afin de lui donner les marchandises en gage de remboursement par le donneur d'ordre ;
- respecter les **dates et délais** : la date limite d'expédition, la date d'émission des documents (certaines banques n'acceptent pas des documents antérieurs au jour de l'expédition), la date de présentation des documents (dans les 21 jours suivant l'expédition et avant la date d'expiration du crédoc) ;
- organiser l'expédition **strictement conformément aux conditions proposées dans son offre commerciale** (délai et lieu d'expédition, mode de transport, désignation de la marchandise, montant...) et reprises dans le crédit documentaire. Il remet une copie de l'avis d'ouverture à son transitaire pour lui permettre d'organiser la logistique dans le respect des exigences du crédoc.

III Les irrégularités (*discrepancies*) relevées par la banque

Si les documents sont irréguliers, la banque émettrice peut les rejeter ou soumettre les irrégularités au donneur d'ordre, qui peut alors accepter ou refuser les documents. En cas de refus des documents, ceux-ci sont retournés au bénéficiaire. Aucun paiement n'est effectué.
Les irrégularités sont très fréquentes et font perdre la garantie de paiement à l'exportateur. Elles tiennent, le plus souvent, au non-respect des dates et délais.

IV Les modes de réalisation (*availability*) (paiement) du crédit documentaire

Par paiement	Par virement à vue	*Transfer at sight*
Par paiement différé	Par virement à échéance	*Transfer at (xx) days*
Par acceptation	Par acceptation d'une traite à vue ou à échéance	*By acceptance* *A draft on sight or at (xx) days*
Par négociation	Par acceptation d'une traite à vue ou à échéance, avec possibilité pour le vendeur d'obtenir l'avance du montant par une banque désignée (banque négociatrice)	*By negotiation*

Attention : l'exportateur est payé par la banque émettrice (par l'intermédiaire de la banque notificatrice) ou par la banque confirmatrice : **c'est la banque qui effectue le virement ou accepte la traite** et non l'importateur. La banque se fait rembourser ensuite par l'acheteur (par prélèvement sur son compte), en échange des documents d'expédition.

V Les types particuliers de crédit documentaire

Transférable	Ce crédoc prévoit la possibilité pour le bénéficiaire de transférer tout ou partie du montant à un tiers ; il permet à un fournisseur de garantir le paiement à son sous-traitant (cas où le vendeur achète lui-même les marchandises à un producteur).
Adossé (*back to back*)	Le vendeur qui achète les marchandises à un autre fournisseur, et ne veut pas que son client en soit informé, va « offrir » le crédoc dont il est bénéficiaire à la banque notificatrice, en garantie de l'émission d'un second crédit en faveur de son propre fournisseur.
Red clause	Il autorise la banque à verser des avances sur le montant du crédoc au bénéficiaire, avant l'expédition des marchandises (afin de lui permettre de financer une production spécifique).
Revolving	Il est renouvelé automatiquement pour des expéditions et des montants identiques et ouvert pour un montant maximum (il est utilisé dans les expéditions échelonnées).

VI Les frais du crédit documentaire

Les frais bancaires sont élevés. Certains sont fixes, d'autres sont proportionnels au montant du crédit documentaire. Les RUU prévoient que chaque partie paie les frais engagés dans son pays.

Frais facturés par la banque émettrice au donneur d'ordre	Frais d'ouverture Frais de message SWIFT et de courrier express Commission de transfert des fonds ou d'acceptation des traites Éventuelle commission de modification
Frais facturés par la banque notificatrice ou confirmatrice au bénéficiaire	Frais de notification ou de confirmation Frais de message SWIFT et de courrier express Commission d'encaissement Éventuelle commission pour documents remis irréguliers

VII Les avantages et les inconvénients du crédit documentaire

	Avantages	Inconvénients
Pour le vendeur	Garantie de paiement à 100 %	- Coût (frais bancaires) - Procédure lourde et complexe
Pour l'acheteur	Garantie de ne payer qu'à la condition que son fournisseur ait expédié les marchandises conformément à ses engagements	- Coût (frais bancaires) - Pas de garantie sur la conformité des marchandises expédiées - Impossibilité de se rétracter

VIII Le déroulement des crédits documentaires

1 Le déroulement du crédit documentaire irrévocable

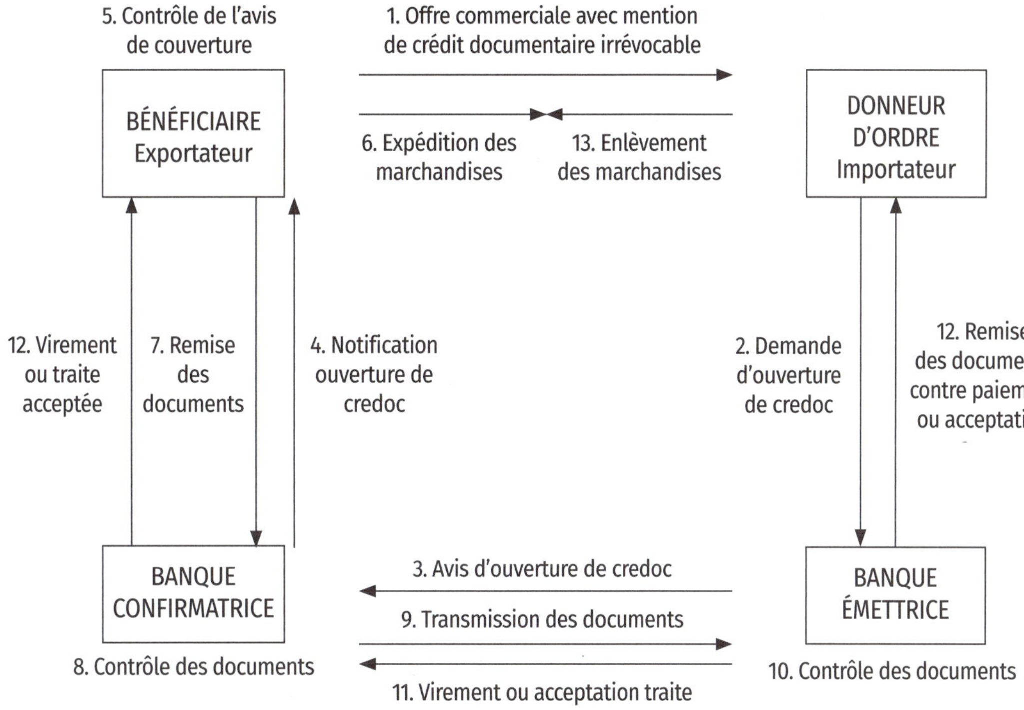

1. Le vendeur remet une offre commerciale (une facture pro forma) à son client, dans laquelle il précise que le paiement doit être fait par traite ou virement, avec crédit documentaire irrévocable.
2. S'il accepte l'offre, l'acheteur, donneur d'ordre, demande à sa banque d'ouvrir un crédit documentaire irrévocable en faveur de son fournisseur et précise toutes les modalités de ce crédoc : montant, Incoterm, désignation des marchandises, date et lieu d'expédition, mode de transport, documents à fournir...
3. La banque émettrice, qui a ouvert le crédoc, en avise sa correspondante dans le pays du vendeur, par message SWIFT, en lui demandant de notifier cette ouverture au bénéficiaire.
4. La banque correspondante, banque notificatrice, notifie par courrier au vendeur l'ouverture d'un crédoc en sa faveur et lui transmet une copie de l'avis d'ouverture, où figurent toutes les modalités définies par le donneur d'ordre.
5. Le vendeur contrôle tous les termes de l'avis d'ouverture par rapport à son offre commerciale. S'il constate une anomalie (l'exigence d'un document impossible à fournir, une erreur sur l'Incoterm...), il contacte son client et lui demande de faire faire une modification de l'avis d'ouverture (un amendement) par la banque émettrice.
6. Quand l'avis d'ouverture est conforme à son offre, le vendeur procède à l'expédition des marchandises et reçoit le titre de transport, preuve de l'expédition.
7. Le vendeur remet les documents demandés à la banque notificatrice.
8. La banque notificatrice contrôle les documents, dans un délai de 5 jours ouvrables. Si elle relève une irrégularité (par exemple, il manque une signature ou un document), elle en avise le bénéficiaire afin qu'il se mette en conformité.
9. Si les documents sont conformes ou si leur rectification est impossible (par exemple, la date limite d'expédition n'a pas été respectée), la banque notificatrice transmet les documents à la banque émettrice, par courrier express (en double, en deux envois séparés, par sécurité). Si elle a relevé des irrégularités, elle les mentionne explicitement à sa correspondante.
10. La banque émettrice dispose à son tour de 5 jours pour vérifier les documents.
11. Si les documents sont conformes et remis dans les délais, elle fait un virement ou envoie la traite acceptée à la banque notificatrice.
12. La banque émettrice présente les documents au donneur d'ordre, en échange du remboursement. La banque notificatrice transmet le paiement ou la traite acceptée au vendeur.
13. L'acheteur, qui dispose maintenant des documents d'expédition, peut enlever (récupérer) les marchandises au port ou à l'aéroport d'arrivée.

2 Le déroulement du crédit documentaire irrévocable et confirmé

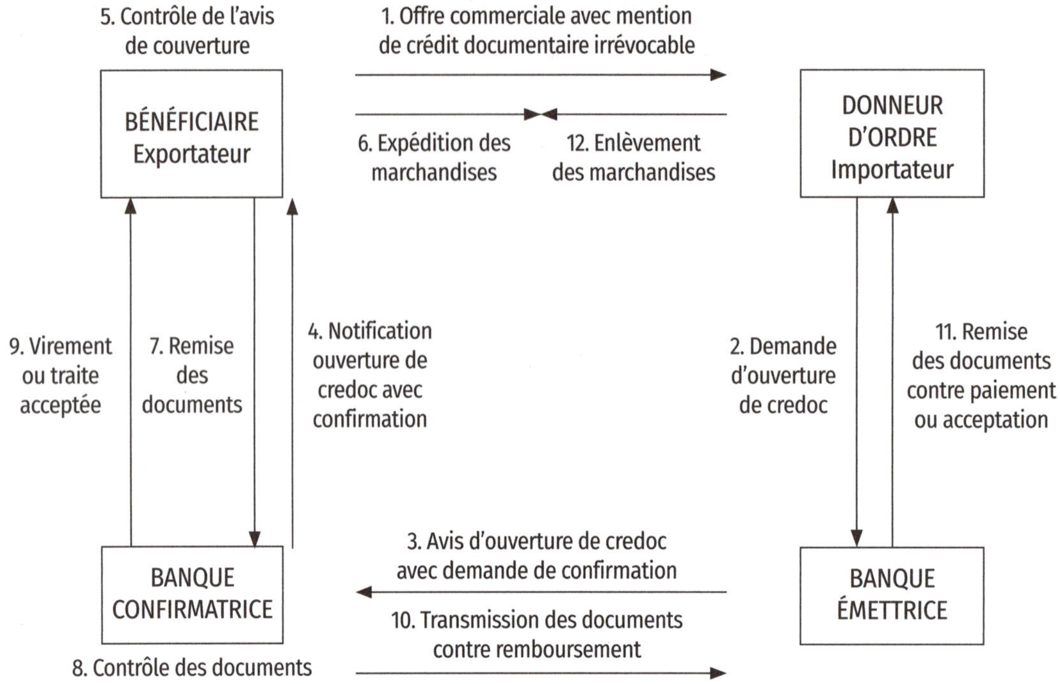

1. Le vendeur remet une offre commerciale à son client, dans laquelle il précise que le paiement doit être fait par traite ou virement, avec crédit documentaire irrévocable et confirmé.
2. S'il accepte l'offre, l'acheteur, donneur d'ordre, demande à sa banque d'ouvrir un crédit documentaire irrévocable et confirmé en faveur de son fournisseur.
3. La banque émettrice ouvre le crédit documentaire irrévocable et transmet l'avis d'ouverture à sa correspondante dans le pays du vendeur, en lui demandant d'ajouter sa confirmation.
4. La banque correspondante accepte de confirmer le crédoc et devient banque confirmatrice (ou refuse et reste banque notificatrice : le crédit documentaire sera seulement irrévocable – retour au 1er schéma). Elle notifie l'ouverture au bénéficiaire par courrier.
5. L'exportateur contrôle les termes de l'avis d'ouverture. En cas d'anomalie, il demande à son client de demander un amendement à la banque émettrice.
6. Les termes de l'avis d'ouverture étant corrects, il expédie la marchandise.
7. Le bénéficiaire remet les documents à la banque confirmatrice.
8. La banque dispose de 5 jours pour contrôler les documents.
9. Si les documents sont conformes et remis dans les délais, la banque paie le bénéficiaire par virement ou accepte sa traite.
10. La banque confirmatrice envoie les documents à la banque émettrice et lui demande le remboursement (dans la réalité, elle se rembourse en prélevant le compte de la banque émettrice qui l'y autorise dans l'avis d'ouverture : ces deux banques sont partenaires et chacune dispose d'un compte chez l'autre).
11. La banque émettrice présente les documents au donneur d'ordre en échange du remboursement.
12. L'acheteur peut procéder à l'enlèvement de ses marchandises.

3 La confirmation silencieuse et le ducroire

a) La confirmation silencieuse
Dans le cas d'un crédit simplement irrévocable, la banque notificatrice peut, à la demande du bénéficiaire, confirmer silencieusement (c'est-à-dire sans en informer la banque émettrice) le crédit documentaire, afin de couvrir le risque pays et/ou le risque bancaire.

b) Le ducroire
Le ducroire est une garantie de paiement qui procède du même principe mais ne couvre que le risque bancaire.

FICHE RESSOURCE

6 La lettre de crédit stand-by (LCSB) (*Stand-By Letter of Credit*, SBLC)

Attention : il ne faut pas confondre « *Stand-By Letter of Credit* » et « *Letter of Credit* », qui désigne le crédit documentaire.

La lettre de crédit stand-by est soumise aux RUU 600 de la Chambre de commerce internationale. Elle est beaucoup plus simple à mettre en œuvre que le crédit documentaire. Pourtant, elle n'est fréquemment utilisée que dans les pays anglo-saxons.
La LCSB est un engagement pris par une banque de payer le vendeur en cas de défaillance de l'acheteur. Par l'ouverture d'une LCSB, l'importateur garantit à son fournisseur que sa banque se substituera à lui s'il est défaillant, à condition que l'exportateur présente les documents réclamés comme preuve de l'existence de la créance.
Elle n'est donc utilisée que dans le cas où l'acheteur ne paie pas à l'échéance prévue.
Le vendeur pourra obtenir le paiement en adressant un courrier à la banque, accompagné de sa facture et de son exemplaire du document de transport.

I L'émission de la LCSB

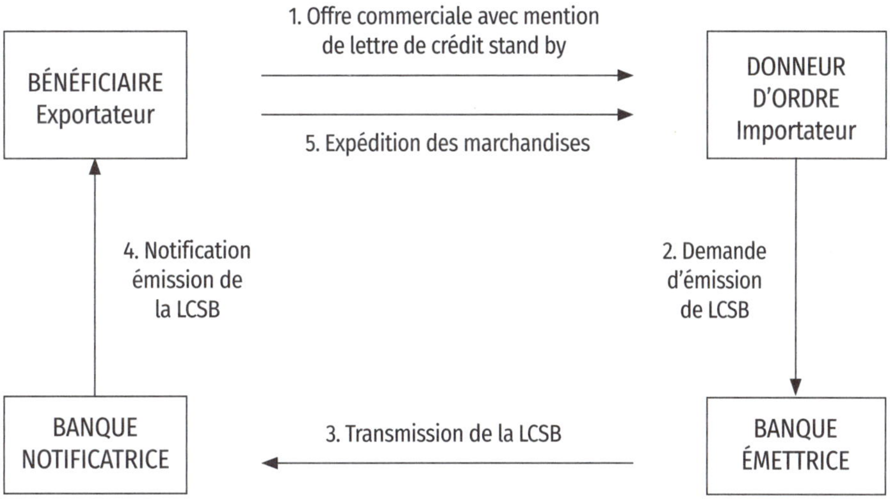

II La mise en jeu de la LCSB

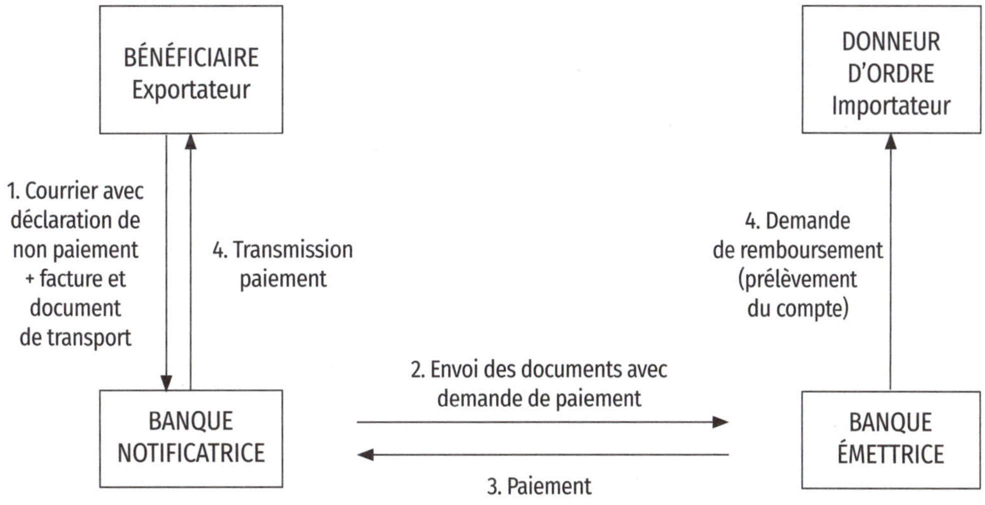

La LCSB peut être confirmée : le bénéficiaire est alors payé par la banque confirmatrice.

III Les avantages et les inconvénients de la LCSB

La LCSB offre surtout des avantages à l'exportateur.

	Avantages	Inconvénients
Pour le vendeur	• Garantie de paiement à 100 % • N'est utilisée qu'en cas de défaillance du client, donc meilleure relation commerciale • Mise en place simplifiée • Pas de délai lié au contrôle des documents par la banque • Coût à la charge de l'acheteur	• Délai d'encaissement (délai de paiement supplémentaire accordé au client pour raisons commerciales + longueur du processus de réclamation) • Difficulté à obtenir un préfinancement • Utilisation peu répandue • Nécessité de rassurer le client par la mise en place d'une garantie
Pour l'acheteur	• Coût plus faible que le crédoc • Plus de souplesse pour modifier la commande • Délai de réception des documents raccourci	• Risque que le vendeur ne respecte pas ses engagements • Utilisation peu répandue

IV Le choix d'une technique bancaire de couverture en fonction de l'intensité du risque de non-paiement

Niveau de risque	Technique à mettre en œuvre
Élevé	Paiement d'avance / crédit documentaire / LCSB
Modéré	Aval bancaire, garantie de paiement à première demande
Faible	Remise documentaire
Très faible	Encaissement simple avec ou sans acompte

FICHE RESSOURCE

7 L'assurance-crédit export

La souscription d'une police d'assurance-crédit permet à l'exportateur de sécuriser ses contrats. Elle facilite le crédit entre les entreprises en assurant l'exportateur, ou la banque qui l'accompagne, contre le non-paiement de son contrat par son débiteur. Elle permet ainsi à l'exportateur d'accorder un délai de paiement, donc d'installer un meilleur rapport de confiance (l'acheteur n'a généralement pas connaissance que le vendeur s'est assuré).
L'assurance n'est pas souscrite au cas par cas : il s'agit d'une stratégie choisie ou non par l'entreprise. L'assurance-crédit peut aussi couvrir des contrats isolés.

I Les assurances-crédit

Les assureurs-crédit sont des organismes publics ou des sociétés privées qui assurent les exportateurs contre le risque commercial et politique de non-paiement (de crédit). Ils agissent au nom de l'État ou pour leur propre compte.

a. Les risques assurés

Les assureurs-crédit couvrent deux types principaux de risque :
- le risque d'interruption de contrat : l'annulation du contrat par un client étranger avant la livraison, alors que l'exportateur a engagé des dépenses pour sa réalisation ;
- le risque de crédit : le non-paiement du contrat par le client étranger.

Les assureurs-crédit privés offrent deux services complémentaires :
- l'information sur la solvabilité financière des acheteurs ;
- le recouvrement des impayés auprès des acheteurs.

Les opérations assurées peuvent concerner des biens de consommation, des prestations de services, des opérations de négoce international.

b. Les assureurs-crédits

De nombreuses compagnies proposent des produits d'assurance contre le risque de non-paiement. En France, les acteurs majeurs privés sont Atradius, Coface, Euler Hermes et Groupama. Bpifrance Assurance Export est l'assureur-crédit public.

• **Bpifrance Assurance Export** a repris le rôle d'agence publique de crédit export française depuis janvier 2017, mission précédemment menée par Coface pour le compte de l'État.
Bpifrance Assurance Export assure ainsi dorénavant la gestion des garanties publiques à l'exportation au nom, pour le compte et sous le contrôle de l'État en vertu de l'article L432-2 du Code des assurances. Elle gère un panel de solutions d'assurance-crédit export dont le but est de promouvoir et de sécuriser les exportations françaises. Elle assure des risques non assurables par le marché privé (c'est le « principe de subsidiarité »), au bénéfice d'entreprises qui commercialisent des produits et des services dont l'origine française (« la part française ») est d'au moins 20 %.
L'assurance-crédit protège contre un impayé résultant de la réalisation d'un risque politique et/ou d'un risque commercial.
Les primes varient en fonction du risque couvert qui est composé du risque pays, du risque acheteur, de la durée du risque de crédit, de la structure du financement.
Toute entreprise française, quelle que soit sa taille, peut bénéficier d'une garantie. Les établissements bancaires apportant un financement à un contrat d'exportation peuvent également bénéficier d'une assurance. C'est le cas par exemple, d'un crédit acheteur.
La quotité garantie est, en ce qui concerne l'assurance-crédit export, de 95 % à 100 % selon la taille de l'entreprise.

• **Coface** offre des informations sur les acheteurs, le recouvrement des factures impayées et une indemnisation à hauteur de 90 % de la créance garantie. Elle propose deux produits : Easy Liner, pour les PME dont le chiffre d'affaires est inférieur à 7 millions d'euros et Trade-Liner pour celles dont le chiffre d'affaires est supérieur. Les ventes en France et à l'étranger sont assurées. L'entreprise assurée gère son contrat, ses garanties et ses déclarations d'impayés très simplement, *via* la plateforme sécurisée de Coface : Cofanet.

II Le fonctionnement de l'assurance-crédit

L'assurance couvre le risque politique et/ou le risque commercial de crédit. En fonction des polices, l'exportateur assure ses ventes à l'export de façon globale ou sur un marché.
Titulaire d'une police d'assurance-crédit, il est assuré contre le risque d'impayé sur ses ventes, dans la limite d'un encours maximal de créances et d'un délai maximal de crédit imposés par l'assureur.
Lorsqu'il reçoit une commande d'un acheteur étranger :
- il adresse une demande d'agrément sur cette vente à son assureur-crédit ;
- l'assureur étudie sa demande d'agrément et en analyse le risque commercial et le risque politique ;
- l'exportateur obtient un encours garanti (montant maximum de crédit assuré) sur le client et peut expédier les marchandises ;
- l'assuré doit signaler tout événement susceptible de provoquer un impayé, en adressant à l'assureur une déclaration de menace de sinistre. L'assureur va alors s'informer sur la situation financière de l'acheteur ;
- en cas d'impayé, l'exportateur adresse une déclaration de sinistre à l'assureur, qui déclenche aussitôt une action pour le recouvrement de la créance ;
- si l'assureur ne parvient pas à recouvrer la créance avant l'expiration d'un délai de carence, l'exportateur est indemnisé.

III Le montant de l'indemnité

En fonction des assureurs et du chiffre d'affaires de l'entreprise, la quotité garantie est de 95 à 100 % de la créance. L'indemnité est donc de 95 à 100 % du montant de l'impayé. L'assureur déduit de ce montant les frais engagés pour le recouvrement de la créance.

IV Le coût de l'assurance-crédit

La prime d'assurance est fonction du risque couvert, de la nature des garanties, du pays, du type d'acheteur et de la durée du crédit (entre 0,1 % pour les très bons dossiers et 2 % du montant assuré).

V Les avantages et les limites de l'assurance-crédit

- **Avantages :** moins coûteuse que les techniques bancaires (1,5 % du montant de la créance, en moyenne), elle permet d'être indemnisé jusqu'à 100 % du montant de l'impayé. Par ailleurs, elle est invisible pour le client de l'assuré.
- **Limites :** l'indemnisation n'intervient qu'à l'issue d'une période de plusieurs mois (6 mois en moyenne), en raison du délai nécessaire pour le recouvrement de la créance par l'assureur. Elle ne couvre pas réellement 100 % de la créance, puisque les frais de recouvrement par l'assureur en sont déduits.

> En plus des garanties, [certains assureurs-crédit], dont ExIm Bank aux États-Unis, interviennent sous forme de financement. Ils prêtent directement à l'acheteur, sans passer par une banque commerciale. Cette pratique peut engendrer des distorsions de concurrence. En effet, le fonctionnement des agences de crédit est régi par un consensus de l'OCDE, qui fixe un ensemble de règles harmonisées afin que la concurrence entre les entreprises ne se fasse pas sur les conditions de financement. Si ExIm Bank peut prêter directement à l'acheteur, alors les entreprises américaines bénéficient d'un avantage compétitif important.
>
> Étienne Goetz, *Les Échos*.

APPLICATIONS PROFESSIONNELLES

1 Évaluer les risques et choisir des conditions de paiement

L'entreprise Lavandière de Provence, située à Marseille, a reçu une demande d'offre d'un acheteur égyptien pour une commande de bougies parfumées et parfums d'intérieur. Sa demande porte sur un montant de 13 000 EUR, avec une proposition de paiement par virement à 30 jours de l'expédition.
Avant de répondre à ce client potentiel, le dirigeant de l'entreprise vous charge d'une prise d'informations sur les risques à exporter en Égypte.

1. **Présentez une fiche pays indiquant le niveau de risque politique, les principaux indicateurs économiques et les techniques de paiement conseillées avec l'Égypte.**

2. **Conseillez Lavandière de Provence sur les conditions de paiement à proposer à cet acheteur égyptien.**

2 Évaluer l'intérêt et le coût d'une remise documentaire à l'export

BULLES DE PROVENCE

Les bières Bulles de Provence sont brassées localement dans « l'atelier d'innovation » de la brasserie de Puyricard. Ces bières artisanales sont confectionnées avec des produits naturels en respectant les étapes d'une fabrication traditionnelle. La brasserie de Puyricard a reçu une demande d'offre de la part d'un nouveau client situé en Italie. Il s'agirait d'expédier 2 palettes de bières biologiques de sa gamme « Tradition » à une chaîne de restaurateurs.
La brasserie a envoyé une pro forma au client italien, pour un montant de 3 650 EUR CPT Turin, payable par virement à 30 jours avec remise documentaire. Elle a consulté sa banque pour connaître les frais liés à l'encaissement.

1. **Présentez les avantages et les limites de la remise documentaire dans le contexte de cette vente.**

2. **À partir des informations communiquées par la banque (document), calculez le coût de cette remise documentaire pour l'exportateur.**

DOCUMENT HSBC : extrait du tarif « Entreprises – Opérations internationales »

À l'import			
Les remises documentaires	Commission d'encaissement	En % du montant de la remise	0,2 %
			Mini. 80 €

À l'export			
Les remises documentaires	Commission d'encaissement	En % du montant de l'opération	0,2 %
			Mini. 85 €

Les encaissements			
Les virements	Virement international reçu		15 €
Les chèques ou effets payables à l'étranger		En % du montant	0,2 %
			Mini. 18 €, maxi. 105 €

Les paiements			
Les virements internationaux commerciaux	Commission de transfert	par virement électronique	12 €
		par virement papier	30 €
Les virements internationaux de trésorerie	Commission de transfert	par virement électronique	15 €
		par virement papier	30 €
Les réglements d'effets ou de chèques, émis en faveur de l'étranger	Par effet / Par chèque	En % du montant	0,15 %
		Minimum	35 €

3 Analyser l'avis d'ouverture d'un crédit documentaire

À partir du message SWIFT (document) :

1. **Retrouvez les conditions de l'opération commerciale et les parties en présence dans ce crédit documentaire.**

2. **Identifiez les dates et délais à respecter par l'exportateur.**

3. **Expliquez le mode de réalisation de ce crédit documentaire.**

4. **Listez les documents demandés et contrôlez que l'exportateur est en capacité de les produire.**

5. **Expliquez la raison pour laquelle le crédit documentaire n'est pas confirmé.**

DOCUMENT Message SWIFT

SWIFT MESSAGE
SWIFT-DEST: BKCHCNBJ500
SENT TO:
BANK OF C
SHANDONG BRANCH
62, ZHONG SHAN ROAD
266001 QINGDAO CHINA

27:	SEQUENCE OF TOTAL 1/1
40 A:	FORM OF DOCUMENTARY CREDIT IRREVOCABLE
20:	DOCUMENTARY CREDIT NUMBER 00051011003770
31C:	DATE OF ISSUE N0730
40E:	APPLICABLE RULES UCP LATEST VERSION
31D:	DATE AND PLACE OF EXPIRY N0824
50:	APPLICANT LE CLUB DU JOUET 50, AVENUE DIVISION LECLERC 93600 AULNAY SOUS BOIS FRANCE
59:	BENEFICIARY Y Z ARTS AND CRAFTS CO LTD 25 CHAOYANG ROAD YINAN COUNTY YINAN SHANDONG CHINA
32B:	CURRENCY CODE, AMOUNT USD17650,00
39B:	MAXIMUM CREDIT AMOUNT NOT EXCEEDING
41D:	AVAILABLE[1] WITH…BY… ANY BANK BY NEGOTIATION
42C:	DRAFTS AT 30 DAYS AFTER ON BOARD DATE
42A:	DRAWEE SOGEFRPP
43P:	PARTIAL SHIPMENTS ALLOWED
43T:	TRANSSHIPMENT PROHIBITED
44E:	PORT OF LOADING/AIRPORT OF DEPARTURE QINGDAO PORT
44F:	PORT OF DISCHARGE/AIRPORT OF DESTINATION ANY PORT IN EUROPE

• • •

1. Réalisable.

• • •

44C: LATEST DATE OF SHIPMENT
N0810
45A: DESCRIPTION OF GOODS
PELUCHE 2700 PIECES
AS PER SALES CONFIRMATION ZT220721 DATED N/07/21
FOB QINGDAO PORT
46A: DOCUMENTS REQUIRED
+ SIGNED COMMERCIAL INVOICE 3 FOLDS
+ PACKING LIST IN 3 FOLDS SHOWING NET WEIGHT AND GROSS WEIGHT AND VOLUME PER CARTON FOR EACH REFERENCE AND TOTAL
+ ORIGINAL OF CERTIFICATE OF ORIGIN + 01 COPY
+ FULL SET OF ON BOARD BILL OF LADING MADE OUT TO ORDER OF SOCIETE G[redacted] 19 RUE DU CHEMIN VERT 93000 BOBIGNY FRANCE NOTIFY THE APPLICANT MARKED FREIGHT COLLECT AND BEARING
ON BOARD DATE
+ BENEFICIARY S ATTESTATION CERTIFYING THAT HE HAS RESPECTED INSTRUCTIONS GIVEN BY THE APPLICANT
+ COPY OF « CE EN71 ALL AGES » CERTIFICATE FOR ARTICLE UNDER EUROPEAN SECURITIES NORMS IN CASE OF NOT PRESENTATION OF THESE CERTIFICATES THE GOODS WILL BE REFUSED BY APPLICANT AND RETURNED TO BENEFICIARY AT BENEFICIARY S EXPENSE
47A: ADDITIONAL CONDITIONS
+ IF DISCREPANCIES ON DOCUMENTS CHARGES FOR EUR 125 OR EQUIVALENT ARE FOR BENEFICIARY S ACCOUNT AND WILL BE DEDUCTED FROM SETTLEMENT
+ DOCUMENTS MUST BE SENT TO US PER DHL OR ANY OTHER RAPID COURIER SERVICE TO SOCIETE G[redacted] 19 RUE DU CHEMIN VERT 93000 BOBIGNY FRANCE
+ INCOTERM OF THIS L/C SUBMITTED TO INCOTERMS 2020 OF ICC PARIS
+ AN EXTRA PHOTOCOPY OF ALL DOCUMENTS IS REQUIRED FOR ISSUING BANK.
EUR 20 WILL BE DEDUCTED FROM YOUR PAYMENT IS THIS CONDITION IS NOT RESPECTED.
+ DOCUMENTS PRESENTED DIRECTLY BY BENEFICIARY PROHIBITED
+ ALL NEGOTIATIONS UNDER THIS CREDIT SHOULD BE ENDORSED ON THE REVERSE OF ORIGINAL CREDIT AND NEGOTIATING BANK TO CERTIFY TO THIS EFFECT.
+ ALL DOCUMENTS MUST BEAR OUR L/C NUMBER
71B: CHARGES
ALL ABROAD BANKING CHARGES AND OUR CABLE CHARGES ARE FOR THE BENEFICIARY S ACCOUNT
48: PERIOD FOR PRESENTATION
15 DAYS
49: CONFIRMATION INSTRUCTIONS
WITHOUT
78: INSTRUCTIONS TO THE PAY/ACCEP/NEG BANK
FOR REIMBURSEMENT AT MATURITY WE SHALL COVER THE ADVISING BANK THROUGH THEIR USD CORRESPONDENT WHICH MAY BE INDICATED WITH THEIR COMPLETE ACCOUNT NUMBER.
END OF MESSAGE

4 Analyser les erreurs dans l'avis d'ouverture d'un crédit documentaire

L'entreprise Sud Peinture, située à Brignoles, dans le sud de la France, a reçu la commande d'un acheteur émirati pour de la peinture conditionnée en fûts. Dans son offre commerciale, l'exportateur a stipulé la demande de l'ouverture d'un crédit documentaire irrévocable.

À partir de la pro forma (document 1) et de l'avis d'ouverture de crédit documentaire (document 2) :
1. Relevez les incohérences de l'avis d'ouverture par rapport aux termes de l'offre de Sud Peinture.
2. Analysez les conséquences de ces erreurs pour l'exportateur.
3. Indiquez l'attitude qu'il doit adopter.

DOCUMENT 1 Offre commerciale de Sud Peinture au client émirati

Pro forma n° 008/INV/RDF/II/N DD
FEB 6th N
De SUD PEINTURE
À SHEIK ABU

- 61,5 tonnes de peinture à 6 USD/kg CIP Abu Dhabi
- Paiement par virement à 120 jours d'expédition
- Livraisons échelonnées en 4 expéditions
- Port de départ : Fos-sur-Mer, à destination de Dubaï
- Paiement par crédit documentaire irrévocable

DOCUMENT 2 Avis d'ouverture de crédit documentaire reçu le 14 février N

Basic Header: F 01 TARNFR2LAXXX 68940E99
Abu Dhabi Royal Commercial Bank (ADRCB)

40A: Form of documentary credit
Irrevocable
20: Documentary credit n°
655DOC024051
31C: Date of issue
N/02/13
31D: Expiry
Date: N/04/27
Place: in beneficiary's country
50: Applicant
SHEIK ABU
36 Whalid Boulevard
Abu Dhabi (United Arabian Emirates)

• • •

• • •

59: Beneficiary
Entreprise SUD PEINTURE
44 rue République
83170 Brignoles – France

32 B: Currency Code Amount
Currency: USD
Amount: 360 000

41D: Available with/by
Any Bank in beneficiary's country
By negotiation

42 C: Drafts
At sight

42 D: Drawee
ADRCB

43P: Partial shipments
Not allowed

43T: Transshipment
Allowed

44A: Loading in charge
Fos Marseille – France

44B: For transportation to
Dubaï

44C: Latest date of shipment
N/03/24

45B: Description goods and/or services:
FOB Fos Marseille
Paintings
According to pro forma invoice
N° 008/INV/RDF/II/N DD FEB 3rd N

46B: Documents required
– 1 original signed handwriting commercial invoice, bearing beneficiary and stamp in 3 copies
– packing list in 3 copies
– original of certificate of origin issued and signed by competent authorities in beneficiary's country plus 2 copies
– insurance certificate or policy covering "all risks"
– full set of clean on board ocean bills issued by shipping company on board, to order and blank endorsed, notify applicant with full address, marked freight prepaid, L/C number, and container number
– and attestation to this effect together with the original – DHL receipt are required with documentary credit documents

48: Period for presentation
Documents must be presented within 21 days after shipment but within L/C validity

49: Confirmation instructions
Without

71B: Charges
All charges outside France, including reimbursement charges, discount charges and acceptance charges are for beneficiary's account

72: Documents must be sent to Société Générale – Paris La Défense – France

5 Analyser une lettre de crédit stand-by

1. À partir du document ci-dessous, identifiez les parties concernées par cette LCSB et leur rôle.
2. Présentez la procédure à suivre par l'exportateur pour la mise en jeu de cette LCSB.

DOCUMENT Lettre de crédit stand-by

BY ORDER AND FOR ACCOUNT OF ELECTRO, CASABLANCA MAROC, WE, S G BANK, CASABLANCA MAROC, HEREBY ISSUE OUR IRREVOCABLE STAND-BY LETTER OF CREDIT NUMBER 6884400887 FOR AN AMOUNT OF 60 000 EUR (SIXTY THOUSAND EUROS ONLY) IN FAVOUR OF AGENDA SARL, LILLE FRANCE
EXPIRING ON 31 MARCH N AT YOUR COUNTERS TO GUARANTEE THE DUE PERFORMANCE OF THE ACCOUNT PARTIES OBLIGATIONS.
THIS STANDBY LETTER OF CREDIT IS PAYABLE AT SIGHT FOR PAYMENT ACCOMPANIED BY:
COPY OF BILL OF LADING INDICATING FREIGHT PREPAID
COPY OF UNPAID INVOICE (S) DULY SIGNED BY BENEFICIARY
BENEFICIARY CERTIFICATE DULY SIGNED AND DATED STATING THAT: "WE HEREBY CERTIFY THAT WE HAVE PERFORMED AND CORRECTLY FULFILLED ALL OUR OBLIGATIONS CONCERNING THE SALE OF THE GOODS DESCRIBED IN ATTACHED COPY OF INVOICE AND THAT WE HAVE NOT RECEIVED THE CORRESPONDING PAYMENT"
SPECIAL INSTRUCTIONS
DOCUMENTS MUST BE PRESENTED ON OR BEFORE EXPIRY DATE
PLEASE NOTIFY THIS SBLC TO THE BENEFICIARY.
ALL CHARGES AND COMMISSIONS ARE FOR THE BENEFICIARY'S ACCOUNT
IN REIMBURSEMENT OF YOUR PAYMENT (YOU ARE AUTHORIZED TO DRAW OUR ACCOUNT WITH S G PARIS OPERA FIVE DAYS FROM NEGOTIATION OF DOCUMENTS AND AFTER SENDING TO USE YOUR CERTIFYING THE STRICT CONFORMITY OF DOCUMENTS)
THIS STANDBY LETTER OF CREDIT IS SUBJECT TO THE UCP FOR DOCUMENTARY CREDIT 2007 ICC PUBLICATION N° 600

6 Liquider une assurance-crédit

L'entreprise Table d'argent fabrique et commercialise des couverts et accessoires des arts de la table. Elle bénéficie pour l'Asie d'une police d'assurance-crédit souscrite avec une quotité garantie de 95 %.

1. Précisez la nature des risques couverts par l'assurance-crédit souscrite par l'entreprise.

Le 15 février N, l'entreprise sollicite l'agrément de son assureur sur un importateur taïwanais, Taiwan Trading LTD, et obtient un montant garanti de 35 000 EUR. L'expédition est réalisée le 1er mars N, pour un montant facturé de 32 450 EUR. Le paiement doit intervenir par virement le 1er avril. À l'échéance, aucun règlement n'est effectué et l'acheteur taïwanais demande un délai supplémentaire de 30 jours, que Table d'argent lui accorde. Le 15 mai, sans nouvelles de son client, l'exportateur souhaite mettre en jeu son assurance-crédit et vous charge de la déclaration du sinistre à l'assureur.

2. Complétez la déclaration de sinistre à adresser à l'assureur (document).

Deux mois plus tard, l'assureur informe l'entreprise Table d'argent que la procédure de règlement amiable avec l'acheteur taïwanais n'a donné aucun résultat et qu'une procédure judiciaire est entamée. Les frais de procédure s'élèvent à 1 200 EUR.

3. **Calculez le montant de l'indemnité versée par l'assureur à l'exportateur. Concluez sur les conséquences financières de ce sinistre pour l'assuré.**

DOCUMENT Déclaration de sinistre

ASSURANCE CREDIT EXPORT
DECLARATION DE MENACE DE SINISTRE
POLICE GLOBALE

1 – L'ASSURE :

CODE	WILAYA	SOCIETE
	00	0000

POLICE	CB	CP	NP	AN	AVENANT DE RECONDUCTION	N°
	14.2	1	0000	00		R100
	Effet : du JJ/MM/AAAA au JJ/MM/AAAA				Effet : du JJ/MM/AAAA au JJ/MM/AAAA	

2 – L'ACHETEUR :

CODE : ☐☐☐☐☐☐☐☐☐

3 – L'IMPAYE :

FACTURES						Observations
Numéro	Date de facturation	Date d'expédition	Date d'échéance	Montant en Devises (Préciser Monnaie)	Montant Impayé	

4 – MOTIF ET FAIT GENERATEUR DU SINISTRE:

☐ Insolvabilité ☐ Carence de Payement ☐ Politique ☐ Autre (Préciser) ....

5 – DEMARCHES EFFECTUEES (joindre justificatifs):

6 – SURETES/ GARANTIES DE PAYEMENT : ☐ **OUI** ☐ **NON**

Si OUI : Préciser nature : ....

7 – DEMANDE D'INTERVENTION : ☐ **OUI** ☐ **NON**

Si OUI, Veuillez joindre à la présente Déclaration la Demande d'Intervention - MANDAT, suivant modèle annexé à votre Police d'Assurance.

Si NON, la demande d'intervention doit être adressée à la Compagnie, au plus tard, dans le mois qui suit l'expiration du délai prévu pour la Déclaration de Menace de Sinistre.

Fait à ...., le ....

P/L'ASSURE
(Nom du Signataire et Cachet de la Société)

CHAPITRE

17 Gérer le risque de change

COMPÉTENCES PROFESSIONNELLES

Mesurer les risques, gérer leur couverture, les sinistres et les litiges

90 % des transactions commerciales sont libellées en dollars américains.
La devise américaine est souvent utilisée pour la facturation des échanges internationaux, y compris lorsque les transactions n'impliquent pas les États-Unis. L'euro, deuxième devise la plus échangée au monde, ne représente que le tiers des transactions sur le marché des changes.

SITUATION PROFESSIONNELLE

THAÏLANDE

Régime : monarchie constitutionnelle
Superficie : 513 120 km²
Population : 64,9 millions d'habitants
Capitale : Bangkok
Villes principales : Bangkok, Pattaya, Chiang Mai, Udon Thani, Nakhon
Langue officielle : thaï
Langue des affaires : anglais
Monnaie : bath (1 EUR = 37,6260 THB[1])
PIB/hab. : 7 808 USD
Principaux clients : Chine, États-Unis, Japon, Vietnam
Principaux fournisseurs : Chine, Japon, États-Unis, Malaisie, Émirats arabes unis

1. Taux de change au 13/04/21.

1. Actualisez les données pays par une recherche sur Internet.
2. Caractérisez les pratiques commerciales, sociales et environnementales du pays, après consultation de l'évaluation des risques par Coface.

Située dans le quartier de la haute joaillerie, rue de la Paix à Paris, la Maison Olivia Lecroix crée des modèles de bijoux en or jaune, blanc ou rose incrusté de pierres précieuses (émeraude, saphir, rubis) ou semi-précieuses (citrine, topaze, grenats, béryls…).
Tous les bijoux proposés par sa marque sont sertis de pierres colorées. Les bijoux sont fabriqués en Thaïlande, par un joaillier qui taille et monte les pierres, et dont le travail garantit à la Maison Olivia Lecroix une qualité compatible avec le positionnement de luxe de la joaillerie parisienne.
Ils sont essentiellement destinés à une clientèle professionnelle de détaillants en bijouterie, en France et à l'étranger, et sont fabriqués sur commande. La marque Olivia Lecroix est distribuée depuis 1960 en Europe, aux États-Unis, aux Émirats arabes unis et plus récemment au Japon. La boutique parisienne assure une vitrine destinée principalement à ces acheteurs professionnels, même si elle est ouverte aux particuliers. Les pièces, originales, y sont vendues entre 3 500 et 16 000 EUR TTC.

Maison
Olivia Lecroix

120 rue de la Paix
75001 Paris

L

Le fournisseur thaïlandais, qui travaille essentiellement avec les États-Unis, facture les produits en dollars américains (USD). La Maison Olivia Lecroix a construit ses tarifs export en euros pour ses clients européens et en dollars pour les acheteurs des autres pays. Les factures sont payables en moyenne à 60 jours, à l'import comme à l'export, par virement bancaire.
Jusqu'à présent, la Maison Olivia Lecroix n'a mis en place aucune technique de couverture contre le risque de change ; elle ne dispose que d'un compte bancaire en euros et les devises sont achetées ou vendues au cours du jour de l'opération.
Ainsi, chaque mois, des milliers de dollars sont encaissés et décaissés, et les commissions bancaires prélèvent une part non négligeable de la marge. Aussi, une réflexion est menée autour de la politique de change de l'entreprise.

1. À partir de l'état des flux import et export facturés en USD, calculez et caractérisez la position de change de l'entreprise au 31 janvier N.

Document 1
Fiche ressource 2

2. Sur la base des cours spot, calculez la perte ou le gain de change résultant des opérations bancaires réalisées le 31 janvier N.

Document 2
Fiche ressource 1

3. À partir de vos résultats et des informations relatives aux frais bancaires, calculez le montant total qui sera prélevé sur le compte bancaire de l'entreprise pour payer ses fournisseurs et celui qui sera crédité au titre des règlements des clients.

Document 3
Fiche ressource 1

4. En l'absence de technique externe de couverture, quel conseil pouvez-vous donner à la Maison Olivia Lecroix pour limiter les frais bancaires ?

Fiche ressource 3

En moyenne, et sauf participation à un salon international, les achats s'élèvent à 50 000 USD par mois et les ventes à 150 000 USD.
Compte tenu des flux import et export facturés en USD, vous devez conseiller la Maison Olivia Lecroix sur la stratégie de couverture du risque de change à adopter pour ses opérations futures. Vous avez pris des informations sur la couverture à terme auprès de la banque de l'entreprise (**document 4**) et sur les conditions d'une assurance change auprès d'un assureur (**document 5**).

5. Sur la base d'une hypothèse de cotation de 1 EUR = 1,1360 – 1,1376 USD le 30 avril N, comparez les résultats (hors frais bancaires) de la couverture à terme, de la souscription d'une police d'assurance change et de la non-couverture.

Fiches ressources 4 et 5

6. Concluez sur la stratégie de couverture à adopter.

Fiche ressource 6

VOTRE DOSSIER

DOCUMENT 1 État des flux import et export en USD à échéance au 31 janvier N

Date	Opération	Client / Fournisseur	Montant USD	Échéance
22/11/N-1	Achat	Fournisseur Thaïlande	9 000	31/01/N
23/11/N-1	Vente	Client Dubaï	24 600	31/01/N
27/11/N-1	Vente	Client Tokyo	14 300	31/01/N
27/11/N-1	Vente	Client New York	4 000	31/01/N
30/11/N-1	Vente	Client San Francisco	9 100	31/01/N
30/11/N-1	Achat	Fournisseur Thaïlande	23 800	31/01/N
02/12/N-1	Vente	Client Abu Dhabi	40 800	31/01/N
04/12/N-1	Vente	Client Kyoto	10 100	31/01/N
05/12/N-1	Vente	Client Miami	35 500	31/01/N
05/12/N-1	Achat	Fournisseur Thaïlande	15 900	31/01/N

DOCUMENT 2 Cours spot EUR/USD

Date	Cours d'achat	Cours de vente
22/11/N–1	1,1208	1,1226
23/11/N–1	1,1208	1,1226
27/11/N–1	1,1211	1,1231
30/11/N–1	1,1223	1,1240
02/12/N–1	1,1240	1,1265
04/12/N–1	1,1263	1,1280
05/12/N–1	1,1300	1,1315

Cours EUR/USD
le 31 janvier N
1 EUR = 1,1419 – 1,1427 USD

DOCUMENT 3 Frais bancaires

Frais liés aux opérations internationales	
Demande de justificatif de paiement	20,00 €
Port sécurisé :	
• récupération des frais facturés par nos prestataires avec un minimum de :	
– pli à destination de la France	25,00 € HT
– pli à destination de l'étranger	40,00 € HT
Commission de change dégressive par tranches cumulatives (appliquée à toute opération d'achat ou de vente de devises) :	
• jusqu'à 75 000 €	0,50 ‰
• au-delà	0,25 ‰
• minimum	16,00 €
Moyens de paiement à l'export – Les encaissements	
Virements ordinaires(*)	
Commission de rapatriement	17,50 €
Chèques(*)	
Crédit immédiat Sauf Bonne Fin « SBF » :	
• commission d'encaissement	1,00 ‰
Moyens de paiement à l'import – Les paiements	
Virements ordinaires(*)	
Commission de transfert jusqu'à 75 000 €	1,00 ‰
• au-delà	0,50 ‰
• minimum	17,50 €
Chèques(*)	
Commission de transfert jusqu'à 75 000 €	1,00 ‰
• au-delà	0,50 ‰
• minimum	17,50 €
Commission d'encaissement	1,50 ‰
• minimum	43,00 €

(*) Plus commission de change.

DOCUMENT 4 Informations bancaires sur la couverture à terme

Objet : Votre demande d'informations concernant la couverture à terme sur USD
Date d'engagement : 28 février N

Cours spot au 28/02/N EUR/USD : 1,1320 – 1,1334

Reports	Achat	Vente
À 30 jours	+ 0,0005	+ 0,0008
À 60 jours	+ 0,0012	+ 0,0012
À 90 jours	+ 0,0035	+ 0,0038

Pour les frais de paiement import / encaissement export et commissions de change : consulter nos tarifs.

DOCUMENT 5 Informations sur l'assurance change

CARE

Compagnie d'Assurance des Risques Export
Paris La Défense

Conditions de votre police d'assurance change

Durée de validité : 6 mois
Montant garanti : 150 000 EUR
Devise couverte : USD
Délai moyen de crédit : 2 mois

Tarification :
Prime : 0,07 %
Cours garanti : 1,1344

CARE Compagnie d'Assurance des Risques Export
Paris La Défense

Conditions de l'assurance change

Opérations couvertes

Contrats d'exportation
Montant du contrat : minimum 5 000 EUR
Délai de crédit : de 3 jours (minimum) à 1 an (maximum)

Devises couvertes

Dollar US, livre sterling, franc suisse, dollar canadien, dollar de Singapour, yen, couronne norvégienne, couronne suédoise, dollar australien, dollar néo-zélandais

Fonctionnement du contrat d'assurance change

Souscription en ligne
Demande de garantie en ligne sur l'interface change@care-defense.com

Début du contrat
Contrat d'exportation garanti dès la réception de la notification d'agrément de CARE La Défense (délai maximum 48 heures)

Durée du contrat
Engagement un an, renouvelable par tacite reconduction

Couverture

100 % de la perte de change constatée aux échéances de paiement, par rapport au cours à terme garanti

Prime d'assurance

Montant
Fonction du montant moyen des encours garantis, de la durée moyenne de crédit, du risque politique des pays couverts
Minimum : 150 EUR

Paiement
Dès la fixation du cours garanti

FICHE RESSOURCE

1 Le marché des changes

I Les devises

1 La codification des devises

Il existe environ 300 types de monnaies différentes utilisées dans les échanges commerciaux à travers le monde.
Les monnaies sont désignées par un code ISO de 3 lettres (les deux premières lettres désignent le pays, la troisième désigne la devise).

Pays	Monnaie	Code	Pays	Monnaie	Code
Zone euro	euro	EUR	Suède	couronne suédoise	SEK
Bulgarie	lev	BGN	Norvège	couronne norvégienne	NOK
Croatie	kuna	HRK	Royaume-Uni	livre sterling	GBP
Danemark	couronne danoise	DKK	Suisse	franc suisse	CHF
Hongrie	forint	HUF	États-Unis	dollar américain	USD
Pologne	zloty	PLN	Canada	dollar canadien	CAD
République tchèque	couronne tchèque	CZK	Japon	yen	JPY
Roumanie	leu	RON	Chine	yuan	CNY

2 Les taux de change des devises

Le taux de change (ou cours) d'une devise correspond au prix de cette devise exprimé dans une autre monnaie.
Ce cours change en permanence. Il est exprimé avec 4 décimales (sauf le yen japonais, exprimé avec 5 décimales).

Exemple 1 EUR = 1,1208 USD ou encore 1 USD = 0,8922 EUR

Dans la zone euro, on exprime les taux de change des différentes devises pour une unité d'euro : 1 EUR = une certaine quantité de devise étrangère.

3 L'offre et la demande de devises

L'offre de devises émane des entreprises françaises qui sont payées en devises par leurs clients situés à l'étranger et des touristes étrangers qui séjournent en France. Ils souhaitent échanger des devises contre des euros.
La demande de devises émane des entreprises françaises qui paient leurs fournisseurs situés à l'étranger en devises et des touristes français qui souhaitent séjourner à l'étranger. Ils souhaitent échanger des euros contre des devises.

II Le marché des changes ou FOREX (*FOReign EXchange*)

Le marché des changes est le lieu (virtuel) où s'échangent les devises. Ce marché est mondial et fonctionne 24 heures/24.
Seules les banques ont accès au marché des changes. L'individu ou l'entreprise qui souhaite acheter ou vendre des devises doit passer par l'intermédiaire d'une banque (un cambiste).

1 Le marché au comptant (*spot market*)

C'est le marché sur lequel **la banque achète ou vend des devises, au cours du jour (cours spot)**, qui résulte de l'offre et de la demande de cette devise.
Quand elle achète ou vend des devises pour le compte de son client, la banque prélève une marge : elle lui applique un cours moins favorable que celui qu'elle obtient elle-même.
Il y a donc deux cours pour une même devise : le cours d'achat et le cours de vente.

Exemple Cours du jour sur le marché des changes : 1 EUR = 1,1208 USD
Cours proposé par la banque à son client : 1 EUR = 1,1180 – 1,1228 USD
Le premier cours (1,1180) est le **cours d'achat** : celui auquel on achète le dollar à la banque.
Le second (1,1228) est le **cours de vente** : celui auquel on vend le dollar à la banque.

Par ailleurs, la banque prélève une commission bancaire sur toute opération de change, qui s'ajoute à l'achat et se déduit à la vente.

Exemple

Situation	**À l'achat** Cas de l'importateur qui doit payer 60 000 USD à un fournisseur étranger et les achète à la banque	**À la vente** Cas de l'exportateur qui a été payé 60 000 USD par un client étranger et les vend à la banque
Cours appliqué	Cours d'achat : 1,1180	Cours de vente : 1,1228
Contrevaleur des USD	60 000 / 1,1180 = 53 667,26 EUR	60 000 / 1,1228 = 53 437,83 EUR
Commission bancaire 0,12 %	53 667,26 × 0,12 % = 64,40 EUR	53 437,83 × 0,12 % = 64,13 EUR
Résultat net	Paiement : 53 667,26 + 64,40 = 53 731,66 EUR	Encaissement : 53 437,83 – 64,13 = 53 373,70 EUR

2 Le marché de dépôt

C'est le marché sur lequel les banques **placent et empruntent des devises**, à des taux d'intérêt qui dépendent de la devise et de la durée du placement ou de l'emprunt. La banque qui agit pour le compte de son client place ou emprunte pour lui et lui applique un taux d'intérêt moins favorable que celui qu'elle obtient car, là aussi, elle prélève sa marge.
Il y a deux taux d'intérêt : un taux prêteur et un taux emprunteur.

Exemple Soit un taux d'intérêt sur le dollar à 3 mois : T_D 3m = 0,90 % – 0,94 %
Le premier taux (0,90 %) est le **taux prêteur** : celui auquel l'entreprise peut placer ses dollars.
Le second taux (0,94 %) est le **taux emprunteur** : celui auquel l'entreprise peut emprunter des dollars.

Situation	Cas de l'entreprise qui a reçu 50 000 USD d'un client étranger et les place pour les utiliser dans 3 mois afin de payer la facture en USD d'un fournisseur étranger	Cas de l'entreprise qui emprunte 50 000 USD pour payer un fournisseur étranger et les remboursera avec le règlement en USD d'un client étranger dans 3 mois
Taux appliqué par la banque	Taux prêteur : 0,90 %	Taux emprunteur : 0,94 %
Montant des intérêts	50 000 × 0,90 % × 3/12 = 112,50 USD	50 000 × 0,94 % × 3/12 = 117,50 USD
Montant total du placement ou de l'emprunt en USD	50 000 + 112,50 = 50 112,50 USD	50 000 + 117,50 = 50 117,50 USD

3 Le marché à terme (*forward market*)

Sur ce marché, les banques effectuent des achats ou des ventes de devises à terme : elles s'engagent, pour le compte de leurs clients, à acheter ou vendre des devises à une échéance donnée, à un cours déterminé à l'avance, le **cours à terme**.

Connaître à l'avance le taux de change applicable à la devise à l'échéance permet à l'exportateur de fixer son prix de vente et à l'importateur d'évaluer le coût réel de son approvisionnement, quand leurs prix sont libellés en devises.

Ce cours à terme est calculé dès le départ ; il résulte d'opérations d'emprunt et de placement réalisées à des cours et taux connus.

Dans le cas d'une vente à terme de devises :
- la banque emprunte les devises : elle les convertit en euros, et place les euros obtenus ;
- le jour de l'échéance, elle récupère les euros issus du placement et rembourse l'emprunt de devises.

Le cours à terme, calculé dès le départ, résulte du rapport entre le montant à rembourser et le montant du placement : total USD / total EUR.

Dans le cas d'un achat à terme, la banque réalise les opérations inverses.

Exemple ▸ Vente à terme de 80 000 USD à 3 mois
• La banque emprunte 80 000 USD, au taux d'intérêt sur le dollar à 3 mois : 0,94 %.
• Elle convertit les 80 000 USD empruntés en EUR, sur la base du cours du jour :
1 EUR = 1,1180 – 1,1228 USD → 80 000 / 1,1228 = 71 250,45 EUR.
• Elle place les EUR obtenus sur le marché monétaire, au taux d'intérêt sur l'euro à 3 mois : 0,24 %.
• À l'échéance, 3 mois plus tard, elle récupère les EUR issus du placement :
71 250,45 + (71 250,45 × 0,24 % × 3/12) = 42,75 soit un total de 71 293,20 EUR.
Puis elle rembourse les dollars empruntés : 80 000 + (80 000 × 0,94 % × 3/12) = 80 188 USD.

Le cours à terme résulte donc de l'opération suivante : 80 188 / 71 293,20 = 1,1248.
La vente à terme est conclue avec un cours à terme de : 1 EUR = 1,1248 USD.

Quand le cours à terme est supérieur au cours du jour, la devise est dite « **en report** ».
Quand le cours à terme est inférieur au cours du jour, la devise est dite « **en déport** ».

Exemple (suite) ▸ Dans la situation ci-dessus, il y a un report de 0,0020, soit 20 points ou pips (*percentage in points*) :
Cours à terme 1,1248 – cours du jour 1,1228 = 0,0020.

FICHE RESSOURCE

2 Calculer sa position de change et définir sa stratégie face au risque

I Le risque de change

Il correspond au risque de perdre de l'argent en raison d'une évolution défavorable de la devise entre le moment de la fixation du prix et le moment du paiement.
Ainsi, l'exportateur qui fixe un prix de vente en devise craint que la devise ne se déprécie par rapport à sa monnaie et qu'au jour de l'encaissement, il reçoive de la banque moins d'euros que prévu en échange du règlement de son client. L'importateur qui a commandé des marchandises à un certain prix en devise craint que la devise ne s'apprécie et qu'au jour de l'échéance, il doive payer plus cher que prévu à la banque pour obtenir les devises nécessaires au règlement de sa facture.
Le risque de change peut également permettre à l'entreprise de réaliser un gain de change.
Plus le délai de paiement est long, plus le risque de change est important.

> **Exemple** Un exportateur français vend pour 75 000 EUR de marchandises à un client américain qui souhaite une facturation en USD et un paiement à 3 mois. Il calcule son prix de vente sur la base du cours du jour (1 EUR = 1,1050 USD) et la facture s'élève donc à :
> 75 000 × 1,1050 = 82 875 USD.
> 3 mois plus tard, l'exportateur encaisse le règlement du client et sa banque crédite son compte en euros de la contrevaleur des dollars sur la base du cours de ce jour-là (1 EUR = 1,1400 USD) :
> 82 875 / 1,1400 = 72 697,37 EUR.
> La dépréciation du dollar par rapport à l'euro a occasionné une perte de change de 2 302,30 EUR.
> L'encaissement est diminué de la commission de change de la banque de 0,12 % soit 87,24 EUR.
> L'encaissement net est de : 72 697,37 – 87,24 = 72 610,13 EUR.

II La position de change

L'entreprise qui réalise à la fois des achats et des ventes dans une même devise calcule sa position de change, c'est-à-dire la différence entre ses créances et ses dettes en devise :

- **position fermée :** les créances sont égales aux dettes, donc pas de risque de change ;
- **position ouverte :** les créances sont différentes des dettes, donc exposition au risque de change :

– **position longue :** les créances sont supérieures aux dettes ;
– **position courte :** les dettes sont supérieures aux créances.

> **Exemple** Une entreprise a réalisé les opérations suivantes au cours d'un mois donné :
> Achats : 45 000 USD / Ventes : 60 000 USD.
> → La position de change est ouverte et longue.

III Les stratégies possibles face au risque de change

Trois stratégies s'offrent à l'entreprise. Le choix dépend des délais de paiement, des montants concernés et de son aversion pour le risque :
– **ne pas s'exposer au risque de change et n'accepter que des facturations en euros :** cette stratégie peut faire perdre des contrats à l'exportateur ou le contraindre à céder sur d'autres conditions commerciales ;
– **accepter le risque de change :** cette stratégie, risquée, peut s'avérer payante en cas d'évolution favorable de la devise. Elle peut également être coûteuse ;
– **couvrir le risque de change** par des techniques internes, des techniques bancaires, des assurances.

FICHE RESSOURCE

3 Couvrir le risque de change en interne

I La couverture naturelle (*natural hedging*)

Elle consiste à équilibrer des recettes et des dépenses effectuées avec la même devise. C'est le cas lorsque l'entreprise achète des marchandises et réalise des ventes dans un même pays, ou dans des pays qui disposent de la même devise.
L'entreprise utilisera une partie des devises issues des règlements de ses clients afin de payer les factures de ses fournisseurs. L'objectif est de limiter l'exposition à l'évolution du cours de la devise et les opérations de change avec la banque. La difficulté est de faire coïncider les échéances et les devises.
L'entreprise doit donc disposer d'un compte en devises, pour chaque devise utilisée.

II La compensation (*netting*)

Utilisée entre entreprises d'un même groupe, elle vise à réduire le nombre de transferts bancaires entre les membres du groupe afin de limiter les frais bancaires liés au change.

Exemples
Compensation bilatérale : l'entreprise X vend des marchandises à sa filiale Y pour 200 000 USD et la filiale Y lui vend elle-même des biens pour 150 000 USD. La compensation consiste à ce qu'un seul règlement de 50 000 USD soit effectué par Y à X.
Compensation multilatérale : la filiale Z du même groupe a une dette de 50 000 USD envers la filiale Y. Elle réglera directement la dette de Y à X ; un seul flux financier sera opéré.

La compensation multilatérale implique l'existence d'un service financier dédié à ces opérations, un centre de *netting* qui centralise les informations et organise la compensation.

III Le termaillage (*leading and lagging*)

Il consiste à faire varier les termes (les échéances) de paiement afin de profiter d'une évolution favorable de la devise. Ainsi, en phase de dépréciation de la devise, l'entreprise va chercher à accélérer les encaissements des factures de ses clients (*leading*) et retarder le paiement de ses fournisseurs (*lagging*). Elle aura la position inverse en phase d'appréciation de la devise.

Exemple Si une baisse du dollar est attendue au cours du mois, l'importateur facturé en USD aura intérêt à payer son fournisseur après cette baisse, pour diminuer le coût de son approvisionnement. L'exportateur aura intérêt à encaisser le règlement de ses clients en USD avant cette baisse.

IV La clause de change contractuelle

Il est également possible (mais difficile à négocier) d'insérer une clause spécifique dans le contrat permettant au fournisseur de préserver sa marge. Plusieurs clauses d'indexation sont possibles :
- une clause de risque partagé : la variation du cours est partagée entre fournisseur et client ;
- une clause d'indexation « tunnel » : un cours précis est défini, associé à une limite maximale et minimale de variation, sans impact sur le prix de la transaction ;
- une clause de change multiple : la transaction sera réglée dans l'une des devises inscrites dans le contrat.

V Le *swap* de devises

Il s'agit d'un échange (*swap*) conclu entre deux entreprises qui s'accordent mutuellement un prêt dans deux monnaies différentes et fera l'objet du versement d'intérêts jusqu'au remboursement. Ce type de couverture est essentiellement pratiqué par les filiales d'une multinationale.

FICHE RESSOURCE

4 Couvrir le risque de change par une technique bancaire

I La couverture à terme

Un contrat à terme, ou « *future* », est un accord conclu entre l'entreprise et la banque, dont l'objet est l'achat ou la vente d'une devise à une date ultérieure, à un cours fixé à l'avance, le cours à terme. Ce contrat peut être conclu jusqu'à un an à l'avance.
Ainsi, l'exportateur qui recevra des devises à une certaine échéance en paiement de sa vente va conclure une **vente à terme** : il connaît dès la conclusion du contrat le cours auquel il pourra vendre les devises à la banque. Il supprime le risque de change.
À l'inverse, l'importateur qui devra acheter des devises à la banque pour payer son fournisseur va conclure un **achat à terme** : il connaît à l'avance le prix que lui coûteront les devises, donc le coût de son approvisionnement.
Le cours à terme est calculé à partir du cours du jour, auquel on ajoute le **report** ou auquel on soustrait le **déport** communiqué par la banque.

Exemples
Cours du jour : 1 EUR = 120,10 – 121,05 JPY avec report à 6 mois : 0,24
Cours d'achat du yen à 6 mois : 120,10 + 0,24 = 120,34
Cours de vente du yen à 6 mois : 121,05 + 0,24 = 121,29

Cours du jour : 1 EUR = 1,5275 – 1,5315 CAD avec déport à 3 mois : 0,0020
Cours d'achat du dollar canadien à 3 mois : 1,5275 – 0,0020 = 1,5255
Cours de vente du dollar canadien à 3 mois : 1,5315 – 0,0020 = 1,5295

La conclusion d'une vente ou d'un achat à terme est irréversible, il n'est donc pas possible de bénéficier d'un gain de change en cas d'évolution favorable de la devise. L'entreprise qui ne peut acheter ou vendre la devise comme prévu le jour de l'échéance doit payer une pénalité à la banque.

II Les options de change

En souscrivant à une option de change, par l'intermédiaire de la banque, l'entreprise achète le droit (et non l'obligation) d'acheter (*call*) ou de vendre (*put*) des devises à un cours et à une date prédéterminés, moyennant le paiement d'une prime. L'acheteur de l'option peut choisir le cours (prix d'exercice ou *strike*) de son option ; la prime à payer au départ est fonction de ce prix d'exercice. À l'échéance et en fonction du cours du jour, l'entreprise choisit d'exercer ou d'abandonner son option. L'option de change permet donc de supprimer le risque de perte de change, tout en gardant la possibilité de bénéficier d'un gain de change.
Les options de change permettent de supprimer le risque de change dès la phase de négociation. Les montants concernés sont relativement élevés (minimum de 100 000 EUR).

Exemple Un exportateur a remis une offre commerciale pour un montant de 130 000 USD à un prospect américain, avec une durée de validité de 2 mois. Son offre comporte un délai de paiement de 3 mois. Il souhaite couvrir son risque de change dès la remise de l'offre et achète une option de vente de dollars (*call* EUR / *put* USD) à 5 mois, avec un prix d'exercice de :
1 EUR = 1,1235 USD.
Si l'offre commerciale n'est pas acceptée par le prospect américain, l'exportateur abandonnera son option.
Si l'offre est acceptée, il la conservera jusqu'au jour de l'échéance. Ce jour-là, il exercera son option si le cours du jour est moins favorable que le prix d'exercice de 1,1235 ; il l'abandonnera dans le cas contraire et vendra ses dollars à la banque au cours du jour.

La MCNE (mobilisation de créances nées à l'étranger) et l'ADE (avance en devises à l'exportation), techniques de financement à court terme, permettent également de couvrir le risque de change (*voir chapitre 18*).

5 Couvrir le risque de change par une assurance

L'assurance change permet aux entreprises de facturer en devises sans risque de perte de change : l'exportateur est couvert sur la base du cours garanti jusqu'au dernier paiement.

Les assureurs proposent deux types de polices :
- celles qui garantissent un cours et indemnisent la perte de change, l'éventuel gain de change étant restitué à l'assureur ;
- celles qui garantissent un cours et qui indemnisent la perte de change, une éventuelle participation au gain de change en cas d'évolution favorable de la devise pourrait être appliquée.

La prime d'assurance, calculée sur le montant total de l'assiette assurée, est payable lors de la mise en place de la garantie.

Le point de départ de la couverture peut différer en fonction de la garantie :
- dès le début de la négociation ou à la signature du contrat, dans le cadre d'exportations ponctuelles : l'entreprise est protégée contre le risque de change dès la remise de son offre au client potentiel ;
- à partir du moment où l'entreprise établit ses prix, dans le cadre de courants réguliers à l'exportation ; la couverture porte sur toutes les factures de vente qui seront enregistrées, à concurrence d'un montant total déterminé à l'avance.

L'assurance change contrat de Bpifrance Assurance Export permet de figer un cours de change avant la signature du contrat commercial ou au plus tard dans les quinze jours de sa signature pour des montants à garantir d'un maximum de 15 millions EUR. Il existe plusieurs critères d'éligibilité. Entre autres, cette garantie ne concerne que les entreprises françaises concluant un contrat d'exportation en devises, et dont la part française est supérieure ou égale à 20 % du montant total de l'assiette.

L'assurance change négociation	
Entreprises éligibles	Les entreprises, en situation de concurrence commerciale (souvent dans le cadre d'appels d'offres internationaux), qui remettent des offres commerciales en devises.
Devises	USD, GBP, CHF, CAD, SGD, JPY, NOK, SEK, DKK, AUD, NZD, HKD et plus de 30 devises sous conditions.
Mise en œuvre	L'entreprise peut être assurée dès la remise de l'offre. En cas de conclusion du contrat commercial, l'entreprise est couverte jusqu'au dernier terme de paiement. Le cours garanti est assuré à 100 %. Il peut être amélioré en période de négociation avec la variante « intéressement » (50 ou 70 %), permettant à l'entreprise de profiter d'une évolution favorable de la devise.
Prime	La prime d'assurance varie en fonction de la devise, de la durée de validité de l'offre et du type de produit (avec ou sans intéressement).

L'assurance change contrat	
Entreprises éligibles	Les entreprises qui doivent finaliser leur proposition de prix en devises ou dont le contrat est signé depuis moins de 15 jours.
Devises	USD, GBP, CHF, CAD, SGD, JPY, NOK, SEK, DKK, AUD, NZD
Mise en œuvre	Avant la signature du contrat commercial ou dans les 15 jours de l'événement au plus tard, l'entreprise sollicite Bpifrance Assurance Export : le cours garanti est alors déterminé et assuré à 100 % jusqu'au dernier paiement.
Prime	La prime d'assurance varie en fonction de la devise et de la durée de validité restante avant l'entrée en vigueur du contrat.

FICHE RESSOURCE

6 Comparer les différentes solutions de couverture du risque de change

Solutions de couverture	Avantages	Inconvénients
Facturation en EUR	Risque de change nul : le montant du produit de la vente ou du coût de l'approvisionnement est certain.	Transfert du risque de change sur le partenaire commercial qui exigera, en contrepartie, des concessions sur d'autres conditions commerciales.
Couverture naturelle	Réduit le nombre d'opérations de change, donc le montant exposé au risque et les commissions bancaires.	Nécessite d'avoir des flux import et export, de faire coïncider les devises et les échéances de règlement, d'avoir un compte pour chaque devise utilisée.
Compensation	Réduit le nombre de flux en devises, donc la position de change.	Nécessite la mise en place d'un service dédié à la compensation entre les entreprises du groupe.
Termaillage	Permet de réduire le risque de change et de profiter de l'évolution favorable des cours.	Remet en question le délai de paiement accordé et suppose que l'acheteur ait la trésorerie disponible.
Clause de change	Permet au vendeur de maintenir sa marge.	Difficile à obtenir d'un acheteur pour qui le prix d'achat est incertain.
***Swap* de devises**	Supprime le risque de change pour les deux entreprises partenaires.	Complexité de gestion, risque de change résiduel sur les intérêts du prêt ou de l'emprunt.
Couverture à terme	Permet de connaître à l'avance le taux de change de la devise à l'échéance. Facilité de mise en œuvre.	Ne permet pas de profiter d'une évolution favorable de la devise. Pénalité en cas de désengagement.
Options de change	Permettent de supprimer le risque de change tout en profitant de l'évolution favorable de la devise.	Complexité de gestion. Prime élevée. Montants importants.
Assurance change	Cours garanti dès le départ. Possibilité d'intéressement au gain de change.	Certaines polices ne couvrent que le risque de change à l'export. Prime payable à l'avance. Police globale, ne peut garantir des ventes au cas par cas.

La technique la plus utilisée par les PME est la couverture à terme, en raison de sa simplicité de mise en place.
La compensation et les *swaps* de devises sont utilisés dans les multinationales.
L'option de change permet surtout de spéculer sur une évolution favorable de la devise.

1 Calculer la contrevaleur des devises en euros

La société Fortal produit des meubles de cuisine et de salle de bains qu'elle vend à une clientèle professionnelle en Europe et en Asie. À la fin du mois de mars, elle encaisse le règlement de plusieurs clients facturés en différentes devises.

- **À partir des documents 1 et 2, calculez l'encaissement net qui sera porté au crédit du compte de l'exportateur.**

DOCUMENT 1 Factures export réglées le 31 mars

Factures clients britanniques	14 350	GBP
Factures clients suisses	21 580	CHF
Factures clients japonais	1 281 250	JPY

DOCUMENT 2 Informations bancaires

Cours spot des devises le 31 mars
1 EUR = 0,8970 – 0,9005 GBP
1 EUR = 1,0595 – 1,0610 CHF
1 EUR = 121,19 – 122,60 JPY

Commission de change : 0,10 %

2 Calculer la contrevaleur des euros en devises

L'entreprise Lixor a réglé la facture d'un fournisseur canadien pour un montant de 28 670 CAD payable 50 % à la commande, le solde à 60 jours.

- **À partir du document, calculez le montant total qui aura été prélevé par sa banque sur le compte de l'importateur.**

DOCUMENT Informations bancaires

Cours spot le jour du règlement de l'acompte :
1 EUR = 1,5325 – 1,5346 CAD

Cours spot le jour du règlement du solde :
1 EUR = 1,5230 – 1,5245 CAD

Commission de change : 0,12 %

3 Calculer une position de change

Le domaine Olivor exploite une oliveraie de plusieurs hectares dans l'arrière-pays niçois et produit une huile d'olive de bonne qualité.
Sa clientèle est composée principalement de grossistes et de centrales d'achat de grandes surfaces alimentaires. Il commercialise 70 % de sa production d'huile d'olive à l'étranger.
Les règlements des clients sont libellés dans plusieurs devises, les fournisseurs asiatiques (conditionnements et emballages) sont payés en dollars américains.

- **À partir du document 1, calculez et caractérisez la position de change de l'entreprise pour le mois de novembre. Vous compléterez le document 2 à cet effet.**

DOCUMENT 1 Opérations en devises à réaliser au cours du mois de novembre

Paiement fournisseur sud-coréen (fournitures)	3 400 USD
Paiement fournisseur chinois 1 (bouteilles)	2 950 USD
Paiement fournisseur chinois 2 (bouchons et étiquettes)	3 180 USD
Paiement fournisseur canadien (machine à embouteiller)	5 360 CAD
Encaissement client britannique	8 740 GBP
Encaissement client émirati	4 670 USD
Encaissement client chinois	10 320 USD
Encaissement client canadien	4 490 CAD
Encaissement client américain	9 650 USD

DOCUMENT 2 Tableau de calcul de la position de change

NOVEMBRE	POSITION DE CHANGE		
Devises	USD	CAD	GBP
Encaissements			
Total entrées			
Décaissements			
Total sorties			
Solde			
Position de change			

4 Évaluer l'intérêt de recourir au termaillage

La société Martel a vendu le 10 octobre pour 67 300 EUR de marchandises à un client américain, avec un délai de paiement à 90 jours. Pour satisfaire les exigences de son client, elle a accepté une facturation en dollars américains et a calculé son prix sur la base du cours du jour.
Un mois plus tard, constatant une évolution sensible du cours du dollar, elle contacte son client et lui propose une réduction de 2 % du prix de la facture en cas de règlement anticipé. Le client lui fait parvenir un virement quatre jours plus tard.

1. **À l'aide du document, calculez le montant facturé le 10 octobre au client américain.**

2. **Démontrez par le calcul l'intérêt d'avoir provoqué le règlement anticipé de la facture du client américain.**

DOCUMENT **Taux de change**

Cours spot EUR/USD	
Le 10 octobre	1,1200
Le 10 novembre	1,1290
Le 14 novembre	1,1287

5 Calculer un prix de vente sur la base d'un cours à terme

L'entreprise Bâtimatix commercialise des fournitures et du matériel pour le bâtiment et les travaux publics. Elle a reçu une commande d'une valeur de 125 480 EUR d'un client britannique qui souhaite être facturé en livres sterling et auquel elle accorde un délai de paiement de 90 jours.
Comme le montant de la vente est élevé, l'exportateur ne veut pas courir le risque d'une perte de change et consulte sa banque sur les conditions d'une vente à terme.

À l'aide des informations communiquées dans le document ci-dessous :

1. **Calculez le cours à terme qui sera appliqué par la banque lors de l'encaissement des devises.**

2. **Déterminez le prix de vente à facturer au client britannique sur la base de ce cours à terme.**

DOCUMENT **Informations bancaires**

Cours spot EUR/GBP : 0,8902 – 0,8920
Déport à 3 mois : 0,0015

Commission de change : 0,06 %

6 Couvrir le risque de change import

Pour la fabrication de ses voiturettes de golf, l'entreprise Mobility importe des batteries de Chine. Son fournisseur la facture en USD, exige le paiement d'un acompte de 30 % à la commande et lui accorde un paiement du solde en deux règlements du même montant.
Soucieux de contrôler le coût de ses approvisionnements, l'importateur français couvre son risque de change par le recours à la couverture à terme.

- **Pour la dernière facture de septembre et à l'aide des documents 1 et 2, calculez le coût de cet approvisionnement en euros.**

DOCUMENT 1 Extrait de la facture d'achat des batteries

Facture du 18 septembre N	134 650 USD
Acompte versé le 2 septembre N	30 %
2e versement à 60 jours de l'expédition	
3e versement à 90 jours de l'expédition	
Paiement par virement SWIFT	

DOCUMENT 2 Informations bancaires

Cours spot le 2 septembre N : 1 EUR = 1,1280 – 1,1298 USD

Contrat de couverture à terme conclu le 18 septembre N aux conditions suivantes :

Cours spot : 1 EUR = 1,1273 – 1,1290 USD

Report sur USD
- à 1 mois : 0,0016
- à 2 mois : 0,0018
- à 3 mois : 0,0019

Commission de change : 0,11 %

7 Calculer l'indemnisation d'une assurance change

La société Broadway confectionne des costumes de théâtre 100 % français destinés aux établissements de spectacle vivant. Elle commercialise ses produits dans de nombreux pays d'Europe, d'Amérique et d'Asie.
Elle ne peut pas toujours imposer des prix en euros à ses clients et a souscrit une police d'assurance change auprès de Bpifrance Assurance Export pour couvrir le risque sur les factures en dollars. Au cours du mois de mars, elle a encaissé les règlements de différents clients américains et asiatiques.

À partir des informations communiquées dans les documents 1 et 2 :

1. **Calculez la perte de change indemnisable sur les encaissements du mois de mars.**

2. **Calculez l'indemnité à verser par l'assureur.**

DOCUMENT 1 Conditions de la police d'assurance change

bpifrance ASSURANCE EXPORT

Conditions de votre police Change-contrat :

Assiette à couvrir : 215 000 EUR
PMP : 3 mois
Cours garanti EUR/USD : 1,1160

DOCUMENT 2 Bordereau d'encaissement des règlements en devises pour le mois de mars

SOCIETE GENERALE

Nous vous informons que nous avons crédité votre compte des montants suivants, en contrepartie des virements reçus en devises :

	Devise	Montant	Contre-valeur EUR	Commission de change	Montant net EUR
Client États-Unis	USD	12 578,00	11 130,97	12,24	11 118,73
Client Japon	USD	5 623,00	4 976,11	5,47	4 970,64
Client Écosse	GBP	8 430,00	9 471,91	10,42	9 461,49
Client Brésil	USD	7 880,00	6 973,45	7,67	6 965,78
Client Suisse	CHF	10 560,00	9 948,19	10,94	9 937,25
				Total à votre crédit en EUR	**42 453,89**

8 Calculer un prix de vente export en USD

France Ray conçoit du matériel d'imagerie médicale à destination des hôpitaux et cliniques publics et privés.
Le fabricant a reçu une demande d'offre d'un hôpital privé américain pour 10 échographes portables à ultrasons.
Le client souhaite un prix CIP Washington en USD d'un maximum de 248 000 USD avec un délai de paiement de 90 jours.
L'exportateur a interrogé son transitaire sur le coût de la logistique aérienne et sa banque sur les conditions d'une couverture à terme du risque de change (**document**).

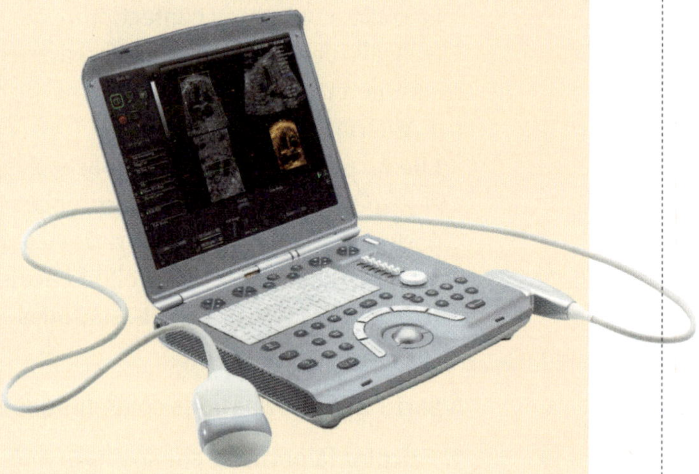

1. **Calculez le prix CIP Washington en EUR.**

2. **Sachant que le prix de vente CIP ne doit pas excéder 248 000 USD, quel cours l'exportateur doit-il se garantir à l'échéance ?**

3. **Vérifiez si le cours à terme proposé par la banque permet de préserver la marge et, dans la négative, proposez une autre solution de couverture à l'exportateur.**

DOCUMENT

Caractéristiques de l'offre commerciale
Délai d'expédition : 2 mois
Conditions de paiement : à 90 jours de l'expédition

Coût de revient export d'un échographe : 18 240 EUR
Taux de marge : 20 %

Organisation de la logistique
Emballage des 10 échographes dans une caisse-palette
Poids brut de la caisse-palette : 100 kg
Volume de la caisse-palette : 0,80 m × 0,80 m × 0,90 m

Dédouanement export : 100 EUR
Pré-acheminement : 80 EUR
Fret aérien : 4,90 EUR/kg taxable
Assurance : 0,20 % du prix CIP

Informations bancaires
Cours spot : 1 EUR = 1,1230 – 1,1244 USD

Report sur USD	à 3 mois	à 4 mois	à 5 mois	à 6 mois
	0,0020	0,0030	0,0040	0,0050

Commission de change 0,12 %

CHAPITRE

18 Financer ses opérations à court terme

COMPÉTENCES PROFESSIONNELLES

Organiser, contrôler et suivre la réalisation d'un contrat international

Proposer des pistes d'amélioration de gestion des opérations

Pour financer leur production et accorder des délais de paiement à leurs clients, les exportateurs doivent trouver des sources de financement à court terme.

Des solutions existent pour financer la prospection, l'investissement et le besoin en fonds de roulement.

Les financements à court terme visent les opérations réalisables dans un délai inférieur à un an.

SITUATION PROFESSIONNELLE

ÉGYPTE

Régime : République constitutionnelle
Superficie : 1 001 450 km²
Population : 98,4 millions d'habitants
Capitale : Le Caire
Villes principales : Le Caire, Alexandrie, Shubra al-Khaymah, Gizeh, Port-Saïd
PIB/hab. : 3 019 USD (2019)
Monnaie : livre égyptienne (1 EUR = 18,7475 EGP[1])
Langue officielle : arabe classique (langue parlée : arabe égyptien)
Langue des affaires : anglais

Principaux clients : Italie, Turquie, Émirats arabes unis, États-Unis, Arabie saoudite
Principaux fournisseurs : Chine, Arabie saoudite, États-Unis, Russie, Allemagne

1. Taux de change au 13/04/21.

1. Actualisez les données pays par une recherche sur Internet.
2. Caractérisez les pratiques commerciales, sociales et environnementales du pays, après consultation de l'évaluation des risques par Coface.

Maître-orfèvre depuis plusieurs générations, Val d'Argent, située dans le sud-ouest de la France, propose ses créations d'art de la table, services à café, services à thé et couverts en argent massif, à une clientèle de restaurants haut de gamme, en France et à l'étranger.
Sa gamme s'impose comme une référence à l'élégance française. Chaque création est réalisée par des artistes et artisans au savoir-faire unique et la gamme bénéficie de l'image « *made in France* ».
Pour les besoins de sa production, Val d'Argent importe la précieuse matière première, l'argent, ainsi que du cuivre, du Mexique. Les fournisseurs lui accordent un délai de paiement moyen de 30 jours. Leurs factures sont libellées en EUR.
Les clients sont généralement facturés en EUR et bénéficient d'un délai de 30 jours eux aussi, mais le délai d'encaissement observé est en moyenne de 40 jours.
Val d'Argent a récemment conclu un contrat avec la centrale d'achat de la chaîne hôtelière Rotana pour approvisionner en couverts en argent massif personnalisés ses hôtels et *resorts* 5 étoiles en Égypte.
Pour remporter le contrat commercial, elle a dû accorder des conditions particulières à ce client égyptien : les ventes sont facturées en USD, avec un délai de paiement de 60 jours.
La nécessité de constituer des stocks de matières premières et de produits finis pèse sur la trésorerie de l'entreprise. L'allongement des délais de paiement des clients fait craindre à sa dirigeante une tension sur ses finances.

Vous êtes chargé(e) de mener une étude du besoin de trésorerie de l'entreprise Val d'Argent et de proposer des solutions de financement à court terme.
La première commande de Rotana porte sur 4 000 ensembles (un ensemble est constitué de quatre couverts).
Val d'Argent ne détient pas les matières premières nécessaires à la production de ces 4 000 ensembles en stock et doit s'approvisionner au Mexique.
Compte tenu des délais de réception des matières et de fabrication des couverts, elle s'est engagée à expédier les produits au client égyptien dans un délai de 2 mois.

1. Calculez le montant et la durée du besoin en financement lié à la commande du client égyptien.

Document 1
Fiche ressource 1

La dirigeante de Val d'Argent souhaite étudier les différentes solutions de financement de ce besoin et envisage, dans un premier temps, de recourir au découvert bancaire.

2. Calculez le coût du découvert autorisé ou de la facilité de caisse.

Document 2
Fiche ressource 2

Vous attirez l'attention de la dirigeante de Val d'Argent sur l'existence d'autres solutions de financement à court terme et lui proposez de comparer les différentes solutions, afin de choisir la plus adaptée au besoin de l'entreprise.
Vous consultez la banque de l'entreprise sur les conditions de mise en place d'une mobilisation de la créance sur le client égyptien et d'une avance en devises (ADE) (**document 3**).

3. Calculez le montant de l'encaissement net procuré par une MCNE.
4. Calculez le montant de l'encaissement net procuré par une ADE.

Document 3
Fiche ressource 3

5. Comparez les avantages et les inconvénients des trois techniques de financement et conseillez la dirigeante de Val d'Argent sur l'attitude à adopter.

Le contrat conclu avec la chaîne hôtelière Rotana prévoit de nouvelles expéditions semblables dans les mois à venir. Dès lors, se pose la question de la mise en place d'outils de financement moins ponctuels.

6. Étudiez la possibilité pour l'entreprise de recourir à l'affacturage ou au forfaitage.

Fiche ressource 4

7. Conseillez la dirigeante de Val d'Argent sur la stratégie à adopter concernant le financement à court terme de ses opérations commerciales.

Fiche ressource 5

8. Étudiez la possibilité pour l'entreprise de bénéficier d'une aide publique à l'export et précisez laquelle.

Fiche ressource 6

VOTRE DOSSIER

DOCUMENT 1 Informations relatives à la commande de Rotana

Conditions commerciales de la commande de Rotana
Marchandises : 4 000 ensembles de 4 couverts en argent massif .925
Prix de vente CIF Port-Saïd d'un ensemble de 4 couverts : 120 USD*
Paiement par virement SWIFT à 60 jours de l'expédition

* Le prix de vente a été déterminé par le service export sur la base du taux de change suivant : 1 EUR = 1,20 USD

Estimation des coûts induits par la commande de Rotana

Facture d'achat d'argent et de cuivre du Mexique :	98 600 EUR (paiement à 30 jours)
Frais du crédit documentaire :	890 EUR
Frais logistiques (cotation du transitaire) :	1 840 EUR

Informations relatives à l'expédition des marchandises en Égypte

Enlèvement et transport routier jusqu'à Bordeaux :	1 jour
Transport maritime (groupage) de Bordeaux à Port-Saïd :	18 jours

DOCUMENT 2 Banque : tarif des services aux entreprises

FINANCEMENTS COURT TERME	MONTANTS
■ Découvert et facilité de caisse	
Frais d'étude annuels	1 % du montant du crédit (minimum 43,50 EUR et maximum 130 EUR)
Intérêts débiteurs	TBB* + 6,5 %
Commission d'engagement annuelle	0,50 % du montant du crédit
■ Escompte	
Commission d'endos	0,5 % par an
Commission de manipulation	16 EUR par effet
Intérêts d'escompte	TBB* + 1,50 %
Minimum perçu par effet	200 EUR
■ Mobilisation de créances professionnelles nées à l'étranger	Nous consulter
■ Affacturage	
Frais de dossier	250 EUR
Commission de service	1,5 % du montant du CA TTC
Commission de financement	TBB* + 2,5 %
*** TBB[1] : 6 % par an**	

1. TBB : taux de base bancaire, taux d'intérêt annuel minimum pratiqué par la banque.

DOCUMENT 3 Conditions bancaires de la MCNE et de l'ADE

Cours spot : 1 EUR = 1,2180 – 1,2215 USD
Commission de change : 0,10 %

MCNE

Financement de 80 % du montant de la créance
Sur présentation :
– du bordereau de cession de créance
– de la copie de la facture commerciale et du document d'expédition
Report sur USD : 0,0025
Taux de la MCNE : 6 %

ADE

Emprunt 100 % du montant du besoin en financement (intérêts post-comptés)
Taux d'intérêt sur EUR : 0,23 % – 0,26 %
Taux d'intérêt sur USD : 0,84 % – 0,90 %

Commission de change : 0,10 %

FICHE RESSOURCE

1 Mesurer le besoin de financement

Vendre ses produits à l'étranger engendre des coûts pour l'exportateur qui nécessitent qu'il dispose de la trésorerie suffisante pour les financer.

I Les besoins de financement liés à l'exportation

1 Le besoin de financement de la prospection

La prospection recouvre les études de marché, le recrutement d'une équipe export, la participation à des salons à l'étranger, la réalisation de missions commerciales à l'étranger, la recherche de prospects, la création ou l'adaptation d'un site Internet...

2 Le besoin de financement de l'adaptation des produits

Il peut être nécessaire de financer l'adaptation des produits et des emballages à la demande locale, à la réglementation et aux normes, ou encore la procédure d'homologation et le test des produits...

3 Le besoin de financement de la réalisation du contrat

La réalisation d'un nouveau contrat peut nécessiter l'acquisition d'un nouvel outil de production et engendrer des coûts liés à la fabrication des produits, à la constitution de stocks, à la logistique internationale...

4 Le besoin de financement des délais de paiement accordés aux clients

Les délais de paiement consentis aux clients sont plus longs encore à l'international que sur le marché national, en raison de l'intensité de la concurrence et des différences de pratiques commerciales en fonction des pays.

Exemple ▸ La Grèce, la Chine et l'Italie sont les pays où les entreprises attendent le plus longtemps avant d'être payées : 91 jours pour la Grèce, 88 jours pour la Chine et l'Italie. La Chine est aussi le pays le plus hétérogène en termes de pratiques de paiement, puisque le délai moyen de paiement y dépasse 131 jours pour 25 % des entreprises. Les pays aux délais de paiement les plus courts sont l'Autriche (44 jours), la Nouvelle-Zélande (46 jours) et les Pays-Bas (47 jours).

5 Le besoin de financement de la couverture du risque de crédit

Le risque de non-paiement est plus fort encore à l'international que sur le marché national, en raison de l'éloignement géographique et culturel, et de la durée des délais de paiement. La couverture de ce risque (par une technique de paiement documentaire ou une assurance-crédit) engendre des coûts.

6 Le besoin de financement de la couverture du risque de change

L'évolution du cours de la devise de facturation peut générer une perte de change et diminuer l'encaissement en euros en cas de non-couverture. La couverture du risque (par une technique bancaire ou une assurance) a un coût.

II Les ressources en financement liées à l'exportation

Pour équilibrer son besoin en fonds de roulement (afin de constituer des stocks, consentir des délais de paiement aux clients et disposer d'une trésorerie excédentaire), l'exportateur ne dispose que des délais de paiement accordés par ses fournisseurs. Cette ressource est généralement insuffisante pour couvrir les besoins.
La solution peut résider dans l'exigence de paiements d'avance ou d'acomptes substantiels versés par les clients. Cette exigence est difficile à négocier en raison de la concurrence et n'est envisageable que pour de petites sommes.

FICHE RESSOURCE

2 Bénéficier de crédits de trésorerie

I Les crédits bancaires

1 La facilité de caisse

Elle permet d'avoir un compte débiteur pendant quelques jours si le solde est créditeur sur la période.

2 Le découvert autorisé

Il permet au compte d'être débiteur pour une durée plus longue, moyennant le paiement d'une commission.

3 Le crédit de campagne

Il permet de financer les activités saisonnières en compensant un décalage éventuel entre l'approvisionnement et la vente.
Les intérêts sur ces crédits de trésorerie sont assez élevés : entre 7 % et 15 % du montant couvert, selon les banques (taux de base bancaire 6,60 % en moyenne + marge et commissions).

II Les crédits spécialisés

1 Les crédits de prospection

Les exportateurs dont le chiffre d'affaires est compris entre 1,5 et 500 millions d'euros, ayant souscrit une assurance prospection auprès de Coface, peuvent bénéficier d'une avance prospection : en partenariat avec un établissement bancaire, un financement annuel adossé au montant du budget garanti leur est consenti.
La banque avance les fonds nécessaires à la prospection à hauteur du montant couvert par la police d'assurance prospection. En contrepartie, la banque devient bénéficiaire des droits à indemnité.

2 Les crédits de mobilisation des indemnités de sinistre

L'indemnisation d'un sinistre de crédit par l'assureur n'intervient qu'après un délai de carence. Ce délai, de plusieurs mois, occasionne une lourde charge de trésorerie.
L'exportateur peut solliciter auprès de sa banque un crédit de trésorerie correspondant au montant de l'indemnité à recevoir.

3 Le financement des stocks détenus par l'exportateur à l'étranger

Constituer des stocks à l'étranger peut représenter une charge de trésorerie très lourde.
Des sociétés de capital-risque proposent un financement relais destiné à faciliter la réalisation des ventes de biens durables qui ont été déposés à l'étranger dans une filiale, chez un agent, en démonstration chez un futur client, exposés dans une foire ou une exposition.
Sont exclus les matières premières et précieuses, les produits agroalimentaires, les prototypes, les échantillons.

4 Les crédits bancaires avec ou sans garantie

Les banques peuvent financer la préparation ou la réalisation de projets à l'international. Il peut s'agir de dépenses d'investissement (une nouvelle unité de production, une nouvelle machine...), qui donnent une garantie au prêteur. Il peut s'agir également de dépenses immatérielles (prospection, R&D, recrutements...), auquel cas il n'existera pas de garantie directement mobilisable. Les banques peuvent alors chercher une garantie extérieure, en particulier parmi celles proposées par Bpifrance ou par des organismes de cautionnement mutuel, comme la SIAGI ou la SOCAMA.

FICHE RESSOURCE

3 Obtenir des crédits de financement à court terme de l'opération commerciale

L'organisme financier dispose d'une garantie commerciale : la créance détenue par l'exportateur sur un client étranger. Le crédit est accordé sous la forme d'une avance du montant de la créance, déduction faite des intérêts et des commissions bancaires.
À l'échéance, le crédit sera soldé avec le règlement du client étranger.
En cas d'impayé de son client, l'entreprise est tenue de rembourser la banque du montant de l'avance (mobilisation avec recours).

- **Mobilisation avec recours :** le paiement de la créance est effectué dès son émission par l'organisme financier mais le vendeur reste propriétaire de la créance et doit s'occuper de son recouvrement. En cas d'impayé, l'organisme financier récupère les sommes avancées auprès du vendeur.
- **Mobilisation sans recours :** la créance sur l'acheteur est vendue à l'organisme financier qui la paie comptant et en devient propriétaire ; il ne peut se retourner contre le vendeur au cas où l'acheteur n'honore pas sa créance. Le vendeur ne rendra donc pas l'argent, quelles que soient les circonstances.

I L'escompte des effets de commerce

L'escompte consiste à obtenir le paiement d'un effet de commerce avant la date d'encaissement prévue. Il s'agit généralement d'une lettre de change (*voir chapitre 16, fiche ressource 2*). La banque verse l'argent à l'entreprise et est remboursée grâce au paiement de l'effet par le client.

Exemple Le 5 janvier, une entreprise remet à l'escompte une traite d'un montant de 7 540 EUR, à échéance au 15 février.
Les conditions de la banque sont les suivantes :
Taux d'escompte : 9,60 % | Commission de manipulation : 5 EUR/effet

Calcul du montant de l'encaissement :
Nombre de jours sur lesquels l'escompte est calculé : 40
Intérêts de l'escompte : 7 540 × 9,6 % × 40/360 = 80,43 EUR
Encaissement net : 7 540 – 80,43 – 5 = 7 454,57 EUR

II La MCNE

La mobilisation des créances nées à l'étranger (MCNE) est un financement de créances effectué dans le cadre d'une ligne octroyée par la banque, qui permet de financer les créances export. Son montant est déterminé au moment de la mise en place (généralement 80 % maximum du montant total de l'encours clients).
Pour mettre en place une MCNE, les banques vont demander un certain nombre de documents : les factures, les bons de commande, les bons de livraison ou d'enlèvement...
Concrètement, il s'agit d'une opération d'escompte combinée avec une vente à terme (la créance étant libellée en devises, la banque se couvre contre le risque de change).
La MCNE est moins onéreuse que le découvert bancaire, mais plus que l'escompte : taux de base bancaire (≃ 6,60 %) + marge (de 1,10 à 5 %) + commissions + 5 à 7 EUR par bordereau.

Exemple Le 12 juillet, un exportateur fait mobiliser une créance de 12 300 USD à échéance au 15 septembre par sa banque, aux conditions suivantes :
Cours au 12 juillet : 1 EUR = 1,1805 – 1,1870 USD | Commission de change : 0,10 %
Report USD à 2 mois : 0,0020 | Commission de manipulation : 5 EUR/effet
Taux de la MCNE : 10,5 %

Calcul du montant de l'encaissement :
Calcul du cours à terme : 1,1870 + 0,0020 = 1,1890
– Contrevaleur des USD en EUR : 12 300 / 1,1890 = 10 344,83 EUR
– Intérêts de la MCNE : 10 344,83 × 10,5 % × 63/360 = 190,09 EUR
– Commission de change : 10 344,83 × 0,10 % = 10,34 EUR
– Encaissement net : 10 344,83 – 190,09 – 10,34 – 5 = 10 139,40 EUR

L'intérêt de la MCNE réside dans la rapidité des versements : généralement dans les 48 h qui suivent la sortie des produits du territoire français. La MCNE est également très souple : l'emprunteur peut choisir de la rembourser avant même l'échéance des créances, ou prolonger le délai de recouvrement au cas où il craindrait un non-respect du délai de remboursement par son client acheteur. Ces modifications ne sont pas gratuites.

III L'avance en devises à l'export (ADE)

Il s'agit pour l'exportateur d'obtenir un prêt dans la devise dans laquelle il a facturé son client étranger. Cette technique lui permet de se procurer de la trésorerie et de couvrir son risque de change. L'emprunt en devises sera remboursé par le règlement du client à l'échéance.
L'ADE peut être consentie sous deux formes.

1 L'ADE avec intérêts post-comptés

L'exportateur emprunte le montant de la facture en devises et se procure une avance de trésorerie de l'équivalent en euros. Il paiera les intérêts de l'emprunt à l'échéance et achètera à la banque les devises correspondantes.

Exemple Un exportateur a livré le 3 mai des marchandises à un acheteur étranger pour un montant de 85 000 USD payables à 90 jours.
Il conclut une ADE avec intérêts post-comptés aux conditions suivantes :
Cours spot EUR/USD : 1,1815 – 1,1870 | Taux d'intérêt sur USD à 3 mois : 0,65 %
Commission de change : 0,10 %
Le 3 mai : l'exportateur emprunte 85 000 USD et les convertit en EUR au cours du jour :
Contrevaleur des USD en EUR : 85 000 / 1,1870 = 71 609,10
Commission de change : 71 609,10 × 0,10 % = 71,61 EUR
Encaissement net : 71 609,10 – 71,61 = 71 537,49 EUR
Le 3 août : il rembourse les 85 000 USD empruntés avec le règlement de son client.
Il paie à la banque les intérêts sur l'emprunt des USD et achète des USD à la banque.
Cours EUR/USD le 3 août : 1 EUR = 1,1745 – 1,1795 USD
Intérêts sur l'emprunt : 85 000 × 0,65 % × 3/12 = 138,13 USD
Contrevaleur des USD en EUR : 138,13 / 1,1745 = 117,61
Commission de change : 117,61 × 0,10 % = 0,12 EUR
Coût total des intérêts : 117,61 + 0,12 = 117,73 EUR
Résultat : l'exportateur s'est procuré un encaissement net de : 71 537,49 – 117,73 = 71 419,76 EUR

2 L'ADE avec intérêts pré-comptés

L'exportateur emprunte le montant de la facture en devises et se procure une avance de trésorerie en euros, déduction faite du montant des intérêts. Le montant emprunté est tel que ce montant majoré des intérêts correspond à la recette future en devises.

Exemple (suite) L'exportateur qui a facturé 85 000 USD payables à 90 jours conclut une ADE avec intérêts pré-comptés :
Le 3 mai : il emprunte un montant M tel que : M + M × 0,65 % × 90/360 = 85 000
M × (1 + 0,65 % × 90/360) = 85 000
M = 85 000 / (1 + 0,65 % × 90/360)
M = 84 862,10 USD
Il convertit les 84 862,10 USD empruntés en EUR au cours du jour :
Contrevaleur des USD en EUR : 84 862,10 / 1,1870 = 71 492,92 EUR
Commission de change : 71 492,92 × 0,10 % = 71,49 EUR
Encaissement net : 71 492,92 – 71,49 = 71 421,43 EUR
Le 3 août : le règlement du client de 85 000 USD rembourse l'emprunt de 84 862,10 USD et les intérêts. L'exportateur n'a aucun décaissement à effectuer.

FICHE RESSOURCE

4 Financer ses créances et couvrir le risque de crédit

Avec les techniques d'affacturage et de forfaitage, le prêteur rachète la créance et assume le risque de non-paiement de l'acheteur : il s'agit alors d'une cession sans recours.

I L'affacturage (*factoring*)

1 Le principe

Cette technique consiste à céder tout ou partie de ses créances clients, sans recours, à un établissement financier, une société d'affacturage (le factor). L'entreprise obtient une avance de 90 % du montant de ses créances, dès la facturation, et perçoit le solde lorsque les clients ont remboursé les créances au factor.
La gestion du poste clients est externalisée au profit du factor. La société d'affacturage assume le risque d'impayé, ce qui dispense l'entreprise de la gestion des relances et du contentieux.

2 Le coût de l'affacturage

Un contrat d'affacturage prévoit généralement la constitution d'un fonds de garantie. Pour se prévaloir contre certains risques, le factor prélève une retenue de garantie sur chaque facture cédée, jusqu'à atteindre un certain montant. Le fonds ainsi constitué lui sert d'indemnisation en cas de problèmes (factures impayées, paiements directs, doubles mobilisations de créances...).

Le coût de l'affacturage dépend du chiffre d'affaires délégué au factor sur l'année (150 000 EUR par an minimum), du secteur d'activité, du montant et du nombre moyen des factures, des pays et de la qualité financière des clients. Il varie entre 0,9 % et 4 % du chiffre d'affaires TTC annuel de l'entreprise.
Ce coût inclut la gestion des factures, la garantie des créances clients et le recouvrement par le factor. Le coût de financement est calculé sur l'encours moyen financé (le montant des encaissements à percevoir remis à la société d'affacturage, au *prorata temporis* des délais de règlement des clients). Des frais de dossier (entre 100 et 1 000 EUR) sont à ajouter.

Exemple La cession d'une créance de 10 000 EUR HT à une société d'affacturage permettra à une entreprise de récupérer entre 8 500 et 9 300 EUR HT, en fonction de la qualité de sa signature et de celle de ses clients.

Exemple Une entreprise réalise un chiffre d'affaires annuel de 2 000 000 EUR, en France et à l'export. Le montant moyen des factures clients est de 5 000 EUR, avec un délai de paiement moyen de 60 jours.
Le coût de l'affacturage se décompose comme suit :

Coût de gestion : 0,4 %	2 000 000 × 0,4 % = 8 000 EUR/an
Coût de financement : 7,5 %	• Encours moyen financé : 2 000 000 × 60/360 jours = 333 333 EUR • Coût : 333 333 × 7,5 % = 25 000 EUR

Coût total de l'affacturage (hors frais de dossier) :
8 000 + 25 000 = 33 000 EUR/an, soit 2 750 EUR/mois
Soit 33 000 / 2 000 000 = 1,65 % du CA annuel

L'inconvénient de cette technique est le risque d'ingérence du factor dans la politique commerciale de l'entreprise, qui doit obtenir l'aval du factor sur ses clients, en fonction de leur niveau de risque d'impayé, pour la couverture de ses factures. Autre inconvénient : le contrat est conclu pour une durée indéterminée, avec un préavis de 3 mois en général.

II L'affacturage inversé (*reverse factoring*)

Cette technique permet de faire payer son fournisseur par le factor. Il s'agit d'un préfinancement des achats par un établissement financier : le fournisseur sera payé au comptant par le factor, l'acheteur remboursera le factor dans le délai de paiement convenu.
L'acheteur peut donc négocier de meilleures conditions d'achat avec son fournisseur.
Évidemment, la commission du factor augmente le coût de l'approvisionnement, mais cette technique permet de diminuer le besoin en fonds de roulement et d'éviter le recours au découvert bancaire ou à l'escompte de créances clients.

III Le forfaitage (*forfaiting*)

1 Les ventes concernées

La technique du forfaitage peut être utilisée pour financer des ventes incluant un délai de crédit minimum de 90 jours et pour des montants généralement supérieurs à 150 000 EUR.
Le financement porte sur 100 % de la créance matérialisée par une lettre de change avalisée, un crédit documentaire, une LCSB (lettre de crédit *stand-by*) ou une assurance-crédit (*voir chapitre 16*).

2 Le coût du forfaitage

La banque retient un taux fixe d'escompte et une commission d'engagement.
Les intérêts sont calculés sur la base d'un taux fixe ou variable (fonction du taux sur la devise escomptée, de la marge variable selon le risque pays et la banque garante, de la durée et du montant du contrat).

3 L'intérêt du forfaitage

L'exportateur est payé au comptant par une banque, ce qui le dégage de tout risque politique de non-paiement ou de change (le risque commercial de non-paiement peut être déjà couvert par l'aval bancaire, le crédoc, la LCSB ou l'assurance-crédit).
Le forfaitage peut être conclu pour des délais plus longs que l'affacturage, ce qui permet à l'exportateur de consentir des délais de paiement plus importants à ses clients.

Différences entre l'affacturage et le forfaitage

	Affacturage	Forfaitage
Recours	Avec ou sans	Sans
Durée du financement	120 jours maximum	90 jours à 5 ans
Biens facturés	Biens de consommation	Biens de consommation et industriels
Ventes concernées	France et export	Export
Montant facturé	Pas de minimum	Minimum 150 000 EUR
Financement	80 à 90 % de la facture	100 % de la facture
Forme de la créance	Facturation simple	Facturation avec lettre de change avalisée, crédit documentaire, LCSB ou assurance-crédit
Règles applicables	Convention d'Ottawa de 1988	Règles uniformes du forfaitage (RUF 800) de la Chambre de commerce internationale

FICHE RESSOURCE

5 Comparer les différentes techniques de financement à court terme

Le choix d'une technique de financement de ses créances dépend des besoins de l'exportateur :
- disposer d'une avance de trésorerie : crédits de trésorerie, escompte d'effets ;
- disposer d'une avance de trésorerie et couvrir le risque de change : MCNE, ADE ;
- disposer d'une avance de trésorerie, couvrir le risque de change et le risque de non-paiement : affacturage, forfaitage.

I Les avantages et les inconvénients des différentes techniques de financement

Techniques	Avantages	Inconvénients
Escompte	• Coût relativement peu élevé • Simplicité de mise en œuvre	• Limité aux paiements par effet de commerce (de plus en plus rares) • Ligne de financement plafonnée par la banque • Risque de non-paiement non couvert (technique avec recours) • Financement par la banque au retour de la traite acceptée par l'acheteur
MCNE	• Possibilité de financement de remises groupées de créances • Couverture du risque de change	• Ligne de financement plafonnée par la banque • Risque de non-paiement non couvert (technique avec recours)
ADE	• Couverture du risque de change • Coût généralement moins élevé que la MCNE pour les mêmes avantages	Risque de non-paiement non couvert (technique avec recours)
Affacturage	• Financement dès la facturation • Couverture du risque de non-paiement (technique sans recours) • Service financier complet (gestion du poste client et du recouvrement) • Couverture du risque de change	• Financement 80 à 90 % de la créance • Coût élevé • Risque d'ingérence du factor dans le choix des clients de l'entreprise • Dégradation de l'image de l'entreprise auprès de ses clients qui font l'objet d'une relance par le factor
Forfaitage	• Financement 100 % de la créance • Couverture du risque de non-paiement (technique sans recours) et du risque de change	• Coût supporté par l'acheteur (augmente son coût d'achat) • Concerne des montants et des délais de paiement importants • Ventes avec aval, crédoc, LCSB ou assurance-crédit

II Recommandations pour bien gérer les créances clients

- Imposer des délais de paiement relativement courts.
- Obtenir le paiement d'un ou de plusieurs acomptes.
- Inciter les clients à anticiper le règlement de leurs factures moyennant un escompte pour règlement comptant.
- Consacrer les moyens nécessaires à la relance des factures impayées.
- Utiliser les techniques de l'escompte sur les créances en euros et de l'avance en devises sur les créances en devises, plutôt que le recours au crédit de trésorerie.

FICHE RESSOURCE

6 Bénéficier d'une aide publique à l'export

I Les plateformes et services

• La **Team France Export** : c'est le rassemblement de toutes les solutions publiques proposées par les régions, les services de l'État, Business France, les chambres de commerce et d'industrie et Bpifrance pour accompagner les entreprises françaises à l'international. Ses conseillers internationaux présents en région et à l'étranger peuvent, notamment, permettre à chaque entreprise de trouver la solution pertinente et l'interlocuteur approprié pour initier, soutenir ou développer son volume d'affaires à l'international.

• Le service aux entreprises de la **direction générale du Trésor** : cet espace en ligne de la DG Trésor présente les outils publics de financement ou de soutien à l'export pour les entreprises françaises, aux différentes étapes de leurs projets.

• « Vous accompagner dans votre développement à l'export » par **Business France** : pour aider les entreprises dans leurs démarches à l'international, Business France, opérateur public spécialisé dans l'internationalisation de l'économie française, propose un accompagnement à l'export adapté aux besoins et au profil de chaque entreprise.

• Le portail international des **chambres de commerce et d'industrie (CCI)** : le réseau CCI International est présent à la fois en France et dans le monde. Il offre un accompagnement de proximité pour la réussite des projets internationaux.

economie.gouv.fr

II Les aides et les solutions

Le prêt du Trésor par la **direction générale du Trésor**	Pouvant aller de 10 à 70 millions d'euros et applicable à tous les types d'entreprise, le prêt du Trésor permet aux entreprises françaises de financer un projet d'infrastructure ou de service dans un pays étranger.
Le fonds d'études et d'aide au secteur privé (FASEP études) par la **direction générale du Trésor**	Subvention de 100 000 à 900 000 EUR, destinée à tous types d'entreprises (prioritairement les PME), pour financer des études de faisabilité sur un secteur pilote, dans l'objectif de réalisation d'un projet aval.
Le FASEP innovation verte par la **direction générale du Trésor**	Subvention de 100 000 à 900 000 EUR, destinée à tous types d'entreprises, afin de financer tout ou partie du « démonstrateur » du projet. L'objectif est de démontrer au pays bénéficiaire l'efficacité de certaines technologies françaises pour répondre à leurs besoins prioritaires de développement durable. Il permet à l'entreprise d'acquérir une première référence à l'export dans le pays visé, dans l'objectif de répliquer le projet et/ou de le déployer à grande échelle.
Le Prêt Croissance International par **Bpifrance**	Prêt de 30 000 à 5 000 000 EUR, sans garantie, pour financer la croissance à l'international.
L'assurance prospection à l'international par **Bpifrance**	Pour bénéficier du soutien financier et d'une assurance contre la perte subie en cas d'échec commercial.
Les prêts et outils Proparco, par l'**Agence française de développement (AFD)** et **Proparco**	Financement de sociétés dont l'activité participe à la création d'emplois et de revenus décents, à la fourniture de biens et de services essentiels, ainsi qu'à la lutte contre le changement climatique.

economie.gouv.fr

APPLICATIONS PROFESSIONNELLES

1 Conclure une MCNE

Helix est un fabricant français d'éoliennes destinées aux particuliers. Ses produits utilisent une technologie et un savoir-faire reconnus à l'international et sont commercialisés par un réseau de distributeurs indépendants, dans la plupart des pays européens.
Helix a livré en février des éoliennes à un acheteur professionnel britannique, pour un montant de 72 000 GBP, avec un paiement à 120 jours. Afin de couvrir son risque de change, l'exportateur français a conclu une vente à terme avec sa banque.
En mars, une autre commande importante nécessite de la trésorerie pour financer la fabrication des produits et Helix décide de mobiliser sa créance sur l'acheteur britannique.

À partir du document ci-dessous :

1. **Calculez le montant de la vente à terme conclue par Helix en février.**

2. **Calculez le montant de l'encaissement procuré par la mobilisation de la créance sur le client britannique en mars.**

DOCUMENT **Informations bancaires**

Données communiquées par la banque le 12 février
- Cours spot : 1 EUR = 0,9210 – 0,9235 GBP
- Report sur GBP à 4 mois : 0,0018

Données communiquées par la banque le 12 mars
- Financement : 90 % de la créance
- Taux de la MCNE : 6 %
- Commission de change : 0,10 %

2 Mobiliser des effets de commerce

Le 30 octobre N, la SARL Blue Camel cède plusieurs effets de commerce à sa banque, afin de se procurer de la trésorerie.

- **À partir du document ci-dessous, calculez le montant net de l'encaissement en EUR procuré par la mobilisation de ces effets.**

DOCUMENT **Informations bancaires du 30 octobre N**

Vos effets de commerce à mobiliser :
Financement : 100 % des créances

Créance	Échéance
2 356 EUR	30/11/N
3 127 EUR	30/12/N
4 634 GBP	30/12/N
2 680 USD	30/01/N

Cours des devises au 30/10/N :
1 EUR = 1,1856 – 1.1879 USD
1 EUR = 0,8612 – 0,8627 GBP
Report sur USD à 3 mois : 0,0015
Déport sur GBP à 2 mois : 0,0026
- Taux de l'escompte : 10 %
- Taux de la MCNE : 8 %
- Commission de change : 0,12 %

3 Choisir entre MCNE et ADE

Palmes du Sud est une pépinière localisée à Hyères, dans le Var. Créatrice de jardins exotiques, elle commercialise une large gamme de plantes et arbres destinés à l'aménagement paysager des communes et à la conception de parcs et jardins hôteliers. Ses palmiers *Butia Yatay*, vendus sous le nom « palmiers French Riviera », connaissent un vif succès à l'export.
Pour remporter un marché aux États-Unis, l'entreprise a dû consentir une facturation en USD et un délai de paiement de 3 mois à un client.
L'exportateur souhaite obtenir une avance de trésorerie tout en couvrant son risque de change et consulte sa banque, qui lui propose une MCNE ou une ADE.

- **À l'aide des documents 1 et 2 ci-dessous, conseillez la pépinière Palmes du Sud sur la technique de financement à choisir.**

DOCUMENT 1 Informations relatives à la commande

- 200 palmiers French Riviera *Butia Yatay*, hauteur 3,30/3,50 m
- Prix unitaire : 1 230 USD CIP New York
- Paiement à 90 jours de l'expédition

DOCUMENT 2 Informations bancaires

- Cours du jour :
  1 EUR = 1,1990 – 1,2020 USD
- Déport sur USD à 3 mois : 0,0017
  - Taux de la MCNE (financement 100 % de la créance) : 7 %
  - Taux d'intérêt sur EUR à 3 mois : 0,27 % – 0,30 %
  - Taux d'intérêt sur USD à 3 mois : 0,75 % – 0,85 %
- Commission de change : 0,12 %

4 Calculer le coût de l'affacturage

L'entreprise Caramelle commercialise ses vestes et blousons en cuirs et peaux par l'intermédiaire de boutiques de prêt-à-porter en France et à l'étranger.
Elle a conclu un contrat d'affacturage qui lui permet d'obtenir le financement de ses créances clients export et d'être dégagée de la gestion du recouvrement.
Son chiffre d'affaires annuel à l'exportation est de 400 000 EUR en moyenne. Le montant moyen des factures clients est de 10 000 EUR et le délai de paiement est de 60 jours.

- **À partir du document ci-dessous, calculez les coûts annuel et mensuel de l'affacturage pour l'entreprise Caramelle, en euros et en pourcentage de son chiffre d'affaires.**

DOCUMENT Informations relatives au contrat d'affacturage

Commission d'affacturage : 1 %
Commission de financement : 3,5 %
Frais de gestion : 125 EUR par mois (abonnement au site Web du factor, frais de dossier)

CHAPITRE

19 Réaliser le suivi de la chaîne documentaire import et export

COMPÉTENCES PROFESSIONNELLES

Contrôler et suivre les processus et la chaîne documentaire

Une gestion efficace de la chaîne documentaire export contribue à la compétitivité de l'entreprise sur les marchés internationaux. Connaître les mécanismes de la gestion documentaire, maîtriser les formalités associées, identifier les sources d'optimisation dans le traitement des documents, mettre en œuvre les différentes formes de dématérialisation, garantissent le succès de la gestion des commandes export et des achats import.

www.cciformationpro.fr, 2021.

SITUATION PROFESSIONNELLE

SÉNÉGAL

Régime : République à régime présidentiel
Superficie : 196 712 km²
Population : 16,3 millions d'habitants (2019)
Capitale : Dakar
Villes principales : Dakar, Thiès, Kaolack, Ziguinchor, Saint-Louis, Touba
Langue officielle : français
Langues courantes : wolof, diola, malinké
PIB/hab. : 1 447 USD (2019)
Monnaie officielle : franc CFA (1 EUR = 656,2041 XOF[1])
Principaux clients : Mali, Suisse, Inde, Côte d'Ivoire
Principaux fournisseurs : France, Nigeria, Chine, Inde

1. Taux de change au 13/04/21.

1. Actualisez les données pays par une recherche sur Internet.
2. Caractérisez les pratiques commerciales, sociales et environnementales du pays, après consultation de l'évaluation des risques par Coface.

FISH PRIM'

Des poissons de toutes les mers du monde

Fish Prim', installée au cœur du marché d'intérêt national de Rungis, importe plus de 30 espèces de poissons, issues des zones de pêche du monde entier. L'entreprise s'approvisionne dans les pays d'Afrique et de l'océan Indien en poissons entiers ou en filets et en crustacés, frais et surgelés. Elle propose ainsi une vaste gamme à ses clients grossistes, industriels et de la grande distribution.

PÊCHE DURABLE MSC
www.msc.org/fr

Qualité et éthique sont les principales exigences de l'entreprise : d'une part, les produits sont certifiés MSC et d'autre part, Fish Prim' et ses partenaires bénéficient de la certification IFS. Enfin, l'entreprise privilégie la pêche artisanale en bateau traditionnel.

Fish Prim' a reçu par mail une commande de son client Baron (**document 1**), localisé à Carcassonne, concernant une sélection de poissons frais de différentes espèces.
L'entreprise contacte immédiatement son fournisseur sénégalais Hellas, afin de réserver les produits, fixer les conditions de cet achat et déclencher l'opération d'importation.

Vous êtes chargé(e) de contrôler le suivi de la chaîne documentaire concernant cette opération. Pour cela, vous avez collecté l'ensemble des documents créés ou reçus (**documents 4 à 11**).

1. Identifiez dans un tableau (**document 2**) les caractéristiques commerciales de cette importation.
2. Classez les documents de la liasse documentaire dans l'ordre chronologique. ➲ Fiche ressource 1
3. Identifiez dans un tableau (**document 3**) les documents de cette liasse documentaire et précisez leurs caractéristiques. Vous indiquerez à quelle phase de l'opération commerciale correspond chaque document. ➲ Fiches ressources 2 et 3
4. Retracez les différentes étapes de cette opération à l'aide d'un schéma en faisant apparaître les différents prestataires sollicités. ➲ Fiche ressource 3
5. Identifiez les documents manquants dans la liasse et justifiez leur nécessité. ➲ Fiche ressource 2
6. En vue d'optimiser la gestion de la chaîne documentaire, proposez une liste de contrôle des documents de la liasse et des opérations à déclencher.

VOTRE DOSSIER

DOCUMENT 1 Mail de commande

De : Justin Baron <commercial@baron.fr>
À : Sendra Jaumal <s.jaumal@fishprim.com>
Cc : Arthur Malam <a.malam@fishprim.com>
Envoyé : mardi 2 février N 10:29
Objet : Commande poissons divers

Bonjour Sendra,

Voici notre commande :

Thon albacore VAT 10/25	850 KG
Pagres à points bleus 2/600	30 KG
Pagres à points bleus 2/400	9 KG
Filets de rouget	40 KG
Mérou jaune	40 KG
Sole tropicale pan ready 150/300	100 KG

Merci de nous confirmer la disponibilité des quantités et références.

Cordialement/Best Regards,

Justin BARON
Commercial Dpt

DOCUMENT 2 Caractéristiques de l'importation de poissons frais en provenance du Sénégal (tableau à compléter)

Exportateur	Importateur	Pays	Montant, Incoterm et devise	Modalités de paiement

DOCUMENT 3 Caractéristiques des documents de la liasse documentaire

Document	Émetteur	Destinataire	Caractéristiques	Phase
Commande				
Confirmation de commande				
Facture fournisseur				
LTA				
Certificat de réexportation				
Certificat de capture				
Certificat d'origine				
DAU				
Document vétérinaire (DVCE)				
Facture commerciale client BARON				

DOCUMENT 4 Confirmation de commande

Fish Prim'

Confirmation de commande	**CDE-003090**
Date	**02/02/N**
Date d'échéance	**12/03/N**
N° donneur d'ordre	**BARON**
N° TVA Client	
TOTAL	**3 540,24**

Fish Prim'
Rue de la Corderie
Centra 450
94596 Rungis Cedex
N° téléphone +33(0)156344634
N° télécopie +33(0)146874640

BARON
ZI La Bouriette
Route de Maquens BP1020
11000 CARCASSONNE
France

RUNGIS CEDEX Le 02/02/N

Article	Désignation	Colis	Poids U colis	Quantité	Unité	Poids ligne	Poids unitaire	Montant ligne HT
THONVAT10	Thon Albacore VAT 10/25 ACE *Thunnus Albacares Pêché en ACE/FAO 34*	27	31,93	862,30	KG	862,300	6,20	5 346,26
PAG2530	Pagres à point bleu 2/600 *Pagrus caereleosticus Pêché en ACE/FAO 34*	10	3,00	30,00	KG	30,000	7,44	223,20
PAG2434	Pagres à point bleu 2/400 *Pagrus caereleosticus Pêché en ACE/FAO 34*	3	3,00	9	KG	9,000	5,90	53,10
ROUG21	Filets de rouget B *Pseudupeneus prayensis Pêché en ACE/FAO 34*	20	2,00	40	KG	40,000	10,42	416,80
MER24	Mérou Jaune GVD *Epinephelus Marginatus Pêché en ACE/FAO 34*	3	14,36	43,1	KG	43,100	11,56	498,24
SPAC34	Sole tropicale pan ready 150/300 *Cynoglossus spp en ACE/FAO 34*	25		100	KG	100,000	8,78	878,00

Nbre de colis	Poids		
88	**1081,40**	**BASE HT €**	**7415,60**

SAS au capital de 100 000 € **RCS Créteil 522** [redacted]
SIRET 522 598 422 000 20 **TVA intracommunautaire FR0952259498** **Code A.P.E. 4638A**

* Nos conditions générales de ventes figurent sur notre site Internet et peuvent vous être envoyées par courrier sur simple demande. *

DOCUMENT 5 Facture fournisseur Ets Hellas

ETS HELLAS

DATE : **2 février N**

FISH PRIM'
94 596 RUNGIS
France

Transitaire : Trans Air Fret / Roissy CDG

FACTURE **N° 14/N**
LTA : **057 1389 1253**
AÉROPORT : **PARIS**

COLIS	PRODUITS	POIDS	PRIX UNIT.	PRIX TOTAL
27	Albacore VD (Thunnus albacares)	862,30	5,00	4 311,50
3	Pagre à points bleus 300/400 (Pagrus caeruleostictus)	9,00	4,80	43,20
10	Pagre à points bleus 600/800 (Pagrus caeruleostictus)	30,00	6,10	183,00
20	Filet de rouget B (Pseudupeneus prayensis)	40,00	8,54	341,60
15	Filet de sole B (Cynoglossus cynoglossus)	60,00	7,20	432,00
10	Filet de sole (Cynoglossus cynoglossus)	40,00	7,20	288,00
3	Mérou jaune G VD (Epinephelus marginatus)	43,10	9,48	408,59
88		**1 084,40**		**6 007,89**

Arrêtée la présente facture CIF en Euros à la somme de :
Six mille sept euros et quatre-vingt-neuf centimes

DOCUMENT 6 LTA

57 | -13 891 253 **057-1389 1253**

Nom et adresse de l'expéditeur Shipper's Name and Address

Numéro de compte de l'expéditeur Shipper's Account Number

H E L L A S

Km 4,8 B. C. D. D. DAKAR SENEGAL

LETTRE DE TRANSPORT AÉRIEN NON NÉGOCIABLE ÉMISE PAR
NOT NEGOTIABLE
AIR WAYBILL - ISSUED BY

AIRFRANCE

Les exemplaires 1, 2 et 3 de cette lettre de transport aérien sont originaux et on la même validité.

It is agreed that the goods described herein are accepted in apparent good order and condition (except as noted) for carriage SUBJECT TO THE CONDITIONS OF CONTRACT ON THE REVERSE HEREOF. ALL GOODS MAY BE CARRIED BY ANY OTHER MEANS INCLUDING ROAD OR ANY OTHER CARRIER UNLESS SPECIFIC CONTRARY INSTRUCTIONS ARE GIVEN HEREON BY THE SHIPPER, AND SHIPPER AGREES THAT THE SHIPMENT MAY BE CARRIED VIA INTERMEDIATE STOPPING PLACES WHICH THE CARRIER DEEMS APPROPRIATE. THE SHIPPER'S ATTENTION IS DRAWN TO THE NOTICE CONCERNING CARRIER'S LIMITATION OF LIABILITY. Shipper may increase such limitation of liability by declaring a higher value for carriage and paying a supplemental charge if required.

Nom et adresse du destinataire Consignee's Name and Address

Numéro de compte du destinataire Consignee's Account Number

TRANS AIR FRET P/C

FISH PRIM' 94596 RUNGIS France

Nom et ville de l'agent du transporteur émetteur Issuing Carrier's Agent Name and City

TRANSEXPRESS SA AEROPORT INTL. S. S
BP. 2449 DAKAR / SENEGAL

Renseignements comptables / Accounting Information

Code IATA de l'agent Agent's IATA Code: 72 4 7090

Numéro de compte Account No.

Aéroport de départ (Adresse du premier tranposrteur) et itinéraire demandé Airport of Departure (Addr. of First Carrier) and Requested Routing

DKR / PAR

à / to	Par premier transport By First Carrier	Routage et dest. Routing and Destination	à / to	par / by	to	par / by	Monnaie Currency	Frais CHGS Costs	Poids/val WT/VAL Payé PPD	Poids/val WT/VAL Dû COLL	Autres/Other Payé PPD	Autres/Other Dû COLL	Valeur déclarée pour le transport Declared Value for Carriage	Valeur déclarée pour la douane Declared Value for Customs
PAR	AF						XOF	PP	XX		XX		NVD	

Aéroport de destination / Airport of Destination: P A R I S

Vol / Date demandés Flight / Date: AF719/01

Montant de l'assurance Amount of Insurance

ASSURANCE - Si le transporteur propose une assurance et que l'expéditeur en fait la demande conformément aux conditions, indiquer le montant à assurer en chiffres dans la ces « Montant de l'Assurance ».
INSURANCE -Iif carrier others insurance, and such insurance is requested in accordance with the conditions the real, indicate amount

Renseignements pour le traitement de l'expédition / Handling Information

ADRS / COLIS / DOCS ATTACHED TO AWB

SCI

These commodities, technology or software were exported from the United States in accordance with the Export Administration Regulations. Diversion contrary to USA law prohibited.

Nombre de colis No. of pieces RCP	Poids brut Gross Weight	kg lb	Classif du tarif / Rate Class	N° d'article de la marchandise Commodity item No.	Poids de taxation Chargeable Weight	Tarif / Montant Rate / Charge	Total Total	Nature et quantité des marchandises (y compris demensions ou volume) Nature and Quantity of Goods (incl. Dimensions or Volume)
88	1280	K	C	300	1280	830	1.062.400	POISSONS DIVERS FRAIS PMC2667AF 31PCS 1280KG
88	1280						1.062.400	

Port payé / Prepaid	Taxation au poids / Weight Charge	Port dû / Collect
1.062.400		
	Taxation à la valeur / Valuation Charge	
	Taxe / Tax	
	Total des autres frais dus à l'agent / Total Other Charges Due Agent	
4.000		
	Total des autres frais dus au transporteur / Total Other Charges Due Carrier	
221.460		
Total port payé / Total Prepaid		Total port dû / Yotal Collect
1.287.860		
Taux Conversion Monétaire Currency Conversion Rates		destination CC Charges in Dest. Currency
Réservé au transporteur à destination For Carrier's Use only at Destination	Frais à l'arrivée / Charges at Destination	Total dû / Total Collect Charges

Autres frais / Other Charges

AW 4.000 / CH 7.000 / GE 7.260 / GT 2.000 / TX 19.200

NYC 83.200 / SCI 96.000 / MU 12.800

L'expéditeur certifie que les indications portées sur le présent document sont exactes et que, dans la mesure où une partie quelconque de l'expédition contient des marchandises dangereuses, cette partie d'expédition est correctement dénommée et bien préparée pour le transport par aie, conformémaent à la réglementation applicable.
Shipper certifies that the particulars on the face hereof are correct and that insofar as any part of the consignement contains dangerous goods, such part is properly described by name and is in proper condition for carriage by air according to the applicable Dangerous Goods Regulations.

TRANSEXPRESS SA AEROPORT INT L.S.D.

Signature de l'expéditeur ou de son agent / Signature of Shipper or his Agent

02/02/N DAKAR

Fait le (Date) Executed on (date) — **à (Lieu)** at (place) — **Signature du transporteur émetteur ou de son agen** Signature of Issuing Carrier or its Agent

57 613 891 253

DOCUMENT 7 Certificat de réexportation des produits de pêche

CERTIFICATION DE RÉEXPORTATION DES PRODUITS DE PÊCHE			
Numéro de certificat :	**Date :**	**État membre :**	
1. Description du produit :		**Poids (kg) :**	
Espèce :	**Code du produit :**	**Écart par rapport à la quantité déclarée dans le certificat :**	
2. Nom du réexportateur :	**Adresse :**	**Signature :**	**Date :**
3. Autorité :			
Nom/titre :	**Signature :**	**Date :**	**Cachet/tampon :**
4. Contrôle de la réexportation			
Lieu :	**Réexportation autorisée (*)**	**Vérification demandée (*)**	**Numéro et date de la déclaration de réexportation**
(*) Cocher la case appropriée			

(Appendice)

Informations relatives au transport

1. Pays d'exportation Port / aéroport / autre lieu de départ		**2. Signature de l'exportateur** HELLAS SARL Km 4,8 B C C D Le gérant		
Nom et pavillon du navire : Numéro de vol – Numéro de lettre de transport aérien : Vol : AIR Nationalité et numéro d'immatriculation du camion : Numéro de lettre de voiture ferroviaire : Autre document de transport :	Numéro du ou des conteneurs : Liste en annexe	Nom : HELLAS SARL	Adresse : BCCD BP 47109 DAKAR SENEGAL	Signature :

0000000601

DOCUMENT 8 Certificat de capture simplifié des produits de pêche (1/3)

République du Sénégal
Un Peuple • Un But • Une Foi

MINISTÈRE DE L'ÉCONOMIE MARITIME DE LA PÊCHE ET DES TRANSPORTS MARITIMES

Direction de la Protection et de la Surveillance des Pêches (DNSP)
Cité Fenêtres Mermoz – Dakar – Corniche Ouest
E-mail : surpeche@hotmail.com BB : 3656

DPSP

CERTIFICAT DE CAPTURE SIMPLIFIÉE DES PRODUITS DE PÊCHE

Règlement (CE) N°1010/2009 du conseil du 22 octobre 2009

Numéro du document	**Autorité validant le certificat** (Cachet & Signature)	
A0000000601		
1. Nom de l'autorité	**Adresse :** Cité fenêtre Mermoz Corniche Ouest, BP 3656, Dakar, SÉNÉGAL	**Tél :** (221) 33 890 43 56 **Fax :** (221) 33 890 34 91
2. Description du produit :	**3. Référence des mesures de conservation et de gestion applicables : Loi 98/32 du 14/01/1998 portant code de la pêche maritime**	
Espèce(s) :	Code produit	Poids débarqué vérifié (kg)
ROUGET	**030410**	**40**
SOLE LANGUE	**030410**	**100**
MÉROU JAUNE	**030269**	**43,1**
ALBACORE	**030269**	**862,3**
PAGE À POINTS BLEUS	**030269**	**39**

DOCUMENT 8 Certificat de capture simplifié des produits de pêche (2/3)

3 : SENEGAL — **Produits de la pêche**

II. Attestation sanitaire	I.a Numéro de référence du certificat	II.b

Partie II : Certification

II.1 (1) Attestation de santé publique

Le soussigné déclare avoir connaissance des dispositions applicables des règlements (CE) no 178/2002, (CE) no 852/2004, (CE) no 853/2004 et (CE) no 854/2004 et certifie que les produits de la pêche susmentionnés ont été produits conformément à ces dispositions, et notamment :

- qu'ils proviennent d'un/d'établissement(s) appliquant un programme fondé sur les principes HACCP, conformément au règlement (CE) no 852/2004 ;
- qu'ils ont été capturés et manipulés à bord de navires, débarqués, manipulés et, le cas échéant, préparés, transformés, congelés et décongelés de façon hygiénique dans le respect des exigences fixées à l'annexe III, section VIII, chapitres I à IV, du règlement (CE) no 853/2004 ;
- qu'ils satisfont aux normes sanitaires fixées à l'annexe III, section VIII, chapitres V, du règlement (CE) no 853/2004, et aux critères énoncés au règlement (CE) no 2073/2005 concernant les critères microbiologiques applicables aux denrées alimentaires ;
- qu'ils ont été emballés, entreposés et transportés conformément à l'annexe III, section VIII, chapitres VI à VIII, du règlement (CE) no 853/2004 ;
- qu'ils ont été marqués conformément à l'annexe II, section I, du règlement (CE) no 853/2004 ;
- que les garanties couvrant les animaux vivants et les produits issus de ces animaux, s'ils proviennent de l'aquaculture, prévues par les plans relatifs aux résidus présentés conformément à la directive 96/23/CE, et notamment à son article 29, sont réunies ; et
- qu'ils ont subi de manière satisfaisante les contrôles officiels prévus à l'annexe III du règlement (CE) no 854/2004.

II.2. (2) (4) Attestation de santé animale pour les poissons et crustacés issus de l'aquaculture

II.**2.1 (3) (4) [Exigences applicables aux espèces sensibles au syndrome ulcératif épizootique (SUE), à la nécrose hématopoïétique épizootique (NHE), au syndrome de Taura et à la maladie de la tête jaune**

Je soussigné, inspecteur officiel, certifie que les animaux d'aquaculture ou produits issus de ces animaux visés à la partie I du présent certificat :

(5) proviennent d'un pays/territoire, d'une zone ou d'un compartiment déclaré indemne (4) [du SUE] (4) [de la NHE] (4) [du syndrome de Taura] (4) [de la maladie de la tête jaune) conformément au chapitre VII de la directive 2006/88/CE ou à la norme correspondante de l'OIE par l'autorité compétente de mn pays ;

i) dans lequel les maladies concernées doivent être déclarée à l'autorité compétente et les notifications relatives à la présence suspectée de l'une des maladies concernées doivent impérativement donner lieu à une enquête diligentée par les services officiels ;

ii) dans lequel les espèces sensibles aux maladies concernées ne peuvent être introduites que lorsqu'elles proviennent d'une zone déclarée indemne de la maladie et

iii) dans lequel les espèces sensibles aux maladies concernées ne sont pas vaccinées contre celles-ci].

II.2.2. (3) (4) [Exigences applicables aux espèces sensibles à la septicémie hémorragique virale (SHV), à la nécrose hématopoïétique infectieuse (NHI), à l'anémie infectieuse du saumon (AIS), à l'herpèsvirose de la carpe koï (KHV) et à la maladie des points blancs destinées à un Etat membre, à une zone ou à un compartiment déclaré indemne d'une maladie ou faisant l'objet d'un programme de surveillance ou d'éradication de la maladie concernée.

Je soussigné, inspecteur officiel, certifie que les animaux d'aquaculture ou produits issus de ces animaux visés à la partie I du présent certificat :

(6) [proviennent d'un pays/territoire, d'une zone ou d'un compartiment déclaré indemne (4) [de la SHV] (4) [de la NHI] (4) [de l'AIS] (4) [de la KHV) (4) [de la maladie des points blancs] conformément au chapitre VII de la directive 2006/88/CE ou à la norme correspondante de l'OIE par l'autorité compétente de mn pays ;

i) dans lequel les maladies concernées doivent être déclarée à l'autorité compétente et les notifications relatives à la présence suspectée de l'une des maladies concernées doivent immédiatement donner lieu à une enquête diligentée par celle-ci ;

ii) dans lequel les espèces sensibles aux maladies concernées ne peuvent être introduites que lorsqu'elles proviennent d'une zone déclarée indemne de la maladie et

iii) dans lequel les espèces sensibles aux maladies concernées ne sont pas vaccinées contre celles-ci].

II.2.3 Exigences en matière de transport et d'étiquetage

Je soussigné, inspecteur officiel, certifie :

II.2.3.1 que les animaux d'aquaculture visés ci-dessus sont placés dans des conditions (y compris en ce qui concerne la qualité de l'eau) qui n'ont aucune incidence sur leur statut sanitaire ;

II.2.3.2 que préalablement au chargement, le conteneur de transport ou le bateau vivier est propre et a été désinfecté ou était inutilisé et

II.2.3.3 que le lot est identifié par une étiquette lisible placée sur la face extérieure du conteneur ou, en cas de transport par bateau vivier, dans le manifeste, portant les renseignements utiles visés à la partie I, case I.7 à I.11 du présent certificat, ainsi que la mention suivante :

« (4)[Poissons](4)[Crustacés] destinés à la consommation humaine dans la Communauté ».

DOCUMENT 8 Certificat de capture simplifié des produits de pêche (3/3)

4 – Liste des embarcations ayant effectué les captures et quantités			
Nom embarcation	**N° immatriculation**	**Type de permis**	**Quantité (kg)**
FUMELA **LARE** **AMINATA BA**	**DK-0572-HN** **DK-0870-HN** **DK-1168-HN**	**0318/DK** **0182/DK** **0268/DK**	**1000** **600** **700**
5 – Nom et adresse de l'exportateur HELLAS SARL BP 47109 DAKAR DAKAR SÉNÉGAL	**Date** 01.02.N	**Signature**	**Cachet** HELLAS SARL Km 4,8 BCCD Le Gérant
6 – Validation par l'autorité de l'état du pavillon			
Nom / Titre	**Date** 02.FEV.N	**Signature**	**Cachet**
7 – Informations relatives au transport (voir l'appendice) **:** **AÉROPORT LÉOPOLD SEDAR SENGHOR DAKAR**			
8 – Déclaration de l'importateur :			

Nom et adresse de l'importateur	**Date**	**Signature**		**Cachet**	**Code NC du produit**
TRANS AIR FRET **ROISSY CDG P/C** **FISH PRIM' 94 596** **RUNGIS FRANCE**	02.02.N				
Document relevant de l'article 14, paragraphes 1 & 2 du réglement (CE) n° 1005/2008	**Référence**				
11 – Contrôle à l'importation : autorité		**Lieu**	**Importation autorisée(*)** 02.02.N	**Importation suspendue(*)**	**Vérification demandée – date**
Déclaration en douane (le cas échéant)		**Volume**		**Date**	**Lieu**
(*) Cocher la case appropriée					

DOCUMENT 9 Certificat d'origine

1. Expéditeur (nom, adresse, pays de l'exportateur	Référence N° **A 203621**
HELLAS SARL Km 4,6 RCCD Tél : 77 [redacted] Le Gérant	**SYSTÈME GÉNÉRALISÉ DE PRÉFÉRENCES** **CERTIFICAT D'ORIGINE** **(Déclaration et certificat)** **Formule A** Délivré en SÉNÉGAL (pays) Voir notes au verso
2. Destinataire (nom, adresse, pays) FISHPRIM' 94596 RUNGIS FRANCE S/C TRANS AIR FRET ROISSY	
3. Moyen de transport et itinéraire (si connus) LTA. 057 1389 1253 VOL. AF 719 DU 02/02/N	**4.** Pour usage officiel COMMERCE

5. N° d'ordre	**6.** Marques et numéros des colis	**7.** Nombre et type de colis ; description des marchandises	**8.** Critère d'origine (voir notes au verso)	**9.** Poids brut ou quantité	**10.** N° et date de la facture
	ADRS	88 COLIS POISSONS DIVERS FRAIS	P	1280 KGS	F. N° 14 DU 02/02/N

11. Certificat	**12. Déclaration de l'exportateur**
Il est certifié, sur la base du contrôle effectué, que la déclaration de l'exportateur est exacte. N/1343 01/02/N Lieu et date, signature et timbre de l'autorité délivrant le certificat	Il est certifié, sur la base du contrôle effectué, que la déclaration de l'exportateur est exacte. SÉNÉGAL et qu'elles remplissent les conditions d'origine requises par le système généralisé de préférences pour être reportées à destination de. FRANCE (nom du pays importateur) HELLAS SARL Km 4,6 RCCD Tél : 77 [redacted] Le Gérant Lieu et date, signature et timbre de l'autorité délivrant le certificat

DOCUMENT 10 DAU

COMMUNAUTE EUROPEENNE FRA0619A

A BUREAU D'EXPEDITION/D'EXPORTATION

EXEMPLAIRE D IMPORTATION — A

1 DÉCLARATION	IM | A
3 Formulaires	1 | 1
4 List. chargem.	
	18354963
Etat de la déclaration	VALIDE
5 Articles	1
6 Total des colis	31
7 Numéro de référence	11/009971C0001 00267

2 Expéditeur/exportateur No.
HELLAS
BP7700
DAKAR
SENEGAL

8 Destinataire No. **FR52259894500015**
FISH PRIM'
5 RUE DE LA CORDERIE
94596
RUNGIS
FRANCE

9 Responsable financier No.

10 Pays prem. destin. | 11 Pays trans-action. | 12 Éléments de la valeur | 13 P.A.C.

14 Déclarant/Représentant No. **FR34355909200170**
T.A.F. 5TRANS AIR FREIGHT) No. agrément **00000069**
4 RUE DU TE – ZONE DE FRET 4
95709 ROISSY CDG FR Mode de représentation **3**

15 Pays d'expédition/d'exportation: **SENEGAL**
15 Code P.expéd./expor.: a **SN** b
17. Code P. destination: a **FR** b **94**
16 Pays d'origine
17 Pays de destination: **FRANCE**

18 Identité et nationalité du moyen de transport au départ: **CAMION**
19 Ctr.: **0**
20 Conditions de livraison: **CPT** **ROISSY** **1**
21 Identité et nationalité du moyen de transport actif franchissant la frontière: **FR**
22 Monnaie et montant total facturé: **EUR** **6007.89**
23 Taux de change: **1**
24 Nature de la transact.: **1** **1**
25 Mode transport à la frontière: **4**
26 Mode transport intérieur: **3**
27 Lieu de chargement
29 Bureau d'entrée: **FRA0619A**
30 Localisation des marchandises: **AFG/AFG**

31 Colis et désignation des marchandises — Marques et numéros – No(s) conteneur(s) – Nombre et nature
CT Carton ADRESSE
POISSONS FRAIS
LTA057/1389-1253
88 COLIS 1280 KGB

32 Article: **1**
33 Code des marchandises: **03023290** **00**
34 Code P. origine: **SN**
35 Masse brute (kg): **1280**
36 Préférence: **200**
37 RÉGIME: **4000** **000**
38 Masse nette (kg): **1084**
39 Contingent
40 Déclaration sommaire/Document précédent: **741 X 057/1389-1253**
41 Unités supplémentaires
42 Prix de l'article: **6007.89**
43 Code M.E.: **1**

44 Mentions spéciales/ Documents produits/ Certificats et autorisations
CANA : Q205, R059, 5062, T011, V002 / DTP:Y900
Doc. joints : "N 3482 03/02/N", "C673 601 02/02/N", "N380 14/N 02/02/N",
"N741 057/1389-1253 02/02/N", "N865 203621 02/02/N"

45 Ajustement
46 Valeur statistique: **5749**

47 Calcul des impositions

Type	Base d'imposition	Quantité	Montant	MP
U395-A10	0			
F997	0			
G065	5	6.1	31	
M507-1/1	5749	0.27	16	
A505-B00	6055	5.5	333	
		Total :	380	R

48 Report de paiement: **CE: AMRR**
49 Identification de l'entrepôt

B DONNÉES COMPTABLES

DD	0
DUMP	0
AT	47
TVA	0
TG	380

50 Principal obligé No. Signature :
représenté par
Lieu et date :

C BUREAU DE DÉPART

51 Bureaux de passage prévus (et pays)

52 Garantie non valable pour — Code

53 Bureau de destination et pays

D CONTRÔLE PAR LE BUREAU DE DÉPART
Résultat :
Scellés apposés : Nombre :
marqués :
Délais (date limite) :
Signature :

54 Lieu et date : **ROISSY** **03/02/N**
Signature et nom du déclarant/représentant

DOCUMENT 11 Document vétérinaire commun d'entrée (DVCE)

COMMUNAUTÉ EUROPÉENNE — **Document Vétérinaire Commun d'Entrée (DVCE)**

Partie I : Détails concernant le lot présenté

1 Expéditeur/exportateur
Nom **Hellas SARL**
Adresse **BP3536**
Dakar Dakar
Pays **Sénégal (SN)**

2 N° de référence DVCE **CVEDP.FR.N.0003482-V1**
N° de référence locale **A818**

Poste d'inspection frontalier **Roissy Charles-de-Gaulle**

Numéro d'unité TRACES **FRCDG4**

3 Destinataire
Nom **FISH PRIM'**
Adresse **Rue de la Corderie**
94150 Rungis
Pays **France (FR)**

4 Intéressé au chargement
Nom **TRANS AIR FREIGHT**
Adresse **Rue du Té 4, BP 10547**
95709 Roissy Ch de Gaulle Cedex
Pays **France (FR)**

5 Importateur
Nom **FISH PRIM'**
Adresse **Rue de la Corderie**
94150 Rungis
Pays **France (FR)**

6 Pays d'origine **Sénégal** + code ISO **SN**
7 Pays d'expédition **Sénégal** + code ISO **SN**

8 Adresse de livraison **FISH PRIM'**
Rue de la Corderie
94150 Rungis
France (FR)

9 Arrivée au PIF (date prévue) **03.02.N** **08:30**

10 Documents vétérinaires
Numéro(s) **00789/a**
Date de délivrance **02.02.N**
Établissement d'origine (le cas échéant) **Hellas SARL/SN**
Numéro d'agrément vétérinaire **001/01/C**

11 Nom du navire/n° de vol
Avion ☒ Navire ☐ Wagon ☐ Véhicule routier ☐
Identification **057/1389-1253** **af719**
Référence documentaire

16 N° des scellés et n° du conteneur

17 Transbordement vers ☐
PIF UE — N° d'unité TRACES
Pays tiers — Code ISO pays tiers

18 Pour TRANSIT vers pays tiers ☐
Vers pays tiers — Code ISO
PIF de sortie — N° d'unité TRACES

19 Conforme aux exigences de l'UE
Conforme ☒
Non conforme ☐

20 A réimporter ☐

21 Destiné au marché intérieur
Consommation humaine ☒
Aliments pour animaux ☐
Usage pharmaceutique ☐
Usage technique ☐
Autres ☐

22 Pour les lots non conformes
Entrepôt douanier ☐ Numéro d'enregistrement
Zone franche ou entrepôt franc ☐ Numéro d'enregistrement
Avitailleur ☐ Numéro d'enregistrement
Directement sur un navire ☐ Nom
Port

12 Nature de la marchandise, nombre et type de conditionnements

1. **0302** Poissons frais ou réfrigérés, à l'exception des filets de poissons et autre chair de poissons du nso/0304

Stock sauvage

Espèces	Poids net (kg)	Nb de conditionnements	Type de conditionnement
Pagrus caereleosticus	39	13	Boîte en polystyrène
Thunnus albacares	862	27	Boîte en polystyrène
Epinephelus marginatus	43	3	Boîte en polystyrène

2. **0304** Filets de poissons et autre chair de poissons (même hachée), frais, réfrigérés ou congelés

Stock sauvage

Espèces	Poids net (kg)	Nb de conditionnements	Type de conditionnement
Cynoglossus cynoglossus	100	25	Boîte en polystyrène
Pseudupeneus prayensis	40	20	Boîte en polystyrène

13 Nombre total de conditionnements **88**
14 Poids brut total (kg) **1,280**
15 Poids net total (kg) **1,080**

Température — Réfrigérée ☒ — Congelée ☐ — Ambiante ☐

23 Déclaration

Je soussigné, intéressé au chargement susmentionné, certifie sur l'honneur qu'à ma connaissance les déclarations faites dans la première partie du présent document sont complètes et authentiques, et je m'engage à respecter les dispositions juridiques de la directive 97/78/CE, y compris le paiement des contrôles vétérinaires en vue de reprendre possession de tout lot refoulé après un transit dans l'UE vers un pays tiers (article 11, paragraphe 1, point c)) ou les coûts de destruction, le cas échéant.

Lieu et date de la déclaration
03.02.N / TRANS AIR FREIGHT, Rue du Té 4, BP 10547
95709 Roissy Ch de Gaulle Cedex, France (FR)

Nom du signataire

Signature

DOCUMENT 12 Facture commerciale client Baron

Facture	**F-002981**
Date	**03/02/N**
Date d'échéance	**12/03/N**
N° donneur d'ordre	**BARON**
N° TVA Client	
TOTAL	**3 540,24**

Fish Prim'

Fish Prim'
Rue de la Corderie
Centra 450
94596 Rungis Cedex
N° téléphone +33(0)156344634
N° télécopie +33(0)146874640

BARON
ZI La Bouriette
Route de Maquens BP1020
11000 CARCASSONNE
France

RUNGIS CEDEX Le 03/02/N

Article	Désignation	Colis	Poids U colis	Quantité	Unité	Poids ligne	Poids unitaire	Montant ligne HT
THONVAT10	Thon Albacore VAT 10/25 ACE *Thunnus Albacares Pêché en ACE/FAO 34*	27	31,93	862,30	KG	862,300	6,20	5 346,26
PAG2530	Pagres à point bleu 2/600 *Pagrus caereleosticus Pêché en ACE/FAO 34*	10	3,00	30,00	KG	30,000	7,44	223,20
PAG2434	Pagres à point bleu 2/400 *Pagrus caereleosticus Pêché en ACE/FAO 34*	3	3,00	9	KG	9,000	5,90	53,10
ROUG21	Filets de rouget B *Pseudupeneus prayensis Pêché en ACE/FAO 34*	20	2,00	40	KG	40,000	10,42	416,80
MER24	Mérou Jaune GVD *Epinephelus Marginatus Pêché en ACE/FAO 34*	3	14,36	43,1	KG	43,100	11,56	498,24
SPAC34	Sole tropicale pan ready 150/300 *Cynoglossus spp en ACE/FAO 34*	25		100	KG	100,000	8,78	878,00

Nbre de colis	Poids		
88	**1081,40**	**BASE HT €**	**7415,60**

SAS au capital de 100 000 € **RCS Créteil 522**
SIRET 522 598 422 000 20 **TVA intracommunautaire FR0952259498** **Code A.P.E. 4638A**

* Nos conditions générales de ventes figurent sur notre site Internet et peuvent vous être envoyées par courrier sur simple demande. *

FICHE RESSOURCE

1 La chaîne documentaire

La chaîne documentaire (ou liasse documentaire) est constituée de l'ensemble des documents nécessaires au bon déroulement d'une opération commerciale, tant à l'exportation qu'à l'importation.
Les différentes étapes du processus déterminent des flux d'informations entre l'entreprise et ses partenaires, les documents commerciaux à collecter, créer ou diffuser et les actions à entreprendre.
La documentation nécessaire est plus complexe que celle qui doit être élaborée pour les ventes sur le marché national en raison de caractéristiques particulières liées à l'international.

I Les particularités des opérations à l'international

- **La nature du produit :** certains produits nécessitent l'établissement de documents spécifiques, comme les **certificats sanitaires**, afin de répondre aux exigences de santé ou de salubrité publiques du pays importateur.
- L'**éloignement géographique** peut inciter l'importateur à exiger des contrôles supplémentaires de la marchandise et l'intervention d'une société de contrôle (SGS ou Veritas) qui établira, par exemple, un **certificat de contrôle**.
- Les **réglementations douanières** à prendre en compte : chaque pays dispose de contraintes d'importation spécifiques, comme l'établissement d'un document attestant de l'origine de la marchandise : le **certificat d'origine**.
- L'**utilisation de modes de transport différents**
- Les **risques financiers** nécessitent le recours à des techniques de paiement exigeant un suivi rigoureux de l'établissement des documents, comme le **crédit documentaire**.
- De plus, les documents requis à la charge de l'exportateur ou de l'importateur pour chaque opération dépendent des **conditions de vente** convenues (Incoterms).

II Le déroulement de la chaîne documentaire

1 La vision chronologique

Cette organisation permet d'identifier les priorités (les dates butoirs, par exemple, dans le cadre d'un paiement par crédit documentaire).

2 La vision thématique

La vision thématique permet d'optimiser les procédures de la gestion documentaire dans l'entreprise. On distingue :

La gestion commerciale	Concerne la gestion de la création de l'opération : **examen de la commande**. Exemples ▸ La facture pro forma ou le bon de commande matérialisant le contrat de vente, voire la confirmation de commande (acceptation de la commande). Lorsque la commande s'est faite par téléphone, fax ou mail, la **facture commerciale** tient lieu de contrat. Lorsque la vente est assortie d'un paiement par crédit documentaire, l'**avis de notification** est requis pour déclencher l'expédition.

•••

La gestion logistique	Concerne la gestion des opérations de transport (hors douane) et des relations avec les différents intervenants : **exécution de la commande** Exemples Le bordereau d'instructions au transitaire, la liste de colisage, les certificats d'assurance, les différents documents de transport (préacheminement, transport principal international, comme la LTA, le B/L ou la CMR), les certificats d'origine.
La gestion douanière	Concerne la gestion des opérations de dédouanement sous-traitées (à un transitaire représentant en douane) ou non : **exécution de la commande**. Exemples La collecte des documents nécessaires au dédouanement du client comme l'EUR1, l'établissement des documents de dédouanement comme le DAU.
La gestion financière	Concerne la gestion du paiement : **paiement de la commande**. Que ce soit au niveau de la mise en œuvre de la technique choisie comme le **crédit documentaire**, par exemple, ou de la gestion des risques de non-paiement, ou encore de la mise en œuvre d'une technique de couverture du risque de change en cas de facturation dans une devise étrangère.

III La dématérialisation des supports

La dématérialisation des supports est encadrée par la loi française du 13 mars 2000, par transposition de la directive communautaire 1999/93/CE. Les documents électroniques bénéficient de la même valeur probante que les documents manuscrits, sous réserve des conditions précisées à l'article 1316-1 du Code civil :
« L'écrit sous forme électronique est admis en preuve au même titre que l'écrit sur support papier, sous réserve que puisse être dûment identifiée la personne dont il émane et qu'il soit établi et conservé dans des conditions de nature à en garantir l'intégrité. »

La dématérialisation constitue un véritable enjeu économique et écologique pour les entreprises en raison des avantages qu'elle procure :
- elle permet un gain de temps ;
- elle simplifie le partage des informations au sein de ses clients, de l'entreprise, ou entre l'entreprise et ses clients, ses partenaires ;
- elle favorise le travail collaboratif grâce à un accès partagé aux documents : elle centralise l'archivage de documents, recense l'historique des documents et améliore la traçabilité ;
- elle supprime les coûts liés au papier, à l'impression, voire à l'affranchissement des documents :
- elle sécurise les données, de la signature électronique de documents à l'archivage.

Pour ce faire, il est nécessaire de mettre en place dans l'entreprise, mais aussi éventuellement avec les différents partenaires, une gestion électronique des documents (GED), accompagnée d'un système d'archivage électronique (SAE) des documents. Des logiciels (ERP) permettent d'effectuer l'ensemble des opérations liées à la gestion documentaire.

FICHE RESSOURCE

2 Les documents de la chaîne documentaire

Les nombreux documents qui constituent la liasse import ou export sont de natures différentes : documents commerciaux, documents financiers, documents de transport ou d'assurance, documents douaniers.

I Les documents commerciaux

Document	Émetteur	Destinataire	Fonction
Demande d'offre *Quote request form*	Importateur	Exportateur	• Formalise la demande de proposition commerciale. • Précise les caractéristiques des produits, des prix, des quantités, des conditions de paiement et de livraison.
Facture pro forma *Pro forma invoice*	Exportateur	Importateur	• Matérialise l'offre commerciale et engage l'exportateur. • Présente les conditions définitives de la vente. L'acceptation par l'importateur la transforme en contrat de vente. • Permet l'obtention de licence d'importation ou l'ouverture d'un crédit documentaire.
Commande *Order*	Importateur	Exportateur	Matérialise l'ordre d'achat à la suite des négociations ou des échanges.
Confirmation de commande *Order confirmation*	Exportateur	Importateur	• Atteste de la réception de la commande. • Rassure le client sur la prise en compte de sa commande et son exécution.
Facture commerciale *Commercial invoice*	Exportateur	Importateur	Constitue la preuve de l'opération en reprenant le détail des conditions et caractéristiques de la vente, et atteste du paiement à venir. C'est un justificatif auprès des administrations fiscales et douanières.

II Les documents financiers

Document	Émetteur	Destinataire	Fonction
Crédit documentaire[1] *Letter of credit*	Importateur : donneur d'ordre	Exportateur : bénéficiaire	Technique de paiement qui garantit le paiement à l'exportateur et la livraison à l'importateur.
Avis de paiement	Banque de l'exportateur	Exportateur	Atteste du paiement sur le compte de l'exportateur.
Ordre de paiement	Importateur	Banque de l'importateur	Déclenche le virement à l'ordre de l'exportateur en paiement de la vente.

1. Éventuel

III Les documents logistiques

Document	Émetteur	Destinataire	Fonction
Demande de cotation transport *Transport quotation request*	Exportateur et/ou importateur selon l'Incoterm	Commissionnaire de transport ou transitaire	Évaluer les coûts logistiques pour formuler l'offre au client selon l'Incoterm.
Liste de colisage *Packing list*	Exportateur	Importateur	• Répertorie les éléments de l'expédition (marchandises, colisage, poids…). • Fait le lien entre l'aspect matériel et documentaire. • Justifie la vérification de la conformité de l'expédition à la commande.
Bordereau d'instructions au transitaire *Freight forwarder instruction ship*	Exportateur	Transitaire	• Indique toutes les caractéristiques de l'expédition et les instructions données au transitaire afin d'organiser la logistique.
Document de transport *(pré et post-transport, transport principal)*	Commissionnaire de transport ou transitaire par délégation de l'exportateur	Importateur	• Constitue la preuve du contrat de transport. • Justifie de la prise en charge de la marchandise par le transporteur.
Certificat d'assurance *Insurance policy*	Compagnie d'assurances	Exportateur et/ou importateur	Matérialise le contrat d'assurance et atteste de la couverture des risques.
Certificat d'inspection[1] *Inspection certificate*	Entreprise spécialisée dans l'inspection des marchandises au départ (ex. : Veritas, SGS) sur demande de l'importateur	Importateur Exportateur	Confirme le bon état et les caractéristiques des marchandises expédiées avant le départ et la conformité avec la commande et, selon les cas, avec les réglementations techniques (normes et marquage).
Attestation de prise en charge par le transitaire[1] *Certificate of support by the freight forwarder*	Transitaire	Exportateur	Atteste officiellement de la prise en charge de la marchandise par le transitaire, surtout utile en cas de vente EXW ou FCA.
Facture transitaire *Freight forwarder invoice*	Transitaire	Exportateur et/ou importateur	Répertorie tous les frais logistiques à payer ainsi que les taxations douanières éventuelles.

1. Document éventuel

IV Les documents douaniers

Document	Émetteur	Destinataire	Fonction
Certificat d'origine[1] *Certificate of origin*	Les chambres de commerce et d'industrie (CCI) sur demande de l'exportateur	Importateur	Certifie le pays d'origine de la fabrication de la marchandise décrite afin de bénéficier de régimes préférentiels.
Certificats phytosanitaire / sanitaire / vétérinaire[1] *Phytosanitary / health / veterinary certificates*	Services compétents du pays importateur	Importateur	Atteste, après contrôle, que les végétaux ou produits végétaux sont dépourvus de parasites ou de substances toxiques et que les viandes ou produits dérivés sont exempts de toute infection.
Certificats de circulation[1] (EUR1/ATR) *Movement certificates*	Exportateur ou transitaire par délégation	Importateur	Permet aux marchandises de circuler en bénéficiant des accords préférentiels entre l'UE et les pays concernés. Il peut être considéré comme un certificat d'origine.
DAU *Customs declaration*	Exportateur ou commissionnaire en douane par délégation	Importateur	• Attribue un régime douanier à la marchandise. • Permet de faire appliquer la réglementation douanière et d'évaluer la dette douanière à l'importation.

1. Selon réglementation

D'autres documents peuvent être nécessaires en fonction des situations, comme :
- la demande d'achat ou de vente de devises, pour couvrir le risque de change dans le cas d'une facturation en devises étrangères, lorsque cela n'a pas été prévu en amont et intégré au coût de revient ;
- la demande d'assurance-crédit, lorsque cela n'a pas été prévu en amont et intégré au coût de revient.

Des documents internes tels qu'un ordre de fabrication ou d'achat peuvent être intégrés dans la liasse documentaire.

FICHE RESSOURCE

3 Le suivi de la chaîne documentaire

Document	Contrôles	
	Importateur	**Exportateur**
PHASE DE L'OFFRE		
Demande d'offre	• Vérifie les quantités nécessaires. • Identifie ses exigences (qualités, délais de livraison, modalités de paiement).	• Examine la faisabilité (conditions et délais de livraison, conditions de paiement). • Vérifie la disponibilité en stock ou les délais de fabrication ou d'approvisionnement.
Facture pro forma	• Contrôle les prix selon les Incoterms au regard de ses exigences de coût de revient. • Vérifie la faisabilité en termes de conditions de paiement et de livraison.	Vérifie la compatibilité des éléments (quantités, délais, conditions de paiement) avec ses conditions générales de vente et les exigences de l'importateur.
Demande de cotation transport[1]	• Identifie les prestations à demander (selon l'Incoterm de vente), lieux de départ et de destination, adresses, mode de transport, assurance demandée ou non, etc. • Vérifie les caractéristiques de l'expédition (nombre de colis, quantités, poids, volume).	• Identifie les prestations à demander (selon l'Incoterm de vente), lieux de départ et de destination, adresses, mode de transport, assurance demandée ou non, etc. • Vérifie les contraintes d'expédition (délais et formalités).
PHASE DE LA COMMANDE		
Commande	Vérifie les caractéristiques de la commande (quantités, délais, conditions de paiement).	• Examine les quantités demandées. • Vérifie la faisabilité.
Confirmation de commande	Vérifie la cohérence de la confirmation avec sa commande.	• Vérifie les délais de livraison. • Lance les ordres de préparation et/ou fabrication et/ou approvisionnements.
Crédit documentaire[1]	• Ouverture : exigences dates d'expédition, documents constitutifs de la liasse. • Levée des documents : conformité de la liasse avec l'accréditif.	Notification : vérifie la conformité de l'accréditif à la facture pro forma.
Facture commerciale	Vérifie les montants, les Incoterms et les conditions de paiement.	Vérifie la cohérence des éléments de la facture avec ceux de la confirmation de commande.
PHASE LOGISTIQUE		
Liste de colisage	Vérifie le nombre de colis, le poids, les dimensions, etc.	Vérifie la conformité de l'expédition à la commande : nombre de colis, poids, dimensions, etc.

Bordereau d'instructions au transitaire		• Vérifie le colisage (nombre de colis, quantités, poids, volume). • Contrôle les instructions : lieux de départ et de destination, adresses, mode de transport, assurance demandée ou non, etc.
Document de transport *(pré et post-transport, transport principal)*	• Vérifie les dates d'embarquement et/ou de prise en charge. • Selon l'Incoterm, vérifie *freight collect* ou *prepaid*. • Vérifie le nombre de colis expédiés, le poids, le volume. • Contrôle les mentions exigées (dans le cas d'un crédit documentaire, par exemple : mention « net de réserves/*on board* », etc.).	• Vérifie les dates d'embarquement et/ou de prise en charge. • Selon l'Incoterm, vérifie *freight collect* ou *prepaid*. • Vérifie le nombre de colis expédiés, le poids, le volume. • Contrôle les mentions exigées (dans le cas d'un crédit documentaire, par exemple : mention « net de réserves/*on board* », etc.).
Certificat d'assurance	• Vérifie la présence du document selon l'Incoterm de vente. • Vérifie le montant assuré.	• Vérifie la présence du document selon l'Incoterm de vente. • Vérifie le montant assuré.
Attestation de prise en charge par le transitaire		• Selon l'Incoterm, vérifie la présence du document dans la liasse. • Vérifie les caractéristiques de l'expédition (dates, colisage, etc.).
Certificats d'inspection	Vérifie leur présence, si exigé.	Vérifie leur présence, si exigé.
Facture transitaire	Vérifie les montants à payer : prestations, droits de douane.	Vérifie les montants à payer des prestations réalisées.
Certificat d'origine[2]	Vérifie la description des marchandises avec celle figurant sur la facture et la liste de colisage.	Vérifie la description des marchandises avec celle figurant sur la facture et la liste de colisage.
Certificats phyto, certificats de circulation[2]	Selon réglementation douanière, vérifie leur présence dans la liasse.	Selon réglementation douanière, vérifie leur présence dans la liasse.
DAU	**DAU import :** Vérifie toutes les informations à transmettre au commissionnaire en douane à partir des documents commerciaux.	**DAU export :** Vérifie toutes les informations inscrites sur le DAU : quantités, descriptif des marchandises, valeur, documents justificatifs.
PHASE DU PAIEMENT		
Avis de paiement		• Contrôle le paiement à l'échéance. • Vérifie la somme créditée sur le compte bancaire.
Ordre de paiement	Planifie le paiement dans les délais.	

1. Document éventuel
2. Selon réglementation

Suivi de la chaîne documentaire

Documents créés
Documents collectés

VENDEUR	① Demande d'offre	←	ACHETEUR
	④ Facture pro forma	→	ACHETEUR
	⑤ Commande	←	ACHETEUR
	⑥ Confirmation de commande	→	ACHETEUR
	⑩ Facture commerciale	→	ACHETEUR
	② Demande de cotation	→	COMMISSIONNAIRE DE TRANSPORT
	③ Cotation de transport	←	COMMISSIONNAIRE DE TRANSPORT
	⑧ Bordereau d'instruction	→	COMMISSIONNAIRE DE TRANSPORT
	⑧ Liste de colisage	→	COMMISSIONNAIRE DE TRANSPORT
	⑩ Documents de transport *et/ou attestation de prise en charge*	←	COMMISSIONNAIRE DE TRANSPORT
	⑩ DAU	←	COMMISSIONNAIRE DE TRANSPORT
	⑦ Notification d'ouverture d'un crédit documentaire[1]	←	BANQUES
	⑩ Liasse documentaire[1]	→	BANQUES
	⑪ Avis de paiement	←	BANQUES
	⑨ Attestation d'assurance[1]	←	COMPAGNIE D'ASSURANCES
	⑨ Certificat d'origine[1]	←	CCI / ORGANISMES
	⑨ Demande d'inspection	→	CCI / ORGANISMES
	⑨ Certificat d'inspection	←	CCI / ORGANISMES

1. Document éventuel

1 Gérer une liasse export vers l'Algérie avec paiement par crédit documentaire

L'entreprise Jouffra a conclu un contrat de vente de semences avec un nouveau client algérien. Vous êtes chargé(e) d'assurer la gestion documentaire de cette opération.

1. Analysez les caractéristiques de cette opération commerciale dans le document 1.

2. Pour chacun des documents de la liasse, complétez le document 2.

3. Retracez la chronologie de cette opération en faisant apparaître les différentes phases de l'opération.

4. Identifiez les éléments de cette opération qui nécessitent une surveillance particulière.

5. Listez les documents à réclamer.

DOCUMENT 1 Caractéristiques de la vente (à compléter)

Exportateur	Importateur	Pays d'importation	Montant, Incoterm et devise	Modalités de paiement

DOCUMENT 2 Caractéristiques des documents de la liasse (à compléter)

Document	Date	Émetteur	Destinataire	Caractéristiques	Phase
Certificat d'origine					
Accréditif					
Certificat phytosanitaire					
Facture commerciale					
Bill of Lading					

DOCUMENT 3 Certificat d'origine

cerfa N° 11012*01

1. Expéditeur (nom, adresse, pays) *Consignor* **Expedidor**
المرسل 发货人 Отправитель

JOUFFRA
4 AVENUE DE LA ROCHE
86170 CISSE - FRANCE

N°

ORIGINAL

COMMUNAUTÉ EUROPÉENNE
EUROPEAN COMMUNITY **COMUNIDAD EUROPEA**
المجموعة الاوروبية
欧 洲 共 同 体
ЕВРОПЕЙСКОЕ СООБЩЕСТВО

CERTIFICAT D'ORIGINE
CERTIFICATE OF ORIGIN **CERTIFICADO DE ORIGEN**
شهادة المنشأ 原产地证明
СЕРТИФИКА О ПРОИСХОЖДЕНИИ ТОВАРА

2. Destinataire (nom, adresse, pays) *Consignee* **Destinatario**
المرسل اليه 收货人 Получатель

SARL TABAL
1 rue Boumazza Mohamed
31000 ORAN
ALGERIE

3. Pays d'origine *Country of origin* **Pais de origen**
بلد المنشأ 原产国 Страна происхождения

UNITED KINGDOM

4. Informations relatives au transport (mention facultative)
Transport details **Expedicion** مرسلة بواسطة 运输情况
Вид транспорта и маршрут следования (насколько это известно)

OCEAN FREIGHT

5. Remarques *Remarks* **Observaciones**
ملاحظات 注备 Для служебных отметок

6. N° d'ordre ; marques, numéros, nombre et nature des colis ; désignation des marchandises
Item number ; marks, numbers, number and kind of packages ; description of goods
N° de orden ; marcas, numeros, nombre y naturaleza de los bultos ; designacion de las mercancias
مواصفات البضاعة : رقم التسلسل ،العلامة ،رقم الطرود ،عدد وطبيعة الطرود
序号；商标；号码；包装件数量和性质；商品种类；
Порядковый номер, маркировочные знаки, нумерация, количество мест и вид упаковки; описание товара

INOCULUM Tourbe LUZERNE

Lot N°X3AM26W192 (20 doses of 200 gr)

7. Quantité *Quantity* **Cantitad**
الكمية 数量
Количество

TOTAL

NET WEIGHT :

4 KG

8. L'autorité soussignée certifie que les marchandises désignées ci-dessus sont originaires du pays figurant dans la case N°3
THE UNDERSIGNED AUTHORITY CERTIFIES THAT THE GOODS DESCRIBED ABOVE ORIGINATE IN THE COUNTRY SHOWN IN BOX 3
LA AUTORIDAD INFRASCRITA CERTIFICA QUE LAS MERCANCIAS DESIGNADAS SON ORIGINARIAS DEL PAIS INDICADO EN LA CASILLA N°3
تشهد السلطة الموقعة أدناه أن البضائع المذكورة أعلاه مصدرها البلاد المذكورة في الحقل رقم ٣
签发该证当局证实上述商品原产于第3栏内所注明的国家
Подписавший уполномоченный орган удостоверяет, что вышеприведенные товары происходят из страны, указанной в графе N° 3

LE 21 NOV. N

Lieu et date de délivrance : désignation, signature et cachet de l'autorité compétente
Place and date of issue ; name, signature and stamp of competent authority
Lugar y fecha de expedicion ; designacion, firma y sello de la autoridad competente
مكان ،وتاريخ وتسمية وتوقيع وختم السلطة المختصة. 发证地点和日期；发证当局的名称，签字和印章
Место и дата выдачи : наименование, подпись и печать уполномоченного органа.

DOCUMENT 4 Accréditif Crédit documentaire (1/2)

SOCIÉTÉ GÉNÉRALE **MESSAGE SWIFT RECU**

Type : MT 700

Reçu de : BANQUE BNPADZALCXXX le : 8 novembre N à 17:27

BANQUE BNP PARIBAS EL DJAZAIR
RESIDENCE ZAMOUM
RUE 11 DECEMBRE 1960
EL BIAR – ALGER ALGERIE

27: SEQUENCE TOTAL
1/1
40A: FORM OF L/C
IRREVOCABLE
20 : DOCUMENT CREDIT NO
09990LCA2107499
31C: DATE OF ISSUE
N/11/08
40E: APPLICABLE RULES
UCP LATEST VERSION
31D: DATE AND PLACE OF EXPIRY
N/12/18ALGER.
50: APPLICANT
TABAL ALGERIE SARL
01 RUE BOUMAZZA MOHAMED
EN EL TURCK
31000 ORAN ALGERIE
59: BENEFICIARY
JOUFFRA
4 AVENUE DE LA ROCHE
86170 CISSE
FRANCE.
32B: CURRENCY CODE, AMOUNT
EUR19764,
39B: MAXIMUM CREDIT AMOUNT
NOT EXCEEDING
41A: AVAILABLE WITH… BY
BANQUE BNP PARIBAS DZALXXX
BY PAYMENT
43P: PARTIAL SHIPMENT
AUTORISE
43T: TRANSSHIPMENT
AUTORISE
44E: PORT OF LOADING

MESSAGE SWIFT RECU

44C: LATEST DATE OF SHIPMENT
N/11/28
45A: DESCRIPTION OF GOODS
CFR PORT D'ORAN
9 PALETTES DE SERUCUCES, FOURRAGERES, LUZERNE, SORGHO, INOCULUM, CHLOROFILTRE 25 SELON FACTURE PROFORMA NR N0921-40 DU 21/09/N
46A: DOCUMENTS REQUIRED
+ 3 FACTURES COMMERCIALES ORIGINALES INDIQUANT LES PRIX UNITAIRES, LES QUANTITES, L'ORIGINE DE LA MARCHANDISE ET LE MODE DE PAIEMENT PAR LETTRE DE CREDIT, SIGNEES ET CACHETEES PAR LE BENEFICIAIRE.
+ 2/3 CONNAISSEMENTS ORIGINAUX SHIPPED ON BOARD ETABLIS A L'ORDRE DE BANQUE BNP PARIBAS EL DJAZAIR NOTIFIES DONNEUR D'ORDRE MARQUES FRET PAYE.
+ COPIE CERTIFICAT D'ORIGINE ETABLI PAR LA CHAMBRE DE COMMERCE.
+ COPIE CERTIFICAT SANITAIRE.
+ ATTESTATION DU BENEFICIAIRE CERTIFIANT AVOIR TRANSMIS LES DOCUMENTS SUIVANTS PAR DHL AU DONNEUR D'ORDRE :
. 2 FACTURES COMMERCIALES ORIGINALES.
. 1/3 CONNAISSEMENT ORIGINAL.
. CERTIFICAT D'ORIGINE.
. CERTIFICAT SANITAIRE.
47A: ADDITIONAL CONDITIONS
DOCUMENTS IRREGULIERS SONT SOUMIS A LA DEDUCTION DE NOS FRAIS DE LEVEE DE RESERVES EN EUR 90,00.
71B: CHARGES
TOUS FRAIS BANCAIRES HORS ALGERIE
A LA CHARGE DU BENEFICIAIRE.
48: PERIOD FOR PRESENTATION
20 JOURS
49: CONFIRMATION INSTRUCTION
WITHOUT
78: INSTR TO PAY/ACCEP/NEG
AT YOUR BEST CONVENIENCE.
72: SENDER TO RECEIVER INF
DOCUMENTS A NOUS ADRESSER PAR DHL
A NOTRE ADRESSE

DOCUMENT 5 Certificat phytosanitaire

JOUFFRA
4 AVENUE DE LA ROCHE
86170 CISSE

PC00485

12PC00779

POITOU-CHARENTES

SARL TABAL
1 RUE BOUMAZZA MOHAMED
31000 ORAN
ALGERIE

ALGERIE

ÉTATS-UNIS

MARITIME

Liberté · Égalité · Fraternité
RÉPUBLIQUE FRANÇAISE
Organisation Nationale de la Protection des Végétaux

ORAN

SEMENCES

SEMENCES DE SORGHO (SORGHUM SUDANESE X BICOLOR) **300 KG**

(12 SACS DE 25 KG)

N° LOT XIB111392012005

TOTAL **300 KG**

POITIERS

21 NOVEMBRE N

Philippe

DOCUMENT 6 Facture commerciale

Expédié par :
JOUFFRA
La Cour d'Héron
4 avenue de la Roche
86170 CISSE
Tél : +33 0549520423

SARL TABAL ALGERIE
1 RUE BOUMAZZA MOHAMED
31000 ORAN
ALGERIE

FACTURE 149670 ORIGINAL

Client 1007905 C9398 EXT1	Date : 22/11/N Echéance : 15/12/N
Mode de paiement	CREDIT DOCUMENTAIRE

Livré au

Client 1007905

TABAL

CODE ARTICLE	ARTICLE	UN	QUANTITE	PRIX UNITAIRE	CONDITIONS COMMERCIALES	PRIX UNIT NET	MONTANT HT	T.V.A.
BL n°	**215345 du 22/11/N Ref. : PROFORMA N0921-40**				**1 RUE BOUMAZZA MOHAMED**	**31000 ORAN ALGERIE**		
S6014	CHLOROFILTRE N°25 DOSE 25 KG Origine Italie (320 doses de 25 kg = 8 000 Kg)	DO Statistique	320 12092980	39,570	Lot XIB111362012 06 Lot XIB111362012 01 Lot XIB111362012 04 Lot XIB111362012 05	39,570	12 662,40	7
P5465	INOC. TOURBE LUZERNE DOSE 400 G LOT N°X3AM25W192 Origine United Kingdom	DO Statistique	20 31059099	27,500	Lot P5465	27,500	550,00	7
S2382	LUZERNE MELISSA S1 TRIE SAC 25 KG Origine France The exporter of the products covered by this document (customs authorisation N°FR003540/0111) declares that, except where otherwise clearly indicated, these products are of European Union origin.	KG Statistique	625,00 12092100	4,960	Lot FO191KL00360	4,960	3 100,00	7
P4174	PARTICIPATION TRANSPORT EXPORT TRANSPORT PAR BATEAU	UN Statistique	1	2 515,600	Lot P4174	2 515,600	2 515,60	7
S10474	SORGHO FOURRAGER PACIFIC GRAZE DOSE 25 KG Origine USA	DO Statistique	12 12092980	78,000	Lot XUSATX110458	78,000	936,00	7

ESCOMPTE 0,5 % PAR MOIS POUR PAIEMENT COMPTANT A LA LIVRAISON.
AGIOS 1 % PAR MOIS POUR TOUT RETARD DE PAIEMENT.
PAIEMENT PAR LETTRE DE CREDIT DOCUMENTAIRE N°09990LCA1207499
CFR PORT D'ORAN
9 PALETTES DE SERUCUCES, FOURRAGERES, LUZERNE, SORGHO, INOCULUM, CHLOROFILTRE 25 SELON FACTURE PROFORMA NR N0921-40 DU 21/09/N (semences)

MONTANT HT	TAUX TVA	MONTANT TVA	MONTANT TTC
19 764,00	**7**		**19 764,00**
		NET A PAYER	**19 764,00 €**

Papillon à joindre à votre règlement
établi à l'ordre de
JOUFFRA

N° CLIENT	C9300
N° FACTURE	140093
DATE FACTURE	22/11/N
NET A PAYER	19764,00 €

DOCUMENT 7 *Bill of Lading*

SHIPPER
JOUFFRA
4 AVENUE DE LA ROCHE
86170 CISSE
FRANCE

ORIGINAL
BILL OF LADING

VOYAGE NUMBER
CW1058
BILL OF LADIN NUMBER
FR2458200

CONSIGNEE
TO ORDER BANQUE BNP PARIBAS EL DJAZAIR
RESIDENCE ZAMOUN
RUE 11 DECEMBRE
EL BIAR, ALGER, ALGERIE

EXPORT REFERENCES

CMA CGM

NOTIFY PARTY, Carrier not to be responsible for failure to notify
SARL TABAL
1 RUE BOUMAZZA MOHAMED
31000 ORAN ALGERIE
CTC

CARRIER : CMA CGM – Société Anonyme au capital de 175 000 000 euros
Head Office : 4 quai d'Arenc – 13002 Marseille – France
Tel : (33) 4 88 91 90 00 – Fax : (33) 4 88 91 90 95 – Telex401 667 F
B 562 024 422 R.C.S. Marseille

PRE CARRIAGE BY*	PLACE OF RECEIPT*	FREIGHT TO BE PAID AT	NUMBER OF ORIGINAL BILLS OF LADING
	CISSE, 86	MARSEILLE	THREE (3)
OCEAN VESSEL	**PORT OF LOADING**	**PORT OF DISCHARGE**	**FINAL PLACE OF DELIVERY**
CMA CGM CASABLANCA	MARSEILLE	ORAN	

MARKS AND NOS CONTAINER AND SEALS	NO AND KIND OF PACKAGES	DESCRIPTION OF PACKAGES AND GOODS AS STATED BY SHIPPER SHIPPER'S LOAD STOW AND COUNT SAID TO CONTAIN	GROSS WEIGHT CARGO	TARE	MEASUREMENT
INBU3685495 SEAL 006419	1 x 20ST	STC 9 palettes de serucuces, fourrageres, luzerne, sorgho, inoculum, chlorofiltre 25 selon facture proforma NR 20120921-40 du 21/09/N. credit documentaire irrevocable N° 09990LCA12074999 issue le N1108 partial shipment autorise, transshipment autorise dernière date d'expédition N1128 fret payé ON BOARD 28 NOV N M/S CMA CGM CASABLANCA	8933 KG		
Weight in kgs	Total: 1 CONTAINER(S)		8933.000	2240	25.000

ABOVE PARTICULARS DECLARED BY SHIPPER. CARRIER NOT RESPONSIBLE

ADDITIONAL CLAUSES

4. Cargo at port is at receiver risk, expenses and responsibility.5. FCL

77. THC at destination payable by consignees as per line/port tariff

84. Ground rent/storages costs at POD for Consignee's account according to port rates.

153. At expenses, including but not limited to overtime/drayage to stacking area if any, from ship's hold up to reloading of empties in ship's hold/deck are for Receiver's account.

180. Carrier draws Merchant's attention to the fact that as per Algerian national customs regulation n 79-07 abnd 98-10, cargo shall be auctioned by customs without any notice if Merchant fails to take delivery within 4 months and 21 days from the date of discharge.

194. For the purpose of the present carriage, clause 14(2) shall exclude the application of the York/Antwerp rules, 2004.

216. Mis-declaration of cargo weight endangers crew, port workers and vessel's safety. Your cargo may be weighed at any place and time of carriage and any mis-declaration will expose you to claims for all losses, expenses or damages whatsoever resulting thereof and be subject to freight surcharge.

225. The shipper acknowledges that the Carrier may carry the goods identified in this bill of lading on the deck of any vessel and in taking remittance of this bill of lading the Merchant (including the shipper, the consignee and the holder of the bill of lading, as the case may be) confirms his express acceptance of all the terms and conditions of this bill of lading and expressly confirms his unconditional and irrevocable consent to the possible carriage of the goods on the deck of any vessel.

241. Carrier is not responsible for any omission in regards to article 69 of applicable Algerian budget bill 2009 (published on Algerian bulletin n° 44) and the responsibility remains with the merchant/importer. Any fines, penalties levied against the carrier for non compliance with the above article and/or additional costs, including but not limited to storage, demurrage are for the account of the merchant.

249. As per National Algerian Customs Regulations, a full style name and address has to be indicated in the consignee and/or notify party field of the bill of lading. Failing to provide this information will be subject to a penalty fixed by Customs and borne by the receiver.

251. Detention and demurrage payable by consignee from date of discharge for dry containers.

RECEIVED by the carrier from the shipper in apparent good order and condition (unless otherwise noted herein) the total number of quantity of Containers or other packages or units indicated above stated by the shipper to comprise the cargo specified above for transportation subject to all the terms hereof (including the terms on page one) from the place of receipt or the port of loading, whichever is applicable, to the port of discharge or the place of delivery, whichever is applicable. Delivery of the Goods will only be made on payment of all Freight and charges. On presentation of this document (duly endorsed) to the Carrier, by or on behalf of the holder, the rights and liabilities arising in accordance with the terms hereof shall (without prejudice to any rule of common law or statutes rendering them binding upon the shipper, holder and carrier) become binding in all respects between the Carrier, the Holder as though the contract contained herein or evidenced hereby had been made between them.
All actions against Carrier under the contract of Carriage evidenced by this Bill of Lading shall be brought before the "Tribunal de Commerce de MARSEILLE" and no other Court shall have juridiction with regards to any such action. Actions against the Merchant under the contract of Carriage evidenced by this Bill of Lading may be brought before the "Tribunal de Commerce de MARSEILLE" or, in Carrier's sole discretion, in another court of competent juridiction.
In witness whereof three (3à original Bills of Lading, unless otherwise stated above, have been issued, one of which being accomplished, the others to be void.

(OTHER TERMS AND CONDITIONS OF THE CONTRACT ON PAGE ONE)

PLACE AND DATE OF ISSUE MARSEILLE 28 NOV N

SIGNED FOR THE CARRIER CMA CGM S.A.
BY CMA GCGM Agences France SAS
as agents for the carrier CMA CGM S.A.

SIGNED FOR THE SHIPPER
*APPLICABLE ONLY WHEN THIS DOCUMENT IS USED AS COMBINED TRANSPORT BILL OF LADING

2 Organiser la gestion d'une commande export

La société BARM, grossiste à Rungis en produits laitiers, a reçu, le 21 avril N, une demande d'offre d'un client égyptien concernant une commande de 3 456 kg de crème UHT 35 % MG (crème de lait). Vous êtes chargé(e) de la gestion de cette commande. Vous adressez votre facture pro forma le 22 avril N.

1. **Comparez les éléments de cette demande d'offre aux conditions générales de vente de la société BARM (document).**

2. **Précisez les éléments de la facture pro forma que vous adresserez au client, en réponse à sa demande d'offre.**

3. **Identifiez les différentes étapes de cette opération, à partir de la réception de la demande d'offre du client.**

4. **Précisez les documents qui devront être créés par la société BARM et ceux qui devront être collectés auprès des différents partenaires.**

5. **Identifiez les contraintes relatives à l'expédition de cette commande.**

DOCUMENT Informations sur l'opération

Caractéristiques de cette demande d'offre
- Livraison au port d'Alexandrie (Égypte)
- Délai de livraison demandé : 15 jours
- Paiement par virement SWIFT 60 jours après réception des marchandises

Extrait des conditions générales de vente
- Incoterm CIP port d'arrivée
- Délai de livraison 15 jours date de commande
- Paiement 30 jours date de B/L

Extrait du tarif BARM

2,25 EUR HT/kg CIP port d'Alexandrie

Informations logistiques
- Les expéditions pour l'Égypte se font habituellement par voie maritime depuis le port d'Anvers ou du Havre, jusqu'au port du Caire.
- Transit time : 12 jours
- Colisage nécessaire : 576 cartons filmés et palettisés
- Numéro de nomenclature douanière : 04 01 40 10 101

CHAPITRE

20 Évaluer la performance des fournisseurs et des prestataires

COMPÉTENCES PROFESSIONNELLES

Évaluer les prestations de service et les offres fournisseurs	Concevoir et analyser des tableaux de bord de suivi de la gestion des opérations

La concurrence internationale contraint les entreprises à une gestion efficace de leurs achats. Livrer à ses clients, dans les délais promis, un produit de qualité à moindre coût n'est possible que si les fournisseurs et les prestataires logistiques sont fiables et performants.

L'entreprise et ses partenaires doivent mettre en place un ensemble d'outils permettant de coordonner leur relation, d'assurer la communication entre eux et de contrôler la performance des prestations. La mise en place d'un tableau de bord permet de réaliser un diagnostic régulier et de mettre en place des actions correctrices.

SITUATION PROFESSIONNELLE

POLOGNE

Régime : République, démocratie parlementaire
Superficie : 312 680 km²
Population : 37,97 millions d'habitants
Capitale : Varsovie
Villes principales : Varsovie, Katowice, Cracovie, Gdansk, Poznan
Langue officielle : polonais
Anglais peu pratiqué, interprète nécessaire
PIB/hab. : 15 692 USD (2019)
Monnaie : euro
Principaux clients : Allemagne, République tchèque, Royaume-Uni, France
Principaux fournisseurs : Allemagne, Chine, Russie, Italie

1. Actualisez les données pays par une recherche sur Internet.
2. Caractérisez les pratiques commerciales, sociales et environnementales du pays, après consultation de l'évaluation des risques par Coface.

Cooking show

Cooking Show conçoit et fabrique des cuisines professionnelles sur mesure, avec des matériaux naturels et une éthique écoresponsable.
Le cuisiniste aménage les espaces cuisines ouvertes des restaurants.
Les meubles sont fabriqués en Pologne, par des producteurs sélectionnés sur la base d'un cahier des charges très exigeant. L'électroménager est français ou allemand, économe en énergie, et bénéficie des dernières technologies. Tous les éléments installés chez les clients font l'objet d'une garantie décennale. Soucieuse de son image, Cooking Show vise avant tout la satisfaction de sa clientèle.

La qualité de ses cuisines dépend de la qualité de ses approvisionnements.
L'entreprise a récemment dû gérer des réclamations de la part de quelques clients, en raison de défauts de fabrication du mobilier ou de retards dans la livraison du chantier. Elle souhaite mettre en place un outil d'évaluation de la qualité de ses fournisseurs de biens et de services.
Vous êtes associé(e) à cette mission. Vous disposez des données communiquées par le service Achats pour l'année en cours et l'année précédente (**document 1**).

1. Proposez des KPI (indicateurs clés de performance) pour évaluer la qualité des fournisseurs de meubles polonais. — ➲ Document 1 ➲ Fiches ressources 1 et 2
2. Construisez un tableau de bord Fournisseurs, en mettant en évidence des ratios et des écarts. — ➲ Fiches ressources 1 et 2
3. Analysez les ratios et les écarts puis conseillez l'entreprise sur les éventuelles actions correctrices à mener. — ➲ Fiches ressources 1 et 2

Cooking Show recourt aux services de deux transitaires pour l'organisation de la logistique de ses approvisionnements. Les meubles de cuisine sont livrés directement chez les clients, depuis la Pologne, pour installation par ses soins.
L'entreprise vous charge d'évaluer la performance de ces deux transitaires.

4. Proposez des KPI pour évaluer la performance des transitaires. — ➲ Document 2 ➲ Fiche ressource 3
5. Construisez un tableau de bord logistique, en mettant en évidence des écarts. — ➲ Fiche ressource 3
6. Analysez les écarts et conseillez l'entreprise sur les éventuelles actions correctrices à mener. — ➲ Fiche ressource 3

DOCUMENT 1 Données « Fournisseurs » communiquées par le service Achats

Fournisseur MEBLE KORYS	N	N-1
Montant des achats	145 000 EUR	158 000 EUR
Nombre de commandes	36	38
Quantité de produits achetés	2 900	3 000
Délai de livraison contractuel	21 jours	21 jours
Délai de livraison moyen observé	24 jours	30 jours
Nombre de livraisons incomplètes	4	4
Nombre de retards de livraison	6	10
Nombre total de retours	3	7
Nombre de retours pour produits défectueux	3	4
Nombre de retours pour produits non conformes à la commande	0	3
Nombre de réclamations clients	2	3

Fournisseur MEBLO ROD	N	N-1
Montant des achats	128 000 EUR	125 000 EUR
Nombre de commandes	30	29
Quantité de produits achetés	2 500	2 450
Délai de livraison contractuel	30 jours	30 jours
Délai de livraison moyen observé	30 jours	30 jours
Nombre de livraisons incomplètes	5	8
Nombre de retards de livraison	0	0
Nombre total de retours	1	2
Nombre de retours pour produits défectueux	1	0
Nombre de retours pour produits non conformes à la commande	0	2
Nombre de réclamations clients	1	0

Fournisseur KOZBYS	N	N-1
Montant des achats	94 800 EUR	105 300 EUR
Nombre de commandes	15	15
Quantité de produits achetés	1 900	2 140
Délai de livraison contractuel	15 jours	15 jours
Délai de livraison moyen observé	12 jours	14 jours
Nombre de livraisons incomplètes	0	0
Nombre de retards de livraison	0	0
Nombre total de retours	2	0
Nombre de retours pour produits défectueux	0	0
Nombre de retours pour produits non conformes à la commande	2	0
Nombre de réclamations clients	0	0

DOCUMENT 2 Données logistiques fournies par le service Achats et le service commercial

Transitaire SW EXPRESS

Début des relations commerciales : N-3
2PL : Second Party Logistics
Certifications : ISO 9001, NF EN 13011, NF EN 13876
Localisation : 25 bureaux en France, 43 bureaux à l'étranger
Infrastructures en propre : 49 entrepôts en France
Modes de transport utilisés : solutions multimodales (route, air, rail, mer)
Réseau : appartenance au groupe européen SW Logistics
Communication : EDI

	N	N-1
Nombre de cotations demandées	30	49
Nombre d'opérations traitées	23	39
Nombre d'opérations traitées dans le respect du cahier des charges	15	28
Nombre de réclamations clients	3	6
Nombre d'incidents	8	11
Nombre de retards de prise en charge	3	2
Nombre de retards de livraison	3	4
Nombre de pertes de colis	0	1
Nombre d'avaries transport	2	4
Délai moyen de réponse	12 h	24 h
Délai moyen de prise en charge	36 h	36 h
Transit time moyen	4 jours	4 jours
Coût moyen des prestations	240 EUR	260 EUR
Coût moyen du transport	850 EUR	875 EUR

Transitaire TRANS UNIV

Début des relations commerciales : N-1
4PL : Fourth Party Logistics
Agréments et certifications : agent IATA et FIATA, Représentant en Douane Enregistré, Opérateur Économique Agréé (OEA-Full), ISO 9001
Localisation : 16 bureaux sur les principaux ports et aéroports français
Infrastructures en propre : 16 entrepôts en France, flotte de 30 camions
Modes de transport utilisés : solutions multimodales (route, air, rail, mer) et combinées (ferroutage)
Réseau : réseau de plus de 7 000 agents dans 838 villes, ports et aéroports du monde
Communication : ERP, tracking en ligne 7 j/7 et 24 h/24

	N	N-1
Nombre de cotations demandées	35	16
Nombre d'opérations traitées	27	10
Nombre d'opérations traitées dans le respect du cahier des charges	25	10
Nombre de réclamations clients	0	0
Nombre d'incidents	3	1
Nombre de retards de prise en charge	1	0
Nombre de retards de livraison	1	1
Nombre de pertes de colis	0	0
Nombre d'avaries transport	1	0
Délai moyen de réponse	12 h	12 h
Délai moyen de prise en charge	24 h	24 h
Transit time moyen	3,5 jours	4 jours
Coût moyen des prestations	235 EUR	230 EUR
Coût moyen du transport	840 EUR	810 EUR

FICHE RESSOURCE

1 La gestion de la performance d'un partenaire

L'entreprise cherche à établir de véritables partenariats avec ses fournisseurs de biens et/ou de services. Une évaluation préalable permet de sélectionner un prestataire. Une réévaluation régulière permet de vérifier que le niveau de qualité est constant.

I Les étapes de la gestion de la performance d'un partenaire

1 La rédaction du cahier des charges

La première étape de la sélection d'un fournisseur ou d'un sous-traitant consiste à formaliser les exigences de l'entreprise dans un contrat ou un cahier des charges.
Ce document aborde les caractéristiques techniques, les exigences sanitaires, les conditions d'achat, les conditions de livraison (Incoterm, transport, délais...) et les clauses particulières (retard à la livraison, pénalités...). Il est signé par l'entreprise et le partenaire, et sert de référence dans les relations fournisseur (ou prestataire).

2 La surveillance de la qualité des prestations

Une fiche de suivi des fournisseurs de biens et/ou services est émise par le responsable des achats et de la logistique chaque fois qu'un nouveau prestataire est sélectionné. Elle permet d'enregistrer toutes les informations nécessaires à la surveillance du maintien dans le temps de la qualité des produits fournis : lors de chaque livraison de biens ou prestation de service, des indicateurs sont renseignés sur cette fiche :
- tous les manquements aux exigences établies dans le contrat ou le cahier des charges (délai, prix, respect des quantités à livrer...) ;
- toutes les anomalies constatées suite aux contrôles effectués à la réception (qualité, quantité...).

3 L'exploitation du suivi des prestataires

La fiche de suivi des fournisseurs de biens et/ou services permet :
- de documenter toute réclamation ;
- de renégocier les clauses du cahier des charges auprès des fournisseurs ;
- de reconduire ou mettre fin aux contrats en cours.

Les fiches de suivi peuvent utilement alimenter un scoring (indicateur synthétique qui attribue une note à chaque prestataire) qui classe les fournisseurs ou partenaires sur toute une série d'indicateurs clés.

II Les outils de l'évaluation de la performance

1 Les KPI (*Key Performance Indicators* ou indicateurs clés de performance)

Ces indicateurs permettent de mesurer la contribution des fournisseurs et prestataires à la performance de l'entreprise. Ils doivent être « SMART » : Spécifiques, Mesurables, Atteignables, Réalistes et Temporels. Ils peuvent être classés en indicateurs d'activité, de coût, de qualité (respect du cahier des charges).
Les KPI sont organisés dans un tableau de bord.

Exemple La dépendance à un fournisseur ou un prestataire est un indicateur crucial à suivre ; on la mesure à partir de son poids relatif dans les achats pour un fournisseur, ou dans les charges externes pour un prestataire.
L'entreprise doit vérifier que les prestataires restent rentables. Si faire soi-même est plus avantageux que sous-traiter, mieux vaut réintégrer la prestation.

2 Les tableaux de bord

Connectés au SI de l'entreprise, ils en extraient régulièrement des données qui font l'objet de calculs, pour être présentés de manière synthétique et explicite (tableaux, graphiques, scores, indicateurs de tendance centrale et de dispersion...).
Leur analyse doit amener à une remise en question et à des améliorations.

a. Les fonctions des tableaux de bord

Fonction de mesure	Les tableaux de bord permettent de mettre en évidence les écarts des résultats par rapport aux objectifs de rentabilité, de productivité, d'efficacité, ou par rapport aux données de la période précédente (l'année précédente, par exemple).
Fonction de contrôle	Ils permettent de vérifier le respect des délais et des cahiers des charges.
Fonction d'alerte	Ils permettent de mettre en évidence les incidents et les dysfonctionnements (non-respect des délais, dépassement des coûts, ruptures de stock, etc.).

b. La construction des tableaux de bord

- Les indicateurs de performance doivent être discriminants, c'est-à-dire qu'ils doivent clairement indiquer une position.
- Leur nombre doit être limité ; plusieurs tableaux de bord seront créés en cas de nombre élevé d'indicateurs.
- Pour apprécier l'évolution des indicateurs, il est important d'indiquer des écarts.
- Pour faciliter la lecture et l'analyse du tableau de bord, des codes couleurs seront définis (vert, orange et rouge, par exemple, sur le modèle des feux de signalisation).
- Des seuils d'alerte doivent être définis (nombre d'incidents, de défauts, de retards...).

III Les acteurs de l'évaluation de la performance

Les tableaux de bord sont des outils destinés aux gestionnaires : le responsable des achats et de la logistique, le responsable de la fabrication, le responsable de la qualité.
Ils leur permettent de mener des actions correctrices, de revoir les objectifs à atteindre. Ils peuvent également les conduire à ne pas renouveler un contrat avec un fournisseur de marchandises ou de services.

IV ISO 9001 : une norme pour certifier la gestion des entreprises

Les normes sont fondées sur le principe du tiers certificateur, c'est-à-dire qu'un organisme extérieur au fournisseur ou au prestataire atteste de sa conformité à un cahier des charges largement reconnu et diffusé. À l'international, les normes ISO sont les plus courantes.

La norme ISO 9001 définit la totalité des exigences à respecter pour avoir un processus de management de qualité.
Elle donne aux entreprises un cadre réglementaire qui leur permet d'aborder leur gestion avec une approche systématique des processus de production en lien avec les attentes et la satisfaction de leur clientèle.
La certification d'une entreprise à la norme ISO 9001 donne de la confiance à ses partenaires, en leur démontrant le niveau de performance et de qualité de sa gestion et sa volonté d'amélioration continue.

FICHE RESSOURCE

2 La gestion de la performance des fournisseurs

Le poids des achats représente généralement 40 à 80 % du coût total des produits. Les entreprises sont nombreuses à déléguer à des fournisseurs ou des sous-traitants des activités qui ne relèvent pas de leur cœur de métier.
La sélection de ces partenaires est donc stratégique, en raison de son impact sur la performance globale de l'entreprise (*voir chapitre 3*).
Une évaluation préalable peut conduire à un audit du prestataire si la nature des produits fournis le justifie (composants stratégiques) ou se faire sur de simples considérations de proximité (par exemple, pour l'achat de produits sur catalogue à un grossiste).

I Les éléments à évaluer

Le produit	• La qualité effective du produit • L'adéquation du produit au cahier des charges • L'acceptabilité du prix du produit
La fiabilité du fournisseur	• Le respect des quantités • La ponctualité des livraisons
La réactivité du fournisseur	• La rapidité de réponse en cas de modification/non-conformité de la commande • La capacité d'adaptation à une modification • La gestion des retours
La qualité du fournisseur	• La capacité d'innovation • La certification qualité ISO 9001 • La démarche RSE • La réputation dans le secteur • Les capacités logistiques (mode de livraison, quantité d'approvisionnement possible…)

II Les indicateurs de mesure de la performance des fournisseurs

C'est en analysant les fournisseurs que les critères de sélection apparaissent d'eux-mêmes. En fonction de ses objectifs (de qualité, de coût...), l'entreprise choisit des indicateurs qui permettent des ajustements (du cahier des charges, du nombre de fournisseurs...).

Exemples d'indicateurs

Performance	Indicateurs
Efficacité	• Marge commerciale • Écarts sur budget, variation de prix • Taux de retours (non-qualité), taux de retards de livraison • Taux de litiges par fournisseur, par zone d'achat, par type de litige
Efficience : rapport entre efficacité et coût	• Nombre de fournisseurs par famille de produits, par mois, par zone • Nombre de commandes urgentes et de commandes normales • Coût de gestion de la commande (gestion des offres, passation des commandes, paiement des factures)
Productivité : coût des commandes	• Nombre de commandes par fournisseur, par produit, par zone • Valeur moyenne de la commande par fournisseur, par produit, par zone

III La construction du tableau de bord Fournisseurs

Le service Achats et le service Qualité alimentent et exploitent le tableau de bord Fournisseurs.

Exemple Tableau de bord Fournisseurs

Période :			Fournisseurs			
Activité	**Indicateur**	**Mode de calcul**	**A**	**B**	**C**	**D**
Classement	**Valeur moyenne d'achat**	Valeur totale de commandes / Nombre total de commandes				
	Nombre de commandes	Nb de commandes au fournisseur / Nombre total de commandes				
Qualité et service	**Fiabilité**	Nb de commandes complètes à l'heure / Nombre total de commandes				
		Nombre d'articles reçus / Nombre d'articles commandés				
		Nombre de prix changés sans préavis				
	Litiges de livraison	Valeur de commandes en litige / Nombre total de commandes				
		Valeur des produits en litige / Valeur totale des produits reçus				
	Ruptures	Nombre de références en rupture / Nombre de références stockées				
	Litiges clients	Nombre de produits en litige clients / Nombre de produits achetés				
Stock	**Couverture de stock**	Valeur moyenne du stock / Valeur conso. moyenne quotidienne				
Délai	**Délai de livraison**	Délai de livraison absolu / Évolution du délai de livraison				
Commandes	**Modification des commandes**	Nombre de commandes modifiées / Nombre total de commandes				
	Annulations de commandes	Nombre de commandes annulées / Nombre total de commandes				
	EDI	Nombre de commandes en EDI / Nombre total de commandes				
Facturation	**Écarts de facturation**	Nb factures avec écart de facturation / Nombre total de factures				
	Écarts de prix	Nb factures avec écart de prix / Nombre total de factures				
Paiement	**Termes de paiement**	Termes moyens / Objectifs				
		Termes moyens / Termes contractuels				
Coût	**Réductions**	Nombre de réductions obtenues / Nombre total de factures				
		Valeur des réductions obtenues / Valeur totale facturée				

D'après www.indicateurs-performance.com

FICHE RESSOURCE

3 La gestion de la performance des prestataires logistiques

Afin de se concentrer sur son cœur de métier, de réduire ses coûts et de bénéficier de l'expérience du prestataire, l'entreprise confie le plus souvent l'organisation logistique de ses expéditions import/export à un transitaire ou un commissionnaire de transport.
La performance du prestataire logistique a un impact sur l'image de l'entreprise et sur son chiffre d'affaires.

I La sélection d'un prestataire logistique

1 Les étapes de la sélection du prestataire logistique

- Élaboration du cahier des charges
- Appel d'offres auprès de plusieurs prestataires
- Sélection d'un prestataire
- Suivi du prestataire

2 Les critères de choix d'un prestataire logistique

- Sa proximité géographique
- Sa capacité de stockage
- Sa disponibilité (24 h/24, 365 jours par an), sa rapidité, sa fiabilité
- La qualité de son service : ses moyens, sa performance, son efficacité, la sécurité des solutions de transport mises en œuvre, son respect du cahier des charges
- Sa flexibilité
- Son système d'information : un EDI ou ERP qui assure une circulation fluide des données et un traçage des produits, des locaux du producteur à ceux de l'acheteur
- Ses tarifs

II L'évaluation de la performance du prestataire logistique

1 Les objectifs de l'évaluation de la performance logistique

- Mettre en évidence les points d'amélioration.
- Conduire le prestataire à résoudre les dysfonctionnements.

2 Les enjeux de l'amélioration de la performance logistique

- Réduire les incidents.
- Améliorer la qualité de service rendu au client.
- Fidéliser les clients.

3 Les outils d'évaluation de la performance

L'entreprise et son prestataire logistique doivent mettre en place un ensemble d'outils permettant de coordonner leur relation, d'assurer la communication et de contrôler la performance des prestations. Des outils informatiques dédiés pour coordonner les relations et maintenir tous les acteurs de la chaîne logistique sont disponibles, ils permettent l'organisation (*workflow*) et le suivi (traçage) des opérations.
En cas d'incident, toutes les opérations sont recalculées et décalées en direct.

Le *workflow* ou « flux de tâches » consiste à formaliser les traitements à réaliser, le cheminement à suivre et les acteurs concernés pour accomplir un travail précis.
Un outil de gestion de *workflow* permet de modéliser et d'automatiser les flux d'informations dans l'entreprise.

L'automatisation par *workflow* fait succéder les tâches, les données, les échanges d'un processus dans un ordre bien défini par des règles.
Cette orchestration permet d'améliorer le circuit de validation et le respect des délais en partageant, avec chaque intervenant du processus, l'information nécessaire à la bonne exécution de ses tâches. Grâce à la traçabilité des échanges, les managers peuvent également mesurer la performance et identifier les éventuelles difficultés.

4 Les KPI, indicateurs clés de performance

Performance	Indicateurs
Moyens	Infrastructures de transport et d'entreposage, outils de communication et de traçabilité, partenaires (transporteurs, représentants en douane, correspondants à l'étranger)
Coûts	Coûts de transport, coûts de transit, coûts de dédouanement, honoraires, marges pratiquées
Délais	Délais de traitement des demandes d'enlèvement, de transport, de dédouanement, respect des temps planifiés
Qualité de service	Litiges, avaries, pertes de marchandises, retards Certifications, solutions de transports respectueuses de l'environnement
Périmètre	Zone géographique d'intervention, modes de transport utilisés, spécialisation dans le traitement de marchandises particulières, de livraisons urgentes

III Le tableau de bord Prestataires logistiques

Les acteurs de l'évaluation sont le service Achats et le service commercial, qui alimentent le tableau de bord à l'aide des bordereaux d'instructions, des bons d'enlèvement, des déclarations en douane, des ordres de transport, des documents de transport, des factures transitaires...

Exemple ▸ **Tableau de bord Prestataires logistiques**

Période :			Prestataires		
Activité	**Indicateur**	**Mode de calcul**	**A**	**B**	**C**
Classement	**Coût moyen des opérations**	$\frac{\text{Coût total des opérations}}{\text{Nombre d'opérations}}$			
	Nombre d'opérations	$\frac{\text{Nombre des opérations du prestataire}}{\text{Nombre total d'opérations}}$			
	Coût moyen du transport	$\frac{\text{Somme des coûts de transport}}{\text{Nombre d'opérations}}$			
Délai d'exécution	**Durée moyenne d'opération**	$\frac{\text{Somme des transit times}}{\text{Nombre d'opérations}}$			
	Durée moyenne du transport	$\frac{\text{Durée totale des voyages}}{\text{Nombre de voyages}}$			
	Durée moyenne du stockage	$\frac{\text{Durée totale de stockage entrepôt transitaire}}{\text{Nombre d'opérations}}$			
	Réactivité	Délai moyen de réponse à une demande			
Fiabilité	**Taux de litiges**	$\frac{\text{Nombre de litiges avec le prestataire}}{\text{Nombre d'opérations traitées}}$			
	Taux réclamations clients	$\frac{\text{Nombre de réclamations clients}}{\text{Nombre d'opérations traitées}}$			
	Taux de retards	$\frac{\text{Nombre de retards}}{\text{Nombre d'opérations}}$			

1 Construire un tableau de bord Fournisseurs

ELEC&LEC distribue des composants électriques auprès d'une clientèle professionnelle. L'entreprise s'approvisionne chez cinq fournisseurs en produits équivalents.
Elle souhaite réduire le nombre de ses fournisseurs et revoir son cahier des charges, afin d'améliorer la qualité de la gestion de ses approvisionnements.
Elle vous communique les données collectées par le service Achats.

À partir du document :

1. **Construisez un tableau de bord dans un tableur, en vue d'évaluer la performance des différents fournisseurs de l'entreprise ELEC&LEC.**

2. **Listez les informations supplémentaires à obtenir du service Achats pour une analyse plus complète.**

3. **Conseillez l'entreprise sur l'attitude à adopter à l'égard de ses fournisseurs.**

DOCUMENT **Données Fournisseurs**

Fournisseurs	Total	ABC+	BERCAM	DISTRIBO	PRODISTR	SFNL
Nombre de commandes	50	8	12	7	20	3
Valeur totale des commandes	52 525	8 500	15 100	6 965	18 400	3 560
Nombre de commandes incomplètes	6	0	1	0	5	0
Nombre de commandes en retard	7	0	2	1	4	0
Nombre de litiges sur factures	4	0	1	0	3	0

2 Évaluer la performance des transporteurs

La centrale d'achat d'une grande chaîne de supermarchés importe chaque mois des produits alimentaires, textiles, de décoration, de bricolage... de plusieurs zones du monde, et en particulier d'Asie.

Les marchandises sont acheminées en conteneurs complets, par la voie maritime. Le service Logistique de la chaîne fait appel à sept compagnies maritimes différentes, la sélection étant opérée en fonction de la disponibilité des navires.

Le responsable de la logistique déplore des dysfonctionnements réguliers : les confirmations de réservation du fret (booking) ne lui sont pas toujours envoyées, les dates estimées de départ des navires ne sont souvent pas respectées.

Il a centralisé les incidents dans un tableau de bord, construit à partir de deux KPI :
- le statut du booking ;
- la comparaison de la date estimée et de la date effective de départ du navire.

Il envisage de renégocier les conditions des contrats de transport avec ces prestataires, voire de leur demander une indemnisation pour le préjudice subi.

Il vous charge de l'analyse de ces indicateurs.

À partir du document ci-dessous :

1. Analysez le tableau de bord « Évaluation des transporteurs maritimes ».

2. Rédigez une courte note à l'attention du responsable de la logistique de la chaîne de supermarchés, destinée à l'aider dans la négociation avec les transporteurs maritimes.

DOCUMENT Tableau de bord

ÉVALUATION DES TRANSPORTEURS MARITIMES[1]

statut du Booking	confirmé dans les 48 h	confirmé au-delà de 48 h	non envoyé
CMA CGM	468	110	333
HAPAG-LLOYD	210	28	586
MSC	324	28	130
OOCL	232	76	110
COSCO	197	24	179
ONE	169	60	0
MAERSK LINE	42	10	17

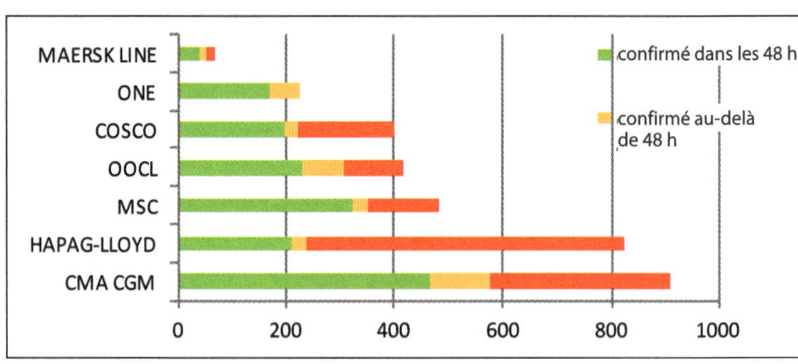

comparaison ETD et ATD	ATD ≤ ETD	ATD > ETD
CMA CGM	267	112
HAPAG-LLOYD	162	20
MSC	214	6
OOCL	202	18
COSCO	47	0
ONE	75	70
MAERSK LINE	27	0

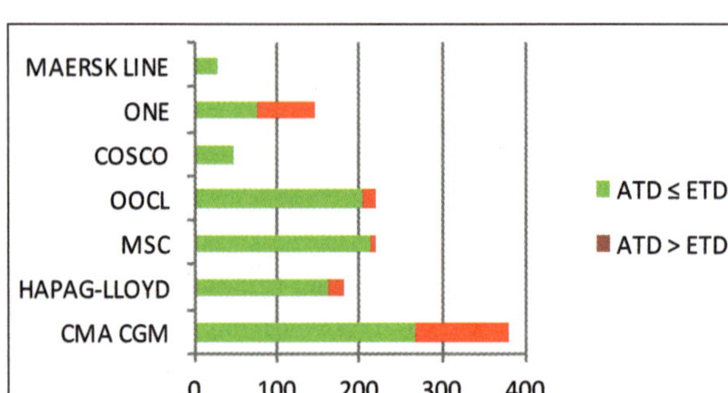

1. Données modifiées pour des raisons pédagogiques.

PRÉSENTATION DE L'ÉPREUVE E5

I Tableau de synthèse – Activités – Compétences – Unités

ACTIVITÉS	BLOCS DE COMPÉTENCES	UNITÉS
Domaine d'activités 2 • Mise en œuvre des opérations internationales • Organisation, contrôle et suivi de la réalisation d'un contrat international • Évaluation des conséquences des choix opérés • Mesure des risques, gestion de leur couverture, des sinistres et des litiges • Contrôle et suivi des processus et de la chaîne documentaire • Évaluation des prestataires de services sollicités • Proposition de pistes d'amélioration de gestion des opérations • Tenue et analyse des tableaux de bord de suivi de la gestion des opérations	**Bloc de compétences 2** • Organiser, contrôler et suivre la réalisation d'un contrat international • Évaluer les conséquences des choix opérés • Mesurer les risques, gérer leur couverture, les sinistres et les litiges • Contrôler et suivre les processus et la chaîne documentaire • Évaluer les prestations de service et les offres fournisseurs • Proposer des pistes d'amélioration de gestion des opérations • Concevoir et analyser des tableaux de bord de suivi de la gestion des opérations	**Unité U5** **Mise en œuvre des opérations internationales**

II Présentation de l'épreuve E5 – Mise en œuvre des opérations internationales – Coefficient 5

Épreuve ponctuelle écrite
Durée : 4 heures

1 Modalités d'évaluation

L'épreuve prend appui sur une situation professionnelle de mise en œuvre des opérations internationales. Elle peut comporter des questions complémentaires s'appuyant sur d'autres situations professionnelles.
Les situations professionnelles sont accompagnées de documents destinés à présenter les contextes d'entreprise(s) supports de l'épreuve et les informations nécessaires à la résolution des problèmes posés. Tout ou partie de ces documents peut être en anglais.

2 Critères d'évaluation

Le choix des prestataires est pertinent
Les responsabilités de chaque intervenant sont délimitées
La documentation réalisée est fiable et complète
Les conditions de conformité sont identifiées
Le suivi des opérations est efficient
La vérification de la faisabilité et de la conformité de l'opération est rigoureuse
Les solutions de remédiation proposées sont adaptées
Les risques sont identifiés et mesurés
La couverture est optimale
Les procédures du traitement des sinistres sont respectées

Les informations nécessaires au traitement des réclamations et litiges sont pertinentes
Le processus de gestion de l'opération est rigoureusement appliqué
Les documents sont vérifiés, validés ou amendés
Le bilan de l'opération est exploitable
La sélection des critères de performance est pertinente
La mesure des performances est juste
Le bilan des performances est exploitable
Les critères de choix et la comparaison sont opérationnels
Les propositions d'amélioration sont appropriées
Les indicateurs de suivi de la gestion des opérations sont pertinents
Les tableaux de bord sont actualisés et opérationnels
L'analyse du suivi des opérations est fiable

LISTE DES ORGANISMES SOLLICITÉS EN COMMERCE INTERNATIONAL

Organismes		Sites web
AFD	Agence Française de Développement, pour le développement durable	afd.fr
ADEME	Agence De l'Environnement et de la Maîtrise de l'Énergie	ademe.fr
AFNOR	Agence Française de Normalisation	afnor.org
Atradius	Compagnie d'assurance-crédit	atradius.fr
Bpifrance	Banque Publique d'Investissement	bpifrance.fr
Bureau Veritas	Société spécialisée dans les essais, l'inspection et la certification	bureauveritas.fr
Business France	Agence française pour le développement international des entreprises	businessfrance.fr
CCI	Chambre de Commerce et d'Industrie	cci.fr
CCI	Chambre de Commerce Internationale	icc-france.fr
CIRDI	Centre International pour le Règlement des Différents Internationaux	icsid.worldbank.org
CNCCEF	Comité National des Conseillers du Commerce Extérieur de la France	cnccef.org
CNIL	Commission Nationale de l'Informatique et des Libertés	cnil.fr
COFACE	Compagnie Française d'Assurance du Commerce Extérieur	coface.fr
DGCCRF	Direction Générale de la Concurrence, de la Consommation et de la Répression des Fraudes	economie.gouv.fr
DGDDI	Direction Générale des Douanes et des Droits Indirects	douane.gouv.fr
EUIPO	Office de l'Union Européenne pour la Propriété Intellectuelle	euipo.europa.eu
Euler Hermes	Compagnie d'assurance-crédit	eulerhermes.fr
EEN	Enterprise Europe Network, réseau européen actif d'aide aux entreprises dans l'Union européenne	een-france.fr
FMI	Fonds Monétaire International	imf.org
ICANN	Société pour l'attribution des noms de domaines et des numéros sur internet	icann.org
IDDRI	Institut du Développement Durable et des Relations Internationales	iddri.org
INPI	Institut National de la Propriété Industrielle	inpi.fr
ISO	Organisation internationale de normalisation	iso.org
OCDE	Organisation de Coopération et de Développement Économiques	oecd.org
OMC	Organisation Mondiale du Commerce	wto.org
OMD	Organisation Mondiale des Douanes	wcoomd.org
OMPI	Organisation Mondiale de la Propriété Intellectuelle	wipo.int
ONU	Organisation des Nations Unies	un.org
SGS	Société d'inspection, de contrôle, d'analyse et de certification	sgsgroup.fr
SWIFT	Society for Worldwide Interbank Financial Telecommunication	swift.com
Team France Export	Dispositif public d'accompagnement des entreprises à l'international	teamfrance-export.fr
UNESCO	Organisation des Nations unies pour l'éducation, la science et la culture	unesco.org
Union Européenne	Union politico-économique de 27 États membres européens	europa.eu

Réseau de soutien aux exportateurs français

GLOSSAIRE

Terme français	Terme anglais	Définition
Affrètement	*charter*	location d'un moyen de transport
Avaries communes	*general average*	procédure de répartition des dépenses engagées pour sauver le navire et sa cargaison
Avaries particulières	*particular average*	dommages causés aux marchandises de façon accidentelle
Accises (droits)	*excise (duty)*	taxes nationales frappant les alcools, les tabacs et les huiles minérales
Cabotage maritime	*short-sea shipping*	transport maritime sur une courte distance, entre deux ports européens
Capacité d'emport	*carrying capacity*	capacité de chargement d'un moyen de transport, mesurée en tonnes, en m^3 ou en nombre de palettes, conteneurs
CITES	*CITES*	Convention sur le commerce international des espèces de faune et de flore sauvages menacées d'extinction
CGV	*Terms of Sales*	conditions générales de vente
Chaîne d'approvisionnement	*supply chain*	toutes les étapes, de la production des matières premières à la distribution du produit au client final
Chargeur	*shipper*	expéditeur, celui qui remet la marchandise au transporteur
Conditions de ligne	*liner terms*	précision des opérations portuaires incluses dans le prix du transport maritime
Conditions de livraison	*Incoterms*	précision des frais et risques de la logistique, pris en charge par le fournisseur
Connaissement maritime	*bill of lading*	document de transport maritime
Cotation	*quote*	offre de prix pour le transport et la logistique
Certificat d'origine	*certificate of origin*	document attestant l'origine (le pays de fabrication) d'un produit
Dégroupage	*deconsolidation*	individualisation des expéditions ayant d'abord fait l'objet d'un groupage
Dropshipping	*dropshipping*	forme de e-commerce par laquelle le site vendeur ne possède pas de stocks et fait livrer le client final directement par son fournisseur
Élasticité de la demande	*price elasticity of demand*	mesure de la variation de la demande par rapport à la variation du prix
Erga omnes	*erga omnes*	« à l'égard de tous » : en douane, désigne les droits applicables à tous les pays, sauf disposition spéciale
EVP (Équivalent Vingt Pieds)	*TEU (Twenty Equivalent Unit)*	unité de mesure utilisée en transport maritime, correspondant au volume d'un conteneur 20 pieds
Franco	*free*	ou « franc de port », signifie que le prix du transport est payé par l'expéditeur

Terme français	Terme anglais	Définition
Freinte (de route)	*wastage*	tolérance de perte due à la nature de la marchandise (évaporation)
Fret	*freight*	prix du transport
Gerbable	*stackable*	se dit d'un colis qui peut être empilé
Groupage	*consolidation*	regroupements de plusieurs expéditions pour la même destination, par un transporteur ou un transitaire (groupeur)
Introduction	*intra-Community acquisition*	acquisition intracommunautaire (achat de biens dans un autre État-membre de l'UE), (remplace le terme « Importation »)
Incoterms	*Incoterms*	règles de répartition des obligations (frais et risques) de la logistique internationale, entre le vendeur et l'acheteur (conditions de livraison)
Liste de colisage	*packing list*	document présentant la nature, le nombre, le marquage, le poids et le volume des colis dans une expédition
Livraison	*intra-Community supply*	expédition de marchandises dans un autre État-membre de l'UE (remplace le terme « Exportation »)
Liner terms	*liner terms*	précision des opérations de passage portuaire comprises dans le montant du fret à payer
Logistique	*logistics*	opérations liées à l'emballage, le stockage, la manutention, le transport, l'assurance et le dédouanement des marchandises
Multimodal	*multimodal*	qui emprunte plusieurs modes de transport
Net de réserves	*clean*	se dit d'un document de transport qui ne comporte pas de réserves
Nomenclature combinée	*combined nomenclature*	codification des marchandises dans le tarif douanier européen
Note de poids	*weight note*	document présentant le poids brut et le poids net des colis dans une expédition
Notify	*notify*	personne à prévenir de l'arrivée des marchandises au port ou à l'aéroport
Plomb	*seal*	scellé apposé sur un conteneur ou un camion, pour assurer qu'il a été correctement verrouillé au départ et n'a pas été ouvert pendant son transport
Poids brut	*gross weight*	poids de la marchandise emballée
Poids net	*net weight*	poids de la marchandise non emballée
Port dû	*freight collect*	prix du transport non inclus
Port payé	*freight prepaid*	prix du transport inclus
Positionnement	*positioning*	position psychologique d'une marque ou d'un produit par rapport à ceux de la concurrence
Proforma (facture)	*proforma invoice*	document qui matérialise une offre commerciale
Prospect	*prospect*	client potentiel

Terme français	Terme anglais	Définition
Réserves	*reservations*	mention apposée sur un document de transport, pour décrire les manquants ou avaries sur des colis
RSE	*CSR (Corporate Social Responsability)*	Responsabilité Sociétale des Entreprises
Rupture de charge	*offloading*	chargement/déchargement des marchandises pour un changement de moyen de transport
Régime douanier	*customs regime*	statut juridique donné à la marchandise à l'issue de son dédouanement
Sourcing	*sourcing*	recherche de fournisseurs à l'étranger
Surcharge	*adjustment factor*	ajustement au fret de base
Surestaries	*surestaries*	indemnité due au transporteur en cas de dépassement des délais de chargement et de déchargement
SWIFT (virement)	*SWIFT (transfer)*	virement bancaire international, par Internet
Système harmonisé	*harmonised system*	système de désignation et de codification des marchandises au niveau international
Tare	*tare*	poids de l'emballage
TARIC	*Common customs tariff*	tarif intégré communautaire, tarif douanier de l'Union européenne
Traçabilité	*tracking*	suivi des colis pendant les opérations logistiques
Transbordement	*transshipment*	changement de moyen de transport
Transit time	*transit time*	délai total de transport, incluant les temps d'attente
Transitaire	*freight forwarder*	organisateur de la logistique, qui agit sur les instructions du chargeur
Transroulage	*roll-on / roll-off*	embarquement ou débarquement de véhicules d'un navire roulier, par leurs propres moyens
Tautliner	*tautliner*	type de remorque disposant d'une bâche amovible, pour le transport routier

NOTES

NOTES

NOTES

NOTES

Crédits photographiques

Les photos se lisent de haut en bas et de gauche à droite.

9h : wladimir1804, stock.adobe.com ; **9b :** BEMPhoto, stock.adobe.com ; **10 :** igishevamaria, stock.adobe.com ; **12 : © SDV ; 21 :** Grafvision, stock.adobe.com ; **22h : © Lavandière de Provence ; 22b : © Jean-François Rey ; 23h :** H_Ko, stock.adobe.com ; **23b :** sommersby, stock.adobe.com ; **24h et b : © Confiserie du Roy René ; 35h :** auremar ; **35b :** Aris Suwanmalee ; **36 :** © Catrice Gourmet ; **41h :** tashatuvango ; **41b :** vadish ; **42 :** ChiccoDodiFC, stock.adobe.com ; **54 : © Confiserie du Roy René ; 55h :** Funtap, stock.adobe.com ; **55bd :** Tarik GOK, stock.adobe.com ; **56h et m : © Jean-François Rey ; 58 :** Avec l'aimable autorisation de WES ; **59 : © Jean-François Rey ; 60 et 68 :** Avec l'aimable autorisation de WES ; **69 :** Farinoza, stock.adobe.com ; **70g et d :** Avec l'aimable autorisation de WES ; **71h :** Hor, stock.adobe.com ; **71b :** moonrun, stock.adobe.com ; **72 :** © Qualitair&Sea ; **81h :** anekoho, stock.adobe.com ; **81bg :** tashatuvango, stock.adobe.com ; **81bd :** Cybrain, stock.adobe.com ; **83 :** sveta, stock.adobe.com ; **93h :** Mariakray, stock.adobe.com ; **93b :** mehmetbuma, stock.adobe.com ; **94 :** © Qualitair&Sea ; **101 :** Gudellaphoto, stock.adobe.com ; **103md :** olando, stock.adobe.com ; **103mg :** markus_marb, stock.adobe.com ; **111h :** industrieblick, stock.adobe.com ; **111b :** R. Gino Santa Maria, stock.adobe.com ; **112h :** © Qualitair&Sea ; **112b :** dusanpetkovic1, stock.adobe.com ; **113 :** starlineart, stock.adobe.com ; **120 :** M. Perfectti, stock.adobe.com ; **124 :** gilspictures, stock.adobe.com ; **125 : © Bulles de Provence ; 127h :** © Neoline ; **127b :** moonrun, stock.adobe.com ; **128 :** Bildwerk, stock.adobe.com ; **135 :** alexmlx, stock.adobe.com ; **136 :** YY apartment, stock.adobe.com ; **137h :** Phaisarnwong2517, stock.adobe.com ; **137b :** grgroup, stock.adobe.com ; **138 :** Zarya Maxim, stock.adobe.com ; **147 :** LiliGraphie, stock.adobe.com ; **148 : © Jean-François Rey ; 149 : © Confiserie du Roy René ; 151h :** Olga GS/Shutterstock ; **151b :** stringerphoto, stock.adobe.com ; **152 :** Анна Журавлева, stock.adobe.com ; **161 :** Thomas Dutour, stock.adobe.com ; **165h :** donfiore, stock.adobe.com ; **165b :** Tarik GOK, stock.adobe.com ; **166 :** HollyHarry, stock.adobe.com ; **177h :** tashatuvango, stock.adobe.com ; **177b :** Archer7, stock.adobe.com ; **178 :** Sensay, stock.adobe.com ; **197 :** vaalaa, stock.adobe.com ; **197b :** Archer7, stock.adobe.com ; **198h :** Sensay, stock.adobe.com ; **198b :** mi_viri, stock.adobe.com ; **217h :** duncanandison, stock.adobe.com ; **217b :** shtiel, stock.adobe.com ; **218 : © Quai Sud ; 228 :** popout, stock.adobe.com ; **229 :** gamespirit, stock.adobe.com ; **230 :** vladimirnenezic, stock.adobe.com ; **231h :** Kurhan, stock.adobe.com ; **231b :** Porcupen, stock.adobe.com ; **232 :** © Guayapi ; **245 :** papinou, stock.adobe.com ; **247h : © Coface 247b :** shtiel, stock.adobe.com ; **248 :** Avec l'aimable autorisation de HTSBIO Laboratories ; **265h : © Lavandière de Provence ; 265b : © Bulles de Provence ; 269 :** Scanrail, stock.adobe.com ; **273h :** bankoo, stock.adobe.com ; **273b :** 12ee12, stock.adobe.com ; **274 :** serhiibobyk, stock.adobe.com ; **291 :** cristianstorto, stock.adobe.com ; **292 :** BlureArt, stock.adobe.com ; **293h :** Panumas, stock.adobe.com ; **293b :** moonrun, stock.adobe.com ; **294 :** Fotoart-wallraf, stock.adobe.com ; **305 :** photlook, stock.adobe.com ; **306 :** Tiler84, stock.adobe.com ; **307h :** tashatuvango, stock.adobe.com ; **307b :** Route66, stock.adobe.com ; **308h :** ChiccoDodiFC, stock.adobe.com ; **308m : © msc.org ; 329 :** morissfoto, stock.adobe.com ; **336 :** tbralnina, stock.adobe.com ; **337h :** everythingpossible, stock.adobe.com ; **337b :** CosmoShiva, stock.adobe.com ; **338hg :** alfa27, stock.adobe.com ; **338hd :** VectorGalaxy, stock.adobe.com ; **338m :** alfa27, stock.adobe.com ; **342 :** Aquir, stock.adobe.com ; **347 :** BillionPhotos.com, stock.adobe.com ; **348 :** Veja/Shutterstock.

N° projet : 10295046 - Dépôt légal : juin 2021
Imprimé en Italie par L.E.G.O. S.p.A., Lavis (TN) en août 2023